博雅撷英―王笛作品集

博雅撷英 | 王笛作品集

The Teahouse

Small Business, Everyday Culture,
and Public Politics in Chengdu,
1900-1950

茶馆

成都的公共生活和微观世界
1900—1950

王笛 著

北京大学出版社
PEKING UNIVERSITY PRESS

著作权合同登记号　图字 01-2020-0795

图书在版编目(CIP)数据

茶馆:成都的公共生活和微观世界:1900—1950 / 王笛著.—北京:北京大学出版社,2021.9

(博雅撷英)

ISBN 978-7-301-32139-3

Ⅰ.①茶… Ⅱ.①王… Ⅲ.①社会生活—史料—成都—1950-1950 ②茶馆—文化史—成都—1950-1950　Ⅳ.①K297.11②TS971

中国版本图书馆 CIP 数据核字(2021)第 067925 号

The Teahouse: Small Business, Everyday Culture, and Public Politics in Chengdu, 1900-1950, by Di Wang, published in English by Stanford University Press.
Copyright 2008 by the Board of Trustees of the Leland Stanford Jr. University. All rights reserved.
This translation is published by arrangement with Stanford University Press, www.sup.org.

书　　名	茶馆:成都的公共生活和微观世界,1900—1950 CHAGUAN: CHENGDU DE GONGGONG SHENGHUO HE WEIGUAN SHIJIE, 1900—1950
著作责任者	王　笛　著
责任编辑	张　晗
标准书号	ISBN 978-7-301-32139-3
出版发行	北京大学出版社
地　　址	北京市海淀区成府路 205 号　100871
网　　址	http://www.pup.cn　新浪微博:@北京大学出版社
电子邮箱	编辑部 wsz@pup.cn　总编室 zpup@pup.cn
电　　话	邮购部 010-62752015　发行部 010-62750672 编辑部 010-62767315
印 刷 者	北京中科印刷有限公司
经 销 者	新华书店
	890 毫米×1240 毫米　32 开本　20 印张　447 千字 2021 年 9 月第 1 版　2024 年 1 月第 7 次印刷
定　　价	108.00 元

未经许可,不得以任何方式复制或抄袭本书之部分或全部内容。

版权所有,侵权必究

举报电话:010-62752024　电子邮箱:fd@pup.cn

图书如有印装质量问题,请与出版部联系,电话:010-62756370

目 录

新版序 ………………………………………………… 001

中文版序 ……………………………………………… 011

英文版序 ……………………………………………… 033

引 子
　　——早茶 …………………………………………… 001

第1章 导 言
　　——城市、茶馆与日常文化 …………………… 012
　　城市和茶馆 ………………………………………… 016
　　茶馆的攻击者与捍卫者 …………………………… 021
　　城市史视野中的茶馆 ……………………………… 032
　　茶馆叙事中的地域论 ……………………………… 035
　　茶馆的生态与环境因素 …………………………… 038
　　资料与文本解读 …………………………………… 044

第一部 茶馆与社会 ……………………………… 067

第2章 闲 茶
　　——悠闲与休闲 ………………………………… 069
　　坐茶馆与吃闲茶 …………………………………… 073

社交——一个社区和信息中心 …………………… 086
　　　茶馆文化——茶馆中的语言和习惯 …………… 100
　　　茶馆休闲的多重角色 …………………………… 108

　第 3 章　娱　乐
　　　　　——戏园与观众 ……………………………… 119
　　　茶馆——民间艺人之谋生地 …………………… 123
　　　剧目与地方戏改良 ……………………………… 134
　　　茶馆戏园——新的公共舞台 …………………… 143
　　　观　众 …………………………………………… 151
　　　娱乐控制 ………………………………………… 155
　　　大众娱乐与休闲政治 …………………………… 161

　第 4 章　群　体
　　　　　——阶级与性别 ……………………………… 176
　　　商人和小贩 ……………………………………… 178
　　　人以群分 ………………………………………… 185
　　　阶级畛域 ………………………………………… 190
　　　性别歧视 ………………………………………… 197
　　　公共生活的集体选择 …………………………… 208

第二部　茶馆与经济 …………………………………… 221

　第 5 章　经　营
　　　　　——小本生意的管理和竞争 ……………… 223
　　　数据分析 ………………………………………… 226
　　　资金和财务 ……………………………………… 231
　　　经营和管理 ……………………………………… 237

税务负担……………………………………………… 250
环境和卫生……………………………………………… 253
小本生意的生命力……………………………………… 266

第 6 章 公 会
——周旋在行业与国家之间 …………………… 284
组织结构………………………………………………… 289
价格控制………………………………………………… 291
组织抗税………………………………………………… 300
协调关系………………………………………………… 304
限制数量………………………………………………… 307
国家控制与行业利益…………………………………… 312

第 7 章 堂 倌
——艰难环境中的挣扎生存 …………………… 327
"茶博士"……………………………………………… 331
在男人的世界讨生活…………………………………… 335
茶社业工会……………………………………………… 338
艺人工会………………………………………………… 345
性别冲突与性骚扰……………………………………… 347
男女茶房的社会形象…………………………………… 353
性别、劳工与国家……………………………………… 359

第三部 茶馆与政治 ……………………………… 375

第 8 章 讲 茶
——超越国家的控制 …………………………… 377
袍哥大爷………………………………………………… 379

摆茶碗阵 ······ 385
茶馆讲理 ······ 392
国家权力之外的社会力量 ······ 398

第 9 章 混 乱
——日常生活的冲突 ······ 405
日常纠纷 ······ 408
为生计而挣扎 ······ 415
"借刀杀人" ······ 419
茶馆与邻里的矛盾 ······ 423
暴力阴影下的茶馆生活 ······ 427
军人和战时混乱 ······ 431
公共生活的末日？ ······ 434

第 10 章 秩 序
——公共空间的政治 ······ 441
从改良到革命（1900—1916）——重新打造茶馆 ··· 447
军阀统治（1917—1936）——政治动乱中的茶馆 ··· 451
抵抗的政治（1937—1945）——"吃茶与国运" ··· 456
从"休谈国事"到"茶馆政治家" ······ 467
一个时代的结束（1945—1950）——严密控制茶馆
······ 472
千变万化的政治万花筒 ······ 476

第 11 章 结 论
——地方文化与国家权力 ······ 489
一个微观世界 ······ 491

日益增强的国家干预·················494
　　比较视野中的公共领域与公私关系·········496
　　时空转换中的公共生活···············501
　　茶与酒的对话　 ·················508
　　小商业和日常文化的凯旋·············513

尾　声
　　——寻梦··························529

附　表··························537

征引资料························559

关于本书的评论····················587

后　记··························595

新 版 序

本书最初由英文写成，2008年由斯坦福大学出版社出版，中文翻译本2010年由社会科学文献出版社出版。时间一晃，中文版也已经出版了11年了。非常高兴现在由北京大学出版社推出第二版，因此就新版写一个简要的序言。

《茶馆》出版之后，立即在学术界产生了非常大的反响，斯坦福大学的研究生还为此书开办了读书会。那时我正在加州大学伯克利校区做访问教授，两校都地处湾区，其实距离不远，他们邀请我出席，可惜当时由于种种原因，没能分身过去。这本书在美国经常被用于研究生的讨论课，后来陆续有美国教授告诉我在研究生课堂上讨论本书的情况，非常高兴美国的研究生从这本书了解了过去中国的茶馆和这个重要的日常生活空间。欧美及日本的有关英文学术杂志，包括《美国历史评论》(American Historical Review)、《多学科交叉的历史》(Journal of Interdisciplinary History)、《历史新书评论》History: Reviews of New Books)、《太平洋事务》(Pacific Affairs)、《城市史杂志》(Journal of Urban History)、《哈佛亚洲研究杂志》(Harvard Journal of Asiatic Studies)、《国际亚洲研究杂志》(International Journal of Asian Studies)、《中国国际评论》(China Review International)、《选择》

（Choice）等皆发表了英文书评，法国《汉学研究》（Études chinoises）和俄罗斯《东方研究》（Восток）还分别有法文和俄文书评发表。①

本书在中文世界有更广大的读者群。在中文版出版的11年中，重印了13次，外加社科文献精品译库版。该书2010年被《南方都市报》选为"年鉴之书"。各学术杂志和报纸上发表了许多书评，为了写这篇序言，我查了一下关于这本书的书评和报道，就包括《第一财经日报》《新京报》《新周刊》《羊城晚报》《东方早报》《读品》《博览群书》《第一财经周刊》《南方都市报》《南方周末》《中华读书报》《中华文化论丛》《国外社会科学》《近代史研究》，等等。我还在各种场合接受过一些媒体的采访，进一步阐发我对这个课题的研究和写作本书的一些构想和观点。②

---

① *American Historical Review*, vol. 114, no. 5, December 2009 (by Richard Belsky), *Journal of Interdisciplinary History*, vol. 40, no. 3, winter 2010 (by Stephanie Hemelryk Donald); *Choice*, June 2009 (by H. T. Wong), *History: Reviews of New Books*, vol. 38, no. 3 (by Danke Li); *Pacific Affairs*, vol. 83, no. 1, March 2010 (by Michael Tsin); *Journal of Urban History*, vol. 36, no. 5, April 2010 (by Zhao Ma); *Harvard Journal of Asiatic Studies*, vol. 70, no. 1, June 2010 (by Joshua H. Howard); *International Journal of Asian Studies*, vol. 7, no. 1, 2010 (by Tomoko Shiroyama); *China Review International*, vol. 18, no. 3 (by Toby Lincoln); *Études chinoises*, vol. XXVIII, 2009 (by Xavier Paulès); and *Восток*, no. 1, 2010 (by Т. И. Виноградова).

② 陈菁霞：《王笛："微观史"视野中的现代化进程》，《中华读书报》2010年11月17日；《微观打量近世中国》，《北京晚报》2010年3月29日；唐小兵：《成都茶馆：抵抗现代化的桥头堡》，《东方早报》2010年7月18日；雷剑峤：《茶馆：（转下页）

这些年来，有不少老师在课堂上用本书作为研究生讨论课的必读书，学生们的反应非常热烈，一些老师甚至把学生的课堂报告和 PPT 也发给我，我从中得到很多启发。而且看到年轻一代对这本书的热爱和认可，产生了一种特别的成就感。现在我还保存着四川大学刘世龙教授发给我的、他 2014 年秋季学期开设的

（接上页）地方与国家文化博弈的见证》，《南方都市报》2010 年 4 月 11 日；张仲民：《小茶碗里有大世界》，《南方都市报》2010 年 4 月 18 日；谭徐锋：《〈茶馆〉：微观史的一次成功实践》，《博览群书》2010 年第 8 期；王晓芬：《"见微而知著"——评微观史学在〈茶馆〉研究中的新应用》，《剑南文学》2010 年第 11 期；胡中华、陆义：《历史研究视角的转变——以〈茶馆——成都的公共生活和微观世界 1900～1950〉为例》，《群文天地》2010 年第 7 期；李鹏：《追寻多样化的"地方"图景：从王笛先生西南腹地研究三步曲谈起》，《中华文化论坛》2012 年第 3 期；《去成都喝杯"盖碗茶"》，《天天新报》2012 年 2 月 5 日；陈立静、刘建军：《茶馆文化与中国城市社会生活：评〈茶馆：成都的公共生活和微观世界，1900～1950〉》，《国外社会科学》2010 年第 4 期；王雯婷：《寻梦成都茶馆——读王笛教授新作有感》，《安徽文学》2010 年第 11 期；贾艳晓：《宏观社会生活到微观茶馆的思考——评〈茶馆：成都的公共生活和微观世界，1900—1950〉》，《传承》2011 年第 17 期；蒋蓝：《王笛：历史的碎片让人温馨又迷茫》，《成都日报》2012 年 10 月 8 日；方洁琼：《小"茶馆"里的大"国家"——读王笛〈茶馆——成都的公共生活和微观世界（1900—1950）〉》，《文史月刊》2012 年第 7 期；葛传海：《探思茶馆文化与城市生活的互动——王笛〈茶馆：成都的公共生活和微观世界（1900—1950）〉》，《黑龙江史志》2014 年第 13 期；孟晓霞：《"泡"出来的成都文化：简评王笛〈茶馆〉》，《牡丹江大学学报》2016 年第 10 期；孟晓霞：《"碎片"不等于碎片化——读王笛〈茶馆〉有感》，《攀枝花学院学报》2017 年第 4 期；《〈茶馆〉：泡出来的成都》，《香港商报》2018 年 7 月 30 日；娄明勤：《微观历史的宏观体现——读王笛〈茶馆〉有感》，《大众文艺》2018 年第 12 期；王龙：《选择与重构：王笛〈茶馆：成都的公共生活和微观世界（1900—1950）〉的史料运用》，《宁夏师范学院学报》2018 年第 9 期；张小春：《档案与文学在人类记忆建构中的作用及其相互关系——以王笛〈茶馆〉为例》，《乐山师范学院学报》2019 年第 10 期；鱼木：《去成都"坐茶馆"》，《中国青年报》2020 年 7 月 14 日；等等。以上仅仅是一个不完全的罗列。

"中国近代社会史'席明纳'"课上,学生写的读书报告和PPT,这都成为我了解学生读这本书的思考的珍贵资料。这些年来,我还会不时收到学生关于《茶馆》这本书的报告、读书笔记以及提问。他们对本书的热情关注让我感动。

一些学者对这本书的深度讨论,也让我学到了非常多的东西。如2015年《近代史研究》发表的南开大学李金铮教授的近2万字的长文《小历史与大历史的对话:王笛〈茶馆〉之方法论》,对这本书进行了深入的探讨和分析。李教授认为,"在中国近代城市史、日常生活史研究领域,王笛的《茶馆》是一部极具影响的著作。其方法论价值,尤其值得关注。在问题意识上,该著既从茶馆史研究本身进行突破,更追求宏大的理论意义,关注国家文化和地方文化的冲突。在理论与方法上,打破传统史学路径,凸显了微观史和新文化史的叙事风格和民众与公共生活之间的关系。在结构上,既考察了茶馆历史本身的纵向变化,也注重茶馆与国外类似公共空间的比较,特别是二者的近似性。在解释上,认为政府权力与地方社会之间是控制与反控制的关系,并深入分析了茶馆长期延续的原因"。李教授进一步指出,"王笛对茶馆与民众日常生活的关系做了细致入微的刻画,对茶馆所反映的社会、经济与政治现象做了多面解剖,对茶馆在中国近代史上的命运进行了深入分析。这一成果,不仅使茶馆史研究达到了前所未有的高度,也大大推进了城市社会生活史的研究。与已有的西方城市史、新文化史、社会生活史著作相比,《茶馆》一书不仅毫无逊色,且别开生面、富有特色。职是之故,《茶馆》更大的价值在于其学问方式和思维方式所具有的方法论意义"。①

虽然李金铮教授对这本书给予了极高的评价，但是他同时也指出，这本书"并没有提炼出原创性的概念，其理论贡献自然也就减弱了。当然，能够充分地借鉴西方学者的理论方法并付诸实践，充当中西学术交流的媒介，已经很不易了。何况，成熟的理论方法一经出现，就有一定的普适意义。我只是针对像王笛这样的一流学者，才提出如此之高的要求"。② 我同意李教授的这个批评，但被称为"一流学者"，这是我的荣幸，又十分惶恐。现在回想起来，在写作本书的时候，就是缺乏一流学者的高度和气魄，并没有就原创性概念进行努力，而只是力图对茶馆这个微观世界进行历史学的深入剖析。现在想来，也可能我错过了把这个研究提升到更高层次的机会。如果在研究之初便有这样的雄心壮志的话，虽然无法保证能够提炼出有说服力的原创性概念，但这也并非是不能企及的高峰，这应该说是这部作品留下的一个遗憾。

2019年，作家冉云飞在腾讯大家上发表的近3万字的文章，对我的《跨出封闭的世界》《街头文化》《茶馆》等书进行了一个综合性的评述。一个历史圈子之外的学者对我的研究进行那么全面深入的评论，让我从另外一个角度学习到了许多东西。冉先生首先从我学术著作的写作风格切入："像王笛这样的专业研究而能逸出小圈子影响的，关于成都历史研究的书籍并不多见。其原因在于王笛的写作不是那种硬绑绑（硬邦邦）的学术用语与概念

---

① 李金铮：《小历史与大历史的对话：王笛〈茶馆〉之方法论》，《近代史研究》2015年第3期，第121、132页。

② 同上书，第133页。

横飞,要么是讲故事,要么是勾勒历史细节,在并不影响学术份(分)量的情形下,以使读者有亲和力,发生阅读黏连感,一如史景迁、孔飞力等人的史学写作一样。"冉先生把我与我所敬仰的两位历史学家相提并论,当然是太高看我了。两位德高望重的历史学家的著作在我学习、研究和写作的过程中,都给了我极大的影响和启发,而且我与他们两位都曾经有过直接的交往。①

冉先生接着评论道:"如果你认真读过王笛的书,如《茶馆》《走进》诸书中的任何一本,你都可以看到王笛在序言里面,老是在为自己做研究的方法与目的,做阐释说明工作,甚至堪称辩护。为何如此呢?因为他的这种新文化史、微观史的研究方法,在中国还没有完全形成理解与阅读上的同行及读者共识。"冉先生充分地意识到了在中国要做微观史所面临的困境,不但面临"史学同行之间对方法、材料、目的之理解有异",而且更重要的是"中国传统史学有着很强大的宏大叙事与意识形态动力,经世致用的《资治通鉴》传统,其市场号召力与阅读心理都甚为深广"。以至《近代史研究》曾经组织专题讨论中国近代史研究中的"碎片化"问题,"而王笛以《不必担忧"碎片化"》来回应"。②

---

① 也有学者把《茶馆》与孔飞力的《叫魂》、杜赞奇的《文化、权力与国家》进行比较研究,如汪珍珠:《"乌合之众"的权力——从几本著作看大众文化与国家政权的关系》,《江西教育学院学报》2013 年第 6 期。

② 冉云飞:《如何将二等题目做成一流学问》。非常遗憾的是,腾讯大家在 2020 年新冠肺炎疫情暴发时停刊了,庆幸的是,由于其他网站和公众号的转载,这篇文章流传颇广。如我所引用的文本来自"學人 Scholar"公众号(https://mp.weixin.qq.com/s/W7f5IU3kpdSHSrbLKgfR7g,发布日期:2020 年 12 月 14 日;网页查阅:2021 年 5 月 15 日)。冉先生提到的我的回应,即《不必担忧"碎片化"》,发表于《近代史研究》2012 年第 4 期。

冉先生特别关注到我在中文版序言中对所谓的"一等题目"和"二等题目"的说法的不同意见,他十分理解我为什么要指出这一点:"自然不是为专唱反调而立异以鸣高,而是有史学范式转移的因素在。西方由实证史学到语言及叙述之转向至新文化史、微观史学等已是几十年前的事了,而在中国依旧是宏大叙事、经世致用藩篱左右历史主流,所以王笛才说小的研究乃至所谓的'碎片化'不是太多了,而是还不够。"①

在朱英教授等关于这本书的书评中,也提到了所谓"二等题目"的问题,认为这本书"堪称新文化史和微观史的典型,具体表现在以下几个方面:其一,著作选题为成都街头里的茶馆,较之前著街头的范围更小,然而这个看似'二等题目'在'显微镜'的解剖下,却更加明晰地向世人阐释了历史和文化的内涵,在成都日常生活的展现中我们还进一步了解了国家支持的现代化和地方文化的独特性控制与反控制的对抗关系,现代化、文化、国家、社会这些宏观而复杂的概念,在作者娓娓道来的日常生活场景描叙中清晰地呈现出来。作者的史学功力也正是在此处得到了充分体现。"②能得到同行专家的肯定,说明微观的研究方法得到了越来越多的学者的认可。

在各种肯定的书评中,也有评论者感觉《茶馆》一书对传统有所美化,例如维舟先生在为《中国图书评论》评述2010年社会学人类学新书的时候,虽然认为"王笛所著《茶馆:成都的公

---

① 冉云飞:《如何将二等题目做成一流学问》。
② 朱英、朱庆:《文化转向下的中国社会史研究——以王笛研究成果为例的分析》,《湖北大学学报》2013年第3期,第69页。

共生活和微观世界，1900—1950》令人耳目一新"，这本书试图回答前现代时期的中国城市中，有没有一个社会公共空间，"王笛认为成都的茶馆就充当了这样一个公共空间。这个结论且不论对错，它能激发我们对相关问题的讨论和思考"，而后却话锋一转，认为"作者时常流露出对那个年代成都社会不由自主的美化"。不过，维舟并不认为这种"美化"是本书的一个缺点，甚至还理解为"这或许也是把历史写好的必备要素之一"。①

然而，我还是希望在此做一个说明，我主观上并没有要美化传统社会和传统公共空间的愿望，我关于成都街头文化和茶馆的细节描述，完全根据历史资料本身，而没有刻意地煽情和美化（可能就是维舟先生所说的"不由自主的美化"）。但是一些读者会有"美化"的感觉，这种感觉其实也出现在一些《街头文化》的读者之中。之所以出现这样的感觉，我猜想是否因为我把茶馆的日常生活和文化描绘得过于生动和真实，以致掩盖了我在第三部分花了大量篇幅揭示的茶馆中的各种问题？特别是第9章"混乱——日常生活的冲突"，使用非常多的资料描述和讨论在茶馆中发生的那些纠纷、暴力，乃至杀人事件、军人的横行霸道，甚至往人群扔手榴弹造成血肉横飞的惨状，所以我才在最后提出了"公共生活的末日"这样的问题。而在前现代时期，茶馆这类的公共空间的确是比较和平和稳定的，这也印证了我在许多研究中所反复强调的观点：现代国家的介入和冲击，实际上给茶馆和公共生活带来的是更多的不稳定和混乱。

---

① 维舟：《2010年社会学人类学新书阅读回顾》，《中国图书评论》2011年第2期，第39页。

还有一件这里值得一提的事情是，2018年9月13日出版的《经济学人》(*The Economist*) 宣布该刊将开辟一个关于中国的专栏，叫"Chaguan"。该刊的编辑部文章称，"这个专栏的命名是来自于传统的中国茶馆"。《经济学人》杂志在整个西方世界的社会科学和人文领域有着重大的影响，而且这个杂志的文章在英语世界被公认写得非常之好。我在美国读书的时候，经常有教授推荐把这个杂志的文章作为范文来阅读、钻研和模仿。而且虽然名为《经济学人》，实际上该杂志除了讨论经济问题之外，还涉及政治、文化、社会等各个方面，几乎每期都有关于中国的分析和报道。虽然我是历史学者，但我在美国长期订阅这份杂志。不过，到了中国澳门以后，平时不再翻阅这份杂志。但是有好几位学者读到了这期杂志以后给我来信，他们都相信这个专栏的产生，其实是因为我这本书给杂志编者带来的启发，虽然杂志没有明确指出这点，但是在编辑部开设这个专栏的通告中，多次提到我关于茶馆的研究。①

　　另外，这本书的影响已经超出了学术界的范围。如四川人民艺术剧院打造川话版老舍的话剧《茶馆》，在全国各地巡回演出十分成功。我也曾经非常荣幸地受到四川人艺的参演人员的邀请，在北京观看了这个演出。参演人员告诉我，为了帮助演员把握角色和理解茶馆，导演李六乙要求大家阅读我的这本《茶馆》。对此媒体也有报道："《茶馆》这本书不仅谈成都的茶馆，还通过

---

① "The Economist's New China Column: Chaguan," *The Economist*, Sept. 13, 2018.

茶馆谈历史、经济、人类学等问题，有助于演员开阔眼界。"①

最后想谈一下图像的使用问题。法国历史学家包利威（Xavier Paulès）在他的书评中指出，在书中使用现代茶馆的一些图像来说明过去是不太恰当的。② 其实，我在出版英文本之前收集图像资料的时候，就意识到了这个问题，当时几乎找不到关于民国及以前成都茶馆的照片，只找到了若干当时的漫画。在《茶馆》的中文版出版之后，我陆续收集到了一些关于成都老茶馆的图像，包括英国历史学家李约瑟（Joseph Needham）、美国《生活》（*Life*）杂志的摄影记者 C. 麦丹斯（Carl Mydans）抗战时期在四川拍摄的照片，这次收入了本书的新版中。不过，我也不同意包教授认为完全不能使用今天图像的看法，其实，这些图像作为参考还是有相当的价值的，同时也展示了文化和日常生活的连续性。人类学家的田野考察，也是通过今天还存在的生活方式去寻找过去的文化和习俗。不过，考虑到本书的篇幅已经比较大，新版减少了现代照片的数量。

最后，希望我们的读者喜欢北京大学出版社出版的这本新版《茶馆》。

王　笛
2021 年 5 月 17 日于澳门大学

---

① 《用四川话演〈茶馆〉是啥味儿?》，《成都商报》2017 年 11 月 15 日。
② *Études chinoises*, vol. XXVIII, 2009 (by Xavier Paulès).

中文版序

我对茶馆的兴趣,应该说是始于1980年代写《跨出封闭的世界——长江上游区域社会研究,1644—1911》时,[1]但当时所能得到的关于茶馆的资料,不过是晚清傅崇矩所编《成都通览》上的寥寥数语(也是人们广泛引用的资料)和1980年代初陈茂昭在《成都文史资料选辑》上的一篇回忆,虽然资料的缺乏使我难以对茶馆进行更深入的研究,但这个课题一直在我脑中萦绕。在为《街头文化:成都公共空间、下层民众与地方政治,1870—1930》收集资料的过程中[2],我不断发现关于茶馆的记录,遂逐渐萌生了专门就茶馆写本专著的念头。1998年,我在约翰斯·霍普金斯大学的权力、文化与历史研究所(Institute of Global Studies in Power, Culture, and History),宣读了我第一篇关于茶馆的论文《闲人和忙人——20世纪初成都茶馆与公共生活》,这篇论文2000年发表在美国《城市史杂志》上,修改后的中文本次年又以《二十世纪初的茶馆与中国城市社会生活——以成都为例》发表在《历史研究》上。[3] 2001年《街头文化》英文本交出版社后,我便全力以赴进行这本《茶馆》的写作。

2003年初稿成形后,便开始了漫长和艰苦的修改过程,其间众多学者耳提面命;我还在国内外利用演讲该主题的机会,听取大家的高见。稿子每从头到尾大改一次，我另存一份电脑文件，等书最后定稿，有整整12个版本！虽然不能说我对本书完全满意了，但最后与最初版本相较，真有天壤之别。从第一篇论文到专著出版，其间刚好经历了10年。

西方历史学家喜欢"打一枪换一个地方"，但我觉得自己更像一个人类学者，对一个地区进行孜孜不倦的长期田野考察。写作《跨出封闭的世界》使我对四川的社会和文化有了宏观的理解，但《街头文化》和本书以成都为中心，这个城市的微观世界令我心醉。我现在正在撰写的关于社会主义时期的茶馆与公共生活的著作，也是以成都为焦点。这三本书可以算是一个中国城市微观史和成都叙事的"三部曲"吧。在《街头文化》中，我的焦点放在精英和大众、精英文化和大众文化的对抗上。但本书的中心则是两个基本线索，一个是在20世纪上半叶，国家角色日益加强，国家支持的现代化不断削弱地方文化的独特性；另一个是在国家权力深入地方的过程中，以茶馆为代表的地方文化，竭力对抗现代化所推行的国家文化的同一模式。

刚开始这个研究计划时，由于资料的缺乏，原来是打算利用有限资料写一本百年成都茶馆的历史；但由于从成都市档案馆发现了丰富的有关茶馆的档案，我决定以1950年（成都被解放军接管是1949年12月27日）作为分界，写两本书。我至今仍然记得在成都市档案馆发现有关茶馆档案时的兴奋之情，甚至回美国时也不放心将资料托运，一直随身携带，不敢让其须臾离开自己的视线，生怕丢失。在英文本出版后，便想尽快能使本书与中国读者见面。经过一年多的努力，十分高兴中文本顺利完成。这里借用中文本出版的机会，简要将我研究这一课题的现实与理论思考作一些交代。

强国家与弱社会

在这本书中，我想表达的是什么呢？如果要用简单一句话，就是国家是怎样逐步深入和干涉人们的日常生活的。"国家"这个词在本书中经常出现，本书导言部分对这个词进行了解释。在英文中，与中文"国家"一词相近的词至少有三个是常用的，即 country、nation 和 state。但这三个词在英语中有明显区别，country 是从地缘的角度讲"国家"，nation 是从民族的角度讲"国家"，而 state 是从国家体制和国家机器角度讲"国家"。在本书中，我所讲的"国家"是 state，因此经常又是"政府"的同义词。作为 state 的"国家"，在本书中有时也具有不同的含义，当相对人民而言，它是"政府"，可以是中央政府，也可以是地方政府，在军阀时期也可以是军阀政府；当相对地方而言，它是"中央政府"，具有 state 和"全国的"（national）的双重含义。

这里还有必要对本书中的"地方文化"和"国家文化"进行一些解释。我认为所谓地方文化，就是由于地理、生态、生活方式所形成的一种地域文化现象。由于过去交通不发达，社会相对分离，所以文化具有各自的独特性。"国家文化"是我经常使用的另一个词，英文我用的是 national culture，其中也包含了 state 所推行的文化。而对国家文化要下一个准确的定义基本上是不可能的，因为随着时空的转移，特别是近代由于交通的发展和政治的冲击，地域间的交流不仅更频繁，规模也在扩大，地方文化和国家文化的意思也在发生变化，而且这两个概念之间经常发生游离。但是我认为国家文化至少包含以下三个要素：第一，是由国家权力来提倡和推动的；第二，是有利于中央集权的；第三，有一个全国的统一模式。

从本书中，我们可以清楚地看到国家权力的过度扩张和国家文化的胜利所带来的后果，现代中国比任何时候都更步调统一，但比任何时候都缺乏文化的个性和多样性。以中国城市为例，虽然建筑是丰富多彩的，但城市外观和布局日趋千篇一律。中国的地域文化逐渐消失，现代化使中国文化日益趋向同一。中国是一个崇尚大一统的国家，许多人有着强烈的国家情结，认为只要是为了国家的大一统，可以付出任何代价，他们对地域文化的衰落以及消亡是不会有一丝半点的遗憾的。一个统一的意识形态，统一的民族文化，宏大的国家叙事，无疑在建构强势的国家政权中可以扮演积极的角色，同时还能满足那些具有强烈国家意识的人们的愿望。

国家政权深入社会底层的努力，是从晚清开始的，民国时期进一步强化，国民党的失败，新政权的建立，使国家政权的管理能力达到顶峰，这是20世纪现代化国家建构（state building）的一个重要过程。在近代中国，爱国者们所憧憬的"国富民强"的"国"，是作为民族（nation）的国，而非国家机器或政府（state）的国。一个过于强势的国家机器，是经常与"国富民强"背道而驰的，甚至使民权进一步弱化，人们只好把全部期望寄托在出现一个"好政府"上。其实，作为民族的国家和作为政府的国家的强弱是可能成反比的,例如美国作为民族国家是强大的,但作为国家机器是相对很弱的,因为国家的权力被"强民"(或社会)所分化,特别是公民手中握有选票这个武器,而只有在"民强"的时候,才会出现真正强大的民族国家(nation)。

在本研究所涉及的时段内,中国基本上都展现出国家机器不断强化的趋势。公民与国家(state)始终是一对复杂的关系,前者始终是弱者,是保护公民利益,还是保护国家利益?地方与国家的关系也存在同样的矛盾,是保护地方文化,还是保护国家文化?无论这些关系对人民和民族有利还是有弊,有一点是毋庸置疑的:如果国家有着无法挑战的绝对权威,那是不利于社会的发展的。假使国家的利益取代公民的利益,那么国家无非成了剥夺公民利益的工具。在现代化早期,需要加强国家权力以推动现代化,建立民族国家,但如果国家权力大到任何力量都无法制约的时候,社会则无法发展,民权则无法伸张。

国家与社会关系问题,是西方研究中国历史的一个着眼点。在1980年代末1990年代初,美国学者冉枚烁(Mary Rankin)、罗威廉(William Rowe)、全大伟(David Strand)使用"公共领域"(public sphere)这个概念来研究近代中国时,遭到不少学者的反对,认为哈贝马斯(Jürgen Habermas)的概念不适用于中国。我在撰写《街头文化》一书时,主要考察公共空间是怎样演变成社会政治空间的,从一个侧面论证了"公"在地方政治中的角色。现在,我们比任何时候都更清楚了,不是"公共领域"这个概念是否可以用来研究中国的问题,而是采用这个概念来研究中国时,怎样定义这个概念的问题。其实冉枚烁在研究浙江、罗威廉在研究汉口、全大伟在研究北京时，不存在所谓哈贝马斯的概念的误用问题，因为他们从来就没有同哈贝马斯使用同样的概念，而且事先申明与哈贝马斯的概念是有区别的。

事实上，哈贝马斯的"公共领域"也并非像我们过去理解的那样总是一个与国家对立的社会和政治力量，它同时也是指物质空间。我将在本书的结论中对这个概念进行具体讨论。当人们走出家庭这样的私人领域，便进入了公共领域。从"物质"的"公共领域"这个角度看，茶馆扮演了与欧洲咖啡馆和美国酒吧类似的角色。即使退一步，按照比较严格的哈贝马斯的概念，即把公共领域视为与国家权力对抗的一种社会和政治空间，茶馆仍然不失为一个名副其实的公共领域。正如在本书第 8 章中所讨论的，我们看到国家的司法权是怎样在社会基层被分化，一个"最民主的法庭"（虽然这种说法理想化了这种社会活动）是怎样在发挥着稳定的作用。

公共空间和公共生活是地方文化的强烈表达，在中国城市生活中扮演了一个中心角色，为市民参与社会和政治提供了舞台。欧美城市史学者对公共聚集场所，诸如咖啡馆、酒馆、酒吧等都有相当深入的研究，在那些地方，陌生人聚集，交流信息，进行家庭和朋友之外的公共生活。公共空间是观察社会关系的极好场所，在这些地方，各种人们特别是下层民众，从事着日常生活活动。但是中国城市的公共生活长期为城市史学者所忽视，因此，我希望通过对 20 世纪上半叶成都茶馆的考察，揭示民众与公共空间、街头生活与公共生活的关系，探索国家（state）在公共空间的政治话语是怎样建立起来的。

实际上，20世纪下半叶的中国有相当长一段时间，便处于强"国家"弱"社会"的时代，国家掌握了政治、经济、社会、文化的大部分资源，这是此前任何政权所未能实现的。传统的"公"的领域也几乎不复存在。在城市中，从街道到单位，差不多都是国家行政机构的一部分，由各级政府任命的领工资的党和行政部门的大小官员，管理人们社会生活的大部分事务。1970年代以前的中国几乎没有名副其实的社会组织，名义上的社团往往仅仅是国家政权机构的一部分，无论是同业公会、工商联，还是各种文化协会，都没有多少独立性。社会事务只能由国家包办，但实际上国家又无力包办，社会没有了能动性，失去了活力。只有到了1970年代末之后，随着思想解放、改革开放、经济发展以及中产阶级逐渐兴起以后，才出现了部分自治的商业联合会、专业协会、联谊会、慈善会、宗教协会以及各种自愿组织等，"社会"才逐渐走向复苏，虽然这个过程是长期的和缓慢的。[4]

国家怎样管控社会和日常生活，是20世纪中国一直存在的问题，本书无非是从公共生活的角度，以茶馆作为窗口，系统考察20世纪上半叶的这个过程。从20世纪开始，茶馆一直被政府和改良精英认为是鼓励懒惰、滋生罪恶的地方，在国家强大的话语霸权下，即使是那些为茶馆辩护的微弱声音，即使是那些茶馆和茶馆生活勇敢的捍卫者，也显示了他们内心深处对茶馆的未来缺乏信心，虽然他们反复强调茶馆的功能，但似乎也同意茶馆是"旧"的东西，社会"进步"之后，最终新的公共设施将取代茶馆，茶馆终将消亡。[5]但他们完全始料未及的是，经过了新民主主义革命和社会主义革命的胜利以及"大跃进""文化大革命"、改革开放、市场经济、国际化等,社会的确已经有了巨大进步,甚至可以说发生了翻天覆地的变化,中国传统中的许多东西都永远不复存在了,但茶馆不仅没有消亡,而且达到了前所未有的繁荣。这充分反映了地方文化的顽强。[6]

新文化史与微观史

本书应该说是以新文化史和微观史取向研究中国史的一个实践。理解茶馆的社会、文化、政治角色,不仅能够帮助我们从微观角度了解成都,而且对我们认识20世纪中国城市、城市社会以及与中国政治之关系都将有所裨益。这个研究力图回答:当传统的日常生活和休闲的方式逐渐消失,为什么茶馆能够在艰难的社会环境中幸存并更加繁荣?为了回答这个问题,我考察茶馆的历史、茶馆的经济功能、作为社区中心的茶馆以及茶馆所蕴藏的丰富的日常文化和政治文化。微观历史研究取向可以引导我们进入城市的内部,茶馆提供了研究下层民众活动的一个重要空间,在那里我们可以仔细考察他们日常生活的细节,即使那些细节看起来是多么的微不足道。

对茶馆的考察给我们提供了把城市社会放到"显微镜"下进行观察的机会。虽然难以像C.金兹伯格(Carlo Ginzburg)那样利用系统的宗教裁判所档案对一个案例进行深入分析,[7]但我仍然通过挖掘茶馆——这个人们日常生活中最基本的单位——的各种有关记录,以尽量详细的叙事来重构过去人们日常和公共生活的历史。事实上，在20世纪前半叶的成都，几乎没有其他机构像茶馆那样与人们的日常社会生活密切相关。在中国，没有任何一座城市像成都那样有如此多的茶馆。如果把茶馆视作城市社会的一个"细胞"，那么在"显微镜"下对这个细胞进行分析，无疑会使我们对城市社会的认识更加具体深入。我试图对茶馆这个"肌体"进行全面考察，从茶馆生活到经营、同业公会、雇佣以及茶馆政治、政府发布的关于茶馆的政策等，揭示茶馆作为一个典型的小商业，怎样与城市日常生活联系在一起，考察其独特的活力和文化。这一对茶馆的研究有三个内容：其一是对日常休闲的作用，其二是作为一个经济实体的功能，其三是它们的政治角色。

我研究公共空间、日常生活和微观世界，在相当程度上也是受到西方新文化史、微观史的影响。新文化史从1980年代以来渐成气候，加入这个阵营的学者把普通人作为他们研究的主要对象，同时他们也从过去现代化理论流行时代的社会科学和科学的方法，转向讲究叙事和细节的人文的方法。虽然大事件仍然是许多历史学家的研究中心，但在此大背景下，一些新课题如日常生活、物质文化、性别身体、记忆语言、大众文化等得到明显的发展。

西方新文化史的发展是有一定的理论渊源的，如A. 葛兰西（Antonio Gramsci）的文化霸权与庶民文化理论便有着广泛的影响。他认为取得文化霸权的关键是看革命党能否成功地把新的文化观念传播到民众之中。但他也认识到，新旧文化经常交叉重叠，很难明显划分，因此工人阶级的"新思想"和"新文化"不可避免地以新旧杂存的形式显示出来。[8]这种理论趋向在英国新社会史学派的重要代表人物 E. P. 汤普森（E. P. Thompson）《英国工人阶级的形成》这部名著中体现出来。汤普森认为，从某种意义上说，英国工人阶级的形成并非源于产业工人，而是源于具有庶民文化传统的手工工匠。这个背景当然也影响到英国工人阶级的阶级意识、行为和工人运动，因此早期工人运动的中坚力量是手工工匠，而非产业工人。被认为持"新劳工史"取向的贺萧（Gail Hershatter）关于天津工人和裴宜理（Elizabeth J. Perry）关于上海工运的研究，便受到汤普森研究的启发。[9]总体看来，关于中国工运的研究，焦点仍然放在占很小比例的工厂工人身上，但在这本关于茶馆的研究中，我们可以看到，实际上中国近代城市中，手工工人占有绝对的统治地位，本书便通过茶馆考察小商业中工人阶级的生活和命运。

　　南亚下层的庶民研究学派给我们考察下层民众提供了极好的范例。从20世纪80年代初起，一批在西方的印度裔学者就南亚特别是印度庶民社会进行了长期的研究，他们的成果集中在系列丛书"庶民研究"中，其代表人物是印裔的澳大利亚人 R. 古哈（Ranajit Guha）。当然庶民研究内部也有不同声音，如 G. 斯皮瓦克（Gayatri Spivak）便批评古哈将庶民视为一个同一体，而忽略了底层之中的不同性。斯皮瓦克有一句名言，即"底层人能说话吗？"这里实际提出的是底层人能否发出自己的声音的问题。但古哈表示，庶民一定要而且能够发出自己的声音，尽管这种声音可能是微弱的。[10]这项对成都茶馆的研究证明，我们可以从普通民众的日常生活中找到他们的声音，以他们自己的声音来考察他们的思想和行为，是研究下层和微观世界的一个极富挑战性的努力。

新文化史也得到人类学很大的启发，例如人类学家 C. 吉尔兹（Cliford Geertz）的《尼加拉：19 世纪巴厘剧场国家》，通过对尼加拉的研究，揭示生态、地理、政体、宗族、婚姻、结盟、村落与国家、庙会、梯田组织、灌溉会社、庆典、祭祀、权力等方面的问题，这些问题不仅是人类学家关注的，也是新文化史家的兴趣所在。在这里，国家庆典被隐喻为剧场表演，"国家"只有在举行仪式之时才展示出来。因此，巴厘岛的居民通过公共戏剧化，即举行庆典场面来建构一个国家概念。所以实质上尼加拉只是一个宗教意义上的结构，并非政治、社会或经济的实体。吉尔兹的另一部为新文化史学者津津乐道的著作是其论文集《文化的阐释》，特别是关于巴厘斗鸡的那一篇，从村民的一种日常活动中，他观察到了其所表现出来的社会、文化和政治。他发现，虽然搏斗的是公鸡，但实际上是男人间的竞争。对吉尔兹来说，斗鸡是了解巴厘社会的一个文本，即民族文化的文本。[11] 从同样的意义来说，茶馆便是我了解中国社会的一个文本。

与新文化史齐头并进且相互影响的是微观史学。C. 金兹伯格的《奶酪与蛆虫》应该说是微观历史最早和最有影响的著作之一。全书篇幅不大，只着眼于一位生活在 16 世纪意大利北部偏僻山村经营磨坊的农民。研究微观历史，首先需要系统的资料，宗教裁判所的详细记录为这个课题提供了必要条件。这个农民因"异端邪说"而被宗教法庭起诉，在经过长达十多年的审讯后被处死。宗教法庭对他的审讯记录被完整地保存下来，作者从这些完整的记录中,竭力挖掘他的内心世界。例如从其在受审时所交代材料中的书籍入手,分析这个小磨坊主怎样理解那些文本,从而使金兹伯格能够通过研究这样一个在历史上微不足道的小人物,建构一个小磨坊主的心灵史,由此去解读当时的社会、宗教和文化,展示意大利大众文化与精英文化之间的关系和冲突。金兹伯格研究的焦点,实际上是与精英文化相对的大众文化和下层文化的历史[12],从微观角度研究前现代的意大利社会和文化可谓得天独厚。G. 鲁格埃罗(Guido Ruggiero)从微观史学的角度,以老妇玛格丽塔奇怪的死亡为分析案例,探讨了17世纪初意大利宗教、大众文化与日常社会生活的复杂关系。这个研究利用宗教裁判所和宗教法庭记录,探讨当时人们是如何解读疾病、身体以及人们所生存的世界,从而进一步理解近代早期的文化世界。对作者来说,玛格丽塔的死亡不仅是一个医学上的神秘故事,而且也是探讨一种被遗忘的文化和前现代医学实践的窗口。作者像写侦探故事一样,把我们一步步带入事件内部,把各种细节拼在一起,从而发现它们之间的联系。这个研究给我们提供了关于微观史的一个很好的范例。[13]

当然也并不是说没有宗教裁判所档案就无法进行微观历史的研究了。R. 达恩顿(Robert Darnton)的《屠猫狂欢:法国文化史钩沉》,从不同的资料来源和侧面讨论法国社会和文化,包括民间传说故事、手工匠的自传、城市指南、警察密探报告、狄德罗的《百科全书》、读者与出版社的通信等。该书是新文化史和微观历史研究在资料利用和解读方面的经典之作。该书共有6章,我觉得最有意思的是第2章,即关于书名中的屠猫故事的解读。该章对一个印刷学徒工所记叙的杀猫取乐活动进行文本分析,以此观察阶级冲突、师徒对立等问题。印刷学徒工的生活百无聊赖,平时经常酗酒甚至斗殴。在这里,师傅夫人最喜爱的猫是资产阶级的猫,吃得比学徒好,还叫春引人讨厌,因而引发了虐猫的恶作剧。而达恩顿的杰出之处,是力图追溯这个恶作剧的文化渊源,当时民俗便有虐猫的传统,如在狂欢及其他各种仪式中,对猫进行折磨。而且猫在大众文化中经常暗示巫术,民间便存在着免除猫魔的仪式,包括使猫致残的各种办法,如割尾、断腿、火烧等酷刑。有的人在新房落成后,把活猫封在墙壁里辟邪。在法国通俗文化中,猫还影射生殖和女性性欲,因此在民间故事中,经常描述女人在恋爱中像猫一样。通过虐待女主人的猫,也就暗示欺辱女主人,使女主人象征性地受到性侵犯。杀猫行为,也是一种猎杀女巫行动,或暗喻反抗或造反。[14]

如果我们试图在中国史领域找到与微观历史相通的研究,史景迁(Jonathan Spence)的《王氏之死》可能是最为接近者。该书以乡村底层人民的生活为中心,描写了贫穷的山东郯城从生态到农民的艰苦生活。从一场地震开始,然后看当地的自然状况、疾病、饥荒、暴力、满洲征服,讨论土地、天气、农业、赋税、人口、行政机构等。史景迁还重点描述下层人民的生活,例如寡妇如何把儿子抚育成人、地方上的各种争斗等;最后从一桩杀人案的原原本本,来看妇女的遭遇和地位。王氏是一个贫寒农民之妻,与人私奔,数月后因走投无路而返家,丈夫恨其使他颜面尽失,在大雪之夜将她掐死,还嫁祸邻居。多亏知县黄六鸿发现破绽,侦破疑案。不像欧洲的微观史研究,史景迁并无系统资料,只好主要根据《郯城县志》、黄六鸿所著《福惠全书》以及蒲松龄的《聊斋志异》等不多的文献,重构几百年前一个北方贫穷村庄的社会和生活,显示出其运用资料的高超技巧。史景迁前些年出版的《书的叛逆》,以讲故事的手法,记述了雍正时曾静案和《大义觉迷录》出笼的前因后果,也非常接近微观史的写作手法。[15]

所有上述著作对我研究茶馆都或多或少有所影响,读者都可以看到我与这些研究在学理上的联系。不过,我关于茶馆的研究又与上述所有研究在关注的问题、使用的资料、解读文本的思路、分析事件的方法等方面,有很大的不同。

宏大叙事与日常取向

是否地区或地方的研究可以提供一个理解中国社会和文化的普遍性知识,是历史学家关心的问题。微观研究的意义在于,能够为把对历史的认识上升到一个更广义的层次提供个案分析,其不仅能丰富我们对地方的知识,而且有助于我们对中国的理解。由于中国地理、经济、政治、文化、社会特征的复杂性,任何同一性或特殊性都应在我们的思考范围之内。当我们研究大众文化、一般民众、日常生活时,也应该重视那些具有普遍意义的重要事件。一方面,对微观和下层的研究使我们能观察那些知之不多的社会底层现象;另一方面,对具有历史意义的重大事件的考察,可以加强我们对政治和日常生活的深刻理解。因此,当我们将微观视野放在民众、日常、街头、茶馆等问题时,精英、国家、政治运动等也不可避免地会被纳入我们的讨论之中。这种取向使我们在研究微观问题时,也充分注意到宏观的历史事件。虽然微观历史津津乐道那些微不足道的细节或"小历史",但其所揭示的问题有助于我们理解大历史。[16]

刚去世的美国哥伦比亚广播公司(CBS)著名节目制作人D.荷维特(Dan Hewitt)有句名言"告诉我一个故事"(Tell me a story),以讲述故事的手法来进行新闻报道和分析,他对美国新闻报道的叙事方式有着重大影响,其所创办的电视新闻周刊《60分钟》(60 Minutes),开创了新闻报道的新里程。在我的历史写作中,也持有类似的原则,讲述在茶馆里发生的故事,揭示了关于茶馆的许多细节。这些细节,是我论证人们怎样使用公共空间、国家如何控制和影响日常生活、地方文化怎样抵制国家文化等更宏大问题时所不可或缺的。引子和尾声这两个部分实际上是对半个世纪成都社会和茶馆变迁的概括,有的细节是根据历史记载的一种逻辑重建,如果读者读完本书,再对照我在《街头文化》中对成都的描述,就会发现这种逻辑重构完全是有历史依据的。

本书既是一本微观史,也是一部叙事史,亦是一部大众文化史。不过采取新文化史和微观史取向对中国进行研究时,有若干问题还值得进一步讨论。正如我前面所指出的,新文化史和微观史受人类学影响甚深,但由于人类学、社会学、文学等学科日益"侵入"历史研究领域,不少学者感到了危机,担心历史学将因此被"解构"。其实我认为这是杞人忧天,多学科交叉不仅没有给历史学带来危机,而且开拓了新方向,给历史学带来了生机和活力。过去历史学对有些课题无法进行研究,或者有些老课题似乎已经山穷水尽,但由于多学科、新思维、新方法的引进,许多新课题得到开拓,老课题有了新发展。其实,如果说许多其他学科"侵入"了历史学领地,那么历史学实际上也"侵入"了其他学科的"势力范围"。[17]

新文化史和微观史使我们从宏大叙事转到日常取向。考察历史的角度和方法,经常因史家的历史观而异。过去我们研究历史,钟情于宏观历史和历史上的风云人物,风行一时的黄仁宇的《中国大历史》[18]更使我们相信,历史学家应该高瞻远瞩,写历史也应有叱咤风云的气概、指点江山的魄力、洞悉天下大事的眼光,或像《资治通鉴》那样,为当政者提供治国的借鉴,或为国家民族复兴在意识形态上奠定基础。书写这样的历史,在相当程度上满足了我们驾驭历史的野心。因此,中国的历史,从根本上看,可以说是一部帝王将相、英雄豪杰、知识精英的历史,因为我们相信,只有写他们,才能建构有关民族和国家命运的宏大叙事,才能体现史学家的使命感。我们事无巨细地了解帝王将相、风云人物的一举一动,他们当然比一个默默无闻的普通人对历史更有影响。但问题在于,我们所面对的是占总人口99%以上的小人物,他们每天也在创造历史,只不过创造的方式不同罢了。我们不关心他们的情感、他们的生活方式、他们对世界的看法、他们的遭遇、他们的文化、他们的思想,因为他们太渺小,渺小到难以进入我们史家的视野。因此,我们所知道的历史是一个非常不平衡的历史,我们把焦点对准一个帝王将相、英雄驰骋的小舞台,而对舞台下面千变万化、丰富多彩的民众的历史不屑一顾。

在帝王和英雄的历史书写下，我们把希望寄托在历史上屈指可数的明君贤相、精英人物身上，视个体的小人物如沧海中的一滴水，可有可无，似乎他们在历史上没有留下任何踪迹。

研究日常、大众、下层，涉及历史观和方法论的问题。虽然主流意识形态不断强调是人民推动了历史前进，我们的历史研究实际上对这个动力十分轻视。当然论者可以反驳说，研究农民战争不也曾红极一时？但很清楚，这些农民战争的研究基本是以领导者为中心的。一旦一个普通农民振臂一呼成为起义的领袖，便成为我们历史撰写中的"英雄"，他们的事迹不过是进一步为英雄史观提供更多的脚注和事例罢了。我们似乎不屑把精力浪费在历史上默默无闻的芸芸众生身上，唯恐这样便降低了我们历史研究的意义。黄仁宇的《万历十五年》，不正是从一个平平常常的、"没有意义的一年"（a year of no significance）而发现了这个帝国内部所隐藏的导致其灭顶之灾的深层危机吗？[19]当然，黄仁宇的兴趣，仍然在于帝王将相，与我们所关注的默默无闻、日出而作、日落而息的老百姓，仍然有着遥远的距离。

一位我十分钦佩的成就斐然的前辈美国华裔历史学家曾经告诫"千万不要做第二等的题目"，言下之意是要选重要题材，才可能成就杰出历史学家，所以他所做选题，都是关于国计民生的大题目。他的这种看法，引起不少国内史家的共鸣。但是我怀疑，是否真的存在所谓"一等题目"或"二等题目"。我想在那些崇拜"一等题目"学者的法眼中，巴黎圣塞弗伦街印刷作坊中学徒工的杀猫、巴厘岛上土著居民的斗鸡、成都穷街陋巷边茶馆里的清谈……应该都是末流题目了。其实，每天的日常生活,较之突发的政治事件,难道不更贴近我们的命运吗?在我看来,没有无意义的研究对象,无论我们的研究对象是多么平淡无奇,多么缺乏宏大的"政治叙事",如果我们有利用"显微镜"解剖对象的本领,有贴近底层的心态和毅力,就可以从那些表面看来"无意义"的对象中,发现历史和文化的有意义的内涵。如果我们的读者从茶馆这样一个"无聊"的题目中,能够得到哪怕一丁点有意义的启发,那么我这十来年的心血也算没有枉费了。

2009年5月初稿于加州伯克利
2009年11月定稿于得克萨斯大学城

注释

[1]《跨出封闭的世界——长江上游区域社会研究,1644—1911》,中华书局,1993年第1版(精装),2001年第2版(平装);北京大学出版社,2018年修订版;台北,五南出版公司,2002年繁体字版。

[2] 即 *Street Culture in Chengdu: Public Space, Urban Commoners, and Local Politics in Chengdu 1900-1950*(Stanford University Press,2003)。

[3] "The Idle and the Busy: Teahouses and Public Life in Early Twentieth-Century Chengdu." *Journal of Urban History* vol. 26. no. 4 (2000): 411-437; 王笛:《二十世纪初的茶馆与中国城市社会生活——以成都为例》,《历史研究》2001年第5期。

[4] 社会主义时期这种国家与社会关系的演变,我将在目前正撰写的20世纪成都茶馆和公共生活的第2卷《茶馆:成都公共生活的衰落与复兴,1950—2000》(*The Teahouse under Socialism: The Decline and Renewal*

of Public Life in Chengdu, 1950-2000》中进行系统阐述。在"文化大革命"及其之前的30年中,茶馆这个行业奄奄一息,名存实亡,直到改革开放后,才开始复苏。如果说本书是以"小商业和日常文化的凯旋"作为结尾,那么关于茶馆的第 2 卷对成都茶馆在 20 世纪下半叶的考察,则是以"小商业和公共生活的衰落"作为开始,我们将看到新政权是怎样逐步削弱以茶馆为代表的传统小商业,而人们的公共生活是怎样同时衰落的。在 1950 年代初的集体化和社会主义改造运动中,大多数私营茶馆转为集体所有,茶馆数量急剧减少,这也极大地改变了城市经济结构。但改革开放后,茶馆如雨后春笋般地发展起来,而且繁荣到了史无前例的地步。关于茶馆的第 2 卷将揭示在各种激进时期城市社会生活改变的过程和程度,从中华人民共和国成立到改革开放,茶馆作为一个微观世界,怎样见证了社会、经济、文化和政治的演变。

[5] 老乡:《谈成都人吃茶》,《华西晚报》1942 年 12 月 26—28 日。

[6] 看起来可以轻易把茶馆取而代之的新公共空间、新娱乐设施层出不穷,诸如咖啡馆、网吧、KTV、舞厅、影剧院以及其他现代娱乐设施,外加令人眼花缭乱的电视节目、VCD、DVD 等,越来越多的家庭有了汽车,周末到城外度假。尽管人们的日常生活有了如此多的选择,但传统的坐茶馆的生活方式仍保留下来,成都的茶馆不但没有消亡,反而有了较大发展,到 2000 年,成都至少有 3000 家以上茶馆,而整个民国时期,成都茶馆也不过 600 家左右。茶馆为何有如此顽强的生命力?这便是我茶馆研究的第 2 卷要竭力回答的问题。

[7] Carlo Ginzburg, *The Cheese and the Worms: The Cosmos of a Sixteenth-Century Miller* (Trans. John and Anne Tedeschi. New York: Penguin Books, 1982).

[8] Antonio Gramsci, *Prison Notebooks* (Ed. Joseph A. Buttigieg; trans. Joseph A. Buttigieg and Antonio Callari. New York: Columbia University Press, 1992).

[9] E. P. Thompson, *The Making of the English Working Class* (New York: Vintage Books, 1966); Gail Hershatter, *The Workers of Tianjin* (Stanford: Stanford University Press, 1986); Elizabeth J. Perry, *Shanghai on Strike: The Politics of Chinese Labor* (Stanford: Stanford University Press, 1993).

[10] Ranajit Guha, *A Subaltern Studies Reader, 1986-1995* (Minneapolis: University of Minnesota Press, 1997); Gayatri Chakravorty Spivak, "Can the Subaltern Speak?" in Gary Nelson and Lawrence Grossberg eds., *Marxism and the Interpretation of Culture* (Urbana and Chicago: University of Illinois Press, 1988), pp. 217-313; Ranajit Guha, "The Small Voice of History," in Shahid Amin and Dipesh Chakrabarty eds., *Subaltern Studies, IX: Writing on South Asian History and Society* (Oxford and New York: Oxford University Press, 1996), pp. 1-12.

[11] Cliford Geertz, *Negara: The Theatre State in Nineteenth-Century Bali* (Princeton: Princeton University Press, 1980); Cliford Geertz, *The Interpretation of Cultures* (New York: Basic Books, 1973).

[12] Carlo Ginzburg, *The Cheese and the Worms: The Cosmos of a Sixteenth-Century Miller.*

[13] Guido Ruggiero, "The Strange Death of Margarita Marcellini: Male, Signs, and the Everyday World of Pre-Modern Medicine." *American Historical Review* vol. 106, no. 4 (2001): 1141-1158.

[14] Robert Darnton, *The Great Cat Massacre and Other Episodes in French Cultural History* (New York: Vintage Books, 1985). 关于法国的微观历史还有一些有影响的成果, 它们也是得益于宗教裁判所档案。例如勒华拉杜里 (Emmanuel Le Roy Ladurie) 的《蒙塔尤》研究的是 14 世纪法国一个山村的日常生活。他探讨这个小山村的环境、家和家庭、心态、举止、婚姻、性行为、儿童、死亡、日常聊天、社会结构、小酒店、巫术、教士、犯罪、民俗等。微观历史研究是否能进行

下去，经常取决于资料的情况。勒华拉杜里在导言中便详细介绍了资料的来龙去脉。该地区的宗教裁判所法庭，在 1318—1325 年间共进行了近 600 次审讯，涉及近百个案例。出庭受审的人有各种身份，贵族、教士、农民、工匠、小贩等，但大多数是一般百姓。这些审讯十分详细，案卷记录犹如人类学家的田野调查，事无巨细，为重建若干世纪前的山村生活提供了可信的资料。这些审讯记录的形成有三个步骤：先由一名记录者听取审讯和供词，快速记录为草稿；然后将草稿给被告过目，进行修正；最后由记录者再把修改的稿子誊抄在羊皮纸上。见 Emmanuel Le Roy Ladurie, *Montaillou: The Promised Land of Error* (Trans. Barbara Bray. Yew York: G. Braziller, 1978)。

[15] Jonathan Spence, *The Death of Woman Wang* (New York: Viking Press, 1978); Jonathan Spence, *Treason by the Book* (New York: Viking Press, 2000).

[16] 2006—2007 年度我在美国全国人文中心（National Humanities Center）做研究员时，著名宏观历史学家 D. 克里斯蒂安（David Christian）也在那里做研究员，我们这两个"走极端"的历史学家，似乎还很有共同语言，经常一起交流。他的《时间地图——大历史导论》，是我所见到的最宏观的历史，从宇宙、时间和空间的起源写起，然后到生命和生物圈，才是人类的进化，农业的起源，城市、国家与文明，这本 600 多页的巨著，以预测未来结束。见 David Christian, *Maps of Time: An Introduction to Big History* (Berkeley: University of California, 2004)。大小历史是可以进行对话的。其实我们关注很多共同的问题，如人与自然、人与社会的关系，正如人们在茶馆中所谈论的主题，大至宇宙，小至虫豸，都是历史学可能涉及的对象。

[17] 如我自己便使用竹枝词研究成都的日常生活。见 Di Wang, "The Rhythm of the City: Everyday Chengdu in Nineteenth-Century Bamboo-Branch Poetry." *Late Imperial China* vol. 22, no. 1 (June 2003): 33-78。

[18] Ray Huang, *China: A Macro History* (Armonk: M. E. Sharpe, 1988); 中文版, 生活·读书·新知三联书店, 2007。

[19] Ray Huang, *1587, a Year of No Significance: The Ming Dynasty in Decline* (New Haven: Yale University Press, 1981); 中文版, 生活·读书·新知三联书店, 1997。

英文版序

本书缘起于 1998 年 3 月我在约翰斯·霍普金斯大学权力、文化与历史研究所宣读的一篇论文。我要特别感谢罗威廉（William Rowe）在研究这个课题漫长过程中对我的启发、鼓励以及许许多多的帮助。我还要感谢周锡瑞（Joseph Esherick），作为斯坦福大学出版社的审稿人，他两次通读全稿，提出了最为全面、最为详尽、极有建设性的意见，使我的一些重要论点更为清晰、更加尖锐。我还想感谢另外两位匿名审稿人的意见和建议。我很感激黑田明伸 2005 年邀请我到东京大学的东洋文化研究所进行 7 个月的访问研究，那段时间我对书稿的修改有了极大的进展。在本书写作的各个阶段，不少学者以各种方式对这个研究给予帮助，在此我要感谢齐慕实（Timothy Cheek）、岸本美绪、林培瑞（Perry Link）、梅尔清（Tobie Meyer-Fong）、村田雄二郎、韩书瑞（Susan Naquin）、欧中坦（Jonathan Ocko）、坂元弘子、司昆仑（Kristine Stapleton）、司马富（Richard Smith）、孙江、铃木智夫、王硕、麦吉福（Jeffrey McClain）、叶文心、吉泽诚一郎、曾小萍（Madeleine Zelin）等。我感谢美国全国人文科学研究中心 2006—2007 年度研究员对我书稿的建议，包括 R. 比奇（Robert Beachy）、F. 波多格那（Francesca Bordogna）、C. 博郎宁（Christopher Browning)、J. 格德斯登（Jan Goldstein）、S. 弗斯（Sally Hughes）、B. 科南（Benedict Kiernan）、S. 科恩（Sheryl Kroen）、J. 帕斯勒（Jann Pasler）、W. 舍维尔（William Sewell）、S. 谢尔兹（Sarah Shields）、J. 斯威特（James Sweet）、R. 维尔（Rachel Weil）等。我在得克萨斯A&M大学历史系的同事们，包括T. 安德森（Terry Anderson）、T. 比科汉姆（Troy Bickham）、O. 卓尔（Olga Dror）、C. 达宁（Chester Dunning）、A. 哈特费尔德（April Hatfield）、C. 海汉（Carol Higham）、A. 克肯戴尔（Andrew Kirkendall）、A. 纳尔逊（Adam Nelson）、D. 瓦特（David Vaught）、L. 维登索尔（Lora Wildenthal）等，我感谢他们或阅读我的部分初稿或提供其他帮助。感谢历史系主任W. 本格尔（Walter Buenger）和文学院执行副院长B. 克劳奇（Ben Crouch）对这个课题一如既往的支持，包括提供研究经费和学术休假等，使我能集中精力完成本书。

在本书的写作过程中，我曾应邀到一些学术机构就这个专题进行演讲，包括"中研院"（台北）、南开大学（天津）、霍普金斯-南京中心、南京大学（南京）、一桥大学（东京）、东京大学、加州大学尔湾校区、四川大学、法国高等社会科学院、得州大学（奥斯丁）等。感谢那些出席我演讲的学者和学生，他们所提出的问题对我都很有启发。我还要感谢老成都人和老茶客姜梦弼和熊卓云，他们告诉我许多在茶馆里的亲身经历。感谢来约翰（John E. Knight）先生允许我使用传教士那爱德（Luther Knight）1911年和1912年在成都教书期间所拍摄的照片，感谢王玉龙先生帮助我得到使用这些照片的许可。我感谢J. 约翰逊

(Jean Elliott Johnson）女士提供和允许我使用她父亲 H. 依利罗特（Harrison S. Elliott）1906 年和 1907 年在成都所拍摄的照片。我特别要感谢摄影家陈锦先生慷慨允许我使用他所拍摄的许多关于茶馆的精彩照片。我还要感谢画家刘石父、李万春、谢可新、潘培德、熊小雄、孙彬、张友霖允许我使用他们所作长卷风情画《老成都》的一些局部。我感谢 A. 克勒特（Ann Kellett）的书稿校对。感谢斯坦福大学出版社的资深编辑 M. 贝尔（Muriel Bell）对本书编辑出版整个过程的指导和所做的努力、助理编辑 J. 苏厄热斯（Joa Suorez）和 K. 奥斯特（Kirsten Oster）在本书编辑过程中的帮助、资深编辑 J. 希巴德（Judith Hibbard）对本书的精心制作。特别感谢 R. 甘地（Richard Gunde）对最后文稿的仔细编辑和所发现的问题。

这个研究得到了各种基金的资助，包括美国学术团体协会/国家人文研究基金（American Council of Learned Societies/National Endowment for the Humanities）、日本学术振兴会（Japan Society for the Promotion of Science）、霍普金斯－南京中心中美文化研究所（Institute for International Research at the Hopkins-Nanjing Center）、美国历史学会（American Historical Association）等。这项研究还得到得克萨斯 A&M 大学的资助，包括国外研究旅行资助基金（International Research Travel Assistance Grant）、历史系/人文研究中心基金（Department of History/Center for Humanities Research Fellowships）、促进学术和创造活动基金（Program to Enhance Scholarly and Creative Activities）等。我感谢全国人文科学研究中心提供了优裕的研究和写作条件，使我 2006 2007 年

度在中心撰写茶馆研究的第 2 卷（即《茶馆：成都公共生活的衰落与复兴，1950—2000》）的同时，能对本书进行最后修改定稿。感谢成都市档案馆允许我使用其卷帙浩繁的档案资料，当我在那里阅读资料时，得到了非常优良的服务。我感谢得克萨斯 A&M 大学的埃文斯图书馆（Sterling C. Evans Library）、四川省档案馆、四川省图书馆、四川大学图书馆等。另外，本书第 3 章和第 7 章（译注：即中文本的第 7 章和第 9 章）的初稿在《20 世纪中国》（Twentieth-Century China）和《欧洲的东亚研究》（European Journal of East Asian Studies）上发表过，本书的若干插图也在《城市史杂志》（Journal of Urban History）发表的我的一篇文章中使用过，感谢这些杂志和编辑允许我将这些资料包括在本书中。

我将本书献给我的朋友和老师韦思谛教授（Steve Averill, 1945—2004）。我们第一次见面是 1989 年他在四川大学做研究之时，后来他与密歇根大学的杨承恩（Ernest Young）一起，申请了美国学术团体协会下的美中学术交流委员会（Committee on Scholarly Communication with the People's Republic of China）的青年学者基金，我于 1991 年作为访问学者到密歇根大学和密歇根州立大学进行研究。我早期在美国的学术生涯中，是韦思谛引导我初步熟悉西方历史学，帮助我由一个中国学术训练出来的研究者，转化为中西兼修的历史学家。在我离开密歇根后，他继续在学术上给予我全力支持，认真阅读我寄给他的每一篇论文，提出启发性和建设性的意见。他还无私地将关于东亚史的课程资料给我使用，使我从他的教学经验中受益良多。他在患病以后，还花了大量时间编辑我的关于"茶博士"("Masters of Tea",即本书的第 3 章［译注：中文本的第 7 章］) 的论文，发表在他生前主编的最后一期《20 世纪中国》上。我最后一次见到他是 2004 年在圣地亚哥召开的亚洲研究协会年会上。虽然他当时身体已十分虚弱，仍然出席了我关于茶社业公会论文（即本书第 2 章的初稿［译注：中文本的第 6 章］) 的宣读，还在会上要大家注意我即将在《20 世纪中国》发表的那篇文章。他对本研究寄予很高的期望，并为此花费了很多精力，他的鼓励使我为完成这个研究工作更加努力。

最后，如果没有我家庭的支持，这个研究是不可能完成的。为此，我对妻子李薇和儿子王也的理解和支持深怀感激，在我致力于这个课题研究的这些年来，是他们使我的生活更有趣和更有意义。我衷心感谢父母和哥哥，他们总是我最坚定的支持者。

引 子
——早茶

一城居民半茶客。

——民谚

1900年1月1日,农历己亥年腊月初一,即20世纪的第一天,这正是一年中最冷和白天最短的时节。但这一天对成都居民来说,似乎并没有什么特别的意义,他们祖祖辈辈都习惯于农历计时。这不,他们记得很清楚,再过五天就是小寒,离春节——他们真正的新年——差不多还有一个月。"20世纪"这个词,他们可能还闻所未闻。今天他们在茶馆里的闲聊,也从未提到过这是跨越世纪特殊的一天。当然他们不会意识到,要在一百年以后,也即是说偌大的省城当时全部的居民,包括这天降生的世纪婴儿,可能都已经不在这个世界上时,世纪的第一天才会在日历上重复一次。

这一年是光绪在位的第26年,中国正发生着惊天动地的大事。当这天清晨成都的茶客们起来喝早茶(成都人称"吃早茶")的时候,义和团已经像野火一样,烧遍了整个华北平原。就在昨天,即1899年12月31日,19世纪的最后一天,英国传教士布鲁克斯(S. M. Brooks)在山东肥城被杀,这是自1887年巨野教案以来,在山东被杀死的第一个传教士。腥风血雨正在酝酿，大难快要降临。但远在五六千里外的成都平原，北有剑门雄关，东有三峡天险，似乎还感觉不到任何危机。当然，北方所发生的事，在当时的通信条件下，还不会这么快传到成都，因此今天清晨的茶馆闲聊，还不会提到这件事。

成都作为四川的首府，这时的生活还是平静的。自明末清初张献忠之乱，成都从废墟中重建之后，便没有遭过大规模的兵燹；乾嘉以来，虽然白莲教在川省盛行，但也多是在边县骚扰，并没有危及固若金汤的省城；鸦片战争后洋人的炮舰和廉价的商品，也未能严重波及长江上游的四川；太平天国虽然扫荡了整个东南地区，但四川幸运地没有受到严重影响；虽然同治、光绪以来红灯教在四川便颇为活跃，但并不像在北方那样蔓延。直到19世纪末，四川还是一个相对平和的世界，人们还基本生活在传统的生活方式之中。

这时的成都，四面的城墙高高耸立，外有锦江和府南河环绕，东南西北四个城门是进出城的必经之路，当夜幕降临，则四门关闭，人们有一种安全感。城墙是这个城市最庞大、最高和最坚固的建筑。在这个城市的西边，还有另一座城墙，将满城（又称少城）与大城隔离开来，旗人便住在城西的满城之内。在成都的中心，还有一座由城墙包围、御河环绕、历史悠久的皇城。你如果站在城墙上眺望，可以看得很远，眼前是漫漫无际的屋顶，像一片灰色的海洋，除了东南西北四个清军练兵的校场有点空地外，一层和两层的瓦房犹如波浪，延伸到无边的远方（见插图 0-1）。在天晴的时候，你向东还可以看到绵延的龙泉山，往北则可依稀瞧见岷江上游大雪山的影子。如果是在傍晚的话，你的视野会很快消失在黄昏的薄暮和缭绕的炊烟之中。

引子——早茶 003

插图0-1 在城墙上眺望满城,眼前是灰瓦的海洋。1911年秋。

资料来源:当时任教于四川高等学堂的美国人那爱德(Luther Knight)所摄。照片由来约翰(John E. Knight)先生提供,使用得到来约翰先生授权。

在这世纪之交，住在城墙里面的有三十多万居民，分布在大大小小四五百条街巷，房屋鳞次栉比，人们生活在社区和邻里之中，而茶馆便是街道和社区的中心。那时成都的社区组织完善，除保甲外，还有各种善堂、同乡会、商帮、行会、土地会（又叫清醮会）等。日常生活不用劳官吏的大驾，清廷更是遥不可及，真有点天高皇帝远的感觉。那时成都没有街灯，夜幕降临之后，街上便漆黑一片。不过，即使是在黑暗中，人们好像也没有什么恐惧感，因为坚固的城墙把出没在荒野的盗贼阻挡在外，加上每条街还有栅栏，由更夫夜关晨开，以保邻里安全。天黑以后，在7点打了一更，此后每隔两个时辰敲响的竹梆的清脆声，在夜深人静之时，传得很远很远。各街巷和邻里的打更梆子声交汇在一起，似乎给人们编织了一张安全网。即使人们可能被梆子声惊醒，但他们知道有人还在各街巡夜，很快便又放心地翻一个身，沉沉睡去。对大多数成都居民来说，这个清脆的响声，是他们度过寒冷的漫漫冬夜不可缺少的伴侣。

这天凌晨，整个城市仍然笼罩在黑暗之中，更夫不过刚敲了五更，在这寒冷的冬日，谁不想在热被窝里多睡一阵？但住在茶馆附近的人家，已经能够听见堂倌下门板、瓮子匠（即茶馆的火夫）掏灶膛的声音，他们知道这是本街茶馆准备迎接吃早茶的客人了。这么冷的天，地下还打着霜，谁会这么早到茶馆喝茶呀？显然，问这个问题的人，一定是个外来客。因为当堂倌下门板、瓮子匠开始生火烧水的时候，在这个城市的各个角落，有人开始在黑暗中从床上坐起来。成都燃料稀缺价昂，一般人家是舍不得点火取暖的，屋里屋外一样冷。从热被窝进入这冰冷的世界，没有一番毅力,是很难挣扎起来的。

这些早起的男人们,在黑暗中摸摸索索地穿好衣服,他们并不点灯,以免惊动家人。他们既不洗脸,也不漱口,但不会忘记把烟袋拿着,尽量轻轻地把门打开。在万籁俱寂的冬日下半夜,开门栓的"咣当"声和门枢转动的"吱呀"声,仍然会传得很远。由于有了响动,附近不知谁家的狗咬了起来,便引发了一连串的遥相呼应,但一会儿便又恢复平静。这些早起的人们,一边咳嗽、清喉咙,一边慢慢走在夜晚打了霜的石板路上。周围一片漆黑,加上石板路凸凹不平,石板中间还有被载重的鸡公车长年累月压出来的槽印。那些没有铺石板的背街小巷,更是坑坑洼洼。有时他们还得谨防绊倒在路旁没有加盖的废水沟里,或踏进埋在道边供路人小便的尿缸中,不小心拧了脚,脏了鞋。成都冬日的下半夜,不仅天特别黑,还经常有雾,更增加了行走的难度,所以着急不得。好在这一小段路,他们已不知摸黑走了多少个来回,任何地方的坑坑坎坎,都一清二楚,因此走得很从容,更不用说他们一迈出门槛,便可以看见在朦朦胧胧的远处,即街的尽头,从茶馆里透出的光亮,只消迎着这个亮光走去便是。

片刻工夫,他们便进了茶馆,一股热气扑面而来,炉膛的火烧得正旺,灶上十几个铜壶正烧得呼呼作响。他们可能发现莫道人到早,更有早到人,每天都见的老茶客们,有的已经在那里了。忙得额头起了汗珠的堂倌也热情招呼一声"早!"瞬间盖碗茶便已放到了桌上,对这些老茶客,堂倌知道谁喝什么茶,根本不用费口舌问了,按着滚烫的鲜开水,从紫铜壶的壶嘴中像一条龙似地飞下来，霎时便盘踞在茶碗中，还冒着热气，掺茶动作干净利落，不会有任何水滴溅到桌上。如果茶客们觉得这时人还到得不多，或者仍然睡意蒙眬，提不起聊天的兴趣，便可以靠在椅子上打打瞌睡。坐了好大一阵，殷勤的堂倌也将茶水加了一两次了，陆陆续续来的早客们，逐渐把这个小空间填满，茶馆里越来越嘈杂，把那些正在假寐的早到者，也从神游中闹醒了。

成都的冬日亮得晚，茶馆外面天仍然是黑的，不过这时公鸡开始打鸣，不知道哪家的公鸡第一个早起鸣叫，但很快一传十，十传百，百传千，在全城此起彼伏，遥相呼应，城市交响乐的序曲便开始奏响。东方开始有一丝光亮，然后渐渐露出了鱼肚白。借着微弱的晨曦，人们可以看到一点街面的景况了，整个城市的轮廓也慢慢显示出来。这时高大雄伟的城楼，也不再像是一个黑暗中影影绰绰的大怪物，人们依稀可以看见两扇巨门紧闭，塔楼上还有个大屋顶。不久，城门开始由好几个守卫使劲地推开，发出"轰轰隆隆""吱吱嘎嘎"的巨响，住在附近的居民便知道开城门了。这时，四个城门口已经有不少等在城门内外希望赶早进出城的人们了（见地图1，插图0-2）。

这个城市逐渐从朦胧的晨雾中现出真面目，随着茶馆变得越来越嘈杂拥挤，街面上也热闹起来，各种小贩仿佛是从地下钻出来的一般，出现在大街小巷，他们以不同的声调吆喝或敲着独特的响器，宣布着他们的到来，为这城市日常生活的交响乐增加了更富有色彩的动人音符。这些赶早的小贩，大多是卖蔬菜和小吃者。这时候的成都，真是小贩的自由世界，他们可以把

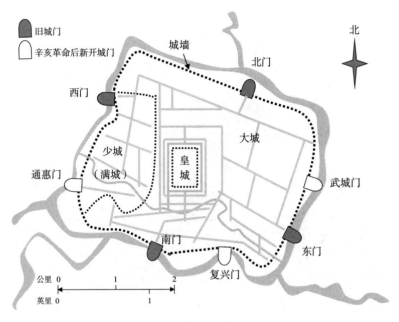

地图 1　城市、城墙和城门，1900—1950 年

挑子放在任何地方做生意，没有人会说他们占了道，也不用缴税（见插图 0-3）。这时成都是一个自治的社会，没有警察，甚至根本就没有市政府，社会基本上是由不领工资的地方精英自治管理的，所以行政管理成本非常之低，自然不用收很多税来维持政府的运行。虽然这时由成都县和华阳县两县共管成都城，但每个县更大量的人口是在农村，那是县府的主要关注点，再加上清代实行的是小政府，县府各种人员加在一起，从知县、九房衙吏到各班差役，也不过两三百号人，两县相加也不过五六百人，他们要管理两县城乡共八十多万人口，哪里还有精力和时间来对付这些小贩？

插图 0-2　通惠门

这个城门是 1913 年修建的。图中穿制服者是邮局雇员,他们正运送邮件通过城门。

资料来源：Hosie, *On the Trail of the Opium Poppy: A Narrative of Travel in the Chief Opium-Producing Provinces of China*, p. 1。

当这些小贩吆喝着经过茶馆时,不想回家吃早饭的茶客,便摸出几文铜钱,叫小贩把点的小吃端进来,屁股不用离开坐椅,早餐便已落肚。那时成都人最常吃的早餐,无非是汤圆、醪糟蛋、锅盔、蒸糕、糍粑、油条等,出三五文便可打发肚子。小贩们担一副挑子,一端是火炉,一端是食品佐料和锅盘碗盏,简直就是一个流动厨房。那些舍不得花这几文钱的茶客,这时把茶碗推到桌子中央,告诉堂倌不要收碗,回家吃完早饭再回来接着

引子——早茶 009

插图0-3 花会期间青羊宫里的货摊

农具是过去传统花会经营的商品，改为劝业会后，摊贩与展览共存。1911年春。

资料来源：当时任教于四川高等学堂的美国人那爱德学堂所摄。照片由来约翰先生提供，使用得到来约翰先生授权。

喝。堂倌也从不会因此做脸做色，哪怕茶客在家耽搁久一些，从从容容把早饭吃完，甚至还可以处理些杂事，几小时后回来，他的茶碗仍然在桌上静候主人。

等肚子填饱，自然精神大振，闲扯的嗓门也高了起来。外来人会注意到，这是一个男人的世界。不光是喝早茶者，即使他们等一整天，也不会看见一个女人坐进茶馆。不过他们会看到，不时有女人到茶馆买热水或开水，甚至把肉拿来叫瓮子匠帮助炖，或把药带来熬，然后便匆匆离去。她们是附近人家的，茶客们不会感到奇怪。但是，如果一个女人模样长得不错，或者某茶客听到关于她家的什么风言风语，话题会自然地转到她身上。所以，一般中上等人家的女人是不会出现在这些地方的，到茶馆买水之事，常派下人办理。

这些茶客虽然不知道昨天布鲁克斯被杀之事，但对华北已经闹了相当长一段时间的义和拳，还是略有所闻的。虽然在四川没有酿成北方那样的大乱，但红灯教、神拳教的活动也不是什么新鲜事了。茶馆闲聊的中心，除了邻里的逸闻趣事，自然也离不开这样的政治主题。这时的成都，真是闭塞得很，所以茶客的想象力当然也就十分有限。不到两年前，尊经书院的山长宋育仁在成都组织了蜀学会，并以学会名义出版《蜀学报》，鼓吹改良，传播新学，也把海外和全国新闻带到这一偏远的内地。但这个新出版物的发行毕竟有限，虽然有的茶客会把从《蜀学报》上看到的新闻拿来议论一番，可对大多数其他茶客来说，那毕竟是不相干的遥远世界。

现在我们已经很难知道，在世纪之交第一个早晨人们在茶馆里谈论的具体话题，但是可以肯定的是，那些茶客所认为不相干和遥远的世界和事件，其实同他们是多么息息相关。在新世纪的第一天开始的茶馆生活，既是过去传统生活方式的继续，亦是未来 50 年那充满艰辛、动荡、无奈、惶惶不可终日的经历的开端。他们中没人能预料到未来的 50 年在茶馆，在成都，在四川，或在中国将会发生什么。如果他们中的长寿者，在 50 年后仍然坐在成都的某家茶馆里，回想过去半个世纪的风风雨雨，不知会不会发出一声长长的叹息，或是为茶馆居然能够在兵荒马乱的年代苟且偷生，而发出一阵深深的感慨。

第 1 章 导 言
——城市、茶馆与日常文化

> 茶馆是个小成都，成都是个大茶馆。
>
> ——民谚

本书是从社会、经济和政治的角度考察成都人坐茶馆的生活方式和文化现象。"坐茶铺，是成都人若干年来就形成了的一种生活方式。"[1]在20世纪前半叶的成都，几乎每条街都有茶馆，没有任何一个公共空间像茶馆那样与人们的日常生活密切相连，茶馆生活成为这个城市及其居民生活方式的一个真实写照。因此茶馆实际上是个微观世界，折射出大千世界的丰富多彩、变化多端。这个研究以成都茶馆为中心，试图再现成都的公共生活和文化形象，勾画在最基层单位上公共生活的完整画面，并通过挖掘在成都茶馆中所发生的形形色色的大小事件，建构茶馆和日常文化的历史叙事和微观考察。我希望这个研究可以把读者带入城市的内部，提供一个在"显微镜"下观察城市社会的机会，从而以一个新的角度理解中国城市及其日常生活。[2]

本书实际上是通过研究茶馆考察20世纪上半叶中国社会、经济和政治的变迁，其贯穿始终的主要观点是：在20世纪前半叶,坚韧的地方文化和习惯不断反抗西化的冲击,拒绝现代化所造成的文化同一模式,抵制国家权力的日益渗入,而这种国家权力渗入并日益加强的过程,贯穿在20世纪上半叶的民众公共生活之中,即国家越来越直接地干预人们的日常生活。在这个时期,城市的改良和现代化过程中有两条线并进:一是国家角色加强的同时,现代化持续消弭地方文化的特点,导致地方文化独特性的削弱;二是在此过程中,以茶馆为代表的地方文化,既显示了其坚韧性,亦展现了其灵活性,以对抗国家权力和现代化所推行的国家文化的同一模式。[3]

传统中国城市的发展,多受制于生态环境、地理交通、市场网络及经济地位等诸多因素及条件,城市空间和文化是自然形成的(当然像西安、南京、北京等首都城市,以及一些因政治或军事因素发展而来的城市例外),并无一个"总体规划"或全国的统一模式。因此,中国各城市呈现出结构面貌、经济功能、地方管理、生活方式、风俗习惯等方面的复杂性,形成了丰富多彩的地方文化。晚清以降,现代化潮流冲击整个中国,随之而来的城市改良运动,便是按照一个统一的模式来改造城市,这个模式包括整修街道以改进交通,重建城市空间以创造"现代"的城市景观,规定卫生标准以防止疾病,清除街头乞丐以推进"进步"的城市形象,制定各种规章以维持公共秩序,改良休闲娱乐以"启蒙"大众,发扬爱国精神以培养新的国家认同,强化政治以推动国家控制,等等。目前学者对不同城市上述各种措施都有一定的研究,但一般都局限在某个或某几个方面。其实,如果我们选择某个城市进行考察,可以发现在晚清和民国时期,一个城市可以说采取了全部这些措施,反映了整个国家政治、经济、文化一体化的趋势。[4]

在现代化和日益增长的国家权力的冲击下,地方的独特性和多样性的削弱是显而易见的,虽然随时间和空间的转移有的剧烈,有的缓慢。从政治上观察,这个过程亦反映了地方主义与国家政治的斗争。在晚清,改良者和政府视地方风俗为"不文明的"和"落后的",试图按照西方或日本模式进行改造。辛亥革命以后,地方军阀抵制中央政府的政治统一。直至1936—1937年,国民党和国民政府才最后确立了对四川的控制,从而在地方加快了建立一个统一的国家文化的步伐。地方文化抵制现代化旗号下国家文化的同一模式,在抗战和内战时期达到了顶峰。

这个研究有助于我们理解:当晚清和民国时期整个国家政治剧烈动荡,经历着经济、社会、文化变迁之时,一个内陆城市的日常生活是怎样并在多大程度上被改变了。本书希望通过对成都茶馆生活的考察,揭示公共空间和日常文化的复杂关系。本书试图证明的是,茶馆是一个微观世界,是一个复杂的社会存在,提供如聊天、消遣、娱乐等各种休闲活动,但茶馆的功能远远超出休闲,亦是一个工作场所和地方政治舞台。对城市居民来说,茶馆是当时为数不多的公共空间之一,即使是其他"现代"娱乐场所出现以后,茶馆仍然是人们能够拥有公共生活而且乐意光顾的最大众化的设施。人们在茶馆中追求公共生活和社会交往,茶馆也是信息交流和社会活动中心,亦为不少社会组织的大本营。茶馆是占城市经济主导地位的小商业的一个典型代表,通过对茶馆的研究,我们可以进一步理解小商业的管理、竞争和雇佣等问题。茶馆甚至成为地方和国家经济、政治、文化演变的晴雨表。由于其对市民日常生活的重要作用、多样化和复杂性，茶馆总是成为社会改良和政府控制的对象，各个政治和社会集团也试图对其施加影响和加以利用。

本书的研究集中在三个主题之上：一是茶馆对人们日常生活的作用。各种社会集团利用茶馆从事经济、社会、文化活动，他们以茶馆为市场，在那里做大小交易；以茶馆为舞台，提供和得到娱乐。我将分析茶馆在人们交往和社区或邻里生活中所具有的功能，讨论不同的社会集团、行业、性别是怎样利用茶馆而达到各自的目的。二是作为小商业的茶馆及其经营。我强调小商业在晚清和民国时期的成都是最重要的经济部门，没有任何其他店铺能像茶馆那样，与人们的日常生活有如此紧密的联系。茶馆不仅代表着一种独特的经营方式，而且还创造了丰富多彩的日常文化。我还指出茶馆所面临的内部和外部问题，考察茶馆与顾客、茶馆与地方政府的关系，分析茶社业行业公会和茶馆工人、工会的角色，观察它们是怎样成为地方政府与行业之间、地方政府与工人组织之间的中介。三是茶馆在公共政治中的角色。通过分析茶馆里的冲突、控制和权力斗争，揭示政治的变化总是及时地反映在茶馆中，茶馆成为国家和地方政治演变的一个风向标。政府以维持公共秩序之稳定为理由，颁布了许多控制茶馆的规章。抗战以及随后的内战时期，国家和其他各种社会力量利用茶馆为其政治目的服务，更是达到了前所未有的程度。诸多政治的新因素都影响到茶馆里的日常生活，经济、社会、政治状况的恶化，国家日益强化的控制，都在茶馆里得到反映，体现在人们所谈论的话题之中。这样，茶馆里的政治成为外部世界政治变化的集中展示。

城市和茶馆

成都地处相对封闭的长江上游地区，成都平原被众山环抱，被认为是"整个中国最富裕、土地最肥沃、人口密度最大的地区之一"。在中国北方，人们聚居在村庄里，但成都平原的农民则是散居的，如果从空中俯瞰，可见独立的农舍点缀在田野上一丛丛竹林之中。成都历史悠久，不少西方人对她不吝赞美之词，如"最好的城市之一""一个小北京""像京都一样的古典风情"等等。直至19世纪末，当沿海城市由于西方冲击经历剧烈变化之时，成都得以保留其传统，到成都的西方人惊奇地发现，"西方对成都的影响微乎其微"。[5]

在19世纪末20世纪初，成都是中国内地人口最多的城市之一。从清末到1920年代，成都人口为34万—35万人；1930年代到40年代，为44万—45万人，1945年其人口规模达到顶峰，有74万人，1949年降至65万人。[6]成都有城墙环绕，整个清代只有四个城门与外界相通。从辛亥革命到1930年代，又开凿了三个城门。在城墙之内，成都还有两个被城墙包围的小城，即少城（又称"满城"）和皇城。少城位于城西，清代为旗人居住，一堵城墙把其同大城分离开来，但辛亥革命后这堵城墙被拆除，少城和大城合而为一。皇城为汉代遗址，明代重修，位于成都城中心，周围御河环绕，内称贡院，三年一次的乡试便在此举行。虽然清廷覆没后其不断遭到破坏，但幸存到20世纪60年代，直至"文化大革命"中被彻底摧毁（见地图1）。[7]

喝茶作为中国日常生活的重要部分有着漫长的历史,正如民谚所称:"开门七件事,油、盐、柴、米、酱、醋、茶。"[8]今日世界饮茶之习源于四川,远可追溯到西周,秦统一中国后,方传到其他地区,这个历史发展过程为国内外学术界所公认。[9]在古代中国,人们追求在幽雅的环境中饮茶,文人骚客经常描写他们一边品茗一边吟诗作画的闲情逸致。清代画家郑板桥据称是"茶竹双痴",作画时茶与竹不可或缺,其追求的理想境界是"茅屋一间,新篁数干,雪白纸窗,微渗绿色",然后"独坐其中,一盏雨前茶,一方端砚石,一张宣州纸"。[10]显然郑板桥试图远离世俗的尘嚣,在大自然中得到创作的灵感。茶馆不可能营造这样一种心境。在成都,虽然茶馆具备了茶竹两者(使用竹椅,很多茶馆即坐落在竹林中),但通常是顾客盈门,熙熙攘攘。人们去那里不仅是喝茶,也追求济济一堂、熙熙攘攘的公共生活之氛围,这或许反映了在日常生活中一般大众与精英文人的不同品味和情调。

　　古代中国的各种记载提供了有关茶叶、茶叶生产、饮茶、茶文化的丰富资料,但对茶馆的记载多语焉不详。茶馆历史悠久,但其何时、何地以及怎样出现的,则不得而知。历史资料提到诸多饮茶之处,诸如茶室、茶摊、茶棚、茶坊、茶房、茶社、茶园、茶亭、茶厅、茶楼、茶铺等等,在不同地区、不同时间,有不同的形式和名称。由于缺乏详细的记载,我们并不清楚它们与今天所看到的"茶馆"有多大的相同和相异之处。不过,从有限的文献可知,至少唐代便有所谓"茶室",即喝茶的公共场所。在北宋首都汴京和南宋首都临安,有不少"茶坊",提供了同行同业聚会及妓女活动的场所。明代也有不少茶坊的记录,尤其是在南京、杭州、扬州等南方城市。[11]

成都亦有很长的茶馆历史。[12]元代费著的《岁华记丽谱》,便称成都有"茶房食肆",人们在那里喝茶时,有歌伎演唱"茶词"。[13]不过,20世纪之前关于成都茶馆的资料非常有限,目前所能见者无非几首竹枝词。乾隆时期的著名文人李调元写道:"秋阳如甑暂停车,驷马桥头唤泡茶。怪道行人尽携藕,桥南无数白莲花。"[14]当然,从这首词所透露的信息,我们也并不清楚他说的是在一个茶馆还是一个茶摊买茶,但是至少我们知道那时已有卖茶水的生意。一首19世纪初的竹枝词则提供了稍微详细一点的记录:"文庙后街新茶馆,四时花卉果清幽。最怜良夜能招客,羊角灯辉闹不休。"[15]该词不仅描述了茶馆的地点和氛围,从目前所知的资料中,还第一次提到了成都的"茶馆"。直至19世纪末20世纪初,现代概念的"茶馆"在成都并不普遍,正如晚清曾任知县的周询所写:"茶社无街无之,然俱当街设桌,每桌四方各置板凳一,无雅座,无楼房,且无倚凳,故官绅中无人饮者。"茶馆使用高的方桌、凳子、长条椅,不便人们久坐,到20世纪初,有茶馆开始使用矮方木桌和有扶手的竹椅,舒服的座位使顾客更乐意在此逗留,随后其他茶馆群起仿效。[16]

"茶馆"是现代中国对这类服务设施最常用的词,但在四川,特别是民国及之前,最常用的说法是"茶铺"。在过去的成都,熟人在街头相遇,最常听到的招呼便是"去口子上茶铺吃茶"。这里"茶铺"可以指任何一类茶馆。如果说"茶铺"是指人们所使用的公共空间,那么"茶社"或"茶社业"则经常指茶馆这个行业。20世纪初,一些更幽雅的茶馆设立,一般称"茶园"或"茶楼"。不少"茶园"提供演戏娱乐,而"茶楼"则指有两层或设在二楼的茶馆,不少以评书招徕顾客。

20世纪上半叶,许多到成都的外省人和外国人,对成都的茶馆和茶馆文化留下了深刻的印象,在他们的游记中常有生动的描述。成都人则自己调侃说成都有"三多":闲人多、茶馆多、厕所多。[17]在中国,成都的确以茶馆最多、茶客最众并在茶馆中消耗的时间最长而名声在外。如李劼人所描写的晚清:"茶铺,这倒是成都城内的特景。全城不知道有多少,平均下来,一条街总有一家。有大有小,小的多半在铺子上摆二十来张桌子;大的或在门道内,或在庙宇内,或在人家祠堂内,或在什么公所内,桌子总在四十张以上。"[18]外来者还经常将成都茶馆与其他地区进行比较。例如一个西方人发现在成都"有饭馆和茶吧(teadrinking saloons),面街而开,后者有着与英格兰的酒吧(publichouses)同样的作用,但并无酒吧那样的弊病。朋友们在那里聚会闲聊"。他还注意到"大部分生意都在茶馆成交"。[19]

不过关于茶馆最详细的描述还是来自到成都的外省人。著名教育家舒新城1920年代到成都时,印象最深的是"此地人民生活的特别休闲"。抗战爆发后,这种生活方式也改变不多。左翼作家萧军1938年到成都,吃惊于茶馆之多,便不无夸张地感叹道:"江南十步杨柳,成都十步茶馆。"曾经留学法国的国民党元老吴稚晖在1939年也称:"成都茶馆之多,有如巴黎的咖啡馆。"[20]当代著名作家和文学评论家何满子回忆道:"茶馆之盛,少时以为当属江南为最;稍长,到了一次扬州,才知道更盛于江南；及至抗日战争时期到了成都，始叹天下茶馆之盛，其在西蜀乎！"[21]何满子系江南人，除了战时在成都以及"反右"后被发配西北几年，他一生几乎都在江南度过，但成都茶馆是他常写的主题之一，生动地记录了他在成都茶馆中的经历和观察。[22]实际上，何满子不过是许多对成都茶馆情有独钟的外乡人之一，他们深受成都丰富的茶馆文化之感染，哪怕是短暂的茶馆经历，也给他们留下了无穷的回忆和无限的遐想。

1943年，一个文人写了一篇题为《关于茶馆》的有趣文章，描述了他在各地茶馆的不同经历。作者不是四川人，小时候父母不准他进茶馆，因为那是"下流社会"像鸦片烟鬼和赌棍这些人待的地方，即使他站在门外看里面的表演，父母也要把他狠揍一顿。因此，虽然他对茶馆很好奇，但在18岁离开家乡到武汉之前从未进去过。在武汉，茶馆的茶客也多是三教九流，他在那里染上了赌博、讲下流话等恶习，成为远近闻名的"恶少"。后来他改邪归正，到过许多地方，便很少再光顾茶馆。不过在上海和南京，茶馆舞台上的漂亮歌女和台下衣冠楚楚的观众，给他印象颇深。抗战爆发后他到了四川，头五年在重庆，"有几百个夜晚"都消磨于被谑称为"外国茶馆"的咖啡座中。最后他来到成都，发现这里的茶馆给各阶层的顾客提供了一个舒服的环境，是当时"以五元的代价，消磨半天以上的时间"的唯一去处，因而感叹道："成都茶馆最伟大，真足甲观寰中。"[23]

这些作者有着相异的政治、经济、社会、文化背景，观察的角度也各有不同，但他们对成都茶馆生活的印象和感受非常相似，都认为成都茶馆之多，其茶馆文化之独特，茶馆服务之大众化，接纳各阶层顾客之包容性，人们在茶馆里所待时间之长，茶馆与居民日常生活联系之紧密，是其他任何中国城市所难以比拟的。

茶馆的攻击者与捍卫者

整个20世纪上半叶，关于成都人坐茶馆的争论都十分激烈，大概以1937年为界，前后有明显不同。第一个阶段从晚清到1930年代初，对茶馆的批评基本来自成都内部，是当时地方精英推行城市改良、反大众文化之一部分，他们认为坐茶馆是"落后"生活方式的代表，而外来者却多对茶馆持欣赏态度。第二个阶段则是全面抗战爆发后，对茶馆及其文化的批评主要来自外省人（特别是从东部沿海来的，在四川经常被称为"下江人"），但遭到当地人的强烈反弹，显示了内地和沿海地区文化的冲突。这些争论也暴露了改良精英和政府官员是怎样评价与操纵茶馆和茶馆生活的，反映了他们对大众文化所持的不同态度，并由此影响了官方对茶馆所采取的政策。

精英对茶馆的批评充斥着官方文件、报纸新闻报道以及其他文字，如此大规模的批评源于晚清社会改良。批评一般集中在关于茶馆生活的几个方面：赌博、看"淫荡"和"暴力"的戏、浪费（金钱和时间）、妇女进入有伤风化等。改良精英对妇女出入公共场所甚为不满（见插图1-1）。这种态度与我们过去所认为的他们对妇女的态度应该比守旧者更为开化和宽容大相径庭。这些改良者推动了许多以西方和日本为范本的经济、教育、社会方面的改革，但他们在妇女问题上比西方的同侪保守得多，认为妇女在公共场所抛头露面是"不文明"的。[74]

插图 1-1 "可羞——女看男戏"

题图曰:"以妇女而看戏,已属不应。以女子而看男戏,不可羞乎?抛头露面,与优伶挑比于歌舞场中,反使唱戏者得饱眼福。吾不知女郎何以为情也。且其中之种种恶剧,纷纷流弊,贻害无穷。记者□欲明言,在维持风俗者之责任。愿女子勿入戏园为幸。"

资料来源:《通俗画报》1909 年第 5 册。

清廷覆没之后,大众文化遭到的攻击更为猛烈。1912年,四川军政府都督令警察总监关闭悦来茶馆,《国民公报》发表文章支持这一措施,针对茶馆所宣称的看戏为大众教育之观点,文章反驳道:"看戏不过消闲之事而已。"悦来茶馆被封之原因,是未按规定将男女分开,悦来以西方男女合校为此进行辩解,但该文则认为这是"破坏礼教之大防",以日本男女同浴加以反讽。文章拒绝承认晚清以来精英关于演戏具有教育功能的共识,这种共识实际推动了20世纪初的戏曲改良。这种对茶馆和戏园的敌视态度有愈演愈烈之势,正如一首词所劝诫的:"莫进茶房,莫入戏场,种我地,播我秧,一子落地,万子归仓。"[25]

在1910—1920年代,精英主流继续批评茶馆生活,不过在这个反大众文化的大合唱里,也有若干不和谐的音符。如有人强调茶馆的社会功能,指出坐茶馆的习惯由来已久,适应了社会的需要;有的则从文化和生活方式的角度,对茶馆有更多的积极理解。舒新城在1920年代游蓉城时,便悟出了成都人喜欢去茶馆的原因:

> 我看得他们这种休闲的生活情形,又回忆到工商业社会上男男女女那种穿衣吃饭都如赶贼般地忙碌生活,更想到我这为生活而奔波四方的无谓的生活,对于他们真是视若天仙,求之不得!倘若中国在时间上还能退回数十以至百余年,所谓欧风美雨都不会沾染我们的神州,更无所谓赛因斯(Science)先生者逼迫我们向二十世纪走,我们要为羲皇上人,当然有全权的自由。然而,现在非其时矣!一切的一切,都得受世界潮流支配,成都式的悠闲生活,恐怕也要为

川汉铁路或成渝汽车路而破坏。我们幸能于此时得见这种章士钊所谓农国的生活，更深愿四川的朋友善享这农国的生活。[26]

这段话流露出舒新城对茶馆所提供的那种节奏缓慢的传统生活方式的向往和欣赏。他估计，成都人用在茶馆的花销（包括茶、吃食、看戏），不及上海人抽烟的钱。他还指出，批评劳力者在茶馆浪费时间，而对政府官员尸位素餐以及许多人不务正业熟视无睹，是很荒谬的现象。与当时许多西化的知识分子不同的是，舒新城并不对西方文化照单全收，而流露出对中国传统生活方式的怀念。而这种生活方式在沿海地区，已经在相当程度上消失了。因此，当他发现成都人仍然保留着这样的生活节奏（见插图1-2），倍感珍惜。当然，舒新城来自沿海地区，那里物价较成都为高，他可能并未考虑到在上等茶馆里喝茶、吃东西和看戏，对一般成都人来说也是不小的负担。

抗战爆发后，大量外省人涌进成都，对成都茶馆的攻击进入一个新阶段。精英、官僚和政府更把对茶馆的批评，与中国之命运联系起来。他们指出，国家现处于危机之中，人们应把金钱和精力用在拯救民族上，而不该浪费在茶馆里。他们经常把在前方浴血奋战的士兵与后方茶馆里的闲人进行比较，以此来反衬那些"不爱国"的茶客。一篇发表于1938年的题为《战时成都社会动态》的文章，便批评成都居民对战争漠不关心，特别对两种"特殊人物"，即终日打麻将和在茶馆里混时间的人，诟病甚深。作者认为坐茶馆是"道地成都人的闲心"，虽也有人用茶馆做生意，但百分之五六十的人是"为吃茶而吃茶"，那就是为何茶馆总是

插图1-2 成都街头茶馆

长卷风情画《老成都》局部。

资料来源：根据原作翻拍。作者：刘石父、李万春、谢可新、潘培德、熊小雄、孙彬、张友霖。使用得到作者授权。

顾客盈门之原因。文章敦促那些"自私""麻木"的茶客觉醒，关心国家的命运。[27]

另一些人则试图为茶馆辩护。他们反驳那些在茶馆浪费金钱和时间的指责，宣称茶在各种饮料中最为便宜，也并非只有茶馆才是人们说三道四和散布谣言的地方。他们承认茶馆存在诸多问题，也有必要限制其数量，实行营业登记，规定卫生标准，以及禁止赌博和上演"淫戏"等，但不赞同关闭茶馆的过激政策。他们还举出具体事例,来证明茶馆存在的必要性。例如,如果一个男人与太太发生了口角,他可以到茶馆里待上几个小时,和朋友聊聊天,读读报纸,回家时可能已怒气全消。还有人解释道,现在很多年轻人去茶馆是因为失业,对他们来说茶馆是最方便、最廉价的去处,以消耗时间,会见朋友,甚至可以在茶馆寻找工作。[28]1949年一个名叫屈强的人评论地方报纸上关于茶馆喝茶的论战时宣称:"一说茶馆非取缔不可,一说不取缔亦无不可。依我,两种都该打屁股二百。若问理由,前者有千千万万的茶客会告诉你;后者,犯'浪费唇舌'罪。我要喝茶的,我没有理由,你能把'饭'戒掉,我就能把'茶'戒掉。你要吃饭,我就要喝茶!"[29]其言下之意是,该不该在茶馆喝茶是一件不用费口舌的事,只要人要吃饭,喝茶就不应被诟病。

对茶馆最有力的辩护,可能算是署名"老乡"、于1942年发表在《华西晚报》上的系列文章《谈成都人吃茶》。作者指出吃茶是成都人日常生活的一部分,"本身并不轻视它,也不重视它。唯有经别人发现后,就认为了不得了"。这里的"别人",显然是指战时来川的外省人,透露出关于茶馆的争议也有地域文化的冲突夹杂其中。他反驳那些在茶馆浪费时间的指控,以讥讽的口吻写道:"有的说:这于时间太不经济,大可不必。这种人都是大禹惜分者流,确可敬佩。不过这些人有时也露出马脚,去打牌,谈天,看戏,所消耗的时间比成都人吃茶还多(得)多,更不经济。问题在于他个人的癖性与嗜好,不合于他的味道,则一概抹杀。"对于称茶馆为"魔窟",学生在那里耽误了学习的批评,"老乡"指出"不能把一切坏的事实都归咎于茶馆",建议搞教育的人应该考察为何学生喜欢去茶馆,并指出,"万事有利必有弊,总不见得见到社会上有坏人,便马上主张社会应该毁灭"。他进一步说明,许多茶客都是普通人,甚至是穷人,喜欢在茶馆里消除疲劳,见朋友,天南海北地闲聊,"所谈无非宇宙之广,苍蝇之微;由亚里斯多德谈到女人的曲线,或从纽约的摩天楼,谈到安乐寺"。[30](见插图1-3)一些人漫无目的地神聊,一些人做生意,一些人独坐读书,甚至人们在喝茶时得到灵感。作者还以外国为例来支持自己的观点:"法国的大文学家巴尔扎克曾饮外国茶和咖啡,而完成了他伟大的《人间喜剧》。"作者进而愤

插图1-3 成都安乐寺

长卷风情画《老成都》局部。

资料来源:根据原作翻拍。作者:刘石父、李万春、谢可新、潘培德、熊小雄、孙彬、张友霖。使用得到作者授权。

慨地责问:"我辈吃闲茶,虽无大道成就,然亦不伤忠厚。未必不能从吃茶中悟得一番小道理。不赌博,不酗酒,不看戏,不嫖娼,吃一碗茶也是穷人最后一条路。"(见插图1-4)这位"老乡"应该是一位精英,但为"穷人"代言,倒使那些攻击茶馆的人显得不通民情,这的确是一个非常好的以攻为守的手段。

插图1-4　一家在成都近郊的简陋茶馆

拍这张照片是一个很偶然的机会。2003年7月9日我们一家去古镇黄龙溪去玩,我哥哥开车走错了路,开进了一条乡村土路,沿途几乎每一个聚居处,都有一个小茶馆,在十里路的范围内,大概有不下二十家这样的茶馆。客人少者仅三四人,多者二三十人,他们有的打麻将、打牌,有的喝茶闲聊。在问路的时候,我也走进茶馆与茶客们简单聊几句。他们对我们这些不速之客非常友好,七嘴八舌地回答我的问题。令我十分吃惊的是,这些茶馆里每碗茶竟然仅售1角或2角。图中的这个茶馆,便不过是开在路边靠墙搭的一个竹棚里。

资料来源:作者摄于2003年7月。

"老乡"还反驳所谓"清谈误国"的指责，认为这些批评者实际上也不过是"空谈"，因为他们虽声称国家利益为重，但不过是口惠而已，因为这些人也没有上前线打鬼子。作者有意将那些对茶馆的批评置于绝对的境地：如果说"清谈误国"是正确的，那么"误国即卖国，卖国者虽不一定是汉奸，也可与汉奸差不了好远，一概应下牢狱。这种人所得到结果，则是说，凡坐茶馆吃茶者，都应处无期徒刑或死刑。这才真正叫做，天下本无事，庸人自扰之"。文章宣称，对"真正祸国殃民的那一些人，那一群人，他们根本就看不见，或看见了便王顾左右而言他"。作者讥讽这些批评者在战争爆发后，"带着一脸的西崽相，来到大后方"，无所事事，他们并不敢挑战那些有权有势者，而把无权无势的茶馆和茶客作为靶子，以"无聊""误国"等语言进行攻击。"老乡"以调侃的语调写道：他们可以"仿效希特纳（勒），集天下之茶经而毁焚之"。言下之意，那些茶馆的批评者不过是无事生非，欺软怕恶，而且是崇洋媚外，所言虽然偏颇，但还真有点杀伤力。

"老乡"进一步问道："我们吃茶算罪过么？"成都有许多茶馆、茶园、茶楼、茶厅是有原因的。茶馆就是一个市场，人们在那里进行交易，解决纠纷。道路两旁的茶馆为行人和外来的生意人提供了休息之地。这样，茶馆为人们提供了方便，他们去那里喝"早茶""午茶"和"晚茶"。"即使吃茶过瘾，化上两毛钱，也不算是过于浪费。"（见插图1-5）文章问道，为什么在咖啡馆喝咖啡就是"时髦"，在茶馆喝茶就是"落伍"？这两种行为十分相似，这种抬高咖啡贬低茶的人"过于势利"，暴露了这些人的

"西崽气"。作者宣称:"如果今后新的公共场所建设,会人约朋,也可以少在茶馆里。我们不主张喊成都茶馆万岁……只消社会进步,有代替茶馆的所在出现,它定要衰落,甚至于不存在。不过,在今天,就是这个时候,还没有代替茶馆的地方出现,我们还是只好进茶馆,喝香片,休息,谈天,办事,会友,等等……一切的一切,按成都的老话,'口子上吃茶'。"最后的落款还专门注明"老乡写于茶楼上"。[31]

这可算是我目前所读到的最全面、最积极地为茶馆和茶馆生活辩护的文章,真是嬉笑怒骂,淋漓尽致,理直气壮。虽然这种声音在当时精英知识分子中并不占主流,但它代表了大多数成都人对茶馆的看法,反映出对企图改变他们生活方式的一种反抗。这篇文章也暴露了成都人与外来人之间的文化鸿沟。虽然像舒新

插图 1-5 茶馆里的学生聚会

资料来源:该照片由李约瑟(Joseph Needham)摄于1943—1946年。感谢英国剑桥大学李约瑟研究所(Needham Research Institute, Cambridge University)提供并允许我在书中使用这幅照片。

城这样的早些时候来蓉的外来者对茶馆持积极的态度，然而"老乡"的文章也暗示了现今的批评者多为外来客。"老乡"认为，这些批评者在战争爆发后来到成都，持一种文化的优越感，不敢把矛头对准有钱有势者和政府，于是把茶馆文化作为他们的靶子，把茶馆视为"无聊"和"误国"的祸源。他讽刺批评者有一副"西崽相"，似乎暗示只有那些拥抱西方文化者才会攻击茶馆，亦反映了他自己对"他人"的一种反感，从一定程度上暴露了族群和地理的分野。

因此，战时关于茶馆的争论实际上远远超过茶馆生活本身，这个争论表面上是因为茶馆问题，但我们从中看到了各种深层因素的冲突：地域之争，即东南沿海与四川内地之争，暴露出地域文化间的隔阂，随着大量外省人来到成都，这种文化的冲突更为剧烈；文化之争，即海派文化和内地文化之争，当从东部来的精英把茶馆作为攻击的目标时，争论在一定程度上成为内地川人与沿海"下江人"关于文化和生活方式评价的碰撞；中西之争，即传统的生活方式和西化的生活方式之争，包括对时间和浪费时间的不同观念；有权无权之争，即手中握有一定权力、代表国家话语的精英，向无权无势的芸芸众生施加文化霸权，而后者显现的是不满和反抗；精英文化与大众文化之争，从20世纪初便开始的反大众文化运动，便是以茶馆问题为突破口对大众文化进行打击；地方文化和国家文化之争，国家文化利用国家权力，以一种进攻姿态和强势地位，迫使处于防守姿态和弱势地位的地方文化向文化的同一性方向发展，而这一过程必然引起"弱者的反抗"；地方与国家之争，四川地处封闭的长江上游地区，在历史上有相当长的时期具有相对的独立性,直到抗战爆发前,中央政府才勉强把其纳入统辖的范围,但地方主义并未就此偃旗息鼓。

值得注意的是,即使像"老乡"这样的茶馆及其文化勇敢的捍卫者,也显示了从他们的内心深处对所支持的茶馆和坐茶馆的生活方式仍然缺乏坚定的信心。虽然"老乡"竭力为茶馆辩护,但仍然相信最终新的公共设施将取代茶馆。虽然他反复强调茶馆的功能,但似乎也同意茶馆是"旧"的东西,社会"进步"之后,茶馆终将消亡。他完全始料未及的是,在半个世纪以后,社会的确已经有了巨大进步,甚至可以说是翻天覆地的变化,看起来可以轻易把茶馆取代的新公共空间层出不穷,中国传统中的许多东西永远消失了,但成都的茶馆不但没有消亡,反而出现了史无前例的繁荣。[32]

城市史视野中的茶馆

学者强调了茶馆在城市史研究的重要性,不过到目前为止,可以说还没有任何关于中国茶馆历史系统的、深入的和全面的研究。现存关于中国茶馆的研究有三个取向。首先,强调茶馆的发展反映了城市公共空间的扩张,其扮演了复杂的社会角色。日本学者从20世纪80年代最早开始对茶馆进行研究,特别是铃木智夫发表的关于晚清江浙茶馆的论文,描述人们怎样利用茶馆进行娱乐、赌博等活动并在那里解决纠纷。但是他意识到,"由于缺乏资料,难以充分了解"关于茶馆的许多问题,诸如关于茶馆的经营、经营者、普及程度、怎样依靠其他势力等情况并不清楚。[33]随后，有若干篇关于茶馆的论文持类似的取向，其中包括西泽治彦关于成都茶馆的研究，为我们了解中国内地的社会生活打开了另一扇窗户。[34]王鸿泰则把视角放在沿海地区特别是南京和杭州，深入考察了从宋到清茶馆兴起、衰落、复兴这样一个过程。[35]

第二种取向把茶馆作为社会结构的基本单位，以及影响中国城市历史诸多因素之一，指出茶馆经常被宗族、职业、社会等各种组织用作聚会、解决纠纷之地，是地方精英的活动场所。茶馆是"城市精英经过挑选的、气味相投的'私谈'（private talk）的论坛"[36]。施坚雅（William Skinner）在他关于市场和社会结构的经典研究中，发现成都平原乡镇上的茶馆同酒馆、饭馆以及其他店铺具有同样的功能，提供了最基本的设施。他注意到茶馆成为哥老会的聚集地，这个地区大多数成年人是哥老会成员。[37]如果说施坚雅把注意力放在茶馆的社会网络，那么罗威廉则强调茶馆充当的社会俱乐部的角色。他发现在汉口茶馆是男人的世界，在那里人们进行"随心所欲、没有阶级限制的对时事和事件的讨论"，还建立有"文人诗会，很像近代早期伦敦和巴黎的男人俱乐部"。值得注意的是，罗威廉看到中国茶馆和西方相应设施的类似之处。虽然罗没有进一步讨论中西之不同，但他强调茶馆这类设施对社会交往的重要性。[38]

第三种取向主要体现在最近关于茶馆的探索中，把茶馆作为精英和民众、国家和社会之间在社会、文化、政治各方面冲突的舞台。这个取向强调，20世纪初现代化运动中，地方精英运用像报纸这样的媒体，"以落后及对共和秩序有害为借口，无情地打击茶馆及其文化"。这个运动是近代国家建构的一个组成部分。从表面上看，茶馆和茶馆文化是脆弱的，总是被规范、打击和改良，但事实上茶馆及其文化具有相当的韧性和持久力。[39]邵勤在她题为《茶壶风云》的文章中，考察南通新精英和新媒体对茶馆的批评和"力图管制公共空间"的措施，揭示茶馆与城市发展、社会变迁之间的关系。[40]葛以嘉（Joshua Goldstein）发表的《从茶馆到戏院》一文，描述了20世纪初在北京和上海京剧怎样对茶馆和戏院发生影响，阐释茶馆戏园怎样作为娱乐中心，以及戏园与观众之间关系的性质，指出中国茶馆戏园演变为西式剧院，反映了20世纪初"日常社会和政治实践基本原则的转化"。[41]在我自己的《闲人和忙人》这篇文章以及《街头文化》一书的有关章节中，分析了茶馆作为一个社会交往场所和政治舞台，各种社会集团在此发挥其社会影响力，政府则强制推行其控制政策。虽然20世纪初现代化进程对民间传统和大众文化有着广泛的消极影响，茶馆仍然能够通过适应新的社会和政治环境而得以生存。[42]

上面所讨论的有关成果，对我们理解茶馆这个复杂的公共空间的某些方面提供了帮助。这些研究揭示了茶馆在城市生活中扮演多功能的角色，成为社会结构的一个基本单位，在现代化的演变过程中，被国家和社会改良所攻击和改造。这些研究都承认茶馆在中国社会中的重要性，茶馆的许多方面也得到一定的考察，但是主要集中在清末民初。我们很少知道国民党和国民政府的社会和文化政策，特别是在抗战和内战时期对茶馆的影响。许多问题仍然有待于解答：随着国家权力在茶馆和日常生活中逐渐加强的角色，地方文化怎样抵制现代化所推行的文化同一模式或国家一体化？为什么许多人、社会集团和组织十分依赖茶馆，它们是怎样使用茶馆的？茶馆怎样成为解决社会冲突的地方？为什么高度密集的茶馆能够生存，什么是它们经营的秘密？茶馆的职业组织在政府和行业之间扮演什么角色？茶馆中工作条件怎样，茶馆雇工创造了什么样的工作场所文化（workplace culture，或译作"职场文化"）？为什么社会改良者和政府官员力图控制茶馆，他们是怎样控制的，采取了什么样的具体政策，创造了什么样的政治文化？茶馆在何种程度上与政治联系在一起，扮演了什么样的政治角色？……总而言之，最基本的三个问题是：在日常生活中人们以什么方式使用茶馆这个公共空间？茶馆在城市经济中的角色？茶馆在何种程度上成为政治斗争的舞台？回答这些问题要求我们能够进入茶馆内部进行认真仔细的微观考察。

茶馆叙事中的地域论

从一定程度上讲，成都茶馆和茶馆生活也可以笼而统之称为"中国文化"之一部分，这即是说成都茶馆反映了中国文化和公共生活的一个普遍现象。事实上，北京、上海、南京、杭州、扬州、南通、成都等地的茶馆，有不少共同点：人们（当然主要是男人）以茶馆作为市场、客厅、办公室、娱乐场所、解决纠纷之地。从这个意义上，我们可以说它们都是"中国茶馆"。[43]

然而，不同地区、不同城市的茶馆的不同之处也非常明显。例如，在上海，性别限制较少，妇女被允许进入茶馆也较成都早得多。19世纪70年代,越来越多的上海妇女进入茶馆、戏院、鸦片烟馆以及其他公共场所,年轻妇女也喜欢在茶馆约会,当然也会有一些妓女混迹其中。1880年代,中下层妇女经常与男人同处一个公共空间,虽然上层妇女拒绝到这样的地方。[44]在北京,戏院在17—18世纪便产生了,北京的茶馆多是从演戏的戏院发展而来,刚好与戏园从茶馆产生的成都相反。在北京的公园里,树荫下的圆桌和方桌,铺有白桌布,上面摆着瓜子、花生和其他点心,也卖汽水和啤酒,卖茶并非是其主要的生意。北方人一般喝白开水、冷井水,仅那些老年人或地方士绅去茶馆饮茶。人们很少在河北、河南、安徽、陕西、东北等地看到茶馆。在许多地方,比如天津,居民在"老虎灶"买开水回家泡茶,并非待在茶馆里。[45]

　　茶馆在中国南方发达得多。广东一般称茶楼,表面看起来像四川的茶馆,但显然是为中产阶级服务的,与四川的"平民化"茶馆不同。这些茶楼可以高达四五层,楼越高则价越贵,因为那里使用的桌椅、茶具等都较高档,光亮照人,茶客是有身份的人,多是趾高气扬的富商和士绅。同川人一样,他们不但喝茶,还买点心小吃,把茶馆作为会客或洽谈生意的场所。在扬州,茶馆和公共澡堂经常合二而一,一般早晨卖茶,下午成为澡堂。南京的茶馆比成都少得多,顾客一般只在早晨出现,茶客多为中下阶层。南通则有三类茶馆,即点心、清茶馆和堂水炉子(即老虎灶,只卖热水和开水),都为下层服务,士绅并不光顾。[46]

　　虽然茶是中国的"国饮",在大江南北的城镇甚至乡场都有茶馆,但没有任何城市像成都那样,人们的日常生活与茶馆有如此紧密的联系。人类学家也同意,"在华北饮茶不像南方那么发展",茶馆和茶馆生活对南方人比北方人更重要。[47]在《梦粱录》《儒林外史》等作品中有关中国古代茶坊的描述,也几乎都集中在南方,如杭州、南京等城市。在近代作品中,如舒新城、黄炎培、张恨水、何满子、黄裳等人关于茶馆的回忆也几乎都是南方城市的茶馆。不过,当与这些南方城市的茶馆进行比较时,这些作家吃惊于成都茶馆的规模和数量、茶客的众多以及对社会各阶层的包容性。

他们对成都茶馆的描述多感慨其呈现的"平民化",这里虽然是"茶社无街无之",但不像上海和广东的茶馆那么堂皇。何满子回忆说,作为一个读书人,他没有勇气光顾其他城市的茶馆,但是抗战期间他在成都时,却再无此顾虑,上层人和下层人坐在同一屋檐下也并未感觉不妥。[48]另一著名作家黄裳也将四川茶馆与其他地区茶馆进行了比较:

> 四川的茶馆,实在是不平凡的地方。普通讲到茶馆,似乎不觉得怎样稀奇,上海,苏州,北平的中山公园……就都有的。然而这些如果与四川的茶馆相比,总不免有小巫之感。而且茶客的品流也很有区别。坐在北平中山公园的大槐树下吃茶,总非雅人如钱玄同先生不可罢?我们很难想像穿短装的朋友坐在精致的藤椅子上品茗。苏州的茶馆呢,里边差不多全是手提鸟笼,头戴瓜皮小帽的茶客,在丰子恺先生的漫画中,就曾经出现过这种人物。总之,他们差不多全是有闲阶级,以茶馆为消闲遣日的所在地。四川则不然。在茶馆里可以找到社会上各色人物。警察与挑夫同座,而隔壁则

是西服革履的朋友。大学生借这里做自修室,生意人借这儿做交易所,真是,其为用也,不亦大乎![49]

的确,与其他城市相较,成都茶馆显得很"平民化",阶级畛域并不突出,一般的外地人有如此印象亦不足为怪(见插图1-6)。其实,成都茶馆并不像人们表面上看起来那么平等,不可避免地打下了那个时代和阶级的烙印。如果我们深入到它们的内部,就会观察到里面复杂的阶级关系、矛盾冲突和生存竞争。

插图 1-6 老人们在茶馆打牌
资料来源:作者2019年夏摄于成都郊区双流县彭镇观音阁老茶馆。

茶馆的生态与环境因素

自然环境经常决定生活方式,成都、成都平原以及整个四川的茶馆及茶馆文化便是在特定的自然生态和生存环境中产生的。

成都的自然景观与茶馆相映成趣，密不可分，正如一首民谣所描述的："一去二三里，茶馆四五家。楼台六七座，八九十枝花。"（见插图1-7、1-8）[50]与中国其他地区不同，四川农村，特别是成都平原是散居模式，人们居住点相对分离，尽量靠近所耕种的田地，很少有村庄和聚落生活，因此他们比其他地区的人们更依赖市场。在赶场天，他们到最近的市场买卖商品，一般会在茶馆停留，与朋友会面，或休息片刻。他们甚至也在茶馆里做生意，寻找买主或卖主。[51]较优裕的生存环境也促进了茶馆的繁荣。成都平原从古代便得益于完善的灌溉系统，农业高度发展，农民无

插图1-7 河边的露天茶馆

长卷风情画《老成都》局部。

资料来源：根据原作翻拍。作者：刘石父、李万春、谢可新、潘培德、熊小雄、孙彬、张友霖。使用得到作者授权。

须整年在田里辛勤劳作,有不少时间从事贩卖和休闲活动。在农闲之时(一般是夏冬),他们的许多时间消耗在乡场、城镇中的低等茶馆里。关于1930年代成都人的生活节奏,薛绍明写道:"饭吃得还快一点,喝茶是一坐三四个钟点。"还有人解释,四川食品辛辣是因为天气阴湿,但容易使人干渴。薛绍明在其游记中,从另一个侧面肯定了这个说法:"在饭馆吃罢饭,必再到茶馆去喝茶,这是成都每一个人的生活程序。"[52]

插图1-8 望江楼旁的茶馆
可利用薛涛井的泉水之便。
资料来源:根据原作翻拍。作者:刘石父、李万春、谢可新、潘培德、熊小雄、孙彬、张友霖。使用得到作者授权。

第 1 章 导言——城市、茶馆与日常文化

地理环境和运输条件也为茶馆的繁荣作出了贡献。据王庆源对华北的观察，牛马车夫一般只有路途遥远时才会停车喝碗水，如果短途则并不歇脚。但是成都平原道路狭窄崎岖，因此很少使用畜拉车，人们以扁担、独轮车（当地叫"鸡公车"）、轿子运货载客。苦力必须靠茶馆喝茶止渴，恢复体力。因此，在成都平原纵横交错的道路两旁，茶馆甚多，外面总是排着苦力背货载客的夹子、独轮车、轿子，茶馆显然也把生意重点放在这些苦力身上。另外，四川许多地区包括成都平原的土壤适于种茶，但由于交通闭塞，茶叶很难输出，转运成本太高，使茶叶外运无利可图。因此，四川茶叶只好依靠对内消费，价格便宜，普通人家都能承受。[53]

其他如井水质量、燃料缺乏等自然资源问题，也使成都人的日常生活特别依靠茶馆。成都城内的井水含碱量高而味苦，由水夫挑城外江水入城，供居民饮用。每天成百上千挑水夫用扁担挑两个水桶从城门洞出来，下到河边取水，运到城内的民宅、官署、公馆及各茶馆，"设若一天这几百上千的挑水夫不工作的话，那情况当然不妙"。江水比井水贵得多，在晚清，两桶江水大约值四个锅盔。1930年代末，人们才开始用推车和大木桶运水进城，以降低成本。由于得到江水不易，许多普通人家便直接从茶馆买开水，所以几乎全部茶馆都打有"河水香茶"的幌子，以招徕顾客。茶馆也卖热井水供洗漱之用，所以茶馆一般有两个大瓮子，一个装河水烧开水，另一个用井水烧热水。[54]

成都人用的燃料主要是木柴，但价钱较贵，普通人家仅在烧

饭时才点火。当薛绍明1930年代到成都时,甚至发现许多人家为了省柴火在饭馆吃饭,然后到茶馆喝茶,在住家附近茶馆买热水洗漱,到茶馆去熬药、炖肉。由于日常生活中方便得到热水十分重要,以至于许多人搬家时,附近是否有茶馆成为一个重要的考量。一般来讲,只要附近有茶馆,开水热水问题便很容易解决:"烧柴之家不能终日举火,遇需沸水时,以钱二文,就社购取,可得一壶,贫家亦甚便之。"[55](插图1-9)

插图1-9 一个茶馆的灶
资料来源:作者2015年秋摄于成都郊区双流县彭镇观音阁老茶馆。

当然,上述这些讨论的都是生态和地理的作用,正如前面所提到的,成都人上茶馆还与他们的性情、对生活的态度、文化传统、人生哲学等人文因素密切相关,不过这些人文因素说到底也是生态、环境和地理孕育的结果,成都人的生活方式促进了茶馆的繁荣不衰。成都有许多闲逸的城居地主和寓公,他们每天在茶馆里消磨大量时光。[56]即使那些手头拮据的居民,也喜欢在茶馆里度日,似乎并无拼命挣钱的原动力。至于那些忙于生计的下层阶级,只要他们买得起一碗茶,也会光顾茶馆。茶馆更成为那些无所事事打发日子之人的好去处。当然,茶馆数量的增加也是城市发展的必然结果,越来越多的移民进入成都,需要更多的地方寻找工作,进行社交,工余休息。[57]他们在城市中没有固定的家,于是茶馆成为他们远离家乡时的一个重要逗留地。(插图1-10)

插图 1-10 闲来无事把茶馆坐

资料来源:照片由美国《生活》(*Life*)杂志摄影记者 C. 麦丹斯(Carl Mydans)于 1941 年在龙泉驿拍摄。

资料与文本解读

资料的困难是茶馆缺乏研究的重要原因之一。虽然到成都的中外游人经常在他们的游记、调查、回忆录中记录关于茶馆的印象，但这些记录也仅仅提供表面的、一般性的描述，缺乏深入的观察和具体的细节。[58]本研究依靠成都市档案馆藏关于茶馆的大量资料，这些有价值的记录散布在警察、商会、政府商业管理等档案之中。[59]到目前为止，中外历史学者还几乎从未利用过这些档案。这些资料提供了大量关于茶馆的信息，包括经营、资金、利润、竞争、价格、征税等。从征税记录，我们得知茶馆数量、每个茶馆的规模及每日销售量等，从每日销售量还可以对每日平均顾客数进行估计。茶社业公会有比较完整的记录，从中我们可以看到行业组织的角色及其与政府之关系。发生在茶馆中的许多事件，像争执、偷窃、赌博、走私、暴力、仇杀等，在警察档案中亦留下了大量记录。整个民国时期，地方政府和警察发布了许多关于茶馆的规章，涉及公共秩序、秘密社会、娱乐控制、行为规范、政治宣传、卫生标准、服务态度等各个方面。这些档案资料提供了可信的记录，为研究茶馆及其相关问题奠定了基础。

虽然档案提供了独特的、非常有价值的资料，但这些资料也有其局限性。第一，时间分布不均，如有些时期记录详细，有些时期则很简略。在20世纪前无档案记录，晚清和民初记载也十分有限。1932年成都城内爆发战争，大多数官方文件和档案被毁，使研究此前的成都十分困难，很难建构完整的历史叙事。有关1930—1940年代的资料大量增多，关于茶馆才有了比较系统的记录。第二，关于茶馆顾客情况语焉不详。例如，关于一般茶馆一天能够接待多少茶客，并无确切数字，只好根据各种信息作出估计（见第5章）。另外，谁是茶馆的主要顾客，他们的社会背景如何？男女顾客的比例及年龄分布如何？由于缺乏资料，这些问题都模糊不清。第三，许多记录不完整。本书中所涉及的不少案例最后的结局都不清楚，有的我们只能够看到一面的说辞，难以得窥事实真相。因此，我使用档案资料时非常谨慎，在进行综合分析时，充分考虑到具体的历史、社会、文化环境，尽量参照其他文献，以尽可能对事件作出合乎逻辑的解释。第四，记录不系统。例如虽然我找到一些关于茶馆经营的材料，但仍然缺乏系统的记录，目前还没有发现任何账本。比较而言，研究小商业的英国经济史学者，可以依赖店铺的每日记账，因为商铺特别是那些茶叶店，"被要求记录它们的茶的销售和买进"，这些记录提供了店铺之间特别是茶叶店之间竞争的综合资料。[60]

当然，我也大量使用其他像报纸、游记、私人记录等资料，以克服这些局限。地方报纸关于茶馆生活的报道，虽然简短和不全面，但在许多方面填补了档案资料的不足，我竭力找到各种支离破碎资料间的内在联系。地方报纸经常发表关于茶馆的文章，包括一些系列文章。[61]这些文章多是基于作者自己的观察和调查，为我们今天提供了重构茶馆过去的文化和生活的依据。我发现了不少旅行者和访问者对成都日常生活特别是茶馆生活的生动描述。一个外省人或外国人一进入成都，即会被这个城市茶馆的壮观和文化所吸引，不少人写下了关于茶馆的印象和感觉，从而给我们留下了珍贵的记录。当然应该充分认识到，作者有自己的主观性，对信息经常有选择地记录，我们所看到的历史是透过他们的眼睛和头脑的。

茶馆是成都日常生活的中心，一些以成都为背景的历史小说，许多情节发生在茶馆里。例如在初版于1936年的《暴风雨前》和1937年的《大波》中，李劼人对晚清成都和四川保路运动进行了详细的描述，并反映了成都茶馆生活的丰富多彩。虽然《暴风雨前》和《大波》是历史小说，但是根据亲身经历，李劼人对成都的面貌、地名、社会习俗、主要事件、历史人物等的描写，都是以事实为依据的。由于李劼人的《大波》非常写实的描写，以至于有人批评说这部小说"不是戏，倒像是辛亥年四川革命的一本记事本末"。针对这样的批评，李劼人调侃道："细节写得过多，不免有点自然主义的臭味。"他自己也承认，该书"反映了一些当时社会生活，多写了一些细节"，特别是上卷"是一部不象样子的记事文"。[62]但这种"记事本末"或"记事文"的风格，对于社会和文化历史学者来说，则成为了解已经消失的成都日常生活的一些细节的有用记录。另一位乡土作家沙汀对成都附近小乡场的地方权力斗争亦有详细描述。茶馆是沙汀描述社会冲突的理想之地，许多情节发生在那里，特别是短篇小说《在其香居茶馆里》（1940年），长篇小说《淘金记》（1941年）、《困兽记》（1944年）等。这类根据作家自己的生活观察，以地方风土和真实经历为基础的历史小说，可以考虑作为一种口述史料来使用。[63]不过，当我们以小说作为史料时，必须区别历史记录与作家创作之间的不同。虽然小说提供了茶馆文化和生活的丰富多彩的描写，但毕竟经过了作者的再创造，因此在使用这些记录时，必须持一种谨慎的态度。

本书的结构是按专题而非按年代，这样可以有两个好处：第一，可以使杂乱无章的资料更系统化；第二，可以就茶馆的某个方面进行比较完全的描绘。不过在以主题划分的章节中，我仍然十分注意年代问题。像中国其他地区一样，四川在民国时期动乱频仍，作为首府的成都更经历了激烈的政治、经济、社会的动荡，这些不可避免地在茶馆里得到反映。但应该看到，文化变化是渐进的、持续的，即使在乱世也是如此。我认为，当讨论新出现的政治、经济和社会问题时，年代便十分关键，但讨论那些相对稳定、变化很小的文化现象时，时间不再特别重要。本书的主线——独特的地方文化对现代化的同一模式的抵抗、国家在茶馆生活中日益重要的角色——在各章中经纬交织，从不同的角度展现出来。

本书分为三部。第一部研究的是茶馆的社会文化史。顾客是这个空间的主要占据者，他们像公共舞台上的演员，成为日常文化的一个组成部分。第 2 章考察茶馆中各种人物的公共生活，揭示茶馆怎样成为人们社会化的地方，人们怎样在那里建立人际关系网络，以及人们在茶馆中进行的其他各种活动。第 3 章讨论娱乐。作为戏园的早期形式，茶馆为地方戏的表演提供了场地。从茶馆里的表演，我们看到一般民众得到什么样的通俗教育。通俗娱乐使那些缺乏教育的人们，被潜移默化地灌输了传统的价值观，这成为地方精英和政府力图改良和规范大众娱乐的主要原因之一。第4章分析茶馆的社会功能、阶级及性别问题。茶馆为三教九流和各种社会组织提供了空间。过去，女人到茶馆受到限制，但是20世纪初妇女开始进入这个男人的世界，揭开了在公共空间中为性别平等而斗争的序幕。

第二部将焦点从茶客转移到茶馆本身，着重在茶馆这个经济实体中，研究茶馆的经济文化史。第5章从经营角度分析茶馆，包括茶馆的数量、规模、管理、竞争、雇佣、资金、利润、位置、环境等。第6章考察茶馆职业公会在政府和行业间扮演的角色，公会怎样发挥作用，怎样处理诸如与政府的关系、控制本行业等事务。本章将证明，价格和税务是公会处理的首要事务，也是这个组织与政府发生冲突的最经常的方面，但控制茶馆数量则是公会与政府合作最为密切的领域。第7章集中讨论茶馆的雇佣问题，特别是劳动力、工作状况、性别冲突及职场文化。茶馆工人必须应付各种人物和问题，他们的经历揭示了公共场所中的各种社会关系。因此，茶馆成为一个窗口，透过这个窗口可以观察小商业中的劳动力和工作环境，理解性别、大众文化、公共生活及中国劳工阶级的另一面。

第三部研究的是茶馆的政治文化史，即考察社会冲突，国家和地方政治是怎样影响茶馆、茶馆生活和茶馆文化的，以及茶馆是怎样被政府和精英改良者所控制的。第8章探索茶馆怎样被用作袍哥的公口和码头，这个空间在秘密社会组织的活动中扮演了怎样的角色，怎样支配了地方政治、社会和经济生活。本章还分析了茶馆作为维持社区稳定的"民事法庭"，人们在其中解决纠纷和冲突，即茶馆在社区自治中所起到的重要作用。第9章讨论茶馆里的冲突。由于社会动乱，各种矛盾层出不穷。在茶馆里，民众为生存而争斗，流氓横行霸道，兵痞毁坏茶馆财物，盗贼偷窃茶馆和顾客的财物等，形形色色大小事件层出不穷。本章还考察政府怎样以"维持公共秩序"的名义，控制公共空间和公共生活。第10章揭示茶馆中的政治。改良成为政府和精英的政治议程，随着政治的演变，各历史时期的具体实践五花八门。从晚清到民国，茶馆总是一个政治舞台，充分展示了地方政治和国家政治以及两者的复杂关系。抗战时期，茶馆政治更达到顶峰，茶馆被用作进行全民动员和战时宣传的场所，日常生活与国家政治的联系之紧密达到史无前例的地步。

第11章为结论，对国家权力怎样影响公共空间和公共生活进行综合讨论，分析地方文化在多大程度上对现代化所推行的同一性作出反应和进行抵制，考察茶馆作为微观世界怎样反映了大的世界的变迁，讨论地方知识在多大程度上能够体现全国模式。我还把茶馆与西方的类似场所诸如酒馆、咖啡馆，特别是酒吧进行比较，分析中西方之间公共空间和公共生活的异同，并探讨20世纪上半叶，茶馆、茶馆文化、茶馆生活在多大程度上被改变了，但在多大程度上又顽强地幸存下来。

注释

[1] 李劼人：《暴风雨前》，《李劼人选集》第1卷，第340页。
[2] 微观历史在欧洲社会和文化史的研究中有长足发展，例如 Ginzburg, *The Cheese and the Worms: The Cosmos of a Sixteenth-Century Miller*; *The Night Battles: Witchcraft & Agrarian Cults in the Sixteenth & Seventeenth Centuries*; *Clues, Myths, and the Historical Method*; Muir and

Ruggiero eds., *Sex and Gender in Historical Perspective*, *Microhistory and the Lost Peoples of Europe: Selections from Quaderni Storici*, and *History from Crime*。虽然这个研究取向到目前为止对中国历史的研究影响甚微，但史景迁以一些小人物的经历作为透镜来观察历史，如《王氏之死》，从某种意义上也可以认为是一种"微观史"。见 Spence, *The Death of Woman Wang*。由于缺乏像欧洲宗教裁判所、教会等那样系统的档案资料，我不可能像一般欧洲微观历史研究那样集中讨论某一个案例，而是通过茶馆这个小的社会空间里所发生的各种事件，进行综合和个案分析。关于"公共生活"的定义，见 Wang, *Street Culture in Chengdu: Public Space, Urban Commoners, and Local Politics in Chengdu, 1870-1930*, pp. 13-14。这里"日常文化"是根据 G. 鲁格埃罗所定义的"关于日常生活广泛共享的话语和实践"，见 Ruggiero, "The Strange Death of Margarita Marcellini: Male, Signs, and the Everyday World of Pre-Modern Medicine." *American Historical Review* vol. 106 no. 4 (October 2001): 1141-1158。关于日常生活的一般理论研究，见 Certeau, *The Practice of Everyday Life*; Lüdtke, *The History of Everyday Life: Reconstructing Historical Experiences and Ways of Life*。个案研究见上引鲁格埃罗的文章。在这个研究中，我经常用"下层阶级"(lower class) 或"普通人"(ordinary people) 这样的词语，是指那些生活在中下层的无名的、被遗忘的人们。本研究中的"精英"和"社会（精英）改良者"与我在《街头文化》一书中的定义相同。见 Wang, *Street Culture in Chengdu: Public Space, Urban Commoners, and Local Politics in Chengdu, 1870-1930*, pp. 16-18。

[3] "国家"这个词在本书中经常出现，在英文中，与中文"国家"一词相近的词至少有三个是常用的，即"country""nation"和"state"。但这三个词在英语中有明显区别，country 是从地缘的角度讲"国家"，nation 从民族的角度讲"国家"，而 state 是从国家体制和国家机器角度讲"国家"。在本书中，我所讲的"国家"是 state，因此经常又是政府

的同义词。作为 state 的"国家",在本书中有时也具有不同的含义,相对人民而言,其是"政府",可以是中央政府,也可以是地方政府,在军阀时期也可以是军阀政府;相对地方而言,其是"中央政府",具有 state 和 national 的双重含义。因此,"国家文化",英文我用的是 national culture,其中也包含了 state 所推行的文化。这里还有必要对本书中的"地方文化"和"国家文化"进行一些解释。我认为所谓地方文化,就是由于地理、生态、生活方式所形成的一种地域的文化现象。由于过去交通不发达,社会相对分离,所以文化具有各自的独特性。而对国家文化要下一个准确的定义基本上是不可能的,因为随着时空的转移,特别是近代由于交通的发展和政治的冲击,地域间的交流不仅更频繁,规模也不断扩大,地方文化和国家文化的内涵也在发生变化,而且这两个概念之间经常发生游离。但是我认为国家文化至少包含以下三个要素:第一,是由国家权力来提倡和推动的;第二,是有利于中央集权的;第三,有一个全国的统一模式。

[4] 2000 年周锡瑞编辑了一本论文集《重建中国城市》(Esherick ed., *Remaking the Chinese City: Modernity and National Identity, 1900-1950*),主要讨论现代性和国家认同,文章包括钱曾瑗(Michael Tsin)关于广州("Canton Remapped")、罗芙云(Ruth Rogaski)关于天津("Hygienic Modernity in Tianjin")、司昆仑(Kristin Stapleton)关于成都("Yang Sen in Chengdu: Urban Planning in the Interior")、汪丽萍(Liping Wang)关于杭州("Tourism and Spatial Change in Hangzhou, 1911-1927")、董玥(Madeleine Yue Dong)关于北京("Defining Beiping: Urban Reconstruction and National Identity, 1928-1936")、C. 姆斯格若夫(Charles Musgrove)关于南京("Building a Dream: Constructing a National Capital in Nanjing, 1927-1937")、麦金农(Stephen MacKinnon)关于武汉("Wuhan's Search for Identity in the Republican Period")、麦岚(Lee McIsaac)关于重庆("'Righteous Fraternities' and Honorable Men: Sworn Brotherhoods in Wartime Chongqing")等专

题研究。这些文章揭示了城市规划、建设、卫生、秘密会社等问题。关于这个改良在成都的系统研究见 Wang, *Street Culture in Chengdu: Public Space, Urban Commoners, and Local Politics in Chengdu, 1870-1930* 和 Stapleton, *Civilizing Chengdu: Chinese Urban Reform, 1875-1937*。

[5] Bird, *The Yangtze Valley and Beyond: An Account of Journeys in China, Chiefly in the Province of Sze Chuan and Among the Man-tze of the Somo Territory*, pp. 345, 350; Wilson, *China: Mother of Garden*, p. 112; 迟塚丽水『新入蜀記』,第 230 页。

[6] 见附表 1《1910—1949 年成都人口统计》。

[7] Wang, *Street Culture in Chengdu: Public Space, Urban Commoners, and Local Politics in Chengdu, 1870-1930*, p. 129.

[8] 文闻子编:《四川风物志》,第 452 页。

[9] 广为流传的陆羽的《茶经》开篇即称:"茶者,南方之佳木也。一尺,二尺,乃至数十尺,其巴山峡川有两人合抱者,伐而掇之。"见贾大泉、陈一石《四川茶业史》,第 1—6 页;王国安、要英《茶与中国文化》,第 19—20 页;文闻子编《四川风物志》,第 452 页;Evans, *Tea in China: The History of China's National Drink*, chap. 2。本书研究的是茶馆,而非茶叶。我所关注的是人们喝茶的公共空间,而非他们所喝的饮料本身。茶文化是非常重要和有意思的课题,但不是我的研究对象。我基本上不考虑茶叶本身的问题,如茶叶的生产、销售、运输等,除非这些信息与茶馆、茶馆生活、茶馆文化有关。

[10] 王国安、要英:《茶与中国文化》,第 32 页。同郑板桥一样,一些喜欢茶的人不喜欢喧闹,因此茶馆不应是他们的选择,他们甚至提议远离茶馆。一篇题为《吃茶 ABC》的文章称,饮茶应该有一个宜人的环境,要有干净、整齐、高雅的家具和茶具。按照这个标准,"茶馆决不是吃茶的理想地方,吃茶先得有好友精舍,甘水洁瓷"(楷元:《吃茶 ABC》,《新民报晚刊》1943 年 9 月 20 日)。的确,茶馆对那些喜

欢清静的人来说，不是一个好去处。但也恰恰正是因为热闹的气氛，作为一个自由交往的空间，茶馆才吸引了众多的茶客。

[11] 最早的记录是唐代封演的《封氏闻见记》，说是在从山东、河北到首都长安途中，有许多卖茶的铺子。另外，在《旧唐书》和《太平广记》中，也有"茶肆"的记录。关于宋代茶馆的记载有《东京梦华录》《梦粱录》《古杭梦游录》等。根据 J. 伊万斯的说法，"唐代出现了茶师，宋代出现了茶馆。茶馆一出现便生意兴隆，很快便如雨后春笋，挑战酒馆的地位"。在宋朝，茶馆散布于全国城市和乡村，那时"人们在茶馆里开始和结束他们一天的生活，人们在那里做生意，作为社会中心"。明代关于茶坊的记录，有周晖的《二续金陵琐事》和张岱的《陶庵梦忆》关于明南京、田汝成的《西湖游览志余》关于明杭州、吴敬梓的《儒林外史》关于明南京和杭州、李斗的《扬州画舫录》关于明扬州等。见王国安、要英《茶与中国文化》，第49—50页；Evans, *Tea in China: The History of China's National Drink*, pp. 60-61; Gernet, *Daily Life in China on the Eve of the Mongol Invasion, 1250-1276*, p. 49; 王鸿泰《从消费的空间到空间的消费——明清城市中的酒楼与茶馆》，《新史学》2000年（第11卷）第3期，第1—46页。

[12] 虽然贾大泉、陈一石的《四川茶叶史》认为"四川茶馆的开设不晚于唐代"（第368页），但他们并没有提供具体资料加以论证。

[13] 费著：《岁华纪丽谱》，《墨海金壶》第3函，第2—4页。

[14] 谷莺编《锦诚诗粹》，第301页。据说李调元还写有一副关于茶馆的对联，不少茶馆都喜欢悬挂："茶，泡茶，泡好茶；坐，请坐，请上坐。"嘉庆时的一首竹枝词提到茶坊："同庆阁旁薛涛水，美人千古水流香。茶坊酒肆事先汲，翠竹清风送夕阳。"见杨忠义、孙恭《成都茶馆》，《锦江文史资料》第5辑，1997年，第84、87页。

[15] 定晋岩樵叟：《成都竹枝词》，林孔翼编《成都竹枝词》，第63页。

[16] 周询：《芙蓉话旧录》，第24页；Wang, *Street Culture in Chengdu*:

Public Space, Urban Commoners, and Local Politics in Chengdu, 1870-1930, p. 152。

[17] 叶雯：《成都茶座风情》，《成都晚报》1949年3月20日；文闻子编：《四川风物志》，第452页；陈锦：《四川茶铺》，第32页。

[18] 李劼人：《暴风雨前》，《李劼人选集》第1卷，第337—340页。

[19] Davidson and Mason, *Life in West China: Described by Two Residents in the Province of Sz-chwan*, p. 86.

[20] 舒新城：《蜀游心影》，第142页；秋池：《成都的茶馆》，《新新新闻》1942年8月7—8日；李英：《旧成都的茶馆》，《成都晚报》2002年4月7日。

[21] 《何满子学术论文集》下卷，第270—271页。

[22] 何满子关于茶馆的文章，大多收在他的《五杂侃》和《何满子学术论文集》下卷中。

[23] 不过他也发现茶馆里"一是太闹，二是座位不舒服"，希望茶馆座位舒服点，桌子间距离大点，噪音小点。见佚名《关于茶馆》，《新民报晚刊》1943年10月27日。

[24] 类似的文章，见《通俗日报》1910年4月29日。关于清末民初对大众文化和茶馆的批评，见 Wang, *Street Culture in Chengdu: Public Space, Urban Commoners, and Local Politics in Chengdu, 1870-1930*, chap. 4。

[25] 《国民公报》1912年8月4日；民国《名山县志》卷15，转引自秦和平《二三十年代鸦片与四川城镇税捐关系之认识》，《城市史研究》第19、20合辑，第93页。

[26] 舒新城：《蜀游心影》，第144—145页。舒新城所提到的章士钊（1881—1973），北洋军阀时期做过教育总长，他在1920年发表不少文章赞扬传统的农业社会及其生活方式，对工业化持批评态度。这些文章包括《文化运动与农村改良》《农国辨》《章行严在农大之演说词》，收入《章士钊全集》第4卷，第144—146、266—272、403—405页。

[27]《新新闻》1938年4月29日。

[28]《四川省政府社会处档案》：186-1431；此君：《成都的茶馆》，《华西晚报》1942年1月28—29日；秋池：《成都的茶馆》，《新新闻》1942年8月7—8日。

[29]屈强：《我是标准茶客》，《新新闻》1949年1月21日。

[30]安乐寺是当时成都一个三教九流聚集的地方，著名的"人市"（即劳动力市场）也在此处。

[31]老乡：《谈成都人吃茶》，《华西晚报》1942年12月26—28日。还有一些类似为茶馆生活辩护的文章，如陈善英《茶馆赞》（《新新闻》1946年6月19日）等。

[32]如今成都至少有3000家以上茶馆《商务早报》2000年5月19日）。关于成都茶馆在20世纪下半叶的命运，我将在正在撰写的20世纪成都茶馆和公共生活的第2卷（注：本书已经完成出版，即 *The Teahouse under Socialism*: *The Decline and Renewal of Public Life in Chengdu*, *1950—2000*. Cornell University Press, 2018）中进行详细讨论，这里不赘述。

[33]铃木智夫「清末江浙の茶館について」『歴史における民衆と文化——酒井忠夫先生古稀祝賀紀念論集』，第529—540頁。次年他发表了有关晚清上海茶馆的另一篇文章，即「清末上海の茶館について」『燎原』第19期（1983年），第2—5頁。虽然他因资料不足，难以进行深入讨论，但是铃木智夫的研究为对茶馆历史进行探索开辟了新方向。实际上在1974年，研究中国文学的日本学者竹内实便出版了《茶馆——中国的风俗和习惯》一书。尽管以"茶馆"为书名，但该书是对中国社会习惯的通俗性介绍，仅有一章讲茶馆。竹内实以"茶馆"作为书名并在第一章介绍茶馆，似乎看到了茶馆作为中国文化和社会习俗的象征性和中心地位。J. 伊万斯的《中国的茶》一书是关于中国茶叶的通史性著作，他用两章讨论宋和清代的茶馆，提供了关于中国茶馆发展的一个很有用的记录。不过，伊万斯把"中国茶馆"作

为整体，没有讨论在不同地区，地方文化因素是怎样影响茶馆和茶馆生活的。见竹内实『茶館——中国の風土と世界像』；Evans, *Tea in China: The History of China's National Drink*, pp. 60-66, 140-143。

[34] 1985年和1988年西泽治彦分别发表了两篇关于茶馆的文章，一篇是对中国茶馆及其历史的综合研究，另一篇是对成都茶馆历史的考察。后者的特殊价值在于，当大多数城市史学者把注意力放在中国沿海地区时，他却把焦点移到中国腹地。与铃木的文章一样，这篇论文使用的资料也非常有限，而且考察的时间跨度大，从晚清直到改革开放后，对成都茶馆做了一个长时期的概括性研究。他关于1949年以前成都茶馆的描述基本依靠陈茂昭的回忆文章《成都的茶馆》。该文最有趣的部分是"文化大革命"后成都茶馆的复兴。见西澤治彦「飲茶の話」『GSたのしい知識』第3卷（1985年），第242—253页；「現代中国の茶館——四川成都の事例かる」『風俗』1988年第4期（卷26），第50—63页；陈茂昭《成都的茶馆》，《成都文史资料选辑》第4辑，1983年，第178—193页。日本学者还出版了若干关于日本茶馆的研究，特别是关于茶馆建筑的成果不少，见中村昌生『茶室の研究——六茶匠の作風を中心に』，『茶室と露地』，『京都茶室細見』和『茶室を読む——茶匠の工夫と創造』；牧孝治編『加賀の茶室』；吉田龍彦『仙巖園茶席——広間・小間・立礼席の詳細』和『現代の茶室建築』；古田紹欽『草庵茶室の美学——茶と禅とのつながり』；佐藤要人『江戸水茶屋風俗考』；横山正『数寄屋逍遥——茶室と庭の古典案内』；瀬地山澪子『利休茶室の謎』；中村利則編『茶室・露地』；桐浴邦夫『近代の茶室と数寄屋——茶の湯空間の伝盛展開』；飯島照仁、竹前朗『茶の匠——茶室建築三十六の技』；内田繁『茶室とインテリア』；Nakamura Toshinori, "Early History of the Teahouse." Pts. 1-3. *Chanoyu Quarterly* no. 69 (1992): 7-32; no. 70 (1992): 22-40; no. 71 (1992): 31-44。

[35] 王鸿泰：《从消费的空间到空间的消费——明清城市中的酒楼与茶

馆》,《新史学》2000年(第11卷)第3期,第1—46页。这类早期研究还有谢和耐(Jacques Gernet)的《蒙元入侵前夜的中国日常生活》,出版于1950年代末,对南宋杭州的茶馆有简略描述。见 Gernet, *Daily Life in China on the Eve of the Mongol Invasion, 1250-1276*, p. 49。还有一些中文的相关研究,例如小田在关于近代江南农村市场与社会转型的研究中,考察了茶馆怎样被用于社会和商业活动;刘凤云则对明清城市空间有深入探讨,她比较了北京、上海这样的大城市的茶馆,发现在北京除了有大茶馆外,还有许多被称之为"清茶馆"的小茶铺,与茶棚的状况相差无几。茶馆成为社会化的空间,人们在那里娱乐和进行各种活动。见小田《江南乡镇社会的近代转型》,第215—222、237—241、262—267页;刘凤云《明清城市空间的文化探析》,第197—215页。近年来,茶文化在中国成为通俗阅读的热点,已出版的书有几十种之多,但几乎都是文化介绍而非历史研究。例如,冈夫《茶文化》,杨力编《茶博览》,陈香白《中国茶文化》,秦浩编《茶缘》,林治《中国茶道》,王国安、要英《茶与中国文化》,浩耕、梅重编《爱茶者说》,彭国梁《百人闲说:茶之趣》,等等。这些书都是为了大众阅读,内容大同小异。真正专门关于茶馆的书只有陈锦的图片集《四川茶馆》,对四川茶馆生活有生动记录。陶文瑜的《茶馆》也是通俗读物。贾大泉、陈一石1988年出版了《四川茶叶史》,研究四川茶叶生产和贸易。

[36] Skinner, "Marketing and Social Structure in Rural China." *Journal of Asian Studies* vol. 24, no. 1 (1964): 38-39; Rowe, *Hankow: Conflict and Community in a Chinese City, 1796-1895*, p. 60.

[37] Skinner, "Marketing and Social Structure in Rural China." *Journal of Asian Studies* vol. 24, no. 1 (1964): 20, 37-39, 41.

[38] 罗威廉也注意到在茶馆里"顾客之间的暴力事件经常发生",但茶馆也是一个解决纠纷的地方,存在"人们所称的讲茶的社会习俗"。见 Rowe, *Hankow: Conflict and Community in a Chinese City, 1796-*

1895, pp. 60, 64, 196。在关于天津、北京、上海工人阶级的研究中,贺萧、全大伟、裴宜理描述了茶馆与工人日常生活的联系,特别关注其休闲和娱乐的角色。例如贺萧发现工人喜欢在茶馆下棋、听评书、看表演。同样,全大伟强调了北京黄包车夫也爱在茶馆打发时间,这是同类人经常聚集的地方。裴宜理研究 20 世纪初上海的宁波移民社区,注意到茶馆是他们聚会、休息、看绍兴剧、听评书和评弹等的主要场所。艺人和算命先生在那里谋生活,爱鸟者也在那里聚会。见 Hershatter, *The Workers of Tianjin*, pp. 185-186; Strand, *Rickshaw Beijing: City People and Politics in the 1920s*, p. 58; Perry, *Shanghai on Strike: The Politics of Chinese Labor*, p. 22。

[39] Shao, "Tempest over Teapots: The Vilification of Teahouse Culture in Early Republican China." *Journal of Asian Studies* vol. 57, no. 4 (1998): 1010; Wang, "Street Culture: Public Space and Urban Commoners in Late-Qing Chengdu." *Modern China* vol. 24, no. 1 (1998): 34-72; "The Idle and the Busy: Teahouses and Public Life in Early Twentieth-Century Chengdu." *Journal of Urban History* vol. 26, no. 4 (2000): 412, 432; Goldstein, "From Teahouses to Playhouse: Theaters as Social Texts in Early-Twentieth-Century China." *Journal of Asian Studies* vol. 62, no. 3 (2003): 753-754。

[40] Shao, "Tempest over Teapots: The Vilification of Teahouse Culture in Early Republican China." *Journal of Asian Studies* vol. 57, no. 4 (1998): 1010。

[41] Goldstein, "From Teahouses to Playhouse: Theaters as Social Texts in Early-Twentieth-Century China." *Journal of Asian Studies* vol. 62, no. 3 (2003): 753-754. 一些其他文章讨论了娱乐与茶馆的关系,但是它们的着眼点并非茶馆。如梅舍夫夫妇(Walter Meserve 和 Ruth Meserve)发表于 1979 年的《从茶馆到扬声器》一文,从戏曲研究的角度考察茶馆中的表演。C. 本森(Carlton Benson)的博士论文《从

茶馆到收音机》则研究1930年代上海精英怎样利用大众文化去控制、影响城市大众，但这个研究集中在表演和无线广播，而非茶馆本身。张真在《茶馆、皮影戏、大杂烩》一文中，从文学的角度，通过讨论1920年代初的短片《劳工的爱情》，分析上海茶馆中的传统表演与早期中国电影的关系，茶馆本身并非她的着眼点，但其研究有助于我们理解1920—1940年代一个主要中国都市电影发展的文化背景和环境。见 Meserve and Meserve, "From Teahouse to Loudspeaker: The Popular Entertainer in the People's Republic of China." *Journal of Popular Culture* vol. 8 no. 1 (1979): 131-140; Benson, "From Teahouse to Radio: Storytelling and the Commercialization of Culture in 1930s Shanghai." Ph. D. diss., University of California, Berkeley, 1996; Zhang, "Teahouse, Shadowplay, Bricolage: 'Laborer's Love' and the Question of Early Chinese Cinema." in Zhang ed., *Cinema and Urban Culture in Shanghai, 1922-1943*, pp. 27-50。

[42] Wang, "Street Culture: Public Space and Urban Commoners in Late-Qing Chengdu." *Modern China* vol. 24, no. 1 (1998): 34-72; "The Idle and the Busy: Teahouses and Public Life in Early Twentieth-Century Chengdu." *Journal of Urban History* vol. 26, no. 4 (2000): 412, 432.

[43] 见铃木智夫「清末江浙の茶館について」『歷史における民眾と文化——酒井忠夫先生古稀祝賀紀念論集』，第529—540页；小田《江南乡镇社会的近代转型》，第215—222、237—241、262—267页；Shao, "Tempest over Teapots: The Vilification of Teahouse Culture in Early Republican China." *Journal of Asian Studies* vol. 57, no. 4 (1998): 1009-1041; Wang, "The Idle and the Busy: Teahouses and Public Life in Early Twentieth-Century Chengdu." *Journal of Urban History* vol. 26 no. 4 (2000): 411-437; 何满子《五杂侃》，第192—194页；《何满子学术论文集》下卷，第270—273页；Goldstein, "From Teahouses to Playhouse: Theaters as Social Texts in Early-Twentieth-Century China."

Journal of Asian Studies vol. 62, no. 3（August 2003）：753—779。

[44] 李长莉：《晚清上海的社会变迁——生活与伦理的近代化》，第427—455页。

[45] 王庆源：《成都平原乡村茶馆》，《风土什志》1944年第1期（总第4期），第29—30页。事实上，茶馆在上海人的日常生活中甚至不像咖啡馆那么重要，例如李欧梵（Leo Ou-fan Lee）指出，咖啡馆"在欧洲特别是法国作为一个公共空间充满政治和文化意义"，在1930年代的上海，作为学者和知识分子的聚会地，成为"当代城市生活的象征"。(Leo Ou-fan Lee, *Shanghai Modern：The Flowering of a New Urban Culture in China, 1930-1945*, pp. 17, 22) 如果说上海人去咖啡馆追求"现代生活"，那么成都居民则在茶馆里捍卫"传统"生活方式。

[46] 舒新城：《蜀游心影》，第142页；王庆源：《成都平原乡村茶馆》，《风土什志》1944年第1期（总第4期），第30页；《何满子学术论文集》下卷，第271页；Shao, "Tempest over Teapots：The Vilification of Teahouse Culture in Early Republican China." *Journal of Asian Studies* vol. 57, no. 4 (1998)：1012-1013, 1032；Goldstein, "From Teahouses to Playhouse：Theaters as Social Texts in Early-Twentieth-Century China." *Journal of Asian Studies* vol. 62, no. 3（August 2003）：754-760。崔显昌注意到，华北的茶馆用的是高木桌、长凳子、茶壶，坐起来不是很舒服，用茶壶泡茶也不利于品茶，而且顾客加开水还得另付钱。因此，人们称这些茶馆为"无茶无座"。在广州，老人们称茶馆为"茶室"，这些茶馆主要是卖点心，但其座位舒服得多，所以人们称为"有座无茶"。见崔显昌《旧成都茶馆素描》，《龙门阵》1982年第6期（总第12期），第92—93页。

[47] Hsu and Hsu, "Modern China：North." in K. C. Chang, *Food in Chinese Culture：Anthropological and Historical Perspectives*, p. 308. 巴波在回忆中，讲到他在民国时期和1949年以后坐茶馆的经历，他

发现，"至于茶馆的多寡，记忆所及，北方不如南方多，南方要数四川多，四川境内要数成都多"。（巴波：《坐茶馆》，彭国梁编《百人闲说：茶之趣》，第294页）在不同地区产生了不同的饮茶习俗。例如，北方人说"喝茶"，南方人说"饮茶"，长江流域的人说"吃茶"。见《成都晚报》1948年9月7日。

[48] 周止颖：《新成都》，第247页；何满子：《五杂侃》，第192页。

[49] 黄裳：《茶馆》，彭国梁编《百人闲说：茶之趣》，第299页。当然，这些是表面观察。关于茶馆里阶级问题的讨论见本书第4章。

[50] 杨忠义、孙恭：《成都茶馆》，《锦江文史资料》第5辑，1997年，第81页。

[51] 关于这个地区及其乡场的研究见 G. William Skinner, "Marketing and Social Structure in Rural China." *The Journal of Asian Studies* vol. 24, no. 1 (1964): 3-43; vol. 24, no. 2 (1965): 195-228; vol. 24, no. 3 (1965): 363-399; Wang, *Street Culture in Chengdu: Public Space, Urban Commoners, and Local Politics in Chengdu, 1870-1930*, pp. 4-6; 王笛《跨出封闭的世界——长江上游区域社会研究，1644—1911》，第4章。

[52] 王庆源：《成都平原乡村茶馆》，《风土什志》1944年第1期（总第4期），第33—35页；何承朴：《成都夜话》，第350页；薛绍铭：《黔滇川旅行记》，第166页。

[53] 王庆源：《成都平原乡村茶馆》，《风土什志》1944年第1期（总第4期），第32—35页；杨武能、邱沛篁主编：《成都大词典》，第731页。四川普遍产茶，例如仅在川东便有万县、达县、开江、铜梁、梁山、宣汉等地产茶；在川南，有合江、綦江、高县、筠连、兴文、屏山等地产茶；川西有北川、大邑、邛崃、雅安、灌县等地产茶。明代和清代川茶便销到蒙藏地区，在嘉庆时期，"川茶销售藏族地区占百分之九十以上"，使打箭炉、松潘成为茶贸中心，沿这条贸易线，巴塘、里塘、炉霍、甘孜等市镇也得到发展。但近代印茶倾销西藏，川

茶市场日益缩小。见王笛《跨出封闭的世界——长江上游区域社会研究，1644—1911》，第 30 页；贾大泉、陈一石《四川茶叶史》，第 196、204、266 页。

[54] 江水并不直接由瓮子烧开，由于里面的水已经利用余火变热，所以再加到茶壶里，放在火眼上烧，便快得多。一般一个茶馆的灶上都有几个到十来个火眼，视茶馆大小而定。水沸以后，堂倌直接用茶壶给顾客掺茶。成都平原有丰富的地下水资源，在地下挖两三米即可见水，一口浅井可供百人使用，不过，一般仅用来做饭和洗漱，饮茶则购江水。1927 年，成都有 2795 口井。虽然城内也有河水流过，但水浅河道窄，人们往里扔垃圾，在里面洗衣服，故污染不可饮。（陈茂昭：《成都的茶馆》，《成都文史资料选辑》第 4 辑，1983 年，第 187 页；李劼人：《大波》，《李劼人选集》第 2 卷，第 414 页；周询：《芙蓉话旧录》，第 24 页；《成都市市政年鉴》[1927 年]，第 526 页）1911 年成都有人口 30 多万，六分之五住在城墙内，使用依靠井水，但饮水多靠运江水进城。江水取城外的锦江、府河和南河，东门的珠市街、西门的柳荫街、三洞桥、饮马河，北门的下河坝等地，都建有取水码头。各茶馆都以味道好的江水招徕顾客，但也有例外，如望江楼下的薛涛井，以唐代著名歌伎（女校书）薛涛曾在此居住而得名。该井的水质高，许多著名茶馆如少城公园的鹤鸣茶社、东大街的华华茶厅、春熙路的饮涛茶楼等，都到此取水。薛涛井附近有一家茶馆，由于用薛涛井水，加之沿江风景优美，故生意兴隆。一个民间的说法是薛涛以井水洗脸，胭脂流到水里，人们于是谑称"薛涛井水最驰名，人人爱喝洗脸水"。19 世纪末江水值 30—40 文一挑，1910 年热水卖 1 文一壶，1942 年江水 2—3 角一桶。（李劼人：《大波》，《李劼人选集》第 2 卷，第 413 页；陈茂昭：《成都的茶馆》，《成都文史资料选辑》第 4 辑，1983 年，第 187 页；徐心余：《蜀游闻见录》，第 15 页；周传儒：《四川省》，第 95 页；此君：《成都的茶馆》，《华西晚报》1942

年 1 月 28—29 日；傅崇矩：《成都通览》下册，第 253 页）城内也逐渐开始用自来水，最早是晚清从劝业场开始的，吸引了许多顾客。不过这所谓"自来水"，是由成都自来水公司用竹筒把水从万里桥接到华兴街的大水池，然后由水夫把水挑到各茶馆。所以有人讥讽这是"人挑自来水"。由于不实用，这个成都的早期自来水计划夭折了。直到 1940 年代，名副其实的自来水才真正在成都出现。（Wang, *Street Culture in Chengdu: Public Space, Urban Commoners, and Local Politics in Chengdu, 1870-1930*, p. 124；王泽华、王鹤：《民国时期的老成都》，第 110 页）在西方一些地区，饮水的不方便导致啤酒的发展。例如在 1870 年代之前的德国，城市地区水源污染，不仅味道怪异，而且不安全，当时茶和咖啡则是奢侈品，而且"穷工人营养不足，食品单一，他们认为啤酒可提供最基本的营养"。见 Abrams, *Workers' Culture in Imperial Germany: Leisure and Recreation in the Rhineland and Westphalia*, p. 64。

[55] 薛绍铭：《黔滇川旅行记》，第 166 页；周询：《芙蓉话旧录》，第 24 页；陈茂昭：《成都的茶馆》，《成都文史资料选辑》第 4 辑，1983 年，第 189 页；杨武能、邱沛篁主编：《成都大词典》，第 731 页。实际上燃料也是茶馆的最大开销，例如 1945 年，燃料占茶馆全部开销的 55%，花费占第二位的茶叶不过 18%。（《成都市商会档案》：104-1390）关于茶馆收支的进一步讨论见第 5 章。居民从茶馆买热水洗漱的情形，李劼人在《大波》中有描述：一个商人起床后，要洗脸时则"叫小四到茶铺买了一文钱的热水"。李劼人还描述了新军军官尹昌衡（此人辛亥革命中成为四川军政府都督），他家住沟头巷。一天，家里来了两个客人，尹的母亲叫仆人出去买茶叶和开水，仆人一只手提一个锡茶壶，另一手用竹篮装了两个空茶碗，正要离开时，尹母亲叮嘱她："先到瘟祖庙称茶叶。就是老太爷天天吃的那种茶……对！就请茶叶铺伙计抓两撮在这碗里……多少，他们卖茶叶的人晓得的……回

来在九龙巷牌坊茶铺泡茶,倒开水……要记牢,泡茶要鲜开水。倒回来的开水,也要手壶里烧开了的,不要瓮子锅里的。"(李劼人:《大波》,《李劼人选集》第 2 卷,第 853、1080 页)从这个例子看到,尹家并不准备茶叶和开水,有客人来则临时去买。显然,如此小的交易十分普遍,可以小到买两撮茶的地步。有趣的是,他们并不在茶馆里买茶叶,而只买开水,这即是说顾客认为直接在茶叶店买茶更划算。茉莉花茶是成都最流行的茶,价廉物美。1930 年代末易君左第一次到成都,在游记中描述了在二泉茶楼买了一碗茉莉花茶,花 3 分钱,"茶香水好,泡到第二三道茶味全出来了"。见易君左《锦城七日记》,《川康游踪》,第 194 页。

[56] 在成都平原,自耕农占 20%,佃户占 62%。不少大地主住成都,小地主则住乡场。乡场给他们提供的娱乐非常有限,因此茶馆成为他们消磨时光之地。另据郭汉鸣、孟光宇的调查,在 1920—1930 年代的成都平原,耕田的出佃比例高达 80%。见王庆源《成都平原乡村茶馆》,《风土什志》1944 年第 1 期(总第 4 期),第 32 页;郭汉鸣、孟光宇《四川租佃问题》,第 15—19 页;王笛《跨出封闭的世界——长江上游区域社会研究,1644—1911》,第 138 页。关于成都平原租佃问题的最新研究,见李德英《国家法令与民间习惯——成都平原租佃制度新探》。

[57] 但当茶馆发展到一定的规模,即五六百家时,政府和茶社业公会便进行人为的控制,见第 6 章的讨论。

[58] 除前面已经提到的外,这些记录包括 Fortune, *Two Visits to the Tea Countries of China*;Davidson and Mason, *Life in West China:Described by Two Residents in the Province of Sz-chwan*;Sewell, *The People of Wheelbarrow Lane*;Brace ed., *Canadian School in West China*;Service ed., *Golden Inches:The China Memoir of Grace Service*;中村作治郎『支那漫遊談』;井上红梅『支那风俗』;中野孤山『支那大陆横断游

蜀雜俎》；内藤利信『住んでみた成都－蜀の国に見る中国の日常生活』等。

[59] 包括《成都省会警察局档案》《成都市商会档案》《成都市政府工商档案》《成都市工商行政登记档案》《成都市工商局档案》等。

[60] Mui and Mui, *Shops and Shopkeeping in Eighteenth-Century England*, pp. 201, 208, 250.

[61] 例如，仅从1942年《华西晚报》，我便发现有五篇这样的文章，即此君的《成都的茶馆》（1942年1月28—29日）、陆隐的《闲话女茶房》（1942年2月25—28日）、周止颖的《漫谈成都女茶房》（1942年10月13日）、居格的《理想的茶馆》（1942年10月17日）、老乡的《谈成都人吃茶》（1942年12月26—28日）。1944年王庆源在《风土什志》第1期发表《成都平原乡村茶馆》。地方报纸经常发表关于饮茶的文章，如《茶话》，讲喝茶对大脑和身体健康的好处。在清代，如果官员从桌子上端起茶，即是送客的意思。（《成都晚报》1948年9月7日）最近二十来年，不少学者生动描述了他们在成都茶馆的经历，包括崔显昌的《旧成都茶馆素描》《龙门阵》1982年第6期［总第12期］，第92—102页）、陈茂昭的《成都的茶馆》（《成都文史资料选辑》第4辑，1983年，第178—193页）、王世安和朱之彦的《漫话少城公园内几家各具特色的茶馆——回忆我经营枕流茶社的一段经历》（《少城文史资料》第2辑，1989年，第150—160页）等。

[62] 李劼人：《"大波"第二部书后》，《李劼人选集》第2卷，第951—952页。

[63] 李劼人：《暴风雨前》，《李劼人选集》第1卷，第275—662页；沙汀：《在其香居茶馆里》，《沙丁选集》，第140—156页；沙汀：《淘金记》《困兽记》，《沙汀选集》第2卷，第3—293、299—625页。

第一部

茶馆与社会

第 2 章 闲 茶
—— 悠闲与休闲

我正坐在春熙路一个茶馆里的一张桌旁,一群好奇的人把我围着。其中一个人问:"他在卖什么?"除了流动贩子,他们很难想象我还可能是干其他什么的。这个有点疯疯癫癫的外国人坐在那里对着一个机器在自说自话,但他们的好奇心并不因此有任何减弱。

我现在暂且不管围在我桌边的人群,让我描述一下现处的环境。这是一间很大的屋子,大约有 50 米长,20 米宽,我估计客人有 400 多。这里有一些小圆桌,没有涂油漆,我现在便坐在其中一张桌旁,竹子编的凳子很矮,非常不舒服。这里人很多,但空气很好,靠街的一面完全敞开。我靠着栏杆,可以看到下面街上的人来来往往。我可以听见街头小贩的吆喝声,黄包车夫的大喊声,我还可以看到街对面世界书局的广告。世界书局是成都最大的书店之一,在那里可以买到古典和现代文学的各种书籍。

中国茶馆是一个非常好的设施:在那里你可以聊天,谈论政治,或者做生意。你可以理发,或刮胡子,甚至还可以坐在位子上让人给你掏耳朵。在夏天的几个月,也有人一边品茶，一边洗脚。今天我没有看见任何人在这里洗脚，我想是因为秋天已到，天气转凉。

我被各种人围着，我看到商人和他们的雇员（我估计他们是雇员），围着我的人明显看得出来有贫有富。这里很少妇女，今天只看到几个，没有同男人坐一桌。一些桌子旁坐的人看起来可能是搬运重物的苦力。

……

——马悦然（Göran Malmqvist）[1]

1949年10月，25岁的马悦然坐在春熙路一家茶楼上，用一架老式钢丝录音机录制茶馆中嘈杂的喧闹声，并同时进行解说。他这次到成都是进行四川方言研究，当时恐怕他自己也想不到，他对中国语言的研究贡献是如此之大，后来成为瑞典学院院士、诺贝尔文学奖18位终身评审委员之一。上引这几段描述，便是从他的这个录音记录翻译过来的。这一半个多世纪前对成都茶馆的真实记录，这里是第一次介绍给中国的读者。在本书随后的部分，我还会引用这个录音的其他内容。从上引的这段录音中，我们可以感受到茶馆的环境和气氛，茶客们在茶馆中的所作所为，以及人们对这个外国人外表和举止的万分好奇……我们便以马悦然在中国改朝换代、翻天覆地变化的那个时刻对成都茶馆的生动描述，开始对这个成都最重要公共空间——茶馆的长篇历史叙事。

每天光顾茶馆成为成都人的一种生活方式，人们的茶馆生活轻松而自在，朋友和熟人在那里会面、聊天、下棋、谈生意等，进行各种活动。茶馆有其特殊的诱惑力，诱使人们日复一日、月复一月甚至年复一年地在那里消耗时间。[2]以写四川乡土故事而著名的作家沙汀对茶馆更是了解深刻,他在1934年写道:"除了家庭,在四川,茶馆,恐怕就是人们唯一寄身的所在了。我见过很多的人,对于这个慢慢酸化着一个人的生命和精力的地方,几乎成了一种嗜好,一种分解不开的宠幸,好象鸦片烟瘾一样。"[3]当然,这里沙汀是以批评的口吻来描述茶馆的,这可能是由于他新知识分子的身份和反传统的世界观使然,但他对茶馆的重要性和吸引力刻画得入木三分。成都茶馆营造了一种热闹的气氛,追求公共生活的人们在那里真是如鱼得水。

当然,茶馆不仅是一个人们放松休闲的地方,成都茶馆还可以包容贫富贵贱、三教九流,而且具有多种功能,人们在那里谈生意、找工作、见朋友等等。当然,也有在茶馆里策划不轨、从事非法活动者,因此茶馆也被批评为"制造罪恶的地方"。[4]胡天在其1938年的《成都导游》和易君左在其1943年的《锦城七日记》中,提供了关于茶客的两个非常有用的词汇:"有闲阶级"和"有忙阶级"。[5]这两个词涵括了茶馆中的大多数茶客。"有闲阶级"可能包括文人儒生、城居地主、退休官员、财主寓公等各类中产以上阶级。而"有忙阶级"涉及更广,可能包括四种人:一是以茶馆为舞台者,像讲评书、演地方戏和曲艺的艺人;二是以茶馆作为生意场所的人,如商人、江湖郎中等;三是以茶馆为工场和市场者,如工匠和小贩等;四是在茶馆里会客、议事的官员和文人等。当然,"闲人""忙人"并非社会阶层的划分,角色可以相互转化。例如,"有闲"的人并非都是富人,一个苦力找不到工作无所事事,也可以是一个"闲人";一个富商在茶馆里做交易，也可以是一个"忙人"。

本章主要讨论茶馆在日常生活中的重要性和所具有的魅力，为什么它们能吸引顾客，何种人到茶馆，人们在那里扮演怎样的角色，考察在茶馆中的各色人等以及他们所创造的茶馆文化，描述茶馆怎样成为街道和邻里的中心。本章将证明，茶馆不仅是一个日常生活空间，而且是一个公共舞台。我们将看到，各种新闻总是首先在茶馆里传播，在过去的成都，一个人去茶馆犹如今天从报纸、收音机、电视获取新闻。人们在茶馆议论他们所关心的问题，或在那里与熟人和朋友漫无目的地闲聊，小孩也聚在那里凑热闹。本章还将考察人们怎样在茶馆中互动，特别是通过"喊茶钱"这种独特的方式，在公共场所建立起社会和职业网络。

这一章还指出，人们喜欢利用茶馆作为社交场所与他们的居住环境相关，人们去茶馆追求热闹的气氛，穷人的住所狭小简陋，只好到茶馆会客。而且，穷人也支付不起高档的娱乐消费，那么茶馆便成为他们的唯一去处。当社会动乱之时，茶馆也是人们逃避现实苦难的最佳场所，至少能在那里寻求一点安慰，或暂时忘掉现实生活中的痛苦。茶馆创造了一种环境，人们可以在那里想待多久便待多久，不用担心自己的外表是否寒酸，或腰包是否充实，或行为是否怪异。从一定程度上讲，茶馆是真正的"自由世界"。可以想象如果没有茶馆，成都人的日常生活将会是另外一番模样。虽然茶馆生活像成都日常生活的其他方面一样，在晚清和民国时期受到社会、政治、经济转变的影响，但它的基本形式仍然保留下来，充分体现了大众文化的坚韧性、持续性和顽强的生命力。

坐茶馆与吃闲茶

成都给外地人最深刻的印象便是其闲逸的生活方式，这种生活方式在茶馆里表现得淋漓尽致。光顾茶馆成为很多人一生的日常习惯，因为"成都人，生来就有种闲散的脾气，随便什么事，都满不在乎，朴实无华之中，带有恬淡，休闲的性格，所以养成了爱上茶馆的习惯"。许多人特别是老人起床的第一件事便是到茶馆"吃早茶"，这时天还未亮，整个城市仍然在沉睡之中，餐馆也没有开门。他们早上一起床，便提着鸟笼到茶馆，待很长的时间，称为"坐茶馆"，在外人看来，他们坐在那里是无所事事，

插图 2-1　坐茶馆的老人

资料来源：2015年秋作者摄于成都郊区双流县彭镇观音阁老茶馆。

荒废时日,"不管有事无事,坐茶馆几乎占据了生活的部分时间"。[6] 但成都居民对自己营造的悠哉乐哉的生活气氛颇为自珍,在整个20世纪上半叶几乎没有什么变化,即使同时期政治和社会生活的各个方面都大大地改变了。只要有时间,各行各业各阶

插图 2-2　闲聊

资料来源:2019 年夏作者摄于成都郊区双流县彭镇观音阁老茶馆。

他们几乎每晚必到。成都有许多大户人家子弟、城居地主、有产寓公，他们不少来自外县，寓居异乡，沉湎于成都的生活方式，更成为茶馆的常客。大多数日夜讨生活的下层人，如轿夫、黄包车夫、小贩等，也到茶馆解解渴、歇口气。一些茶客可以说上茶馆成了"瘾"，如果他们不去茶馆，就真像丢了魂一般。[7]

我们对清末民初茶馆生活的细节所知不多，但李劼人在其小说《大波》中，描写了晚清几个受过很好教育的年轻人聚会，其中有人建议：

> 我们每人只出两角半钱，这比戏园副座的票价还少半角钱。我们先去劝业场吃碗茶，可以看很多女人，地方热闹，当然比少城公园好。然后到新玉沙街清音灯影戏园听几折李少文、贾培之唱的好戏，锣鼓敲打得不利害，座场又宽敞，可以不耽心耳朵。然后再回到锦江桥广兴隆消个夜，酒菜面三开，又可醉饱，又不会吃坏肚子。每人二角半，算起来有多没少，岂不把你们所说的几项要头全都包括了？[8]

这个建议得到大家赞同。虽然他们囊中羞涩，但作为受过教育的年轻人，想找一个合适的地方聚会，去茶馆看戏则既体面，花费亦不多，然后再到餐馆享口福，也是可以承受的消费。在这部小说的另一个情节中，故事主角楚用想找一个地方打发时间，便去了武侯祠，那里古木参天，还有一个道士开的茶馆。巨树之下，摆放着方桌和八仙桌。楚用发现方桌都占满了，客人似乎都不像喝完茶即离开的游客，而主要是避暑的小贩或手工匠，穿着短褂，吸着叶子烟。一些在打牌，一些在下棋，有的甚至手上还做着活路，真是消闲和做工两不误（见插图2-3）。这里比大多

插图 2-3 坐茶馆的顾客边喝茶边做手工活
照片中的妇女正在编草帽辫。
资料来源：作者摄于 2003 年 7 月。

数茶馆清静，人们讲话的声音很轻。在另一个炎热的下午，由于去看戏"时间不对头"，楚用又来到武侯祠的茶馆，却发现"没有空桌子。有一张桌上只坐了两个手艺人，都戴着牛角边老光眼镜在做活路，有两方空着"，但他又不屑与他们为伍（见插图 2-4）。[9]

普通人比那些受过教育的精英更经常使用茶馆。直至晚清，成都的现代工厂仍微乎其微，大多数做工的人是手工工场的工匠或店铺的店员、餐馆的跑堂，以及其他服务行业的雇工，他们无须像现代大工厂的工人那样遵守严格的上下班时间，工作时间非常灵活。例如，那些在街道两旁铺子里做工的工匠，休息时便到

插图 2-4　一家设在庙内戏台上的茶馆，戏台下面还有卖纪念品的摊子
资料来源：作者摄于 2003 年 7 月。

街角的茶铺。这些茶馆为各种普通人服务，像砖瓦工、木匠、石匠、挑水夫、裁缝、车夫等，他们多在街头谋生。即使那些必须按时上下班的工厂工人，一有机会，也到茶馆消磨时间。[10]在清朝覆没之后，这种生活方式也几乎没有什么变化。1918 年的《国民公报》上有一篇讽刺小说，描述了农村人怎样留恋成都的生活，原因之一便是在那里人们可以在热闹的茶馆里尽情喝茶休闲。[11]

舒新城则记录了他 1920 年代到成都时的观察，发现了成都人日常生活的独特之处：

> 这许多的男女在茶馆戏园中度日子，你将以为这样地耗费时间与金钱，未免太可惜！你如果这样想，你之愚蠢真不

可及。你要知道钱是以流通而见效用的,用钱又以能满足欲望为最有价值:他们的欲望既在此,每日用去几文自然是"得其所哉!"而况在茶馆里坐一日,若仅只喝一壶茶,所费不过一百或二百文——合大洋三分或六分——就是吃一顿面也不过费三四百文,再加一二百文的点心,每日也不过费大洋二角。戏院中头等票只六百文,二三等只要四百三百文,就是天天购头等票去看戏,每月也不过费大洋五元而已,比上海一个工人的纸烟费还少,所谓耗费金钱实在是很少的事。"虚耗时间"几个字,在这里是很少有人道及的,你又何必替他们白着急。[12]

显然,他很欣赏而且试图为这种生活方式辩护,当时西化的精英对成都茶馆的批评日趋尖锐,认为人们在那里浪费时间和钱财。像舒新城这样著名的教育家和新知识分子为茶馆进行辩护,应该说是一个异数,特别是当时新文化运动正如火如荼地进行,抨击传统、拥抱西方正在成为一种时髦。

1934年沙汀对喝早茶的人有生动描述:"一从铺盖窝里爬出来,他们便纽扣也不扣,披了衣衫,趿着鞋子,一路呛咳着,上茶馆去了。有时候,甚至早到茶炉刚刚发火。"由于起来得太早,他们一坐在茶馆里,便实际上处于半迷糊的状态,当打了一会儿盹,"发觉茶已经泡好了的时候",他们总是"先用二指头沾一点,润润眼角",这样可能使自己清醒一些,然后才"缘着碗边,很长地吹一口气,吹去浮在碗面上灼炒焦了的茶梗和碎叶,一气喝下大半碗去"。喝早茶的人,鲜有不抽烟者,他们"于是吹着火烟筒,咳喘做一团,恰象一个问话符号似的"。等到茶馆里又有茶客坐下了,"这种第一个上茶铺的人,才现出一个活人的模样,拿出精神来",便可以拉开了话匣子。[13]

喝完早茶以后,他们才回家洗脸、刷牙、吃早饭。由于家里热水不便,不少顾客甚至喝茶洗脸同时进行,如睡眼惺忪的茶客会向堂倌说:"还没洗脸呢。"于是"堂倌拖过一张凳子,摆在客人座位边顺手的地方,打了脸水来。象这样,要洗脸,是不必改变蹲着的姿势的。只需略微侧一侧身子,斜伸出两只手去,就行了"。然而,这个洗脸的顾客可能不愿哪怕中断一刻与其他茶客正在兴头上的谈话,从水中提起的毛巾,随时停在半空,甚至又把毛巾扔在盆里,所以"要洗一张脸子,那时间是会费得很长久的",有时堂倌还不得不再换一次热水。从这里可见茶客聊天的瘾之大,而且茶客们真是被殷勤的堂倌给惯坏了。茶馆外面都有卖小吃的摊子,顾客们甚至不用回家吃早饭,如一个茶客把茶留在桌上,悠闲地"一边趿上鞋子,扣着纽扣,一边踱往街对过的酒酿摊上去,躬着身子向装着物事的担子打量一回,然后点着指头,一字一字地叮咛道:'听清白了么?——加一个蛋。要新鲜的。好,就是这一个罢。您照照我看……'"这一段是描述一个茶客怎样在茶馆外面买醪糟蛋(四川很流行的用酒酿煮鸡蛋的吃法),"您照照我看"意思是将鸡蛋对着天,如果是透明的话,便说明鸡蛋很新鲜。当然,很多茶客还是要回家吃早饭的,但茶馆总是使他们流连忘返,所以经常是"直到家里的人催过三五遍了,他们才一面慢腾腾地,把茶碗端到茶桌子中间去,叫堂倌照料着,说吃过饭再来,一面恋恋地同茶客们闲谈着,好象十分不愿意走开去似的"。[14]

茶馆里是如此随意,有的茶客甚至把家务事也带到茶馆来做,这样喝茶、社交、家务三不误。如他们坐在茶馆里,"小菜贩沿着清冷的街市叫卖起来了的时候",他们总是买一点豆芽,"堆在茶桌上,一根一根地撷着根,恰象绣花一样的精致。从他们的神情上看来,这还是一种近乎阔气的举止呢"。菜摘好以后,"家里的孩童们,是自会来收回的",当时没有手机,他不用同家里联系,家人自动会直接到茶馆里找他取准备好的菜。家人与茶客如此默契,说明这已经形成了一种习惯。他也照例不用动步,"只需千篇一律地关照道:……多加一点醋,炒生一点,嗯!"[15]

现代化和西化的精英对普通民众的这种悠哉乐哉的生活方式是颇为怜悯的:"全个早晨的时间,已经给他们花费干净了。但他们毫不觉得可惜。其实,也没有想到这一点。等到肚子一饱,又有许多时光,在等待着他们,象阔人使用资财一样地浪费了。"[16]但是精英不能理解,并非社会中每个人都是惜时如金的,知识精英与芸芸众生有不同的时间观,我们可以想象,如此松散闲逸的日常生活中的普通人,对那些每天殚精竭虑谋名声或权力的精英,可能也会抱几分同情吧。

许多人是在父辈的熏陶下成为茶客的。海粟回忆1930年代初他父亲每天晚饭后带他到第一泉茶社的情景:这个茶馆离他家仅一街之隔,他父亲买一碗茶但占两个座位,他喝茶,小孩则吃一把花生,"当我把花生吃完便沉沉欲睡了。等他茶瘾过足,我已进入梦乡,父亲只好把我背回家去。久而久之,我也成了一名'茶客'"。[17]海粟的经历说明了茶馆对人们日常生活的影响。茶馆的环境和文化、顾客的言谈和举止等,使人们了解社会,建立社会网络,甚至形成了个性和习惯。即使那些白天必须工作的人,一旦有机会,也会光顾茶馆。例如在1930年代,东门外某工厂的一群工人，每天中午休息时都到东门大桥头的一家茶馆，边钓鱼边品茶。茶馆老板也是钓鱼爱好者，他们成了朋友，老板还帮他们保存渔具，为他们烹调钓到的鱼。而政府雇员中午则喜欢去农园茶社和联华茶社，有的甚至工作时间跑去坐茶馆，例如一个警察上班时间在茶馆里泡被上级看到而受到惩罚。[18]

抗战爆发后，国难当头也未能阻止人们到茶馆消闲。周文回忆他在七七事变不久后的1937年10月在成都一家茶楼看到的情形：街上不知发生了什么事，"茶楼上靠街边的栏杆上密密的出现一排头颅在望街心"。他刚进入茶馆，开始往楼上走，那里是熙熙攘攘，热闹非凡。他回忆说，当跨进二楼，"密密麻麻的人头立刻扑进我的眼帘，好像筐子里装满苹果似的"。而谈话的声音则"形成一道浩浩荡荡的河流"。由于抽烟者太多，室内烟雾缭绕，他觉得一阵头晕，正准备退出，听见有坐在栏杆边的人叫道："你看你看，那女人那么瓜！"（"瓜"即成都话"傻"的意思）许多人头便伸出头去张望。作者在这里的细节描写，实际上是批评这些人漠视国家的命运，对茶馆中的噪音、烟雾、拥挤的状况也很不以为然。1938年的《成都导游》也提到，居民闲逸的生活节奏可以从茶馆的数量以及那里"日日客满"的盛况中显示出来。每天清晨人们来到茶馆，直到晚上9点，"在茶馆内中可以看报，谈天，吃零食，消磨一整天的时间非常容易"。这种生活方式的确给外来人以深刻印象和无限的遐想。[19]

茶楼上真是一个观风望景的好地方。人们在楼上看得到什么呢？1949年10月瑞典汉学家马悦然便坐在春熙路一家茶楼的栏杆边，借用马悦然的眼睛，让我们看看他所观察到的街景：

我坐在二楼上，面朝着街，这里描述一下街景。我看到一个人担着竹筐走过来，一个骑自行车的人挡了他的路，骑车的是一个学生，骑的国产车，周身都在发响声。一辆载满灰砖的板车过来了，有五个人拉，轮子是胶皮的，走起来没什么声音。拉车是一件非常苦的差事，其中还有一个是女的，她拉得很吃力。这种运输方式只在华南见到。这个夏天我北行到甘肃的兰州，并不见人们像牲畜一样拉车，人们赶骡子和毛驴。这里却不见这类牲畜。

下面街上的黄包车夫摇着铃铛，拉车人声音洪亮，朝着挡了道慢行的人叫嚷。一个老妇坐着黄包车过来，她膝上还坐着三个小孩。街上不少人朝茶楼上看，我看见两个穿制服的先生望着我，他们不知道这个外国人在做什么。还有一个士兵骑着自行车，肩上挂着枪，老式来复枪，可能根本就不能用了。街上经常看见军人，数量不少。

下面这个很有趣：两个女士走在一队人前面，抬着一个大箱子，里面有一双鞋，一把椅子，椅子上有一顶帽子和各种水果等。这是送亲的队伍，也即是说是在婚礼前，是婚礼的前奏曲。新郎将礼物送新娘，新娘将礼物送新郎，等等……

这时，街对面书店的生意也基本停顿了，大家都在看茶楼上这个自说自话的洋人……[20]

坐在高高的茶楼上看着街头的人来人往，犹如在观看真实城市生活的纪录片，每一分钟、每一个镜头都不相同，而且你不知道下一分钟会发生什么，充满新奇和期望，难怪许多人可以在那里看一整天的街景。

1941年当精英讨论怎样利用茶馆进行宣传时,也认识到其供"休息娱乐"的重要作用:"工作疲劳,欲求休息,生活枯寂,欲求娱乐,乃为人群之本性,茶馆设置普遍,二三知己,相携入座,听评书,赏道琴,玩杂技,半日消遣,娱情遣兴,无论贫富,不分城乡,皆得享受,而成都市车夫,以工余在茶馆休息娱乐者,占百分之九十以上,聚集群众,娱乐休息,不啻为一简单之俱乐部也。"[21] 1942年,一个地方文人归纳,成都有四类茶客,首先便是"吃闲茶"的人,他们一般是在春熙路、商业场、少城公园、复兴门外等区域的大茶馆(见地图2)。春熙路和商

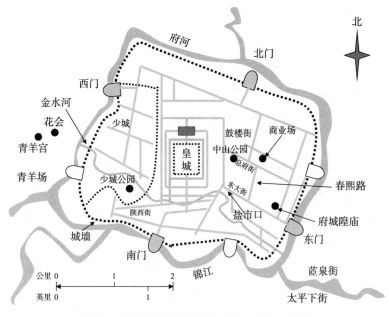

地图2 本书经常提到的街名和地名,1900—1950年

业场店铺众多，许多中产及以上家庭的妇女到这里购物。这篇文章讽刺道，许多来这里茶馆喝茶的顾客并非真的喝茶，无非是来打望女人，一饱眼福。一碗茶不贵，顾客可能花更多的钱在香烟、炒瓜子、水果上，还有脸帕、小费等开销。在那些雇女招待的茶馆里，许多顾客也醉翁之意不在酒，无非是想同女茶房吊吊膀子（关于女茶房将在第7章讨论），因此到这些茶馆的人经常被认为是"浮浪子弟"。[22]不过，这也未免太以偏概全。实际上，抗战时期女茶房很普遍，各种茶馆都有，为来自各行业各阶层的茶客服务。

这时在成都的著名小说家张恨水，深刻感受到茶馆之于成都的重要意义：

> 北平任何一个十字街口，必有一间油盐杂货铺（兼菜摊），一家粮食店，一家煤店。而在成都不是这样，是一家很大的茶馆，代替了一切。我们可知蓉城人士之上茶馆，其需要有胜于油盐小菜与米和煤者。
>
> 茶馆是可与古董齐看的铺，不怎么样高的屋檐，不怎么白的夹壁，不怎么粗的柱子，若是晚间，更加上不怎么亮的灯火（电灯与油灯同），矮矮的黑木桌子（不是漆的），大大的黄旧竹椅，一切布置的情调是那样的古老。在坐惯了摩登咖啡馆的人，或者会望望然后去之。可是，我们就自绝早到晚间都看到这里椅子上坐着有人，各人面前放一盖碗茶，陶然自得，毫无倦意。有时，茶馆里坐得席无余地，好像一个很大的盛会。其实，各人也不过是对着那一盖碗茶而已。[23]

张恨水的这段话写的是1940年代他在成都的经历。作为一个外来人，他为成都人勾画了一个准确生动的轮廓，抓住了成都人日常生活最突出的特点。从他的描述中，我们可以想象简陋茶馆里的热闹气氛。

从内战开始到国民政府崩溃，茶馆生活仍然能保持着活力。如1946年，甚至到了深夜，"茶厅前人像潮水一般涌了进去，一面又（像）奔悬的飞泉，不间断的泻了出来"。[24] 1947年的《华西晚报》发表关于成都茶馆的评论，指出许多店铺工人把茶馆视为"半个家"。他们自己的住房狭小、简陋、阴暗，不宜久留，那些在晚上耐不住寂寞的人，只好到茶馆找乐子。许多来自外地的工匠和学徒就住在店里，而这些地方生活不方便，亦没有热水，因此他们的大部分时间是在茶馆里度过的，早上到茶馆洗脸，到晚上洗了脚才回去睡觉。对那些有家室的人，茶馆则还有另外的妙用，它是家庭矛盾的一个缓冲地带，或防止家庭矛盾激化的一个"避风港"。如一个男人与太太吵了架，"一气之下到茶馆坐上半天，碰着几个朋友谈谈或是租一两份报纸读读，此刻已经心旷神怡，情绪平和"。[25]

地方精英指责成都居民太懒散、太悠闲，其主要论据之一便是茶馆生活。但成都人并不为此感到内疚，1949年甚至有人理直气壮地宣称"我是标准茶客"：

> 成都这环境造成我，还是我血液里本就先有茶癖？我说不清。总之，凡我附近的茶馆，没一家不承认我是标准茶客。"标准"在这里，没有"雅"和"品"，"潇洒""清高""上等"等妙意，而是指：光顾得很勤，不赊欠，不麻烦这

种好买主。无论茶馆之堂皇、肮脏、热闹冷静，一样进出，毫不拘泥。无论其为花茶、芽茶、香片、茉莉、下关、龙井，都无二味。倘要选择，我就特别喜欢那冷僻一点，"下力人"消闲那种茶馆，吞毛茶，可以看书、写稿。过去很长几段失业光阴，就这样"喝"下去，不论寒暑，不分阴晴，除了吃饭拉屎，几乎整天停在里面……只觉得上吞下泻是件舒服事儿……因而我往往为了一碗茶钱，舍得"当"一件衫衫，一床铺盖。[26]

这还真有点像是茶客的宣言书，也是对那些批评的回应，同时也是一幅茶客的自画像，我们知道他喝什么茶，怎样看待自己，在茶馆里干什么。有趣的是，作者显然是一个文人，也并不在乎去"下力人"的茶馆，在那里"看书""写稿"也并不觉得别扭。作者宣称为喝茶肯付出任何代价，似乎是倾家荡产也要喝茶。不过，所幸的是，我们还没有看到任何由于喝茶而破产的人。显然，当成都茶馆和茶客遭受攻击时，这位先生无非是要以这种极端的形式表达自己的态度，宣泄自己的情感。

社交——一个社区和信息中心

茶馆不仅用来休闲，也是最好的社交场所。1940年代有人在谈到茶馆的重要性时，便对茶馆作为社交场所的特殊功能，进行了非常全面的描述：

茶馆为民众普遍之聚会场所，不期而会者，往往在数十人或百数十人以上，此来彼去，交换轮流，不断离开，不断加入。于是茶馆与民众实际生活,时时发生密切关系,需用至广,要求极多,举凡通都大邑,县城重镇,穷乡僻壤,□□(原字不清楚,根据上下文,疑是"荒村")野店,莫不竹几横陈,桌凳罗列。上自政府官吏,下至走卒贩夫,各以其需要之不同,环境之各别,盘踞一席,高谈阔论于其间,会人者,议事者,交易者,消闲者,解渴者,种种行色,不一而足。于是茶馆无形中有吸引群众,使以此为活动中心之趋势,其适应能力至强,无人不思利用之也。[27]

李劼人所描述的晚清的情形,便表明了市民对茶馆的依靠:"下等人家无所谓会客与休息地方,需要茶铺,也不必说。中等人家,纵然有堂屋,堂屋之中,有桌椅,或者竟有所谓客厅书房,家里也有茶壶茶碗,也有泡茶送茶的什么人;但是都习惯了,客来,顶多说几句话,假使认为是朋友,就必要约你去吃茶。"[28]一首竹枝词也写道:"亲朋蓦地遇街前,邀入茶房礼貌虔。"在成都,熟人在街上打招呼,他们总是说:"口子上吃茶,茶钱该我的。"虽然这经常不过是做一个"姿态",没有人会认真对待,但是由于人们经常在茶馆会面,所以这个招呼又是非常恰当的,也的确反映了茶馆中会友和社交的重要性。有人写道:"'闲来无事把茶喝'是有风味的。可是,'有事在××茶馆会'差不多已成了目前成都的中下级人士的习惯。"[29]由于他们的居住环境不便,普通人有事相商或会友总是安排在茶馆里;由于既方便又舒适,即使居住宽敞的精英阶层也把茶馆作为他们的会客厅。吴虞在1915年3月的一则日记里写道,他雇了一乘轿子到城郊一个叫龙桥的乡场,在那里过夜。第二天早饭后,到熊定山茶铺喝茶,等着开市。然后又与朋友"至彭大旗铺内吃茶",在那里与佃户见面,讨论佃金的事。[30]这个日程显示一个文人兼地主怎样度过他的一天,我们发现他经常在茶馆里见客和处理日常事务。

　　茶馆成为人们的聚会之所,人们可以在那里会客见友,不用事先约定,关于日常生活的许多决定也是在茶馆里作出的。徐惟理(William Sewell)关于成都1920年代的回忆便提到,如果一个朋友遇到麻烦,他们便到茶馆去讨论解决办法。还有人写道,人们喜欢去茶馆会客有三个原因:一是成都是个大城市,会面时选两人住家中间地带的茶馆,这样大家都不用跑很远的路;二是在家里接待客人要准备饭菜,耗时费力;三是成都为省会,吸引许多外地人,但在旅店谈生意既不方便也不舒服,因此茶馆是个好地方。[31]

　　人们去茶馆不仅是喝茶,也是去交流最近的新闻,传播小道消息。如果一个人几天没有出门,想知道这几天有什么事发生,他便先去茶馆。特别是那些喝早茶的人,起来这么早到茶馆,虽然是一种习惯,亦是一种心理需求,例如某人"在夜里发现了一点值得告诉人的新闻,一张开眼睛,便觉得不从肚子里掏出来,实在熬不住了。有时却仅仅为了在铺盖窝里,夜深的时候,从街上,或者从邻居家里听到一点不寻常的响动,想早些打听明白,来满足自己好奇的癖性"。即使他们没有什么消息急着要告诉他人,或并非迫不及待要打听什么事,照样一清早到茶馆,按沙汀的说法是"因为习惯出了毛病",不到茶馆便难受,"他们尽可以在黎明的薄暗中,蹲在日常坐惯了的位置上,打一会儿盹。或者从堂倌口里,用一两句简单含糊的问话,探听一点自己没关照到的意外的故事"。[32] 在成都人的日常对话中,经常听见这样的说法:"我进城那天,就在茶铺里听见说了",或者,"怎么茶铺里还没有听见人说?"[33] 的确,茶馆在邻里和社区扮演着信息中心的角色,所以有人评论道:

> 茶馆之中,时时可闻政情如何,军事如何,地方有何种新闻,某姓有何种事变,以及史料掌故之阐述,狐仙鬼怪之奇谈,均为各层社会分子所关心而亟欲知悉者,一至茶馆,各种资料,源源而至,辗转相告,传播迅速,发挥尽致,无孔不入,甚有好事之徒博访周咨,藉充谈助,而自解其见闻之广,亦有留心社会情报,以求足不出户庭,能知天下事。至于奸究之徒,无聊之辈,混迹其间,或任意雌黄,混淆黑白,或捕风捉影,画蛇添足,以致蜚语谰言,摇惑人心者,亦往往发生于其间。[34]

也即是说,茶馆既是得到信息之地,也是小道消息、流言蜚语传播的地方。这恐怕也就是国家总是力图对这个空间严加控制的原因之一。

茶馆也是人们日常交往的场所,正如 A. 赫勒尔 (Agnes Heller) 所指出的:"日常的接触发生在自己的空间……日常生活清楚展示其空间,空间的经历和空间的理解不可分割地连接在一起。"在茶馆,交谈便是日常接触最基本的形式,也是赫勒尔所说的"日常生活的最基本的部分"。[35] 大多数茶馆谈话是随意的,没有什么目的性,正如一个民间俗语所说:"茶铺里头的龙门阵——想到哪儿说到哪儿。"西门附近的一家茶馆干脆就叫"各说阁",把这种漫谈的气氛发挥到了极致。加入这种茶馆闲聊不需要任何准备或资格。人们可以自由发表意见而不需要承担任何责任,只要他没有冒犯在场的其他人,实际上也很少有人真正严肃对待茶馆里的闲言碎语。在茶馆中陌生人之间能够夸夸其谈,也可以只洗耳恭听,不发一语。所以李劼人写道,如果"你无话可说,尽可做自己的事,无事可作,尽可抱着膝头去听隔座人谈论,较之无聊赖地呆坐家中,既可以消遣辰光,又可以听新闻,广见识,而所谓吃茶,只不过存名而已"。这即是说,对某些人来说喝茶本身并不重要,而意义在于与茶馆里人们的交往。三教九流都到茶馆,讲他们自己的经历或听来的故事,对世界上的任何事物高谈阔论。例如,少城公园几家茶馆的客人,很多是退伍军官、下野政客、政府职员、教师学生、文人骚客、棋类爱好者、妓女捐客、有产无产者,等等,所以成都有个流行语:"少城一日坐,胜读十年书。"虽然这是夸张之词,但茶馆的确是了解社会的最好场所。如果一个茶客没有谈话兴头,他可以读书看报。在1930年代,顾客可以花几分钱从小贩那里租报纸看,看完一份后,还可以与他人交换。[36]

在相当程度上茶馆即意味着"公共论坛",茶馆聊天经常反映了"公论"。所以时人评论道:

> 民众真正意识,往往于茶馆中尽情发抒,盖吾人于茶余酒后,纵论古今,月旦人物,是非政法,表彰公道,善者则称颂不置,黠者则贬斥有加,里正乡绅,俱惧流言而不敢肆意恣行,恒恃此清议,以觇人心之向背,村夫愚妇,畏人指责,而不敢犯法为非,亦藉兹谠论,以维风俗于不坠,是无

形之制裁，潜移默化，其功用足以补助法制者不少，苟能利用得当，则于茶馆中亦可收赏善罪（罚）恶之功效也。[37]

这段议论提出了一个非常有意思的观点：茶馆议论实际上起着一个"舆论监督"的作用。过去精英和国家总是批评茶馆是一个散布流言蜚语的地方，但该文作者反其道而行之，作了一个相反的解读，茶馆里无遮拦、无控制的议论，按那些不喜欢茶馆议论的人来说可能是"流言"，但却能使有权有势的人"不敢肆意恣行"。茶馆议论对一般人也有一定警示作用，因为害怕邻里在茶馆议论，所以也要尽量约束自己的不端行为。

在茶馆，人们谈论各种问题，从日常生活到政治外交，其内容涉及社会状况、习惯及文化。[38]一个记者记录了一个城市人和乡下人的对话：

> 记者昨到花会某茶园，闻二人谈论。
> 甲曰："乡间的人不敢穿好衣服，夜晚则穿起睡。"
> 乙曰："省城的人衣服极力求好，夜晚脱完盖起铺盖睡。"
> 甲曰："乡间人怕匪人抱童子，背起娃娃不敢睡。"
> 乙曰："省中一点不害怕，放着娃娃，抱倒太太睡。"
> 甲曰："乡人听著（着）枪声，一晚到亮不敢睡。"
> 乙曰："省中人晓得墙垣筑得高，是啥都不怕，睡到十二点钟才起来开早饭。"[39]

虽然这个记录没有说明两人的背景，但从他们的谈话态度，可以推之甲住城内，乙住乡村。成都人一贯有藐视乡下人的心理，坊间流传着许多关于他们肮脏、愚昧、吝啬等荒唐的故事。虽然这段谈话表面上是关于城市和乡村不同的生活习惯，但实际上反映了不同的经历和面临的不同问题。生活在城市中相对安全，在乡村却时刻面临危险。城市居民似乎总是觉得高人一等，讽刺乡下人舍不得穿好衣服，怕小孩被绑架。乡下人羡慕城里人的好生活和安全感，但也讽刺城里人晚上不管孩子而抱老婆（可能暗示着性），睡懒觉（暗示着懒），这都是传统价值观所鄙视的。

与普通人一样，精英也是茶馆中的活跃分子。学者喜欢在那里吟诗论画，人们称他们为"风雅之士"。有些人把书带到茶馆里阅读，所以有人写道："茶亦醉人何必酒，书能香我不须花。"品茶看书，当然颇为高雅。一些地方文人喜欢到茶馆"摆诗条子"，玩这个游戏时，他们把两三张桌子拼在一起，放上几张大纸，上面画许多格子，每个格子填进一首唐诗或宋词。他们有意写错一两个字，邀请在场的茶客纠错。如果茶客改对了便有奖，错了便付十文钱。一些文人还把他们的作品拿到茶馆去展示。例如吴虞把他写的诗印出，贴在茶馆里供欣赏，喜欢的人可以购买。在其1915年的一则日记中，吴说他派人把印好的诗送到品香茶社，在第二天的日记中又提到，当他去养园（茶馆）会友时，发现那里也贴了不少他的诗。文人一般都有自己钟情的茶馆，吴虞经常到品香茶社，因为那里有他钟爱的演员陈碧秀，他还在茶馆卖所写的关于陈碧秀的诗。吴与朋友上午到品香茶社去看陈的演出，下午约了更多的人到那里。吴在日记中写道，陈因为有吴捧场颇显兴奋，"其视线恒在余等，一座皆笑，碧秀亦笑不能禁也"。[40] 显然吴虞为能得到这个名伶的青睐很是得意，看来在民国时期，成都文人似乎对与优伶的来往纠缠并不忌讳。

有的茶馆颇像社会俱乐部，共同的爱好把人们聚集在一起。百老汇和惠风茶园坐落在鸟市附近，因此这些茶馆成为玩鸟人的聚会处。在黎明时分，他们便提着鸟笼来到茶馆，或互通心得，或做交易，或只是聆听屋檐下或树上鸟笼里各种鸟的歌唱。中山公园的乐观茶园也是养鸟爱好者的集中地，人们在那里做鸟雀的生意，交流饲养经验，成为有名的"雀市"。一个记者1936年报道，他到乐观茶园，发现里面热闹非凡，间杂着各种鸟叫。人们不仅在那里买鸟作为宠物，而且还买麻雀等在阴历四月初八的放生会放生。该记者以负面的语调描写这些待售的鸟不断地"悲鸣"。一个卖鸟食的小贩告诉记者，不少鸟是作斗鸟娱乐和赌博用。这些斗鸟的食物颇为讲究，都是鸡蛋、鸡肉和牛肉，甚至还有人参等补品。在茶馆里卖作为鸟食的虫子，一天可以挣几千文。[41]

养鸟不仅是一个爱好，鸟还成了"挣钱的工具"。斗鸟赌博经常是在茶馆里进行。晚清印行的《成都通览》中的一幅插图便描述了这个活动，反映了其普遍性（见插图2-5）。民国时期，斗鸟经常在城外进行，像西门外的洞子口和北门外的天回镇等地。这是一种公开活动，参加者众多，有明确的程序和规则，还有裁判，胜者还要穿红。斗鸟不过是茶馆中多种赌博活动之一罢了，打麻将、玩牌下棋、抽签等都可以赌博。晚清作为赌博工具的麻将被禁，但在民初禁令松弛，死灰复燃。1928年，彩票进入成都，在繁荣的商业区到处是售彩票的铺子，而彩票业公会便设在北城公园的静安茶社，每个月的农历初六，人们挤在茶馆里急切地等待公布号码，公会还要为获大奖者披红，骑马在街上遛

插图 2-5 斗雀

图中题曰:"斗雀之风,成都昔日最盛。其所赌之彩物以千百计。夫喂雀玩时弃日,极为无益,况又以此赌输赢乎?"

资料来源:傅崇矩:《成都通览》第 3 册,第 116 页。

一圈。赌博形式多样,除了玩牌和麻将、下棋、斗鸟等大众方式,还有更"高雅"的做法,例如警察报告在中山公园的中和茶社,一些"无聊文人"以吟诗进行赌博。[42]

精英和政府皆认为茶馆赌博是一个严重问题,虽然颁发了不少规章,但这个问题并未能解决。一篇 1918 年发表在地方报纸上题为《扑克害》的所谓"警世小说",便以批评赌博为主线,讲述一个年轻人在茶馆碰见一个爱玩牌赌博的朋友,结果他们正在茶馆聊天时,警察把他的朋友带走了,罪名是偷窃。这个小说以这样的句子开始："一少年危坐于公园之某茶社,其年纪约略二十左右,着革履,眼垂金镜,周身衣服均缘以火盆似青缎边,举止浮薄,一望而知为浪荡之少年。时夕阳西下,几行雁字似指引游人之归去。坐客亦渐稀,茶博士则收拾其桌椅,清洁其地面,为状至忙碌。顾少年则仍坐不稍动,面色一若重有忧者……"[43] 作者将茶馆作为小说的场景,是有其特殊用意的,茶馆总是人们休闲解闷、看朋友、玩牌下棋、赌博之地。茶馆也是人们最经常去的地方,因此作者很容易把读者带进他所设计的情境之中。

人们喜欢到茶馆喝茶,还因为那里是一个自由世界,无拘无束。人们可以"提高嗓子"地畅谈,不论是"家常话,要紧话,或是骂人,或是谈故事",可以"不必顾忌旁人"。虽然是公共场所,在茶馆里似乎没有什么礼节可讲,比如夏天燥热,"喜欢打赤膊"的顾客"只管脱光,比在人家里自由得多"。茶馆一般都提供理发服务,茶客可以理发喝茶两不误,而且经常就在茶座上进行,"哪怕你头屑四溅,短发乱飞,飞溅到别人茶碗里,通不妨事"。茶馆还有修脚匠,尽管把鞋袜脱了,"将脚伸去登在修脚匠的膝头上",也无伤大雅。[44] 而且买上一碗茶,顾客可以随便待多久,任意加多少回水,堂倌从不会给你脸色看,甚至顾客茶吃到半截,如果有事要办,"可以将茶碗移在桌子中间,向堂倌招呼一声:'留着!'隔一二小时,你仍可去吃。"著名历史学家章开沅教授一次同我闲聊四川茶馆时,回忆起1937—1942年的抗战时期,他在四川江津时还是一个中学生,也喜欢光顾茶馆,如果中间要去买东西或去河里游泳,就把盖子翻过来,表示还要回来,堂倌便不会收茶碗。[45] 从堂倌的服务态度上,似乎顾客待的时间越长越好。位子不够了,加椅子便是。成都人就有这个怪脾气,清静的茶馆他们会怀疑生意不好,留不住客,越拥挤他们越要去,觉得这个茶馆一定是好茶馆,茶客心中总是有一个打米碗的。如果茶馆挤得水泄不通,不正说明茶馆合顾客之意吗?

1940年代初,沙汀生动地描写了成都附近一个乡场的茶馆生活,可以说基本上也是老成都下层茶馆的写照:"有着上等职业和没有所谓职业的杂色人等,他们也有自己的工作日程,而那第一个精彩节目,是上茶馆。他们要在那里讲生意,交换意见,探听各种各样的新闻。他们有时候的谈话,是并无目的的,淡而无味的和繁琐的。但这是旁观者的看法。当事人的观感并不如此,他们正要凭借它来经营自己的精神生活,并找出现实的利益来。"他所描写的北斗镇很小,只有一条街,还有两条被称为"尿巷子"的窄巷,两边都是粪坑、尿桶、尿缸。但即使是这样一个小乡场,竟然有八九个茶馆,赶场天甚至增加到十多个,因为有些茶馆只有赶场天才开门营业。每个茶馆都有自己的固定茶客,这个划分是由社会地位、个人关系及其他利益所决定的,"所以时间一到,就像一座座对号入座的剧院一样,各人都到自己熟识的地方喝茶去了"。当一个人情绪不好时,他一般都到茶馆。正如沙汀所描述的一个地方士绅,"他懒懒地走上畅和轩的阶沿,懒懒地对付着茶客们的招呼。而且,坐定之后,仿佛故意要避开与人接谈,实则是想赶走那些残余的不大愉快的想头,他吩咐堂倌去找老骆来替他挖耳,借此排遣一下心里的闷气"[46](见插图2-6)。

插图 2-6　河边茶铺的掏耳朵服务

这个行业在晚清成都茶馆里便很流行,百年以后仍然长盛不衰,而且妇女也加入其中。

资料来源:作者摄于 2003 年 6 月。

茶馆是最便宜的休息和社交场所。一个人可以独自到茶馆,躺在竹椅上几个小时,读书,嗑瓜子。虽然一碗茶的价格在不断上涨,但比较其他东西,吃茶仍然是相对便宜的。1949 年的一篇文章说,"年头不对,在苦闷中生活着的人们",在这个"可恶的时代",如果"想换得喘口气的机会","那我劝你上茶馆坐坐吧!躺在竹椅上,两手一摆,伸下懒腰,什么不如意的事,都会忘得一干二净,马上沉浸在另一个世界里"。[47]茶馆实际上是一个避难所,人们在那里可以暂时得到安宁和满足。因此,批评坐茶馆的人,可能很少站在普通茶客的角度,设身处地地考虑他们喜欢茶馆的真正原因。

1946年陈善英在《新新新闻》上发表《茶馆赞》，以抒情散文的形式，热情洋溢地赞美茶馆的社交功能：

> 这的确是一个非常好的地方，如果当你从工作房出来，而感到有些微倦意的话，那么，我一定建议你不忙回家，到茶馆里去喝一会儿茶再说吧！首先，当你一跨进茶馆的大门，你便会感到有说不出的轻松和解脱，像是去拜访一处名胜似的，心胸颇觉得开阔起来，把一天的累，从身上、心上、像尘埃似的拂去了。你可以看到一堆堆的人，老的、少的，散布在不同的地方，喝着茶，谈着天，小贩们，堂倌们，算命的老头，擦皮鞋的小孩子……穿梭似的，川流不息似的，将整个茶馆织成了一幅花团锦簇的图案。这时你也许会碰到朋友，加入桌上谈话……阔别多年的友人，畅谈一通……但是，如果疲倦了，或觉得无必要，找一个干净的角落闭眼喝茶，这时会有一个擦皮鞋的小孩敲着他的箱子，向你兜生意，你不妨伸出脚去，让他打扫一番，几分钟后，你的破皮鞋便会一改前观，很亮很亮了……听吧！在另一边的桌上，又有几个人在那儿大谈生意经，他们说黄金又上涨了，他们这招棋下对了……电灯亮了，茶馆的人越来越多，茶馆也加倍热闹了，一些人开始散去，脸上闪动着愉快的光辉，像饱吮了露珠的花朵。[48]

在这样一个空间中，各种人物在茶馆休闲、会友、谈生意、下棋、讨论新闻，顺便也把皮鞋擦了。到了晚上，茶馆更为热闹，然后人们带着满意的神情离开茶馆，为一天的日常生活画上了句号（见插图2-7）。当然，这是一个爱茶馆者的心声，但是现实就是那么奇怪，有人爱茶馆爱得如此之深，亦有人恨茶馆恨得如此之切。在本书随后的章节中，从茶馆所经历的风风雨雨，我们可以看到这两股力量的长期较量。

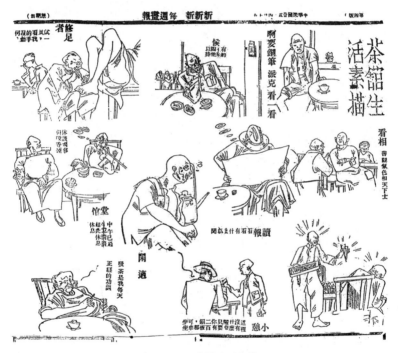

插图 2-7　茶馆生活素描

题图从左到右、从上到下："修足者——试一试，看我的手段如何？""候——有约□来闷坐以待"；"啊要钢笔，派克，看一看"；"休谈国事，但吸香烟"；"堂倌——中午已过，生意清淡，超[趁]此休息休息"；"读报——看看有什么新闻"；"看相——善观气色相天下士"；"闲适——吸烟是我每天正经的功课"；"小憩——这里没有什么阶级，只要你有二百铜板，都可来坐坐"。

资料来源：《新新新闻》1936年4月19日。

茶馆文化——茶馆中的语言和习惯

　　成都茶馆形成的习惯成为地方大众文化之重要组成部分,从茶具使用、喝茶方式、茶馆术语到顾客言行等等,都是茶馆文化之展示。茶具作为茶馆文化和物质文化的一部分,反映了生态、环境以及物质资源的状况。四川茶馆所用茶具为"三件头",即茶碗、茶盖、茶船,去茶馆喝茶称为"喝盖碗茶"。茶船即茶托,用它端碗以免烫手。茶盖可以使水保持温度,还可以用盖来拨动茶水,使茶香四溢,滚烫的水也凉得快一些,以便着急的客人赶快止渴。另外,茶客喝茶时可以用茶盖把茶叶撇开。茶具相对来讲较贵,所以下等茶馆尽量延长其使用期。按照李劼人带有讥讽的描述,茶碗"一百个之中,或许有十个是完整的,其余都是千巴万补的碎磁"。而补碗匠的手艺高超,"他能用多种花色不同的破茶碗,并合拢来,不走圆与大的样子,还包你不漏。也有茶船,黄铜皮捶的,又薄又脏"。碗匠可以把不同的碗片拼在一起,他们的技术是如此高超,以至于民初寓居成都的传教士徐惟理说,这些碗片拼好后,如果不从碗的下面,"几乎看不出是补过的"。[49]

　　茶馆里的桌椅也展示了茶馆文化。四川有丰富的竹子资源,竹子在人们的日常生活中起着重要作用,经常被用作建筑材料或起居用品,像筷子、工具手柄、家具等。在公园和成都郊区,茶馆一般坐落在竹林之中,夏天人们在里面享受着阴凉。茶馆的椅子都有靠背和扶手,坐在上面舒适方便,与矮方木桌非常般配。因为使用经年,被磨得油光锃亮,如古铜一般,自然与人文相得益彰。[50]当然,成都茶馆的设施也是不断变化的,在1920—1930年代,许多茶馆仍然是"高桌高凳,顾客颇称不便"。但1940年代,"各茶馆对环境之布置亦甚注意",有人认为,"茶馆之改进,亦可看到成都工商业一般的进步情况"。[51]

物质文化的变迁对茶馆的影响引起一些人的担忧。例如,《成都晚报》上有一篇短文以幽默的口气写道:"温瓶出,茶道亡。"文章称越来越多的饮茶者使用温水瓶,这样就不用持续烧开水了。作者认为,用温水瓶的开水泡茶,其茶水的外观和味道都是与用"鲜开水"不能相比的,"每饮必无好水,不堪辨味,则损于茶事者良多也。沸水滞积壶中,热不散,不仅水热而老,老而且疲,无论甚么好茶叶,无论甚么好泉水,两好一旦相遇,就此都成不好了"。没有好的鲜开水,喝茶不再是"道",温水瓶实际上是在摧毁"茶道"。虽然作者有如此的批评,但他也宣称:"心里恨热水瓶又舍不得打碎热水瓶。"[52]这反映了其对新的物质文化和消费文化的复杂态度。一方面,这些新东西给人们的日常生活带来了许多方便;但另一方面,它们又造成了人们骄傲和珍视的传统生活方式和文化的改变。其实还有一个结果是这篇文章所没有提到的:温水瓶的使用可能使一些人在家中喝茶。过去茶馆是唯一为普通居民提供鲜开水的地方,温水瓶的使用,从一定程度上解决了这个难题。那些对开水要求不是很高的茶客,要喝茶也不是非去茶馆不可了。[53]

茶馆中使用的器具也反映了经理人怎样做生意,需要什么条件。资料很少显示茶馆(甚至其他小商铺)中使用的日常必需品,其实这是了解物质文化的重要部分。虽然这些小东西并不显示重要历史意义，但是我们能够由此了解小商铺如何管理及其所承载的物质文化。幸运的是，我发现若干由于茶馆中的斗殴而损坏器具、茶馆要求赔偿的记录，虽然一些茶馆用品可能没有包括在内，但是这些清单至少告诉我们，经营一个茶馆应该主要准备些什么东西。除了茶具、茶壶、桌椅、茶叶等，茶馆还提供吸烟用品，包括叶烟、烟杆、纸烟等。有趣的是一些日常用药也是必需品，可能有的茶馆也卖药，以防顾客的不时之需。[54]

茶馆还形成了独特的语言和词汇。茶博士用他们特有的声调来迎送客人，增进了茶馆热闹的气氛，路过的行人也被感染，被吸引过来。茶馆中还使用大家都理解的"行话"。例如，在一个茶馆开张的前一晚，要举行仪式，称"洗茶碗"，或叫"亮堂"，当晚提供免费茶给客人，他们大多是老板的亲戚朋友或地方的头面人物。这个仪式不仅是为了开张大吉，也是为了争取地方权势人物的保护。茶馆一天的生意也有闲忙之分，忙时称"打涌堂"，闲时称"吊堂"。穷人买不起茶，可以买白开水，茶馆允许顾客自己带茶叶到茶馆，只需要付开水钱便可，称"免底"，或叫"玻璃"。附近居民到茶馆买的开水和热水，称"出堂水"。[55]

成都茶馆一般也允许穷人或小孩到那里去喝客人留下的剩茶，称之为"喝加班茶"。一些成都老人对过去喝加班茶的情景记忆犹新。据刘振尧回忆，他孩提时代经常去安澜茶馆，这是一个有三间房的两层楼茶馆。老板人不错，从不驱赶来喝加班茶的小孩。当他在街上玩累了，渴了，便经常径直跑进茶馆，叫一声"爷爷"或者"叔叔"，"让我喝点加班茶"，不等对方反应，便已经端起茶碗一阵狂饮，放下茶碗也不说声谢谢，便一阵风似的跑掉了。茶的主人也并不在意,继续他的闲聊。当然,这可能是一家茶馆及其客人善待小孩的一个特例,其实到茶馆喝加班茶也是有规矩的,特别是对成年人,他们只能喝那些没有加盖的茶,因为这表明客人已离开,还不能直接端茶碗喝,而是要用茶盖从碗里舀茶水喝。[56]

一些茶馆与顾客建立了一种相互信任的关系,允许顾客先赊账,以后再付茶钱。例如,1940年代初,为了在日机轰炸时更快疏散城内居民,南城墙被挖了一个大洞,在府南河上建了一座桥,连接南北岸。这时的府南河清澈见底,鱼虾成群。南门外的田野黄色油菜花盛开,蜂舞蝶飞。有人在桥的南头,搭了一个简陋的棚子,开了一家小茶馆,只有三四张桌子,不到二十把椅子。虽然小但位置好,外加景色美丽,江面、桥、田地、树荫等浑然一体,因此生意兴隆。客人饿了还可以在茶馆买面打发肚子,所以人们可以在那里待一整天。这个茶馆很快成为高中生和大学生的聚集地,老板很善待穷学生,如果没有钱可以记账,以后有钱再付。账写在墙上的一个小黑板上,名字旁写"正"字,每个"正"字代表5碗茶。账清后名字即擦去。[57]

茶馆中形成了一些习惯,人们在茶馆里形成因茶聚会的团体,称"茶轮",一般是二三十个朋友、熟人或同行,定期在一家茶馆碰面,轮流坐庄付茶钱。这些茶馆,特别是城外乡场上的茶馆,在墙上的木板上写着参加者的姓名。这些小团体建立起紧密的社会网络,可以在经济、社会生活甚至政治活动上相互帮助或支持。他们交换关于生意、政府政策、地方新闻等信息,如果某成员有了麻烦,也首先在成员内部寻求支持。一些团体的形成是由于共同的爱好,例如"打围鼓"便是戏曲爱好者在茶馆的聚会活动,他们在一起唱戏,仅用简单的乐器,不用化妆,不穿戴行头,基本没有动作表演,所以又称"板凳戏"。《成都通览》中有一幅插图,便生动地描绘了这个活动(见插图 2-8)。打围鼓经常吸引众人观看,有的人经年累月参加这个活动,不觉疲倦,甚至炼造成了职业演员。[58]

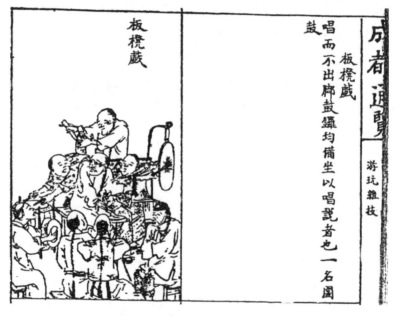

插图 2-8 "板凳戏"

题图曰:"唱而不出脚,鼓锣均备,坐以唱说者也。一名围鼓。"

资料来源:傅崇矩:《成都通览》第 3 册,第 111 页。

茶馆里最有地方特色、最经常的习惯便是"喊茶钱",充分表现了人与人之间的复杂关系。在成都,一个人进入茶馆,已经在那里的朋友和熟人会站起来向堂倌喊:"某先生的茶钱我付了!"这便是"喊茶钱"。叫喊声可能来自茶馆的任何一个角落,当然也可以相反,刚到者为已经在那里喝茶的朋友熟人付茶钱。这种场景每天在每个茶馆可能发生不知多少次。在这种情况下,他的朋友一般都会笑着回答"换过",意思是"另换一碗新茶",不过这经常是做做姿态,很少真的会另换一碗茶。有时真的换了茶,但客人因事须马上离开,他会揭开盖子,喝一口以表示感谢,这称之为"揭盖子"。[59]

人们急切表示为他人买茶是成都乃至整个四川的一种社会习惯,也是"爱面子"的一个表现。成都人觉得必须作出愿意为朋友和熟人付茶钱的姿态,即使他们心里并不那么情愿。如果一个人不如此行事,则可能"丢面子"。为某人喊茶钱的人越多,那么这个人就越有面子。是否收钱以及怎样收钱是一个严肃的问题,如果处理得不好,堂倌可能得罪顾客,如果很多人抱怨的话,老板也可能会把他辞掉。由于"喊茶钱"的大多数人是言不由衷,这使得堂倌很难判断顾客是否真的愿意付他人的茶钱。李劼人曾经描述了一个"喊茶钱"的场景:一个人进入"第一楼"茶馆,在他付了茶钱后,看见两个熟人上楼来,他装着没有看见,过一会儿才像刚看见他们一样,笑着打招呼:"才来吗?"他拿着票子向堂倌挥了挥,叫道:"这里拿钱去!"而新到者也向堂倌吩咐:"那桌的茶钱这里拿去!"堂倌知道双方都不过是装样子,便叫道:"两边都道谢了!"不必劳烦去收任何人的钱。[60]堂倌非常得体地处理了这个情况。

在著名的《在其香居茶馆里》,沙汀便生动描述过成都附近乡场上"喊茶钱"的场面:

这时候，茶堂里的来客已增多了。连平时懒于出门的陈新老爷也走来了。新老爷是前清科举时代最末一科的秀才，当过十年团总，十年哥老会的头目，八年前才退休的。他已经很少过问镇上的事情了，但是他的意见还同团总时代一样有效。新老爷一露面……茶堂里响起一片零乱的呼唤声。有照旧坐在座位上向堂倌叫喊的，有站起来叫喊的，有的一面挥着钞票一面叫喊，但是都把声音提得很高很高，深恐新老爷听不见。其间一个茶客，甚至于怒气冲冲地吼道："不准乱收钱啦！嗨！这个龟儿子听到没有？……"于是立刻跑去塞一张钞票在堂倌手里。[61]

这个场面说明新老爷是地方上的重要人物，有很高的社会地位，所以茶客们都抢着为他"喊茶钱"。我们还看到，收谁的茶钱也是一个严肃的事情，堂倌是马虎不得的，否则就会得罪人。而这个情节中的那位"喊茶钱"者，似乎是诚心的，如果没有满足他，则可能引起他的不满。

给他人付茶钱，犹如送人礼物一样，是建立社会网络的一种方式，钱可以转化为一种人情，以后将会派上用场。在城市里，人们根据许多不成文法生活，了解这些不成文法对人们的日常生活十分重要。"喊茶钱"便是这种不成文法的一种。[62] 堂倌处理这类情况的方式、能力、经验、技术都反映了强烈的地方文化色彩，体现了他们与茶客的互动关系，也是他们生存的法宝。

一个有经验的堂倌对收钱的诀窍了如指掌，摸出了一定的规律。当众多人在喊茶钱时，收谁的钱要在瞬间作出判断，他必须考虑顾客的多种因素：社会地位高低、年龄大小、本地人还是外来人、老客还是新客等等。一般来讲，堂倌愿意收生客而不是常客的钱，这样可以避免把老客人得罪了，如果收错了钱，客人可能因为堂倌"不懂规矩"而不再光顾这家茶馆。基于同样的原因，堂倌一般收年轻人的而不收老者的钱，因为老者一般是常客。堂倌一般也收富者而不收穷者的钱，因为前者较少为一杯茶钱而烦恼。除了这些因素，堂倌尽量从真心想付而非假装的人那里收茶钱，但是要作出正确判断却非有经验不可。一个有经验的堂倌可以从茶客的动作辨别真假，一个人两手忙着去推他人，而非从口袋掏钱，只是嘴里嚷着"不准收！不准收！算我的！算我的！"这种姿态被谑称为"双手擒王"；如果一个人手里拿着一张大票子在挥舞，叫着"这儿拿去"，这被称为"打太极拳"；一个人拿着钱在远处叫嚷，声音大但身子不动，被称为"伙倒闹"……这些都是不愿付钱的人。当然，上述这些动作不过是一般的规律，堂倌还必须根据具体情况灵活处理。例如，一般来说，堂倌喜欢从那些拿小票子、告诉不用找补的人那里收钱，不过，在晚上快打烊时，他们不想留太多的小票和零钱，否则结账比较麻烦，也可能收"打太极拳"的人的大票子。因此精明的"打太极拳"者知道"早打大，晚打小"的诀窍。[63]

　　有趣的是，在美国城市中也存在类似"喊茶钱"的习惯，称之为"我招待"（treating），这是"最重要的饮酒习惯"，是在"男人中同伙和平等关系的传统之认定"。这种习惯成为"一种社会法"（a social law），"如果一个人在客栈或酒吧独酌，任何熟人进来，不管有多少人，他都必须站起来，邀请他们同饮，并为他们付账"。来人如果"拒绝他的要求，则被认为是一个极大的侮辱，除非进行必要的解释并表示抱歉"。[64]R. 罗森维格（Roy Rosenzweig）发现，这个习惯源自爱尔兰乡村，在那里"地方社会和经济关系经常是基于相互权利和责任系统，而非金钱交易的理性化市场"。爱尔兰农民有着帮助邻人的习俗，这是"相互责任的地方系统"，反映了人们对"相互关系、友善、集体性的接受"。[65]爱尔兰人传统关系的性质，从一定程度上说与成都很相似，虽然它们分别在两个世界，从地理和文化上都没有任何直接联系。成都人和爱尔兰人习俗的这种相似性告诉我们，生活在不同世界的人们能够创造一种类似的习惯，这种习惯的基础是相互责任和建立一种社会契约。无论种族、文化、国别，人们有时具有很多共同点，虽然表现的形式会有所不同，成都的"喊茶钱"与美国城市的"我招待"便是一个很好的例子。

茶馆休闲的多重角色

社会学家J. 杜玛泽第尔（Joffre Dumazedier）指出，"休闲（leisure）并不是赋闲（idleness），如果说赋闲是受雇工作的反义词，那么休闲不过是工作的另一端而已"。不过他定义休闲为"从家务和工作中的解脱"。他认为"休闲的社会学"应该"区别休闲（leisure）与有闲（spare time）"的不同。因此，"休闲是有目的的活动，在文化的层次上满足个人需要"。按照杜玛泽第尔的定义，一个茶客可以是赋闲的人，也可以是在休闲的人，还可以是打发有闲时间的人，这三种类型也可以转化或重叠。在一家茶馆里，一个赋闲的人也可以是在寻求休闲，一个休闲的人也可以是在打发时间。正如社会学家 S. 德·格拉兹亚（Sebastian de Grazia）指出的，在中国，人们不倾向于区分休闲和赋闲，于是中文中翻译"悠闲阶级"（leisure class）为"有闲阶级"（having-idleness class）。[66] 的确，在中国，"休闲"（leisure）、"赋闲"（idleness）、"放松"（relaxation）之间的异同并没有明确划分，三者都可以用"有闲"或者"悠闲"来概括。而这两个词，犹如它们的发音一样，经常是可以互换的，即使它们的原意有所不同。因此，一个人坐在茶馆里经常被认为是在"休闲"，或者是"赋闲"，或者是"放松"，或者是在打发"有闲"的时间。

茶馆是一个人们追求休闲活动的场所，人们在那里具有平等使用公共空间、追求公共生活的权利。每条街或附近几条街都有一个茶馆作为"社区中心"，人们去那里会友、获得信息、聊天，或者打发时间。虽然喝茶不像饮酒会使人上瘾，但从一定程度上讲，茶馆生活能使人成"瘾"，或许可以说受一种诱惑，或形成一种习惯。对许多人来说，去茶馆成为日常生活的必要组成部分，甚至不愿意错过哪怕一天。无论是精英还是下层民众，茶馆都是他们社交的首选。我们可以看到，茶客中有许多有身份的人如学者、官员、社会名流，也有学生、工人、苦力、农民。在茶馆里无论是混时间或是做交易，都花费不多。大多数成都的中等茶馆没有明显的阶级划分，这也是它们可以吸引各种背景的顾客之原因。[67]

我们也应该认识到，人们在茶馆里的公共角色是不断改变的。例如，一个白天在茶馆中卖东西的小贩，在晚上也可能只是一个茶客。同样的原因，个人和茶馆的关系或个人在茶馆的角色也随时会发生变化。如前面提到的小贩，即使是在白天，他也可能同时兼有两个角色，他买一碗茶坐在茶馆里，无买主时，他放松闲聊；有人买东西时，他又做生意，两不耽误，角色随时转换，这反映了普通人与公共空间之间复杂的交互作用。公共角色的转化显示茶馆可以为各种人服务，他们在不同的时间扮演不同的角色，或同时扮演双重角色。对于不同的人，茶馆对他们的作用也不相同，如民间艺人用茶馆作为舞台，流民则用茶馆作为暂时栖身之地。

人们使用茶馆进行公共生活，逐渐形成了一种独特的文化，成为民间传统的重要部分。在一个茶馆里，顾客之间、顾客和茶馆的关系，也是一种文化关系。茶馆是一个窗口，通过这个窗口我们可以观察各种人物和各种活动。那些过去没有任何关系的人，因为使用同一个空间而被联系在一起，而那些有关系的人在茶馆里进行个人、社会、经济的各种活动，更加强了他们间的纽带关系。在这个空间里，即使人们喜欢议论纷纷，但至少在表面上还是相互尊重的，特别是茶馆主人、掌柜、堂倌、小贩以及其他靠茶馆谋生的人，都尽量讨顾客的欢心。同时，顾客也试图营造一个他们喜欢常待的环境。因此可以说，这些人都为丰富多彩、引人入胜的茶馆文化作出了贡献。

坐茶馆成为成都人的一种生活方式，这种生活方式又促进了茶馆的繁荣。在很大程度上，这个繁荣是基于茶馆能够适应社会、文化、经济生活变化的能力，能够满足各种人物、各个阶层之需要的灵活性。虽然在西方，酒吧、酒馆、咖啡馆等成了社会的聚会场所，但它们没有能像茶馆那样同时扮演这么多的角色。[68]虽然在20世纪上半叶茶馆受到大的社会和政治变迁的影响，但它们的基本功能保持了下来。茶馆生活使我们深刻了解：地方日常文化怎样抵制现代化统一性（或同一性）的浪潮，怎样与日益增强的国家对公共生活的干预进行抗争，怎样尽量保持其地方文化的独特性。在本章中，我集中于茶客自己经历的日常生活各个方面的讨论。从这个角度讲，我们很少看到国家的角色、冲突和政治，但实际上，国家权力竭力渗透到茶馆生活之中，茶馆也是许多社会冲突的发生地。这些问题都将在以后的章节中展开讨论并得到充分的展示。

注释

[1] Malmqvist, "Göran Malmqvist's Live Recording of Impressions of a Teahouse in Chengdu."

[2] Evans, *Tea in China: The History of China's National Drink*, p. 61；崔显昌：《旧蓉城茶馆素描》，《龙门阵》1982年第6期（总第12期），第92—93页。中国人在茶馆饮茶从来没有成为一种仪式，可见饮茶者是非常讲究实际的。但是在日本，在茶馆中饮茶成为一种更具象征意义的仪式，准备茶的过程比饮茶本身更为重要。因此，"茶道与饮茶并不是一样的东西"。见 Murai Yasuhiko, "The Development of Chanoyu: Before Rikyu." in Paul Varley and Kumadura Isao eds., *Tea in Japan: Essays on the History of Chanoyu*, p. 3。这本论文集对茶道进行了全面的解释，从它的发展、文化、历史意义，到茶师、茶以及禅。

[3] 沙汀：《喝早茶的人》，《沙汀文集》第6卷，第261页。

[4] 叶雯：《成都茶座风情》，《成都晚报》1949年3月20日。关于解决纠纷的问题将在第8章讨论。关于精英对茶馆的批评见第10章。

［5］胡天：《成都导游》，第 62 页；易君左：《锦城七日记》，《川康游踪》，第 194 页。

［6］《华西日报》1947 年 6 月 1 日；叶雯：《成都茶座风情》，《成都晚报》1949 年 3 月 20 日。

［7］此君：《成都的茶馆》，《华西晚报》1942 年 1 月 28—29 日；陈茂昭：《成都的茶馆》，《成都文史资料选辑》第 4 辑，1983 年，第 188 页。1940 年代初秋池关于成都茶馆的一篇文章称，外地人对成都的第一印象便是茶馆数量多，人们生活闲逸，茶馆无论大小，都是高朋满座。见秋池《成都的茶馆》，《新新新闻》1942 年 8 月 7—8 日。

［8］李劼人：《大波》，《李劼人选集》第 2 卷，第 53 页。请注意李在文中所说的是"吃碗茶"。在成都以及整个四川，不说"买一杯茶"，而说"来碗茶"。因此在本书中，我没有用今天通常所说的"一杯茶"，而是用"一碗茶"。

［9］李劼人：《大波》，《李劼人选集》第 2 卷，第 210—211、214—215 页。李劼人的小说是基于他在成都社会的经历，全部茶馆、街道、公园都是实名，可以认为李劼人的小说使我们透过他的眼睛看过去的成都。

［10］李劼人：《大波》，《李劼人选集》第 2 卷，第 355 页。

［11］《国民公报》1918 年 1 月 19 日。

［12］舒新城：《蜀游心影》，第 144—145 页。

［13］沙汀：《喝早茶的人》，《沙汀文集》第 6 卷，第 361 页。

［14］沙汀：《喝早茶的人》，《沙汀文集》第 6 卷，第 362—363 页。

［15］沙汀：《喝早茶的人》，《沙汀文集》第 6 卷，第 363 页。

［16］沙汀：《喝早茶的人》，《沙汀文集》第 6 卷，第 363 页。

［17］海粟：《茶铺众生相》，冯至诚编《市民记忆中的老成都》，第 141—142 页。过去的茶馆似乎对买一碗茶占两个座位并不干涉，这与后来我们常常看到的有"一茶一坐"告白的茶馆是不一样的。

［18］《国民公报》1930 年 3 月 22 日；《华西晚报》1941 年 12 月 27 日；景朝阳：《鱼满府南河》，冯至诚编《市民记忆中的老成都》，第 26 页。

[19] 周文：《成都的印象》，曾智中、尤德彦编《文化人视野中的老成都》，第 228 页；胡天：《成都导游》，第 63 页。1943 年《新民报晚刊》发表了一篇题为《马二先生创吃茶新记录》的文章来讥讽茶客，说成都有许多茶馆有大量茶客，一些人在茶馆里待的时间过长，特别是夏天，有的人一天可能三顾茶馆，就像著名小说《儒林外史》中的马二先生一样，因此人们称他们是"成都的马二先生"，认为他们比小说中的马二先生有过之而无不及。见《新民报晚刊》1943 年 8 月 6 日。

[20] Malmqvist, "Göran Malmqvist's Live Recording of Impressions of a Teahouse in Chengdu."

[21] 博行：《茶馆宣传的理论与实际》，《服务月刊》第 6 期，1941 年 5 月 1 日，第 5 页。

[22] 秋池：《成都的茶馆》，《新新新闻》1942 年 8 月 7—8 日。其他三类是"做生意的""吃讲茶的"和"特别性质的"（包括袍哥、媒人、流氓、娼妓等）。

[23] 张恨水：《蓉行杂感》，曾智中、尤德彦编《文化人视野中的老成都》，第 281 页。

[24]《新新新闻》1946 年 7 月 25 日。

[25]《华西日报》1947 年 6 月 1 日；崔显昌：《旧蓉城茶馆素描》，《龙门阵》1982 年第 6 期（总第 12 期），第 102 页；此君：《成都的茶馆》，《华西晚报》1942 年 1 月 28—29 日。在美国城市里，人们到酒吧去也有类似的动机："饮酒使人逃脱痛苦"，酒吧就是"家的延伸"。有趣的是，P. 杜伊斯（Perry Duis）相信酒吧"犹如一个家庭的安全阀，为男人躲避拥挤的租房的一个方便去处"。见 Duis, *The Saloon: Public Drinking in Chicago and Boston, 1880-1920*, pp. 88, 105, 109。

[26] 屈强：《我是标准茶客》，《新新新闻》1949 年 1 月 21 日。

[27] 博行：《茶馆宣传的理论与实际》，《服务月刊》第 6 期，1941 年 5 月 1 日，第 5 页。

[28] 李劼人：《暴风雨前》，《李劼人选集》第 1 卷，第 339 页。

[29] 此君:《成都的茶馆》,《华西晚报》1942 年 1 月 28—29 日;林孔翼编:《成都竹枝词》,第 70 页;海粟:《茶铺众生相》,冯至诚编:《市民记忆中的老成都》,第 139 页。从李劼人的小说,我们可以看到主人告诉客人到茶馆喝茶。(李劼人:《暴风雨前》,《李劼人选集》第 1 卷,第 339 页)另一个例子是澡堂老板刘师亮,他觉得在澡堂见有身份的客人不便,便把客人带到附近的茶馆。见钟茂煊《刘师亮外传》,第 59 页。

[30] 胡天:《成都导游》,第 69 页;易君左:《锦城七日记》,《川康游踪》,第 194 页;吴虞:《吴虞日记》上册,第 177 页。

[31] 《四川省政府社会处档案》:186—1431;此君:《成都的茶馆》,《华西晚报》1942 年 1 月 28—29 日;Sewell, *The People of Wheelbarrow Lane*, pp. 131-132。

[32] 沙汀:《喝早茶的人》,《沙汀文集》第 6 卷,第 361 页。

[33] 李劼人:《大波》,《李劼人选集》第 2 卷,第 117、1327 页;林孔翼编:《成都竹枝词》,第 142 页。例如,1948 年秋成都遭大水灾,地方报纸描述了所造成的恐慌,说"本市豪雨连续四昼夜,较之去年水灾,尤有过之,茶房酒店,议论纷纷"。见《成都晚报》1948 年 9 月 15 日。

[34] 博行:《茶馆宣传的理论与实际》,《服务月刊》第 6 期,1941 年 5 月 1 日,第 5—6 页。

[35] Heller, *Everyday Life*, pp. 226, 236.

[36] 秋池:《成都的茶馆》,《新新新闻》1942 年 8 月 7—8 日;文闻子编:《四川风物志》,第 454 页;何满子:《五杂侃》,第 194 页;冉云飞:《从历史的偏旁进入成都》,第 182 页。

[37] 博行:《茶馆宣传的理论与实际》,《服务月刊》第 6 期,1941 年 5 月 1 日,第 6 页。

[38] 李劼人:《暴风雨前》,《李劼人选集》第 1 卷,第 339—340 页。我将在第 9 章讨论茶馆中的政治话题。赫勒尔指出"交谈是日常生活中正

常、稳定的因素,是较高文化水平的呈现"。当人们见面交谈,"总有几个固定的主题,像天气、意外发生的事以及议论他人等,是为了消遣,为谈话而谈话"。见 Heller, *Everyday Life*, p. 226。

[39]《国民公报》1917年3月16日。

[40] 此君:《成都的茶馆》,《华西晚报》1942年1月28—29日;《吴虞日记》上册,第195—196、199页;李英:《旧成都的茶馆》,《成都晚报》2002年4月7日。

[41]《新新新闻》1936年5月24日;周止颖:《新成都》,第236页;崔显昌:《旧蓉城茶馆素描》,《龙门阵》1982年第6期(总第12期),第96页。

[42]《新新新闻》1936年5月24日;李英:《旧成都的茶馆》,《成都晚报》2002年4月7日。

[43]《国民公报》1918年1月29日。

[44] 李劼人:《暴风雨前》,《李劼人选集》第1卷,第339页。

[45] 李劼人:《暴风雨前》,《李劼人选集》第1卷,第340页;与章开沅先生的谈话,时章先生76岁,2002年8月27日于华中师范大学中国近代史研究所。

[46] 沙汀:《淘金记》,《沙汀选集》第2卷,第4、125—126页。小说的背景是1939年,写于1941年。茶馆生活在整个成都平原都十分重要,实际上住在成都平原乡场上的人们像成都人一样依靠茶馆,农民也经常去茶馆喝茶。从一定意义上说,农民可能比城里人更需要茶馆。正如第1章所讨论过的,成都平原的农民不像其他地区那样居住在村庄里,他们散居在靠近耕地的地方,平时缺乏社区生活。他们经常到乡场进行交易,赶场天也是他们会友、找乐子的时候,茶馆便是他们最经常去的地方。1940年代对成都平原茶馆进行调查的王庆源称,他曾与许多农民交谈,他们说很难想象如果没有了茶馆生活会怎样。见王庆源《成都平原乡村茶馆》,《风土什志》1944年第1期(总第4期),第31页。

[47] 周止颖：《新成都》，第 225 页；叶雯：《成都茶座风情》，《成都晚报》1949 年 3 月 20 日。

[48] 陈善英：《茶馆赞》，《新新新闻》1946 年 6 月 19 日。

[49] 李劼人：《暴风雨前》，《李劼人选集》第 1 卷，第 340 页；崔显昌：《旧蓉城茶馆素描》，《龙门阵》1982 年第 6 期（总第 12 期），第 94 页；陈茂昭：《成都的茶馆》，《成都文史资料选辑》第 4 辑，1983 年，第 187 页；陈锦：《四川茶铺》，第 32 页；文闻子编《四川风物志》，第 453 页；Sewell, *The Dragon's Backbone: Portraits of Chengdu People in the 1920's*, p. 64。由于茶具比较贵，因此经常被偷，这个问题将在第 9 章讨论。

[50] 崔显昌：《旧蓉城茶馆素描》，《龙门阵》1982 年第 6 期（总第 12 期），第 94 页；陈茂昭：《成都的茶馆》，《成都文史资料选辑》第 4 辑，1983 年，第 187 页；陈锦：《四川茶铺》，第 32—33 页。

[51]《成都市茶馆业概况》，《新新新闻》1947 年 7 月 21 日。

[52]《成都晚报》1948 年 11 月 18 日。

[53] 不过，我没有发现任何资料显示这时成都有茶馆使用温水瓶来为顾客掺茶。

[54] 清单具体所列见第 5 章（《成都市商会档案》：104—1397）。

[55] 作者采访熊卓云，熊先生当时 89 岁，2000 年 8 月 9 日于熊家；黄尚军：《四川方言与民俗》，第 140—141 页。除了上面提到的这些词语外，在茶馆里经常使用的词语还有：茶叶——叶子；把茶叶放到茶碗里——抓；碗里茶叶多——饱；茶叶少——吝；掺第一道水——发叶子；水不够烫导致茶叶浮在面上——浮舟叶子；水开后放久了——疲；擦桌布——随手；茶刚开始喝——一开或两开；喝了一阵的茶——好几开；喝了很久的茶——白；配茶的技术——关或关法。傅崇矩在《成都通览》中，收集了不少关于茶和茶馆的各种词语。（此君：《成都的茶馆》，《华西晚报》1942 年 1 月 28—29 日；傅崇矩：《成都通览》下册，第 43 页）章开沅教授回忆战时到了后方，经常和朋友光

顾茶馆,当时他是中学生,没有钱,只好买称为"玻璃"的白开水。见与章开沅先生的谈话,2002年8月27日于华中师范大学中国近代史研究所。

[56] 刘振尧:《"安澜"茶馆忆往》,冯至诚编《市民记忆中的老成都》,第147—148页;郝志诚:《父亲的故事》,《龙门阵》1997年第1期(总第97期),第39—40页。

[57] 张珍健:《南门有座"疏散桥"》,冯至诚编《市民记忆中的老成都》,第320—321页。

[58] 王庆源:《成都平原乡村茶馆》,《风土什志》1944年第1期(总第4期),第34页;文闻子编:《四川风物志》,第455页。著名川剧演员天籁便是其中之一。辛亥革命以后,他无所事事,便到万春茶馆去打围鼓,几年之内成为著名的票友。家庭破产之后,他便以唱川戏为生。见罗湘浦《天籁》,任一民主编《四川近现代人物传》第2辑,第278—282页。

[59] 陈茂昭:《成都的茶馆》,《成都文史资料选辑》第4辑,1983年,第181—182页。

[60] 李劼人:《暴风雨前》,《李劼人选集》第1卷,第602页;陈世松:《天下四川人》;Wang, *Street Culture in Chengdu: Public Space, Urban Commoners, and Local Politics in Chengdu, 1870-1930*, chap. 4。

[61] 沙汀:《在其香居茶馆里》,《沙汀选集》,第147页。

[62] 人类学家研究了中国的人际关系,指出礼物和帮他人在社会网络中的意义。见 Yang, *Gifts, Favors, and Banquets: The Art of Social Relationships in China* 和 Yan, *The Flow of Gifts: Reciprocity and Social Networks in a Chinese Village*。关于送礼物的总体性研究,见 Gregory, *Gifts and Commodities* and Cheal, *The Gift Economy*。

[63] 崔显昌:《旧蓉城茶馆素描》,《龙门阵》1982年第6期(总第12期),第100—101页。应该指出的是,这种习惯也并非只存在于茶馆中,或者只存在于成都或四川,在其他场合如餐馆等,在中国其他地区也

可以看到类似现象。因此这是中国"面子"文化的普遍表现,只是表现形式及其程度可能有所区别。

[64] Rosenzweig, *Eight Hours for What We Will: Workers and Leisure in an Industrial City, 1870-1920*, pp. 58-59.

[65] Rosenzweig, *Eight Hours for What We Will: Workers and Leisure in an Industrial City, 1870-1920*, p. 59. 同样,美国的酒吧很普遍,请客也有规则和习惯,"酒吧请客的第一条规则便是被请的人将来要回请,可以是回请喝酒,或者提供帮助,以及其他双方接受的方式"。见 Powers, *Faces along the Bar: Lore and Order in the Workingman's Saloon, 1870-1920*, pp. 94-111。

[66] Grazia, *Of Time Work and Leisure*, p. 3; Dumazedier, *Sociology of Leisure*, pp. 208, 212.

[67] 当然成都茶馆也不是人们想象的那样平等,这个问题将在第4章进行分析。

[68] Duis, *The Saloon: Public Drinking in Chicago and Boston, 1880-1920*; Rosenzweig, *Eight Hours for What We Will: Workers and Leisure in an Industrial City, 1870-1920*; Brennan, *Public Drinking and Popular Culture in Eighteenth-Century Paris*; Haine, *The World of the Paris Café: Sociability among the French Working Class, 1789-1914*; Powers, *Faces along the Bar: Lore and Order in the Workingman's Saloon, 1870-1920*; Cowan, *The Social Life of Coffee: The Emergence of the British Coffeehouse*。关于这个问题更多的比较分析,见本书第11章,即"结论"部分。

第 3 章 娱 乐
——戏园与观众

> 我坐茶馆,是从听评书开始的。那是二十年代,我才十来岁。一天晚饭后,有个长辈领着我第一次进茶馆。展现在我面前的是,在油灯的昏暗光线下,茶客满座,烟味和汗味刺鼻。交谈的声音,喊堂倌泡茶的声音,堂倌把茶船扔在桌上的声音,茶客叫喊"这是茶钱"的声音,堂倌高叫某某把"茶钱汇了"(付了的意思)的声音,使得茶馆嗡嗡然。茶馆也就成了闹市,显得火红。一直等说书人把惊堂木往桌上一拍,茶馆这才静了下来。我第一次接触的文化生活就此开始了。
>
> ——巴波[1]

这是巴波对1920年代成都茶馆娱乐生活的生动回忆。虽然人们到茶馆进行社交,但也到那里寻求娱乐。茶馆提供丰富多彩的演出,特别是讲评书,吸引了众多的听众。巴波坐茶馆的习惯,便是从他童年到茶馆听评书开始养成的。娱乐活动给茶馆带来了繁荣。据一个老成都人回忆,民国时期的成都是一个消费城市,没多少工厂,人口也相对较少,人们似乎仍然生活在传统之中,"整个给人一种闲适慵懒的感觉"。特别是当下午两三点钟时,"仿佛整个城市都处于一种似睡非睡、似醒非醒的生态中。那悠扬的琴声、凄婉的唱腔从茶楼上的窗户飘洒出来,极像缠缠绵绵的秋雨,更是把周遭氛围渲染得闲愁莫名了"。[2]当时成都可能并不像他所描写的那样超脱懒散,其实当时也已经发生并且正在发生着诸多的变化,但成都给人的整体印象仍是一个生活节奏缓慢、悠然闲逸的城市。[3]茶馆便是这种生活方式的一个象征。

茶馆以及其所包含的娱乐是相互支撑的。茶馆是娱乐中心,地方戏和曲艺表演很适合大众胃口,那里的演出吸引各种客人。在成都,最早的戏园从茶馆中衍生,这与北京正好相反,在北京最早的茶馆产生于戏园。[4]在成都专业戏园出现之前,那些游动的戏班子、杂耍、民间艺人、木偶班子,往返于各乡场和城镇之间。在城市中,他们走街串巷,经常在大户人家表演堂会,为家庭、社区及庙会的各种活动助兴,在临时搭建的台子上演出。在一些庙的山门外,也有所谓的"万年台",更是他们经常的表演场地。不过,这些流动班子最经常的演出之地还是茶馆,那里租金便宜,时间灵活。加之成都茶馆甚多,选择性更广。如果这家茶馆的观众减少,他们可以很容易移师到另一家;还可以与茶馆老板讨价还价,以求最大的利益。

戏班一般喜欢固定在一个地方演出,而且茶馆也竭力留住好班子,以保持稳定的观众,因此这类茶馆都设有固定戏台。[5]如果说曲艺和木偶通常在较小的茶馆演出,那么川戏演员多、场面大,需要布景等,则多在大茶馆里演出,那里的设施比较完备。在早些时候,茶馆和戏园并无明显区分,表演不过是茶馆所提供娱乐之一部分。1906年，咏霓茶园改造装修后，更名为可园，遂成为成都戏园之先行者（见插图3-1）。其他茶馆也纷纷跟进，悦来茶园在可园开办不久也开张唱戏，然后是宜园、第一茶园。[6]在那些地方，看戏逐渐变得比喝茶更为重要。[7]几乎所有演戏的茶馆都称"茶园"，这些茶馆一般资金较雄厚，因为场地设施要求较高，装饰、家具、茶碗等也比一般茶馆要好。[8]辛亥革命后，茶园开始在成都舞台演出中占主导地位，茶园的剧目广告充斥着各种地方报纸，报纸还经常发表有关新闻和评论。1920年代，几个新戏园开张，专门化的戏园才开始有从茶馆分离的迹象，但是茶馆兼戏园仍然是成都舞台的主流，在整个民国时期戏园并没有完全独立。[9]不过，像清音、相声、评书等民间艺人的表演，一般并不在这类专门化的茶园露面，而仍然以老式茶馆为演出场地。

本章研究茶馆的娱乐功能及其观众，以及精英和国家如何对其施加影响。茶馆是当时人们主要娱乐场所，我将考察人们怎样利用茶馆进行娱乐活动，艺人怎样以茶馆为生，观众在茶馆戏园中有怎样的行为和角色。本章指出大众娱乐是一个强有力的教育工具，许多人尤其是那些没有受过多少教育的人，从地方戏、评书等表演中接受历史、文学、传统价值观的熏陶。改良精英和政府官员认为地方戏可以用来开民智，推进"文明"，提高人们的"道德"水准。政府颁布规章以控制民众的娱乐，利用公共娱乐灌输正统思想，影响普通人的头脑。这个研究也揭示，在不同的层次上人们接受不同的价值观，有的倾向正统，有的则陷入异端，显示精英文化与大众文化之分野。不过这种分野经常是模糊

插图 3-1 可园演戏

题图曰:"会府北街可园演戏,逐渐改良,名角亦多……"

资料来源:《通俗画报》1909 年第 4 号。

的，而且还彼此重叠。因此，茶馆给我们提供了一个观察精英和大众、精英文化和大众文化相互作用的理想空间。

茶馆——民间艺人之谋生地

毫不夸张地说，茶馆几乎是所有成都民间演出的发祥地。由于高雅茶馆租金较高，大多数民间艺人喜欢在小茶馆演唱，为下层民众服务。较有名者一般固定在某个茶馆，而名不见经传者只好带着乐器走街串巷，哪个茶馆有听众，便到哪里挣生活，称为"跑滩"或"穿格子"。还有许多民间艺人甚至难以觅到一家茶馆，只好在桥头街角空地卖唱，称为"唱水棚"，经常难以为生。一个普通茶客在茶馆里得到"取资不多"的娱乐，他们除了买一碗茶，不用另买票听唱。观众根据对这些艺人的好恶，给这些"流浪的艺术家"一些小钱。因此，劳工们只需付几角钱，便可以在茶馆看演唱和品茶，既解除了疲乏，亦得到了娱乐。后来价格上涨，但在1943年喝茶听评书也只需要花1元。而去茶馆戏园者则需多付几元，但仍被认为是最便宜的休闲。[10]

人们在中低档茶馆欣赏各种曲艺表演，诸如相声、金钱板、评书、清音、杂耍、口技等等。例如，在晚清民国时期，高把戏在新龙巷的一个茶馆挂牌演出，也到那些举办红白喜事的人家表演，称"堂彩"。柳连柳又称为"打连响"，被指责为最下作的表演，表演者一般成双成对，用一上穿有若干铜钱的竹竿，一边敲打身体，一边有节奏地又跳又唱，批评者称他们语言粗俗下流。由于他们的表演需要较大的场地，所以经常选择茶馆前面的空地。"打道琴"是另一种常见的娱乐，一般是游方道士的把戏，他们携一皮鼓（又称"鱼鼓"），穿行于各个茶馆之间，挣点赏钱。[11]

评书应该是茶馆中最吸引顾客的表演（见插图 3-2）。民国时期那些有评书演出的茶馆称"书场"，不过它们也为其他曲艺或杂技（这里"杂技"是各式各样的，包括曲艺等表演技艺，并非单指今天表演特技为主的"杂技"）提供场地。茶馆和民间艺人相互依赖，"但那是因有茶馆而生的，并不是因演杂技而产生茶馆"。表演形式、艺人、节目等的考量都是围绕怎样能吸引更多顾客这个中心，为此茶馆需要考虑诸多因素，包括口岸、邻里、附近居民成分等。在这家茶馆红火并非意味着在另一茶馆也会成功，如一个讲评书者在东门受欢迎，但可能在西门遭冷落。在热闹地区，像商业场、春熙路、东大街的茶馆并不需要讲评书拉生意，因此在这些茶馆并无这类表演（见地图 2）。也有人指出那些大茶馆不愿意提供评书演出是由于其吸引了众多小孩，他们围在门口观看但并不买茶，于茶馆生意无补，反而多了许多嘈杂和混乱。[12]

插图 3-2 说评书
资料来源：傅崇矩：《成都通览》第 3 册（1909—1910 年印），第 117 页。

茶馆里的评书并不卖票，收钱办法各异。有的茶馆的茶钱包括了评书的费用，付给讲评书者一定的佣金，有的则是讲评书者直接向听众收钱，一般每晚两次，不过他很难从凑热闹的小孩和那些站在门口的观众那里得到报偿。讲评书者总是在故事的节骨眼儿上戛然停止，急切听下文的观众这时更乐意解囊。[13]每天晚上，顾客聚集在明亮拥挤的茶馆中，这里与黑暗、冷清的街头形成了鲜明对照。人们花钱不多，便可享受品茶和一晚上的娱乐。海粟回忆当他还是小孩时便去茶馆听评书。每天下午和晚上，平时很清静的小茶馆便变得热闹起来。前面摆着一张木桌，一把高脚椅子。等屋子的人渐满，讲评书者清一下喉咙，把醒木在桌上连敲三下，然后堂倌便大声宣布："开书啰，各位雅静！"整个屋子一下子便鸦雀无声下来，大家竖起耳朵只等故事开场（见插图3-3）。[14]

由于较高级的茶馆并不欢迎讲评书，因此那些有钱人和上层精英知识分子也只好屈尊到普通茶馆听书。例如张锡九在棉花街的一个茶馆讲评书，每天顾客盈门，但第一排总是给当地名流"五老七贤"保留着。每次待这些老者入座后，张才开讲。1916年，时任四川省长的贵州军阀戴戡实施宵禁，"五老七贤"在去茶馆的路上被警察堵住，他们因此发动了一场取消宵禁的抗争。[15]

成都人也喜爱听扬琴（也叫"洋琴"）。在清末民初，扬琴由于音调优美，曲词高雅，成为许多文人和士绅的最爱，这也是民初慈惠堂推动的结果。慈惠堂先后招收上百盲童进行训练，并逐渐形成了所谓的"堂派"。[16]在茶馆唱扬琴称"摆馆"，到富人

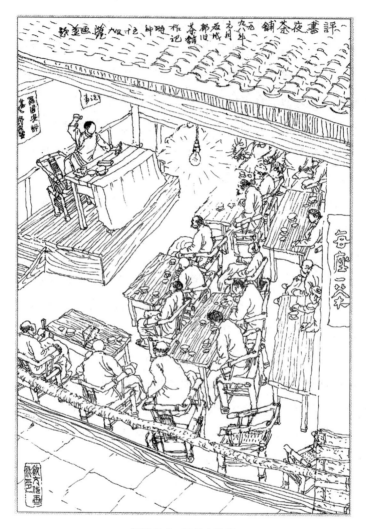

插图 3-3 评书夜茶铺

"这类茶铺在旧成都四门皆有。当时在市中心盐市口不远处的粪草湖街便有一家评书茶铺。该茶铺不售早茶,下午开张,到那里去主要是听评书的。茶费要比吃闲茶的茶馆贵些,因为听书是不直接收钱的,说书费加在了茶费里头。"

资料来源:林洪德绘图撰文《老成都食俗画》,第29页。

家里演称"堂唱"。他们经常在新世界茶园、圣清茶园、协记茶楼、芙蓉茶楼等演出,一般是4—6个演员敲琴和打鼓演唱,以胡琴和三弦伴奏(见插图3-4)。扬琴不像川戏那么喧闹,故得许多外省人青睐。[17] 泗春、安澜是他们的主要演出场所,虽然各有100—150个座位,但不得不增加上百凳子以满足需要。[18] 在安澜茶馆,每天下午3—5点,二楼便演唱扬琴。开演之时,五六个盲人排成一队,每人的左手拿二胡,右手搭在前行者的肩膀上,鱼贯而出。一人坐舞台前面弹扬琴,其余坐后面。堂倌忙着给顾客掺茶,装满滚烫开水的铜壶由滑轮从底楼运到楼上。一个顾客在半个世纪后回忆说:"至今,我一想起'安澜'茶馆的扬琴声,就有一种旧梦依稀的感觉,恍然走进了童年的梦境。"[19]

"改良"的历史故事在当时很流行。例如安澜茶馆的扬琴表演,在入口处立有一个牌子,上书演出的节目,多是讴歌忠臣、孝子、烈女等,如《三祭江》《清风亭》等。《三祭江》的故事是讲三国时蜀主刘备白帝城托孤驾崩,夫人殉情。《清风亭》讲的是一对老夫妇收养了一个被遗弃的孤儿,在他成人后找到其生母的故事。每当贾树三在锦春茶楼表演时,人们蜂拥而至,许多名流也在观众之中。一些文人还写对联为之助兴,例如一联称:"到此疑闻击筑歌,极目燕云,会有英雄出屠市;凭君多陈流涕事,关怀蜀汉,莫叫丝管入江风。"对联赞扬其表演激发人民对日寇占领东北的愤恨,关心人民的疾苦。民众喜爱观看他的演出和所扮演的角色,观众为其悲欢离合的动人故事、慷慨激昂的鼓动语言、忧国忧民的真实情感所打动(见插图3-5)。[20]

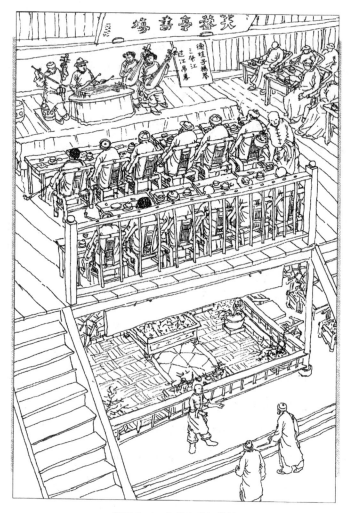

插图 3-4　芙蓉亭书场茶馆

"芙蓉亭书场是饮茶听书的地方。芙蓉亭在现今成都的鼓楼北四街。它的建筑是一典型的下江茶馆:一楼一底;楼上是书场,楼下是吃闲茶的,是旧时江浙帮常去的地方。该书场是过去有名的'德娃子'坐堂的地方,扬琴是他的拿手,'三祭江'是他的名段。芙蓉亭楼上不卖早茶,是夜书场茶社。"

资料来源:林洪德绘图撰文《老成都食俗画》,第 28 页。

第 3 章　娱乐——戏园与观众　129

插图 3-5　成都大慈寺内茶馆票友演出

资料来源：作者摄于 2003 年 5 月。

许多艺人从街头巷尾卖唱起家，稍有名气之后，便转到了茶馆的舞台。例如竹琴大师贾树三出身贫寒，3 岁失明，14—20 岁都是在街头、下等茶馆演唱，逐渐赢得名声。当 1930 年锦春茶楼开张时，他便以那里为固定演出场所，达 10 年之久。每当开演之时，茶楼附近街道总是车水马龙，轿子、黄包车把人们从四面八方带到这里看他表演。[21] 许多有名的艺人都在固定茶馆演出，观众知道去哪里寻找他们的最爱，如到新世界听李德才的扬琴，到新南门听李月秋的清音。一些艺人则在同一天转战不同的茶馆。例如一家茶馆开在新南门大桥河旁的竹棚里，在夏天顾客喜欢那里的凉风，一些有名的民间艺人如贾树三（竹琴）、李德才（扬琴）、曾炳昆（口技）、李月秋（清音）、戴质斋和曹保义

(相声)在那里轮番演出。曾炳昆上午在新南门的茶馆演出,下午到北门外的圣清茶园,有时也到归去来茶楼的知音书场演出。他藏在一个布帘后,模仿各种鸟兽、人物的声音,讲诙谐的故事。在锦春茶楼,贾瞎子(树三)、周麻子、司胖子号称"锦春楼三绝"。[22](见插图3-6、3-7、3-8)

抗战爆发后,许多难民从长江下游进入成都,当地人称他们为"下江人",其中也包括许多民间艺人。这些男女艺人仍然以唱为生,表演"大鼓"或"大鼓书"者为多。1939年年初,

插图 3-6 道琴

题图曰:"唱道琴,其声可感人,蔡免之、邓青山唱得好。"

资料来源:傅崇矩:《成都通览》第3册,第111页。

第 3 章 娱乐——戏园与观众 131

插图 3-7 茶馆里的曲艺演唱

20 世纪 20 年代成都民俗画家俞子丹画。

资料来源：Sewell, *The Dragon's Backbone: Portraits of Chengdu People in the 1920's*, pp. 141-143。

插图 3-8 城隍庙内的竹棚茶社

"过去的初一、十五是城隍庙赶庙会的日子。北门城隍庙,最大也最热闹,各种吃的、玩的、听的以及日用百货在那里都能见到。城隍庙由庙会变成集市,是新中国成立以后的事了。城隍庙与'花会'一样,茶棚是少不了的。成都当时著名的相声大师曾炳昆也在那里坐堂说单口相声,很受平民百姓的欢迎。"

资料来源:林洪德绘图撰文《老成都食俗画》,第 31 页。

中山公园惠风茶社的老板请求政府允许"清唱",以弥补售茶的亏本。在请求书中,他说茶馆损失甚巨,只好设法吸引更多顾客。他称从下江来的演员"声音清雅,词调新韵",受到观众欢迎。其实惠风茶园并非第一个尝试这种办法,如春熙南路的都一茶厅、春熙北路的颐和茶园便"早已开此先风",宣称"于善良风俗不但无所妨害,且专在茶社设台教化,于抗战前途裨益实多"。为了得到批准,茶馆还强调雇逃难来的艺人有助于他们生存。惠风的请求被批准,但要求男女不得间杂,要用竹屏风把男女观众分开,男坐左,女坐右。[23]

《国民公报》曾发表题为《扯谎坝》的时评,虽然针对的是成都三教九流聚集的扯谎坝,但其对曲艺的作用和公共场所、公共生活的评论是有代表性的:

> 市政发达地方,对于公共场所,无不尽力改良,尽力扩充,以为社会教育之补助。否则,市民之习染不良,而社会之状况,亦必日趋恶劣。
>
> 公园茶园餐馆,消费较巨,下等社会之人,多无资力往游,图书馆与展览场,则又非具有专门学识者,不愿往游。有此种种原因,下等社会,势不能不另有公共生活之场所。此等场所,成都人呼为扯谎坝。
>
> 扯谎坝之组织,虽极复杂,而说评书、打金钱板、看相、拆字、卖假药等等生意,则为扯谎坝之重要份子。说评书与打金钱板,不是稀奇古怪,便荒谬不堪,未受教育之人,与心志不定之少年听之,不但无益,而且有损。这类场所,省城内外,约有十余处,每日每处以一百人计,亦在千

人以上。以岁月计，则不知凡几矣。有市政之责者，能将此项动作改良，则无益有损之事渐少，而社会之同化，或可日趋于良善乎？[24]

这里所透露的信息是，除了众多在茶馆里的表演外，还有相当大一部分大众表演是在街头和广场，成都城内外便有十多处类似扯谎坝这样的地方，上千人在这些地方得到娱乐。因此，这些大众表演，对普通人的影响是不言而喻的，这也是国家和精英重视其改良和控制的原因之一。

剧目与地方戏改良

地方戏可被视为最有力的大众教育工具。那些经常上演的剧目反映了人们的喜好及所受教育。[25]过去，爱情传奇、历史人物、神怪故事为地方戏的主流，改良精英和政府官员批评这些传统节目是"淫荡"和"迷信"的。1903年颁布的第一个茶馆章程，便规定了什么节目可演，什么不能演。晚清以降，地方戏更成为一个政治热点议题。改良精英和政府官员认为，戏曲可以提供娱乐，推进文明进程，以及提高道德水准。他们利用这个大众娱乐形式来传播正统思想和国家意识，以对民众施加影响。正如一地方文人在1910年写道："演戏一节，系有形的教育，悲欢离合，善恶成败，摆在当面上，有见有闻的人，一览无余……足感动世人劝忠爱国之心。"[26]当政府把重点放在对娱乐的控制时，精英则把注意力集中到地方戏的改良上。

1909年《通俗日报》发表题为《论演戏与社会之关系》的

文章，力图对戏园的作用进行解释。与当时大多数精英不同的是，作者对戏园持积极的态度。他首先简短回顾了中国戏曲的历史，称听戏从唐代开始。在唐明皇时期，"天下晏然，承平无事"，明皇发明了戏以供娱乐。在几百年时间内，便广为散布。中国戏曲的各个方面，包括唱词、音乐、唱腔、服装等变得越来越精致，从业者也甚众。看戏使成千上万的观众受到剧中悲欢离合故事的感染。看戏花费不少金钱和时间，但为什么人们仍然喜欢去戏园呢？作者指出三个原因：摆脱烦恼、寻求灵感、陶冶情操。关于最后一点，作者进一步解释道：

> 演戏事情，虽是张冠李戴，荒谬无稽，然而果能作的（做得）有情有理，慷慨激昂，足以动人，或者也能感化人心。况且看戏的人，未必尽是明智之人，有一半小孩愚人也在其内。像这路人听戏，不过以假作真，听到善恶忠奸的地方，真能眼泪鼻涕，喜怒哀乐，一时千态万状俱作，更是有极大关系啦。时常演些新戏，大概于社会人心上不无小补吧。[27]

作者认识到戏曲的大众教育功能。即使戏曲所描述的历史并不准确，但没有受过教育的人们（作者称之为"愚人"，反映出作者居高临下的优越心态）确实能够通过看戏理解传统的价值观。他相信如果精英能够充分运用这个工具，戏曲便可以成为社会改良之工具。当然，关于地方戏的功能在精英中存在极大争论，大多数精英持更消极的态度。这种差异有助于我们理解精英怎样看待大众文化。

那些支持戏曲改良者在改良坑存曲目和创作新戏方面双管齐

下,同时,改良者认为优伶之行为会影响到观众,因而力图"文明化"梨园中人。实际上,所谓戏曲改良是当时反大众文化运动之组成部分。1910年《国民公报》发表一篇题为《提倡新戏须先改良优界之人格》的文章,称:

> 改良戏剧,本是开通民智激发民情,改良民俗之一利器。如论其效力来,真比白话报不差上下。唱戏的好处,大概不差甚的人,也都知道的。为什么改良戏剧这件事,到底不能踊跃把他(它)提倡起来呢?这也有个原因,因为我们中国向来把优界中人看得最贱,所以文界人,不为出头提倡。你想既拿优界中人,当著(着)娼优隶卒,并且把唱戏的人,拿在妓女一块儿比较。这样一来,那些个高明的人,还肯到大舞台上来演艺度曲吗?说起来也难怪了,本来我们中国唱戏的里头,有些个当像姑的孩子,混在其内。这些当像姑一群下贱的东西,本来是人头畜(牲)吗?那著(着)一个须眉男子,要夺妓女的权利,不但人格全无,而且廉耻丧尽。要叫他们梨园之中,滥竽充数,那就莫怪社会上人看不起舞台的人物喽。[28]

这些批评也并非完全毫无根据。过去,富家老爷公子经常以追逐年轻俊俏的戏子为时尚,此类现象在许多文学作品(如《红楼梦》等)中都有描述。但这些精英忽视的是,优伶处于社会底层,被有权有势者玩弄,也是迫不得已,也是被欺压的受害者。改良精英认为演戏者都存在道德问题,因此戏曲改良之首要步骤,是使这些人成为"正派"人。

在1909—1910年间出版的《成都通览》中,改良文人傅崇矩列出了成都上演的360出戏目,指出有的戏班子巧立名目,把一些"淫戏"改名以逃避检查,如把《杀子报》改为《天齐庙》。[29]《杀子报》被定性为"淫荡"和"暴力"戏,遭警察禁止,但实际上整个民国时期,"大多剧团皆能上演"。为什么这个戏会受到欢迎?让我们首先来看其情节:

> 清代,通州小商王世成病故,妻徐氏请纳云和尚超度亡夫。二人在道场中眼去眉来,心性摇动,事后相互勾搭成奸。十岁幼子官保放学回家碰见,将纳云和尚撵出家门。徐氏恼羞成怒,怒打官保。其女金定跪地求情,徐氏方才罢手。官保心恨纳云,遂邀同学去天齐庙痛打纳云,不准其再到家中。徐氏见纳云几天未来,便借故偕金定到庙中烧香与之私会。纳云说出不敢再到王家的原因。徐氏恨官保作对,与纳云议杀官保。金定在房外听到,忙到学校告知其弟。放学后,塾师见官保仍留学舍哭啼,问讯缘由,遂亲送官保回家。徐氏待塾师去后,即用菜刀杀死官保,并将尸体肢解,放进油坛,藏在床下。塾师见官保几日未上学,遂去王家问讯。徐氏谎言遮掩。夜,官保投梦,塾师惊醒,断定官保被害,即去官府衙门击鼓伸冤,但因无证据,反受诬被关。师母不服,为夫鸣冤。州官便服私查,查出疑点,又从纳云口中探出隐情,即升堂审案。后从王家搜出官保尸体,又从金定口中获悉实情。在人证物证面前,罪犯招供。徐氏与纳云被处决,塾师得以平反,全案终结。[30]

本剧情节与许多包公案和传统名剧类似。在这些剧中,冤案在正直的"清官"干预下,正义得到伸张。和尚和寡妇间的风流韵事总为观众津津乐道，再加上谋杀、通奸、淫荡等，更能吸引观众的眼球。虽然一个邪恶的母亲杀死自己亲生儿子的情节并不常见，但其许多故事情节是人们感兴趣的。该剧能吸引观众还在于恐怖的屠杀场景和鲜血，特别是观众直接看到那妇人把她儿子肢解的过程。剧中使用了许多逼真的道具，诸如带血的刀、被肢解的尸体、装尸体的油罐等，给观众以强烈的感官刺激。因此，许多社会改良者指责该剧太血腥、残酷、暴力和恐怖。在晚清民国时期，此类戏剧便经常受到限制乃至禁止。茶馆生意不好时，可能无视禁令，上演这类剧目。例如，一份地方报纸批评可园演出"淫荡"戏曲，称之为"可园怪象"。然而在晚清可园却是成都改良剧的先锋。1920年代，一些濒危的茶馆重施故伎，要求上演神戏。正如一个地方文人所讥讽的："扫尾茶寮妙想开，生方设计赚人来。大家争演苏神戏，三架班子打斗台。"[31]

一篇1914年的文章指出："声音之道，感人最深"，因此戏曲改良可以作为社会进化之工具。作者相信只有不到百分之十的节目是"庄雅"的，不到百分之一是"正大"的。作者还指责戏曲节目"信口开河，荒唐满座，蛇神牛鬼，跳跃一堂"。地方报纸以《唱戏人不准看戏》为题报道：在悦来茶园，一个小旦坐而观剧，"举止颇觉不合"，此事甚至惊动警察厅长，并重新颁布了禁止唱戏者入园看戏的禁令。[32]显然地方政府也视他们为异类。改良者无疑对优伶十分歧视，看不惯他们的装束、言谈和举止，不给他们以常人的待遇。为了改变社会对艺人的态度，1916年和1917年间改良者建立了若干新戏班子表演新戏，包括建平社、革心院、群益新剧社、强华新剧社等。

地方政府也是戏曲改良的推动力量。1913年川省内务司指出,无论小孩还是未受过教育的劳力者都喜欢看戏,甚至能够记住台词和曲调,因此地方戏曲为"通俗教育之一端"。如果政府能够"因势利导",使演员用"纯洁之辞,激厉(励)之声,容哀感之音调",则人们可以吸取有用之知识。政府应该怎么做?内务司表示,禁止"淫戏"只能是"一时治标之法"。虽然政府应该审查脚本,准优禁劣,但鉴于"禁愈烈,而嗜愈专"的逆反心理,内务司采取了"诱进"之法,以从根本上解决问题,并派文人搜集民间故事,改编小说和曲艺为新戏,以此激励优良社会风俗,同时,也鼓励像灯影戏、木偶戏等传统民间娱乐表演新节目。内务司相信,一旦新戏得以流行,人们对"从前淫诞之辞,便渺不记忆"。[34]

在民初,万春茶园和品香茶园总是车水马龙,悦来茶园和可园继续生意兴隆。它们的广告频繁出现在地方报纸上,一家戏园一天的戏目便可达二十余出之多。[35]从这些广告中,我们看到那些名演员所具有的票房号召力,不少人到戏园看戏,便是冲着他们的偶像而来。老观众如果钟情某剧,则百看不厌,甚至能记住戏中的每一细节、唱腔、台词以及演员动作。戏班的声望对其生存是至关重要的,晚清成都人常常观看的戏班有颐乐班、翠华班、长乐班、文明班等,它们固定在悦来、可园、万春、品香等著名戏园演出。[36]一般来讲,戏园并不靠新戏揽客,而依赖明星演员。传统戏目到处都在演,不同之处在于表演的风格和质量(见插图3-9)。

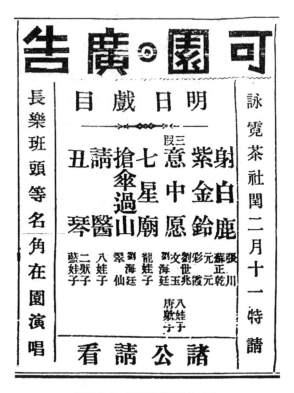

插图 3-9　新戏园"可园"广告

从中可看到晚清成都所演剧目和演员。在该茶园演戏者为长乐班，所演剧目包括《射白鹿》《紫金铃》《意中愿》《七星庙》《抢伞过山》《请医》《丑琴》等。

资料来源：《通俗日报》1909 年 3 月 31 日。

同时，社会改良者也编写新戏。辛亥革命后，政治戏逐渐流行，如 1912 年根据美国名著《汤姆叔叔的小屋》（*Uncle Tom's Cabin*）改编的川剧在悦来茶园上演，改良精英试图用美国黑人的经历来阐明"适者生存"的道理。[37] 悦来茶馆上演的另一出戏是关于太平天国的故事：曾国藩夺取南京后，洪秀全全家被杀，只有太子洪少全幸免于难。他无路可走，只好到少林寺出家为僧，以卧薪尝胆，再谋起事。该剧把佛教的神、超自然世界与人间、人事结合在一起，由三庆会上演，达40幕之多。与清代和后来的民国政府不同的是，该剧对太平天国多有溢美。因为辛亥革命是一场反清运动，反清革命在当时逐渐占据了舞台中心，反清的太平天国便具有了积极意义。1929年，悦来茶园上演新剧《西太后》，力图阐明"专制政体之弊乃国贫民弱之原（源）"。剧本、布景、表演据称"均佳"。[38]

改良者也创作涉及社会问题的新剧，《落梅》便是其中之一。一位叫陈伯坚的年轻医生治疗一位患病老妪，在出诊过程中，与其女儿慧芳相爱并订婚。一天，老妪病情恶化，陈前去救治。惠芳将一朵腊梅别在他的上衣口袋，叮嘱他一定尽心尽力。陈在妇人床头看到一个装满钱的金色盒子，想到结婚需要钱，顿生歹意，对未来的岳母下了毒手，并拿走了钱。老妇人临死前看到了这丑恶的一幕，用发簪在地上写下了"伯坚图财害命"六字。惠芳随后赶到，看到了盒子旁的腊梅和她母亲写下的字，遂向警察报案，陈旋即被捕。[39]这出作为"社会教育"工具的"新"剧，试图向观众传达什么信息呢？该剧力图撕开那些"伪君子"的面纱，那位陈姓医生总是满嘴"道德""文明"，但实际上是个贪婪无耻之徒。不过这出新剧在相当程度上仍然推崇传统价值观，惠芳在法庭上面对陈伯坚的一番陈述便饶有兴味："汝既做出此事，我不能置汝于法，是为不孝；既置汝于法，而别嫁，是为不义。不孝不义，惠芳不能为也。于是伯坚既置于法，女誓不嫁，以图甫全。"她试图以"一女不嫁二夫"来证明她恪守从一而终的传统道德，为杀害她母亲的人牺牲自己的婚姻。从剧中的说教来看,传统价值观占主导地位。不过这出新剧的人物和故事都很接近生活的真实,而且情节包含爱情、金钱和谋杀等要素,很能吸引观众。

在晚清的戏曲改良中,社会改良者、警察局总办周善培推动开办悦来戏园,作为演改良戏和新戏的基地和范本。[40]黄吉安在川戏改革中起了重要作用,周聘黄写了不少新剧,加以印行和传播。1924年黄去世时,已创作八十多出新川剧,二十多出清音。他把自己创作的剧本全部赠予三庆会。[41]他写的几乎所有川戏都是基于中国古代历史故事,弘扬正义、忠诚、爱国,以此推动社会教育。在《柴市节》《三尽忠》《朱仙镇》《黄天荡》《林则徐》等剧中,黄赞扬与入侵者斗争的文天祥、张世杰、陆秀夫、岳飞、梁红玉、林则徐等爱国英雄,当中国面临西方帝国主义侵略时,他们的事迹可以激励人民的斗志。如《柴市节》是关于南宋文天祥拒绝投降的故事。而黄吉安对那些投降敌人的变节分子,则进行了淋漓尽致的鞭笞。在《江油关》中,他有意制造了马邈被处死、枭首示众的情节。当有人指责其违背历史真实时,他反驳道:如果不杀他,"何以辨忠奸,判曲直?"[42]

话剧的出现为戏剧改良注入了新动力。1920年代初,一些地方知识分子支持在悦来茶园演话剧。[43]1920年12月,四川全省学生联合会以万春茶园为舞台演"新剧",并联合各新剧团到成都各校演出,推动社会教育。联合会宣称其目的是"启发民智",而非牟利,要求警察在当前"军事戒严期间",帮助维持秩序。由于演出收入用于"公益",联合会要求免除当时必须征收的"伤兵捐款"和维持秩序的"弹压费"。[44]1931年,摩登剧社在大舞台戏园演出反对日本侵略的"爱国佳剧"《山河泪》，吸引了大批观众，在社会上引起强烈反响。剧社相信在"九一八"事变后，这个剧能够激励人民"同仇敌忾"。[45]

因此，戏剧改良成为政府、精英以及其他社会集团政治议程的一部分。显然，在茶馆和戏园观看演出并非纯粹的娱乐，而是与启蒙和国家政治联系在一起。[46]地方戏是最有感染力的大众娱乐形式，影响到人民的思想，也可以用作政治工具。精英发现戏曲是教育民众的一个重要形式，竭力对其施加影响，因此地方戏不可避免地按照精英的构想而被改造了。不过，传统戏深深扎根于日常文化，影响着民众思想，因此是很难轻易被取代的。在抗战时期，政治对茶馆文化的影响达到史无前例的地步，更进一步冲击到人们的日常生活（第9章将详细讨论这一问题）。

茶馆戏园——新的公共舞台

在清末民初，一些大茶馆开始把生意重点放到地方戏上，卖茶则退居其次，它们逐渐演变为成都最早的剧院，这里我姑且称其为"茶馆戏园"。悦来茶园1906年开办，开始时服务范围甚广，除售茶外，有两个餐馆，即悦来中西餐馆和一家春，外加一个戏园。在清末，仅在劝业场（后称商业场）一处，至少有三家茶馆戏园，即悦来、第一楼、宜春楼，相互间竞争激烈。[47]在辛亥革命爆发后，地方戏和其他曲艺一度被禁演，但不久即恢复。1912年7月19日的《国民公报》便刊登有四条关于演戏的广告，反映了革命动荡后日常生活逐渐恢复正常。在民初，不少茶馆戏园开张营业，其中有的被称为"舞台"。虽然这些新设施也售茶，但主要是为了演戏，成为成都戏院之最早形态。东亚舞台于1913年开张。品香茶园的戏台也很有名，1915年吴虞常在那里看戏。后来，品香茶园又建革心剧院，由于不少名角在那里演出，名声大振。[48]同一时期，大观茶园、万春茶园、锦江茶园等都名噪一时。

各茶园一般有自己的固定节目，称"坐场戏"，由于通常在晚上演，故又有"夜戏"之说。在白天，如果无固定剧目，一些茶园便可由观众点戏。虽然成都的戏园一般上演川戏，但也不排斥其他剧种，只要能吸引观众。如悦来茶园演出秦腔，可园也从陕西聘请名演员连同戏班入川，在各戏园激烈的竞争中，这成为吸引更多观众的一个策略。新移民也把他们的文化带入成都，1939年，广寒平剧院开张，十七八个逃难入川的艺人在此演平剧，剧院为他们提供了生计。同时，不少其他茶园也为华北、华东逃难来的演员敞开了大门。[49]

在民国时期，历史最长、最有影响的戏园当为悦来茶园。悦来茶园是清末改良者周善培在成都推行"新政"的成果之一，最早上演改良戏，成为新娱乐之样板。由于有极好声誉，许多名角和戏班都乐意到此演出。三庆会是川省首个川戏职业演出团体，便在悦来茶园建立，许多川剧名伶亦从这里发迹。当1949年年底共产党接收成都时，该茶园仍然是生意最好的茶园之一。1950年，新政府要求全成都的茶馆向政府登记，根据目前从档案中可看到的详细登记表，悦来共雇有各类员工126名，这些登记表为我们提供了有关雇员的具体信息，包括籍贯、年龄、性别、工作性质、家庭地址、教育程度、个人经历、亲属关系、是否参加任何社会组织、其他职业等。[50]（见附表2《悦来茶园雇佣登记表》；见插图3-10)

这些登记表也说明，戏园雇员主要是男性，女性只有若干。雇员的分工也很细密，如守门、卖票、会计、经理、印票、联络、写招牌、布景、乐师、男女演员等。个人经历的信息也很有意思，如冯季友7—14岁读私塾，12岁和14岁时先后失去父母，15岁时在政府某机构做小职员，直至31岁，然后开始做"小本生意"，整整35年，67岁时到悦来。陈孔荣也是8—16岁学"旧学"，然后在小铺子谋生多年。冷阡陌8岁开始学"旧学"，10—

插图3-10　悦来茶馆三庆会旧址

资料来源：作者摄于2003年6月。

20岁下田劳动,后在悦来谋生活,他的妻子和两个女儿在家做手工,以"维持家庭生活"。张明煊是个残疾人,左腿8岁时致残,但他仍然有机会入私塾,学"旧学"8年,然后到一家盐铺当学徒,18岁时回家完婚,之后他又学医5年,经营一个轿子铺5年,后"在家闲赋"8年,37岁时到了悦来。这些背景资料说明大多数雇员至少接受过一定程度的教育,特别是私塾教育,文化程度比我们一般想象的要高。[51]这些雇员,一些是生意失败的小贩,一些过去是店员或士兵,一些仍然依靠种菜或做手工以补工资的不足。而大多数男女演员的经历则简单得多,一般是在10—13岁时便跟师父学艺,都是三庆会成员,几乎都来自下层家庭。[52]

观众对悦来的演出很欣赏,那些名伶的节目票很快售罄。一次,一个男子被戏所感动,捐20元给演员,不过当地报纸认为这也是"可云特别"。[53]一些地方文人写诗表达他们对该茶园的欣赏,如下面这首对悦来赞誉道:

> 锦城丝管日纷纷,一曲新歌一束绫。
> 劝业场中风景好,挥毫试写悦园行。
> 悦来戏园壮如此,楼阁玲珑五云起。
> 往来豪贵尽停车,人在琉璃世界里。
> 梨园弟子逞新奇,缓歌漫舞兴淋漓。
> ……
> 逐队随波戏园去,对此真可酣高楼。
> 竟日繁华看不足,吁嗟乎!
> 益州自昔称天府,多来豪宗与富贾。
> 藉此象功昭德谱,箫韶久成百兽舞。

自从悦园此一行,除却巫山不是云。

月官听罢霓裳后,人间那得几回闻?[54]

诗中描绘了悦来令人心旷神怡的环境、优雅的建筑、悦人的气氛,许多观众乘马车、人力车、轿子来此看戏,表明他们是有身份之人。不过,这首诗花费笔墨最多者是演出本身,描绘艺人技艺高超,表演动人,观众众多,人流如潮。人们对这些演出似乎百看不厌,看戏成为他们日常生活的一部分,看戏时他们感到自己像生活在天堂一样。诗的语言显然有些夸张,但是我们可以从中体会到作者关于悦来茶园及其所演川戏的真实感受和满足之情(见插图3-11)。

插图 3-11　悦来茶馆内的戏台

资料来源:作者摄于 2003 年 6 月。

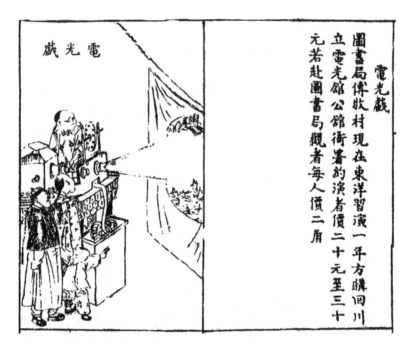

插图3-12　"电光戏"

图上的文字是:"图书局傅牧村现在东洋习演一年,方购回川,立电光馆。公馆、衙署约演者,价二十元至三十元。若赴图书局观者,每人价二角。"

资料来源:傅崇矩:《成都通览》第3册,第114页。

  茶馆不仅是成都戏院的前身,也是电影院的发源地。在卢米埃尔兄弟(Lumière brothers)于1895年12月28日在巴黎大咖啡馆的地下室发明电影仅几个月后,电影便来到了中国。1896年8月在上海的徐园茶馆放映了中国的首场电影。[55] 不过几年后,电影即到达成都,被称为"电光戏""电戏"或"活动写真",也是茶馆首先接受了这个新事物(见插图3-12)。改良者利用电影作为教育的工具,以推动社会发展,因为电影"写形写影,惟妙惟肖,如义士豪杰,忠臣孝子,凡炮雨枪林之惨状,持节赴义之忠节,智识竞争之计画,举能一一演出,如身临其间,而动人感情,此于风俗尤不无裨益呢?"[56]在民初,品香茶园的老板请求警察准许放映"电戏",以作为因演"新戏"所受损失的补偿。股东决议白天放电影,但男女分开。[57]这或许说明当时放映电影比演"新戏"更能吸引观众。1914年4月,大观茶园和可园联名向省会军事巡警厅申请允许"白昼女宾电影专场"。茶园竭力表白放映电影虽然是营业活动,但"实足以启发一班人民之智知,诱起美术的观感",而且还能使"异国远邦风俗人情一目了然",甚至"交换智识,发达思想"。由于早期电影院是男人的世界,两家茶园认为应该让妇女也有机会开"智识",因此准备在白天放"活动写真",而且"专售女宾"。茶园并承诺"严密防范",确保"无一男子杂错其间",而且主动提出"每日所演电片先期造单呈",以使政府在内容方面放心。[58]

1919年,刘钧以每晚3500文租万春茶园放映电影,其器材、影片、专业技术员都来自上海。刘宣称电影"具有社会教育作用,与他种演剧不同",可以"开通风气,扩张民智"。显然,电影来自西方,在这个时期便代表着"新",地方戏则代表着"旧"。这个观念与当时正在进行的新文化运动的西化观念是吻合的。[59]多数电影来自外国,诸如"美国爱情短片"和《黑衣党》等。《黑衣党》系侦探系列,按报上广告的说法,是"破天荒之冒险精神伟片"。电影的票价从1000文到半个银元不等,视座位而定,与看戏相差无几。主人带的随从则只需付600文(见插图3-13)。[60]

早期电影院一般都是茶馆与放电影合二为一。放电影时,观众坐在排成行的椅子上,每个椅子后面有一个铁箍,用来放茶

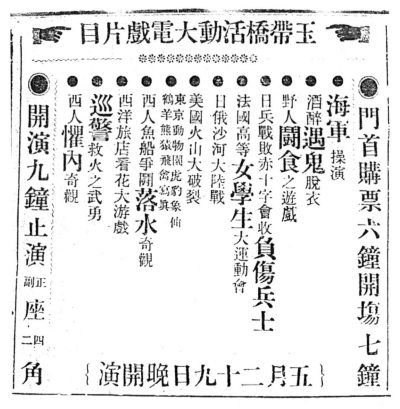

插图 3-13 晚清成都的电影广告

这是"玉带桥活动大电戏"的广告。广告说明了开演时间、票价和所演电影。从广告可见,当时所演电影几乎都是美、日、欧洲的纪录片。

资料来源:《通俗日报》1909 年 7 月 15 日。

碗,堂倌穿巡于各排掺茶。民初几乎没有妇女去电影院(后来开始有个别茶园的电影对妇女开放,也是专供女宾,男女分开),因为黑暗中可能被男人骚扰。在拥挤黑暗的电影院,观众出去小解不便,而且也不愿错过任何精彩镜头,由此一个新行当产生了:一些穷人家的小孩或老妇人提供"流动厕所",提两个粗竹筒来回走动,轻声喊着:"尿筒哦——尿筒哦!"这样观众可以就地小便而不必离开座位,所花费用大约相当于一个锅盔的价钱。这个例子告诉我们,新营生能够发现一切机会,适应人们之需要。当然,像"活动夜壶"这类服务只在电影进入的早期昙花一现,在妇女入场看电影后,警察便以"有碍观瞻"为由而予以禁止。[61]

观 众

对许多成都人来说,看川戏是日常生活之一部分,茶馆戏园不断努力吸引更多观众,大茶馆也把演戏作为必念的生意经。虽然我们不完全清楚人们是怎样地依赖戏园,但一些现存的资料给我们提供了有用的信息。1916年,地方政府发布各茶馆戏园能接待观众的定额,作为控制的一种手段。那些著名的茶馆座位定额是:群仙茶园400座;悦来200座;蜀新舞台200座;蜀舞台150座;可园120座;品香120座;万春茶园100座。[62]这7个茶馆戏园共允许有1290个座位,虽然这个资料未显示每天可以演出几场,但一般来讲,每个戏园至少每天两场,甚至三场。戏园还经常漠视警察关于不能加座的规定,容纳的观众经常超过政府规定的限额。

例如万春茶园虽然定额仅100座,但1920年6月每天售票500—800张。从6月14日到16日,日平均售票607张。6月19日,又加上晚上的演出,共售票1076张;6月21日,1584张(见附表3《1920年万春茶园演戏售票统计》)。从表中我们还知道,戏园座位分特殊、附加、普通三种。另一资料显示1933年4

个戏园的售票记录,包括春熙大舞台、新又新大舞台、悦来茶园以及俞园(见插图3-14)。每个戏园每天上下午各演一场,平均每场大约有400名观众,8场演出观众总数达3200人。平均每张票0.6元,每天共售1920元,每月57600元,每年691200元。当时便有人估计,这笔钱可买49371石米,或为385600人的军队付一月工资。[63]在1930年代初,成都的茶馆戏园远不止4家,因此实际看戏人数远在这一估计之上。当然,这些数字的估计者之目的是证明成都人是怎样地"浪费"时间和金钱,但他们的估计为我们了解每天多少人光顾戏园及其花费提供了有用的信息。

插图 3-14　春熙大舞台

长卷风情画《老成都》局部。

资料来源:根据原作翻拍。作者:刘石父、李万春、谢可新、潘培德、熊小雄、孙彬、张友霖。使用得到作者授权。

1929年，一个文人写文章描述他在戏园度过的一天，透露了民国时期成都精英阶层的茶馆生活。他同两个朋友上午9点到了万春茶园，那时观众还很少，每票1000文，卖票人态度可亲。9点半后观众才陆续到达，戏在10点开演。他们很满意演员的精彩演出。演出结束后，他们乘人力车到春熙路吃午饭，然后喝了一个小时的茶，又来到湖广馆的均乐剧院，名角翠华的名字写在门口的戏牌上，每票1600文；他们看到票房讥讽那些觉得票价太贵的观众，对其态度很反感。尽管票贵，还是有很多人买票入场，里面观众爆满，因为大家都想看翠华的演出。戏在下午6点开始，但翠华并未出现。不少观众要求退票，但戏园无人出来解释。作者相信恐怕许多观众将不会再来这个戏园看戏。这篇文章显示了各戏园做生意是怎样的不同，赞赏诚实的戏园，指责有的戏园发布假广告的欺骗行为。不过，从这篇文章中我们也看到戏园与人们日常生活的关系。[64]

作为公共空间的茶馆戏园总是挤满了顾客，冲突也就在所难免。警察要求各茶馆戏园有一名警察维持秩序，但其制服和薪水则由茶馆支付。据警察局报告，第一公园茶社雇一个警察，每月工资4.9元，外加制服花费。警察局分署支持这个动议，但提出，由于警察"分所长警年来未关尾饷，困苦已达极点"，因此不派一个固定的警察，而是让警察轮流到茶馆值勤，4.9元平均分给参加值勤的人。显然，警察分署认为这是一个"好差事"，所以要大家利益均沾。不过，警察总局没有批准这个设想，令指派一个警察"以专责成"。[65]

人们到戏园并不仅是看戏，也是去享受热闹的气氛。虽然戏正在上演，茶园仍然是热闹非凡，唱腔、锣鼓与堂倌的吆喝、小贩的叫卖、观众的喝彩此起彼伏。小孩们脖子上挂一个盒子，在过道来回兜售香烟、糖果、花生米、炒瓜子等。脸帕工人从空中把帕子扔到戏园的各个角落，给顾客揩脸擦手。有的戏园还有巨大的人力风扇，即一张大板子吊在空中，用绳子拉动，这为夏天拥挤的戏园提供了惬意的凉风，有时一个戏园装置有若干此类风扇，但拉扇人则分外辛苦。每当演戏时，还有不少人站在茶馆外面观看，当然他们大多是衣衫褴褛的穷人和小孩。当演出间歇收钱时，他们便一哄而散，节目再开始时，瞬间又围拢过来。在夏天，他们挡住了空气流通，惹得里面的观众不满；但冬天这堵人墙挡住寒风，里面的人再无怨言。当然，这些情况只发生在那些面向街面的茶馆，有围墙的高级戏园则无此忧，人们无法从街头免费观戏（见插图3-15）。[66]

戏园观众来自各个行业和阶层，但我们缺乏具体资料进行分析。不过，一些记录还是透露了一些信息。1938年，一群大兵在一个戏院闹事，朝舞台扔了一颗手榴弹，炸死8个坐在前排的观众，其中5个死者的身份得到证实，地方报纸报道了他们的姓名、性别、住址、职业等信息。其中三个是妇女，一个是电报局职员的妻子，一个是低层官员的妻子，第三个不详。两个男性死者，一个是糖果店老板，一个"现营收荒业"，具体是下层的收荒匠还是开收荒铺子的小生意人不清楚。[67]死者都是普通人。前排是最抢手座位，价钱也最高，这也说明票价一般是在普通人可以承受的范围之内。

插图 3-15　"出钱看狗背"

题图写着:"好狗不挡路,好人不扒台。此之谓狗屏风,此之谓狗占(站)班,此之谓狗头军,此之谓狗宝。"表达了作者对有些人把狗带进戏院的不满。"站班"过去是指那些在戏院买站票或在茶馆门口不买票看戏、听评书的人。

资料来源:《通俗画报》1912 年第 31 号。

娱乐控制

20 世纪初政府竭力控制娱乐,这个政策成为打击大众文化之组成部分,该政策的实施也反映了茶馆、娱乐与国家权力之间关系的性质。在晚清,在国家权力的支持下,精英力图改良和控制公共娱乐;在民初,新政府发布更多的限制地方戏的政策。1913 年,四川都督以演戏为大众教育之重要部分,令名戏班只能演出那些弘扬积极精神、鼓舞民气的历史剧目,指责那些仅改了戏名的"淫戏""败坏风俗人心,莫此为甚",令警察和内务司严格执行规章,严惩演"淫戏"的戏园经理。内务司还颁布措施以"化民善俗""杜渐防微"。[68]

措施之一是颁发《取缔戏曲规则》,以达到"整饬风化"的目的。该规划称:"社会教育,戏曲为最。普通市井儿童,歌行道上,率皆戏词。佣夫走卒,手执一编,大都戏本。倘能因势利导,以正大之事,纯洁之辞,激励之声,容哀感之音调,输入其脑筋,意向所趋,不期而自正。反是则淫僻荒靡,患不胜言。"在会馆、庙会、戏园的庆祝活动中的地方戏、皮影戏、木偶戏以及所有曲艺的演出,都在该规则的管理之下。规则要求各戏班、戏园、茶馆呈交剧目给内务司审查,只有那些"有益社会""无害风化"的戏才允许上演。那些演"淫声秽色"者将受到惩罚。另外,这个规则还要求"优伶戏毕下台时不得着异色衣服"。政府令茶园上报其姓名、籍贯、住址、资金来源、戏院地址、演员数量等信息。演员则必须向政府报告他们的年龄、籍贯、艺龄,在戏班学徒还必须出示"自愿书",确认其不是被迫以此为生。除此之外,政府还规定戏园不得在接近学校、官府、工场、庙宇以及交通要道等地营业,并限定演出时间必须在早9点到晚9点之间。[69]

同时,四川警察总厅禁止一切所谓"淫戏",指出虽然警察反复查禁,但戏园"斗巧争奇,渐趋淫邪","违禁演唱"。一份警察调查材料指出,甚至在一些高级茶馆戏园,包括像群仙茶园、大观茶园、悦来茶园等也上演禁戏。[70]这些戏园不遵守规章,"贻害风俗人心"。警察指责群仙茶园允许艺人表演"任意猖狂,毫无忌惮",演员动作"狎亵","丑态"百出;如果这些演出继续进行,社会风气将受极大伤害;如果不停演,戏园将受到严惩。警察采取的政策比内务司严厉得多。所谓"淫荡"戏,其实经常不过是关于爱情、罗曼史而已,但精英认为这些戏会导致年轻人变得"下流"和"淫邪"。[71]

也是在1913年,四川省行政公署发文抨击茶园演戏的各种问题,称辛亥革命后,"民间困苦","独戏园异常发展"。公署还指责大观、悦来、万春、群仙等"钩心斗角",批评成都市民为看戏"人人如中风狂走"。公署认为看戏是"落后"的习惯,与"内治攸关",因为看戏不适合这个"天演优胜"之时代。该文还把中国戏与日本、西方娱乐进行比较,称在日本,艺伎的歌舞是由"文学士或文学博士"编写;在法国,"其名优亦多出身大学,均以保存古乐古语为唯一要素"。[72]显然,政府歧视中国自己的传统,赞扬外国娱乐方式。精英官员可能对日本艺伎和法国艺人所知有限,但由于它们来自东洋和西洋,便被认为优于中国的传统娱乐,反映了当时改良精英的西化倾向。

公署认为成都茶馆戏园有三大问题。首先,不利于大众教育。这些戏园"以世俗歌曲为门面,以冶容工貌为精神",而且"目染耳闻,不败者鲜",造成"民德日薄",而"此等国民",于国于社会都有害。其次,妨害地方经济。"吾川四塞之地",虽然"五矿丰富",但"货弃于地",丰富的自然资源被浪费了。现在四川试图发展工商业,抵制外货,成都作为省府,如果"提倡戏园,以图发达,所使劭年弱质,习成游惰"。因此,戏园"有碍于实业"。再次，于财政不利。自辛亥年兵变，省库被抢，成都便一直遭受财政危机，但人们仍然在茶馆浪费了大量金钱，征税也十分困难。"公私财产，均形支绌，而人民区区所得，反以戏园消耗大半。收捐有限，徒令生活，愈高愈险。"如果这个情况进一步恶化，则使"官吏坏其箴，军警丧其守，学人逾其阈，商旅覆其巢"，而且"一般人民，搜刮攫取，以供嬉玩"。政府采取限制政策以解决这个问题，为达到目的，力图改良现存戏园，不再允许新开。[73]这个文件反映了地方政府对戏园的看法和评价，重复了过去官方和精英对茶馆"弊病"的种种指责。

1916年是中国政治发展的重要一年，因袁世凯宣布恢复帝制，护国战争于1915年12月爆发。1916年3月，袁世凯不得不恢复民国年号；6月，袁世凯病死。局势刚一稳定，警察厅便颁布《取缔戏园法》，涉及经营茶馆戏园的各个方面，从座位、茶碗到售票、观众等，事无巨细，一概都管。例如，由政府决定戏园座位数量，售票不得超过这个定额，甚至规定了座位间的间隔，不能增加凳子。观众座位优劣本着先来后到的原则，先来者不得为他人占位。当政府限定的票售完后，应该挂出牌子告知。如果一个观众临时离开，但其茶碗仍在桌上，应该视为座位有人，他人不得占据。捡到的遗失物品应交予警察处理。茶馆雇员要礼貌对待顾客。该规章提出了观众行为规范和管理准则，包括购票排队入场，客满后不得再放人进入。政府调查员到园办公事必须出示证件，但到场维持秩序的宪兵则不需要。军人只需付50文购票，但必须坐在楼厢的划定区域，票售完后不得强行进入，只有穿军装的军人才能享受减价票。规则还说明了再入场规定,如果观众入场后需要出场,必须得到一张再入场券。观众不得随意变换座位,或挡住他人视线。如果在戏园找人,不得吆喝,由茶馆雇员拿一个板子,上写被找人的姓名,在场中走动,以免干扰他人看戏。一旦开始演出,观众应保持安静,不得喝彩。凡违规者视情况予以处罚。该法还对戏班进行规范,要求各戏班表演新戏,并提前两天向警察提交戏本,未通过的戏本不得上演。如果某演员不能出演,必须公而告之。"禁止演唱淫邪各戏",舞台上的演员不得使用"淫荡鄙俚之言词",不得有"猥亵之性状"。只有演员才能上舞台,禁止与观众进行任何交流,演员不得坐在观众席观看演出。演出夏秋季必须在 10 点前、春冬季必须在 9 点前结束。戏班人员不得在戏园争执和斗殴。[74]这个规则是目前我所能见到的最全面、最详细的关于茶馆戏园的规章,使我们清楚了解到警察是怎样控制戏园和观众的。

尽管对演出有许多限制,茶馆戏园并没有认真遵守。如 1932 年市政府指责春熙舞台演出"情节怪诞""唱做淫亵"的戏,令该戏园提交戏本供审查,但经理回应说演出并非都是按戏本进行的,政府认为这不过是避免审查的借口罢了,再次下令呈交。事实上,只有在政府威胁要严惩时,各戏园才会呈交戏本。具有讽刺意味的是,成都市长指责悦来茶园没有按规定提前三天递呈戏目,而且上演"淫盗迷信戏剧",该茶园却是从晚清以来改良"新戏"的先驱,"文明社会"的窗口。[75]在这样的限制政策下,艺人的谋生面临诸多困难,对茶馆本身的生意也相当不利。如前所述,演戏能够吸引更多观众,当茶馆中表演受到限制时,生意便下降了。[76]

抗战时期,政府对茶馆的控制进一步加强,不仅颁布对整个行业的规章,甚至还有一些规则是专门针对某一个戏园的。例如,1939年,政府同意颐和园"添设书场",但颁布如下规定:不准演唱淫词,只有演员才能上舞台,演员不得与观众交谈,不得做任何有伤风俗或公共秩序的事,客满后不得再售票,不得加座挡住过道,票价必须印在票上,观众保持安静,演出必须在晚9点以前结束,舞台、墙壁、地面必须每天清扫,不得雇用有传染病者。如违反规则将面临关门的处罚,经理人将受到惩处。[77]这些规定几乎涉及茶馆生活的各个方面,从演员和观众的行为,到卫生和营业时间。

如果一个演出班子要转移到另一家茶馆,也必须得到许可。1940年,广寒平剧书场(或广寒平剧院)请求许可一个逃难来的班子在此演出,以解决他们的生计。这个班子先是在二泉茶楼表演,但日机轰炸后茶楼关门。[78]1941年锦华茶楼的经理向市政府请求允许演大鼓书,说茶馆最近重新装修,符合安全和卫生规定。为了"繁荣市面",请求允许从京津地区来的一个班子演出,该班有十多个艺人。茶馆为此集资几百元,承诺将"每日加唱抗战歌曲,藉资宣传"。茶楼保证全部艺人都将遵守规则,演出"绝不稍涉浪漫至伤风化"。政府派员进行调查,确认安全和卫生,强调戏班是有档次的,非一般"江湖卖艺之流"。但是调查员也提到,由于茶馆处于成都中心的春熙路,观众如此集中,如果发生空袭将十分危险,与政府关于减低人口密度的政策相矛盾。成都市长拒绝了这个请求，但允许戏班转移到一个较安全的地段演出。[79]

在国家日益加强的控制中，茶馆和艺人都面临严峻的挑战，但是他们能够充分运用各种策略，与政府监管部门周旋，得以生存。控制大众娱乐是20世纪初以来国家对人们日常生活干预的一个组成部分，关于娱乐控制的相当大一部分是针对妇女的，这个问题将在第4章进行讨论，而关于娱乐与政治的关系问题则将在第9章展开分析。[80]

大众娱乐与休闲政治

本章讨论民间艺人、观众、戏园、大众娱乐、国家控制之间的复杂关系，并揭示了地方戏的改良及其影响。成都的大众娱乐主要集中在茶馆，人们在那里一边品茶，一边观看曲艺、戏剧表演，茶馆成为休闲最重要的去处。从一定程度上看，茶馆戏园、演出、观众之间的关系，实际上是公共空间、表演者以及民众之间的关系。在公共场所，艺人与观众发生联系和影响；前者提供娱乐，丰富茶馆生活；后者享受娱乐，为艺人提供生计。普通人的口味和审美需求成为艺人生存和发展的重要因素。因此他们设法得到观众认可，投其所好。从晚清到20世纪中期，这种关系实际受外界社会变化和政治发展影响甚小，即使是在战争时期也并无根本不同。

其他种类的娱乐，像评书、清音等，也与茶馆生活密切相关。虽然一些没有名气的演唱班子和艺人在街头谋生，但大多数演出以茶馆为舞台，茶馆也靠演出吸引顾客。有资料显示曲艺与地方戏共存，因为它们具有不同的功能，吸引不同的观众。曲艺一般在那些不演川戏的茶馆演出，是地方戏的一种补充。那些看不起戏的穷人也可以从曲艺中得到廉价娱乐。如果说川戏是成都茶馆戏园的主要表演形式，那么评书则是那些街头茶馆中最流行的娱乐。艺人使都市生活特别是夜生活变得更丰富多彩。

作为控制大众娱乐之一部分，改良精英和地方政府竭力改革戏剧，把他们的政治主张灌输在表演的节目之中。他们试图把"新的""积极的""进步的"情节加入传统戏曲中，以"教化"民众。节目和人们的口味根据社会和政治发展而改变，它们的主题和倾向，无论是浪漫史、"淫荡""暴力"，还是改良、革命、爱国，都反映了外部社会转型和政治的演化。电影的兴起导致了木偶、皮影等传统娱乐的衰落，却未能撼动川戏的地位。当然，某些娱乐形式的衰落后面有着复杂因素，但像地方戏和评书等，是较成熟的艺术形式，因而并无此忧。川戏舞台可简可繁，在吸引顾客方面游刃有余，生命力旺盛。评书并不需要布景、服装，却可以讲述非常复杂、动人的故事，那些令人难以忘怀的情节吸引听众日复一日地到茶馆听书，因此生意总是红火。茶馆欢迎娱乐表演在于其可促进生意，从而也推动了其他民间休闲的发展。而民间休闲则根据不同需要促使公共空间发生了改变，以适应各种大众娱乐的形式。起初，卖茶是主要目的，表演无非为了多卖茶。但当一些演员和节目名声大振，给茶馆带来更大利益时，演出便取而代之，变为茶馆赢利之法宝，这直接促进了戏园等公共娱乐类新公共空间的产生和发展。

地方戏和其他娱乐形式成为社会教育之工具。从大众娱乐中可以清楚看到精英的角色，他们创作了许多川剧和其他形式的剧本，以推动正统思想和价值观。结果，民众逐渐被充满儒家世界观的通俗戏曲和故事所"感化"或"教化"。虽然那些家喻户晓的历史或传奇故事离人们的现实生活相去甚远，但他们津津乐道，沉浸于过去，或可暂时忘记现实的痛苦和烦恼。当然，精英并不能控制一切，许多戏剧、故事、曲艺等仍然可以游离于这种控制之外，表达所谓"异端"思想，因此也饱受精英的指责和地方政府的压制。

电影是作为西方文化的代表而进入成都的，茶馆则成为这个新公众娱乐的开路者。电影从未威胁到地方戏和评书，而是与其和平共处，不过电影更能吸引年轻的观众。晚清和民国时期，在成都放映的电影几乎都来自西方，给人们打开了一个了解西方文化的窗口，开拓了人们的视野，成为当时西化倾向的一个推动力。因此，茶馆作为一个传统的人们追求娱乐的公共空间，通过吸收新的文化形式，成功地转化为现代和新文化的一部分，再次显示了其适应环境的能力和随机应变的灵活性。

茶馆戏园的改良和控制揭示了大众文化与精英文化之间、地方文化的独特性与国家文化的同一性之间的斗争。在国家权力及其文化霸权之下，大众娱乐不可避免地被改变了，但传统的娱乐形式和许多旧的节目仍然被保留下来。虽然国家强化新的规章，但要达到其目的并非轻而易举。从晚清改革到国民政府崩溃，成都地方文化和习惯堡垒顽固地坚守着它们的防线。不过,在抗日战争中,利用民族危机和高举爱国主义的旗帜,国家最后还是把它的权力深入到茶馆并在相当程度上控制了大众娱乐,本书第10章将进一步讨论这个问题。

注释

[1] 巴波:《坐茶馆》,彭国梁编《百人闲说:茶之趣》,第295页。

[2] 刘振尧:《"安澜"茶馆忆往》,冯至诚编《市民记忆中的老成都》,第148—149页。

[3] 关于20世纪初成都的变化见 Wang, *Street Culture in Chengdu: Public Space, Urban Commoners, and Local Politics in Chengdu, 1870-1930*, chaps. 4 and 5。

[4] Goldstein, "From Teahouses to Playhouse: Theaters as Social Texts in Early-Twentieth-Century China." *Journal of Asian Studies* vol. 62, no. 3 (August 2003): 753-779. 在明清北京,演戏的场所称"勾栏",晚清时"逐渐演变成茶园、戏楼、曲院"。(刘凤云:《明清城市空间的文化探析》,第192页)茶馆作为娱乐中心并非成都独有,其他地区的茶馆也具此功能。见铃木智夫「清末江浙の茶館について」『歴史における民眾と文化——酒井忠夫先生古稀祝賀紀念論集』,第529—540页。

[5] 可园有"文化"和"文明"两个班子。悦来也有自己的戏班,1909年,悦来雇著名演员杨素兰组织同乐班。(《通俗日报》1909年8月6日、12月15日;李英:《旧成都的茶馆》,《成都晚报》2002年4月7日)不过茶馆和戏班的流动性颇大,例如从悦来茶园1910年的广告中,我们可以看到何喜凤从二月初四在那里演出,但同一天另一广告预告其于同月十九在青羊宫劝业会戏园演出。见《通俗日报》1910年3月28日。

［6］傅崇矩：《成都通览》上册，第279页；《通俗日报》1910年2月11日。我没有发现任何1900年以前的茶馆戏园的记录。根据1950年档案资料，悦来在43年前设立。《成都市文化局档案》：124-2-1）在晚清，悦来茶园的舞台称"悦来戏园"，旋改名为"会场戏园"，1917年更名为"蜀都第一大舞台"。(《国民公报》1917年3月31日）后又回归"悦来"原名，但更改时间不详。

［7］地方报纸充斥着这些广告。如1912年7月19日《国民公报》便有四则广告，两则是关于木偶戏，预告每天上午9点在清音剧场演出。另一则广告是大观茶园演地方戏，称茶馆设有优雅的特别座。广告称，在辛亥革命前，茶馆花费巨资从川外聘戏班，"其座次宏厂（敞），茶品清洁，演法神妙，情趣可观，早为各界赞许"；革命爆发后，戏班停演，现局势稳定，茶馆继续演出。第四则广告是芙蓉影戏茶园（原芙蓉茶社）的，宣布在装修后增加了新节目。

［8］茶馆称"园"者一般为演戏之地，但也有"茶园"便是戏院不是茶馆之说（陈茂昭：《成都的茶馆》，《成都文史资料选辑》第4辑，1983年，第180页），这似乎以偏概全。例如，1929年成都共有641个茶馆，其中至少有90个冠名"茶园"，但大多数并不演戏。由于这个统计中的许多茶馆并未给出全名（如"悦来茶园"可能只称"悦来"），因此实际茶园数还可能更多。见《成都省会警察局档案》：93-5-1046。

［9］J. 伊万斯是这样描述茶馆戏园的："任何茶馆在屋的一头加上一个台子，都可以变为一个剧场，不用幕布，没有楼厢，几张桌子，几把椅子，不用布景和道具，场景靠对话来描述"。(Evans, *Tea in China: The History of China's National Drink*, p. 64) 有研究发现，在上海，很长一段时期茶馆和戏院都是"合二为一的娱乐场所"，提供地方戏和其他演出。见 Zhang, "Teahouse, Shadowplay, Bricolage: 'Laborer's Love' and the Question of Early Chinese Cinema." in Zhang ed., *Cinema and Urban Culture in Shanghai, 1922-1943*, pp. 32-34。

［10］此君：《成都的茶馆》，《华西晚报》1942年1月28—29日；屈小强：

《竹琴绝技贾树三》，冯至诚编《市民记忆中的老成都》，第153—156页；李英：《旧成都的茶馆》，《成都晚报》2002年4月7日；作者采访熊卓云，2000年8月9日于熊家；周止颖：《新成都》，第225页。据广告，1909年悦来茶园的楼厢票为0.30元，普通座为0.10元，包厢（间）为5.00元，特别座为0.50元。《通俗日报》1909年7月11日）在一些茶馆，由观众直接付线给演员，另一些则把演出费加在茶钱中。例如，如果一碗茶两角，加上扬琴则4—5角。见《华西晚报》1941年5月21日。

[11] 此君：《成都的茶馆》，《华西晚报》1942年1月28—29日；周止颖：《新成都》，第225页；罗尚：《茶馆风情》，《四川文献》1965年第10期（总第38期），第22—23页；张达夫：《高把戏》，《成都风物》第1辑，1981年，第109页；Wang, *Street Culture in Chengdu: Public Space, Urban Commoners, and Local Politics in Chengdu, 1870-1930*, p. 80。

[12]《成都省会警察局档案》：93-2-3282；罗尚：《茶馆风情》，《四川文献》1965年第10期（总第38期），第22页；陈茂昭：《成都的茶馆》，《成都文史资料选辑》第4辑，1983年，第184—185页；张恨水：《蓉行杂感》，曾智中、尤德彦编《文化人视野中的老成都》，第281页。

[13] 罗子齐、蒋守文：《评书艺人钟晓凡趣闻》，《龙门阵》1994年第4期（总第82期），第61页。在关于成都街头文化的研究中，我描绘了钟晓凡是如何吸引听众的。见Wang, *Street Culture in Chengdu: Public Space, Urban Commoners, and Local Politics in Chengdu, 1870-1930*, pp. 78-79。

[14] 周止颖：《新成都》，第225页；海粟：《茶铺众生相》，冯至诚编《市民记忆中的老成都》，第143页。

[15] 鄢定高、周少稷：《身带三宝，无人可敌——记成都评书艺人张锡九》，成都市群众艺术馆编《成都掌故》第1辑，第387—388页。

[16]《华西晚报》1941年5月21日;李子聪:《四川扬琴"堂派"的由来和发展》,成都市群众艺术馆编《成都掌故》第2辑,第574页。据说扬琴创始于一个从沿海被流放到成都的知县,由于唱法来自沿海,所以又叫"洋琴"。(作者采访熊卓云,2000年8月9日于熊家)另一资料有类似说法:明末李阳,"世家子,聪颖过人,其先祖来自广东。李年少倜傥,能歌善琴,尤喜涉足歌场,时蓉城鲜有不识李生之歌名者。以是得妇女欢,为人忌妒诬控,流戍西康。李乃自制丝桐,以指敲弹,铿锵可听。谱人间传记,及历史可歌可泣事,严冬盛暑,未尝稍辍。其后指为冰断,乃改用竹签击之,边城歌场,耳目为之一新。未几传入成都,流行一时"。(迪凡:《成都之洋琴》,《四川文献》1966年第5期[总第45期],第22页)扬琴也有自己的组织"三皇会",每年三月初三和九月初九聚会。三皇会资金来源有三个途径:会费、罚款和捐献。每年选5人作为会首。在晚清,扬琴分为两派,风格不同。南派在皇城的东华门一带、北派在童子街一带演唱。当北派面临生计困难时,川西名家黄吉安提供新本子,其作品很受观众欢迎,生意立即改观。后来,南派也采用了黄本。晚清扬琴艺术得到极大发展。见谦弟《成都洋琴史略》,《华西晚报》1941年5月21日;谭清泉《黄吉安》,任一民主编《四川近现代人物传》第1辑,第251页;周止颖《新成都》,第220—221页。

[17]周止颖:《新成都》,第220—221页;迪凡:《成都之洋琴》,《四川文献》1966年第5期(总第45期),第23页。

[18]李子聪:《四川扬琴"堂派"的由来和发展》,成都市群众艺术馆编《成都掌故》第2辑,第576页。

[19]屈小强:《竹琴绝技贾树三》,冯至诚编《市民记忆中的老成都》,第153—156页;刘振尧:《"安澜"茶馆忆往》,冯至诚编《市民记忆中的老成都》,第148—149页。车辐在根据他自己民国时期成都经历而撰写的小说中,生动描述了一个清音艺人在成都走红的过程。见车辐《锦城旧事》。

[20] 车辐:《贾树三》,任一民主编《四川近现代人物传》第 1 辑,第 268—270 页;刘振尧:《"安澜"茶馆忆往》,冯至诚编《市民记忆中的老成都》,第 148 页。

[21] 抗战时期,贾树三疏散到老西门外的茶店子,不少观众跟到那里看他演出。见屈小强《竹琴绝技贾树三》,冯至诚编《市民记忆中的老成都》,第 153—155 页。

[22] 文闻子编:《四川风物志》,第 457 页;高焕儒:《从万里桥到望江楼》,冯至诚编《市民记忆中的老成都》,第 23 页;李思桢、马延森:《锦春楼"三绝"——贾瞎子、周麻子、司胖子》,成都市群众艺术馆编《成都掌故》,第 1 辑,第 378—383 页;周止颖:《新成都》,第 221 页;李英:《旧成都的茶馆》,《成都晚报》2002 年 4 月 7 日。胡琴也很流行,从俞子丹 1920 年代所画、由徐惟理附加说明的一幅图中,可以看到一对胡琴演唱者,男的弹琴,女的打响板和小鼓。一个"寿"字绣在男人闪亮的黑绸缎衣上,女的则坐在一张为老旦准备的老式椅子上,男女都唱戏曲选段。(Sewell, *The Dragon's Backbone: Portraits of Chengdu People in the 1920's*, pp. 140-141)清音一般由年轻妇女演唱,能够吸引更多观众。那些高级茶馆一般招聘名演员,而一般艺人则在那些街面的低等茶馆里演出,穷人站在外面观看。(车辐:《周连长茶馆与李月秋》,《龙门阵》1995 年第 2 期[总第 86 期],第 1—6 页;《锦城旧事》)在抗战时期,八岁红与她母亲孙大玉每天在新世界和纯溪花园演出,观众甚多,每个观众付若干元。(周止颖:《新成都》,第 224 页)一些没有演出的茶馆仍然会设法提供娱乐,如静安茶社放置一架留声机,反复播放幽默的川戏段子,特别是那些关于日常生活令人忍俊不禁的笑话。如有一段叫《王大娘补缸》,说的是一个单身汉工匠为王大娘补缸,王大娘拿他取笑,其中最著名的几句是:"叫你补缸你就补,不要看到姑娘就心慌;你补好老娘的缸,老娘帮你找婆娘。"(李英:《旧成都的茶馆》,《成都晚报》2002 年 4 月 7 日)精英改良者认为这类主题和笑话内容、语言都不雅,对民众

有消极影响。

[23]《成都市政府工商档案》：38-11-950。

[24]《国民公报》1922年4月15日。

[25] 这些剧目可以从地方报纸的广告得知，广告还提供了关于剧名、演出时间，有时乃至故事梗概、票价、布景等信息。另外，地方报纸有时还发表对戏或名角表演的评论，由此我们也可以了解观众对剧情和表演的反应。

[26]《通俗日报》1910年4月29日。当然其他表演也在控制之列，如晚清在制定第一个关于茶馆的规章时，便规定了讲评书所允许的内容。（《四川通省警察章程》[1903年]，《巡警部档案》：1501-179）违反者将受到惩罚，例如1910年3月一个晚上，在悦来茶园的一场演出中，两个演员被指控为"种种丑态，有关风俗"而被捕。见《通俗日报》1910年3月22日。

[27]《通俗日报》1909年7月27日。

[28]《通俗日报》1910年4月12日。文中"像姑"，有时也写为"相姑"，指男同性恋者。

[29] 傅崇矩：《成都通览》上册，第279—282页。

[30] 四川省川剧艺术研究院等编：《川剧剧目词典》，第379页。

[31]《国民公报》1916年3月29日；林孔翼编：《成都竹枝词》，第106页。

[32]《国民公报》1914年4月20日、6月1日。

[33]《国民公报》1917年6月2日。

[34]《成都省会警察局档案》：93-6-2718。警察在戏曲改良中扮演着重要角色，例如1914年警察厅颁布命令："戏曲改良，本以补助社会教育，感化人心为主旨。"警察认为戏园上演新戏有助于营造良好的社会环境，按照警察的说法，改良戏能吸引更多观众，戏园也有更多的赢利。但是，也有戏园"妄自编纂恶劣戏，若不严行检查，实于改良之旨，大相违背"。因此，警察命令各分所严密监视各戏园，演出没

有违规方可继续,但新戏都必须得到警察审查通过才能上演,违者将被处罚。见《国民公报》1914年9月18日。

[35] 在一个广告中,万春白天有8出、晚上有7出戏上演。品香白天晚上共有10出戏上演。见《国民公报》1912年10月31日、1913年3月27日。

[36] 《通俗日报》1909年3月31日、5月5日、6月15日、7月11日及16日、9月18日及26日。

[37] 《国民公报》1912年4月26日。关于当时该戏演出的更多信息见 Wang, *Street Culture in Chengdu: Public Space, Urban Commoners, and Local Politics in Chengdu, 1870-1930*, p. 234。

[38] 《国民公报》1912年5月22日、1929年1月20日。

[39] 《国民公报》1917年4月16日。

[40] 谭清泉:《康子林》,任一民主编《四川近现代人物传》第1辑,第255页。

[41] 三庆会建于1911年,为成都最有影响之戏班,20世纪上半叶的许多著名演员产生于此,如康子林、周慕莲、司徒惠聪等。其成立缘起于1911年成都惨案后,政府禁止各类演出,为了谋生,康子林、杨素兰等著名演员联合7个戏班组织三庆会,该会包括了5类表演,即昆腔、高腔、胡琴、弹戏、灯戏,集合180多个演员。周慕莲1920年入会,有许多机会与一些喜欢戏曲和创作的著名文人交往,经常听他们关于戏曲和文学的讨论,"增长古典文学知识,提高文化素养",提高了自己的表演艺术水平。周为旦角演员,被其家族视为"伤风败俗,玷污门庭",他的名字甚至被从祠堂中除去,其收养的儿子在学校也只得用假名,以免遭同学嘲笑。这种艺人和文人的关系很值得注意。事实上,即使当时社会对艺人很鄙视,艺人基本都来自下层,但一些高官、权贵、文人与艺人来往则是司空见惯。而且许多上层喜欢地方戏,有时甚至自己客串角色。司徒惠聪原在一个铺子学徒,父亲病后加入三庆会,一直无机会演主角,1944年,作为替代演员演《八

阵图》，由于太紧张而唱砸了，观众把他哄下台。见谭清泉《康子林》、朱龙渊《周慕莲》及陈稻心、刘少匆《司徒惠聪》，任一民主编《四川近现代人物传》第 1 辑，第 255 页；第 3 辑，第 303—304、306—308 页。

[42] 黄的有些戏也涉及现实问题。如他写了《断双枪》揭露鸦片的危害，写了《邺水投巫》批评迷信，写了《凌云步》提倡天足。见谭清泉《黄吉安》，任一民主编《四川近现代人物传》第 1 辑，第 251 页。

[43] 周止颖、高思伯：《成都的早期话剧活动》，《四川文史资料选辑》第 36 辑，1987 年，第 55 页。

[44] 《成都省会警察局档案》：93-6-964。这里所谓的"捐献"实际是强制性的。

[45] 《成都快报》1931 年 10 月 22 日。

[46] Wang, *Street Culture in Chengdu: Public Space, Urban Commoners, and Local Politics in Chengdu, 1870-1930*, chap. 7.

[47] 《成都市文化局档案》：124-2-1；《国民公报》1917 年 3 月 31 日；《通俗日报》1910 年 2 月 20 日。

[48] 《吴虞日记》上册，第 195—196 页；《国民公报》1912 年 7 月 19 日、1913 年 4 月 10 日、1917 年 4 月 12 日。

[49] 《通俗日报》1909 年 6 月 17 日、12 月 15 日，1910 年 3 月 28 日；《成都市政府工商档案》：38-11-950。

[50] 《成都市文化局档案》：124-2-1。

[51] 悦来为成都最著名的戏园，可能其雇员受教育程度要高一些。

[52] 《成都市文化局档案》：124-2-1。

[53] 《通俗日报》1909 年 10 月 19 日；《国民公报》1931 年 3 月 1 日。

[54] 《通俗日报》1909 年 9 月 1 日。

[55] Zhang, *Cinema and Urban Culture in Shanghai, 1922-1943*, p. 32. 关于中国电影院、电影与城市文化，见 Zhang ed., *The City in Modern Chinese Literature and Film: Configurations of Space, Time, and*

Gender; Zhang ed., *Cinema and Urban Culture in Shanghai, 1922-1943*; Donald, *Public Secrets, Public Spaces: Cinema and Civility in China*。在电影进入中国之前,"茶馆作为传统灯影戏演出地"。到1930年代初,电影仍然称"影戏",后来才逐渐称"电影",反映了传统娱乐形式与西方新式娱乐间的联系。见 Zhang, "Teahouse, Shadowplay, Bricolage: 'Laborer's Love' and the Question of Early Chinese Cinema." in Zhang ed., *Cinema and Urban Culture in Shanghai, 1922-1943*, pp. 32-34。

[56]《通俗日报》1909年7月27日。

[57]《成都省会警察局档案》:93-6-2723。

[58]《成都省会警察局档案》:93-6-1176。

[59] 刘请求省城警察厅降低为修少城街道附加的2000文"警捐",但是被拒绝。警察厅称各茶馆演电影应该同演戏一样缴税。(《成都省会警察局档案》:93-6-964) 在1920—1930年代,大多数电影仍设在茶馆里,如智育电影院便在群仙茶园中,由茶园股东所有。

[60]《国民公报》1927年10月4日、1930年1月16日。1927年智育电影院的票价是:特别座0.50银元,家庭座2800文,普通座1400文,儿童1000文,妇女(楼厢)1000文,仆人600文。见《国民公报》1927年10月4日。

[61] 景朝阳:《旧电影院逸闻》,冯至诚编《市民记忆中的老成都》,第168—169页。

[62]《国民公报》1916年12月26日。演出还吸引了许多小孩,他们每天独自去看戏。一天晚上,一个园丁试图强奸一个去万春茶园看戏的13岁女孩,该女"大声呼喊,被守园卫队查觉"。见《国民公报》1930年5月15日。

[63]《成都省会警察局档案》:93-6-964;《新新新闻》1933年10月29日。

[64]《国民公报》1929年5月21日。这篇文章发表后,万春茶园的生意更

加兴隆。几天之后,文章作者再次光临,早上9点到时,发现前四排座位已经坐满。见《国民公报》1929年5月26日。

[65]《成都省会警察局档案》:93-6-739-1、93-6-964。有的茶园则派更多警察,例如1920年,长乐班在万春茶园演出,警方要求派4个警员,其制服费按每天1.1元收取。当共和堂在同一茶馆演出时,则派8个警员,茶馆不得不付每个警员8元的制服费。见《成都省会警察局档案》:93-6-964。

[66] 王泽华、王鹤:《民国时期的老成都》,第129页;海粟:《茶铺众生相》,冯至诚编《市民记忆中的老成都》,第143页。

[67]《成都快报》1938年5月24日。

[68]《成都省会警察局档案》:93-6-2718。如1914年大观茶园因为演"淫戏"《忠孝图》被惩罚关闭一天。见《国民公报》1914年2月1日。

[69]《成都省会警察局档案》:93-6-2718。

[70] 这些被禁戏目包括《拾玉镯》《打杠子》《大翠屏山》《小上坟》《卖胭脂》《战沙滩》《遗翠花》《偷诗射雕》《打鱼收子》《小放牛》等。

[71]《成都省会警察局档案》:93-6-2718。例如《拾玉镯》为明代故事,讲的是一个书生路过看见一个姑娘在她屋前绣花,两人一见钟情。书生故意把他的玉镯掉落,作为定情之物。《卖胭脂》讲的是一个书生爱上了卖胭脂为生的姑娘,便以买胭脂为名同她接近,表达爱慕之情。见四川省川剧艺术研究院等编《川剧剧目词典》,第572、693页。

[72]《成都省会警察局档案》:93-6-2718。

[73]《成都省会警察局档案》:93-6-2718。关于辛亥年的兵变,见 Wang, *Street Culture in Chengdu: Public Space, Urban Commoners, and Local Politics in Chengdu, 1870-1930*, pp. 228-229.

[74]《国民公报》1916年12月26日。为了维护戏园秩序,警察还为此多雇警员。1917年,警察禁止顾客带演员到花会的茶馆和酒馆。1920年代,每晚少城公园外面的茶馆说相声,警察以"淫声秽语"为由,

将其禁止。见《国民公报》1917年3月13日、1921年12月10日。

[75]《成都快报》1932年4月30日;《成都市市政公报》第40期,1932年。

[76] 改良和控制大众娱乐实际上也是一个普遍倾向。见 Wakeman, "Licensing Leisure: The Chinese Nationalists' Attempt to Regulate Shanghai, 1927-1949." *Journal of Asian Studies* vol. 54, no. 1 (1995): 19-42; Goldstein, "From Teahouses to Playhouse: Theaters as Social Texts in Early-Twentieth-Century China." *Journal of Asian Studies* vol. 62, no. 3 (2003): 770-775。

[77]《成都市政府工商档案》: 38-11-950。

[78]《成都市政府工商档案》: 38-11-951。我没有找到有关最后结果的资料,不知道请求是否获准。不过,由南京国剧班提出的类似请求被批准,但被要求从三益公转到第一茶楼演出。

[79]《成都市政府工商档案》: 38-11-950。更多的此类请求被否决了,但成都西北面的仁义、群益、利军、清真等茶馆的类似请求被批准。1946年,由于担心"歹徒"与一般顾客混杂一起,警察下令暂时停止演出。负责此案的警察报告,各种演出包括口技、清音、竹琴等,每个班子仅有几个演员,依靠茶馆"藉以糊口",不会影响到公共秩序。他提出这些班子都须保证"不妨碍治安秩序",否则茶馆将会被关闭。不过,该警察向警察局报告,在这个地区的茶馆里也讲评书和清音,成为"浪人"的集中地,经常发生斗殴。这个地区有若干班子,包括良友竹琴社、清真口技、德祥清音社等,分别在仁义、群益、清真、利军演出。然而,仅清真口技的曾炳昆有执照,其他都是非法营业。因此,警察通知各班主停止演出。见《成都省会警察局档案》: 93-2-3282。

[80] 关于20世纪初成都大众文化与精英文化的冲突,见 Wang, *Street Culture in Chengdu: Public Space, Urban Commoners, and Local Politics in Chengdu, 1870-1930*, chap. 4。魏斐德(Frederic Wakeman)研究

了国民党对上海娱乐的控制。(Wakeman, "Licensing Leisure: The Chinese Nationalists' Attempt to Regulate Shanghai, 1927-1949." *Journal of Asian Studies* vol. 54 no. 1 [1995]: 19-42)事实上, 在其他国家, 娱乐也受到批评。自18世纪中期, 英格兰便经历了"当局日益加强的干预大众娱乐的努力"。见 Malcolmson, *Popular Recreations in English Society, 1700-1850*, p. 118。

第4章 群 体
——阶级与性别

茶铺,在成都人的生活上具有三种作用:一种是各业交易的市场。货色并不必拿去,只买主卖主走到茶铺里,自有当经纪的来同你们做买卖,说行市;这是有一定的街道,一定的茶铺,差不多还有一定的时间。这种茶铺的数目并不太多。一种是集会和评理的场所。不管是固定的神会、善会,或是几个人几十个人要商量什么好事或歹事的临时约会,大抵都约在一家茶铺里,可以彰明较著地讨论、商议、乃至争执……另一种是普遍地作为中等以下人家的客厅或休息室。不过只限于男性使用,坤道人家也进了茶铺,那与钻烟馆的一样,必不是好货;除非只是去买开水端泡茶的,则不说了……

——李劼人[1]

作为一个成都本土作家,李劼人十分了解成都,他发现茶馆不仅是一个放松和娱乐之地,而且是具有市场、聚会、客厅等多功能的公共场所。茶馆为其他小生意提供空间,买卖双方都得到了方便。在一个茶馆里,如果一个商人一桩买卖没有谈成,他可以很容易找到下一个买主。如果他想得到有关市场、运输、政策、价格、利息、利润、税务等方面的信息，他首先去的就是茶馆。一些行业和行会经营的茶馆，为同行的生意和聚会提供贸易场所，成了名副其实的市场。

本章将考察来自各行各业、各个社会集团的人们怎样使用茶馆，展示茶馆以何种方式与社会群体的公共生活联系在一起，证明作为社区中心的茶馆推进了邻里认同和社区生活。茶馆是一个聚会的理想地方，对各个社会阶层、集团和组织开放。很多人没有更合适的聚会场所，用茶馆作为碰头处；茶馆可以为一个社会组织或行业团体的成员解决找聚会场所的麻烦，他们不用花时间每次去预订一个场地、付租金、雇人烧水备茶等。他们所需要做的不过是到聚会的茶馆去，甚至不必准时，先到者可以不慌不忙地在那里品茶聊天，等着会议开始。在茶馆中，性别总是一个敏感的问题，正如李劼人上面所说的，在晚清妇女是不能进入茶馆喝茶的，但随着社会对妇女公共角色态度的改变，茶馆开始接纳妇女，而且妇女在茶馆的出现还给茶馆带来了意想不到的生意。本章将讨论妇女进入茶馆的漫长和曲折的过程。

通过本章的研究，我们将发现社会组织在茶馆中以各种方式扮演着经济的、社会的、政治的等各种活跃的角色。作为一个微观世界，茶馆包含了各种社会因素。在这个有限的空间里，各种人在这里以个人或集体的身份进行活动，反映了城市社会生活的丰富和地方文化的力量。各种社会群体、集团和组织主导了茶馆生活，国家则力图对茶馆进行规范，对茶馆生活的各个方面发生着程度不同的影响。

商人和小贩

在清末的各种记载中,描述了茶馆作为市场和交易场所的功能。韩素音在其传教士家庭的家史中写道:"'来碗茶'的叫声不断地在茶馆里响起。"这种呼喊"便是洽谈生意、敬老、请求帮助、买卖土地或其他商品的开端,生意正式交易都是在茶馆或饭馆里进行的,因为家里不适合办理这类事务"。在成都的街头,地理学家 G. 哈巴德(George Hubbard)看到"商人忙着赶路,到店铺或茶馆里去见他们潜在的买主或卖主。到处能看到小贩,用特别的声调、哨子、小锣、响板招揽顾客"。[2]小贩和商人都在茶馆里做生意,虽然他们做生意的方式不一样。小贩直接在茶馆里卖商品,商人则一般只带几件样品,而不是把大宗商品搬到茶馆里。在交易做成以后,商品才会易手,一般是在四个城门(后来增加到七个)或码头附近的仓库里进行。所以人们普遍认为,"在成都这市面上,茶馆成了普遍的交易场所"。[3]

有人指出虽然"那些游手好闲,无所事是(事)人,一天到晚在茶馆里把时间打发",不过"他们这些人的数字,决不能比交涉事而吃茶的多"。[4]茶馆中"人群齐集",所以成为很方便的"货物交易之所",在那里"公私业务之谈判,各种行情调查,千头万绪,五花八门,往往一事涉及数人,一人兼治数事,一事几经磋商,一人数度往返,于茶馆中进行,可收事半功倍之效。人人可往,事事可往,时时可往,促膝倾谈,讨论物价,问题予以解决,贸易于以成交"。[5]一副对联描述了茶馆与商界的密切关系:"湖海客来谈贸易;缙绅人士话唐虞"。有资料称成都各行各业百分之七八十的人都在茶馆洽谈生意。[6]

一些行业有它们自己的茶馆,同行都在那里碰面。正如一份资料所称:"商人之茶馆,多以业而别,绸商有绸商茶馆,纱商有纱商茶馆,甚至车夫、旧货担、粪夫,也各有其茶馆。"有些人甚至说得更极端:"任何行业都脱离不了茶馆。"[7]这个说法可能有点夸张,但表明了茶馆对地方商业的重要性。一些行业不止一家茶馆,有的茶馆则同时为若干行业服务。例如,安乐寺茶社是经营西药、酱油、粮油、文具等商人的聚会处,悦来场的品香茶馆则为木材和建筑行业商人以及走私鸦片的袍哥所青睐,华华茶厅是茶叶和洋纱的交易处。一般来讲,商人喜欢去那些处于交通要道(例如在码头、城门)附近的茶馆,这样他们不用跑很远去做生意。还有,工匠、店员乐意到其会馆、工场、店铺附近的茶馆。在一些专业市场附近的茶馆也自然而然成为某行业的聚会地,例如,米商在东、西、南、北门的米市附近的茶馆做交易。饭馆和其他服务行业的工人散布全城,他们一般到商业密集地方的茶馆。虽然也有商人在下午和晚上做生意,但大多数交易上午8—11点之间在茶馆里完成。[8]

茶馆也是一个劳动力市场,许多劳工在那里待雇。一般来说,同一行业的工人聚在同一个茶馆里,雇主知道哪里最容易找到自己需要的工人。[9]许多自由劳动者、季节性工人、技术工匠,特别是那些来自农村的流动人口,在茶馆里等待雇主。如果某人需要雇一个木匠,他知道去哪个茶馆找。一般家庭需要有人修理房屋、搬重物,或婚丧需要帮手,也到茶馆里去请。一些工匠干脆用茶馆作为工作之地，修理鞋帽、扇子、雨伞等，茶馆老板和顾客对落在地上的纸屑、各种碎片和灰尘好像也并不很在意，因为他们给茶客的日常生活带来了许多方便。甚至有的茶客也把他们的活计带到茶馆，品茶时手也不闲着，这样休息生产两不误（见插图4-1）。[10]

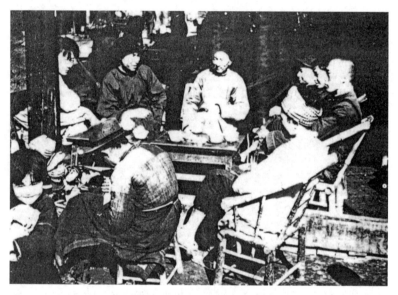

插图4-1 茶馆茶客和手工工匠

这是一张成都茶馆老照片，有男女老少若干人围着一张桌子聊天，一个穿破旧衣衫的工匠坐在旁边一张小矮凳上，没有喝茶和参与聊天，而是聚精会神地在做着什么事情，很可能是在补鞋。

资料来源：Brace, *Canadian School in West China*, p. 245。

对许多小贩来说，茶馆也是他们最基本的市场。茶馆老板一般并不拒绝小贩到茶馆卖东西，因为他们给顾客提供了很大方便，对茶馆的生意也有好处。如果堂倌忙不过来，小贩甚至帮助堂倌照顾下局面，也并不需要付工钱。茶馆中最多的是卖香烟和叶子卷烟的小贩,其次是卖糖果的,其他像卖刷子、扇子、草鞋、草帽等日常用品的也为数不少。这些小贩适应了顾客需要,因此对茶馆生意也有帮助。瑞典汉学家马悦然便在成都春熙路的一家茶楼上看到:"卖东西的小孩在茶馆里穿梭,他们卖花生、炒坚果、瓜子(黑瓜子,不大容易剥开)、棒棒糖等。一个人转来转去卖报纸,报纸很贵,我没有看到任何人买。每份报两角,相当于瑞典币的40分。另一个人转悠着卖一只钢笔,他把钢笔高高举过头顶。我先前在这个茶馆里看到过他,这只笔还没有卖出去!"[11]

小贩喜欢卖弄他们的技术,不仅招徕顾客,也提供了娱乐。例如,一个卖炒瓜子的姑娘很受顾客欢迎,因为她可以一把抓出顾客要求的瓜子分量。茶馆中卖小吃的小贩太多也会引起人们的不快,如有人写竹枝词抱怨道:"喊茶客尚未停声,食物围来一大群。最是讨厌声不断,纸烟瓜子落花生。"事实上,如果顾客饿了有东西吃,他们可以在茶馆里待更长的时间,用不着离开茶馆去填肚子。许多小商小贩,像卖肉的、卖小吃的、卖蔬菜的等,都与茶馆有很密切的关系,他们甚至可能入股茶馆,把他们的摊子摆在茶馆外面,招徕顾客。[12]因此,茶馆和小贩可以说是合伙人关系,符合互利的原则,既给茶客提供了很大的方便,亦促进了他们各自的生意。

公园茶馆也有许多小贩出没。1932年,政府禁止乞丐和小贩进入公园,说他们在公园茶馆里妨碍卫生,影响公共秩序。然而,这个禁令造成顾客的不方便,因为他们需要小贩提供各种小吃、玩具等。在经过茶馆和公园的请愿后,政府妥协,颁发"入园证",以限制小贩的人数,如将中山公园的小贩限制在 90 人,入园证每半年更换一次。但是 1937 年,政府以新生活运动促进会在茶馆组织公开演讲,需维持公共秩序为由,拒绝换证,使许多小贩生计受到影响。公园和小贩向政府请愿称:小贩"均系赤苦贫民",禁止他们入园,将断了他们的生计。[13]虽然此事的结局尚不清楚,在事实上要彻底破除小贩进园卖货这个传统,可以说几乎是不可能的。

在茶馆里还有不少其他行当与之有合作关系,包括热脸帕和水烟袋服务、手工匠、擦鞋、修脚、掏耳朵、理发、算命等各业。像堂倌一样,他们通过其独特的服务,与茶馆和茶客建立了一种特殊关系,而且成为茶馆文化和地方传统的组成部分。例如掏耳朵便很具地方特色,掏耳朵匠依靠茶馆招揽顾客,他们一手拿工具,一手拿一个可发出独特声音的金属夹子,吸引顾客注意,穿行在桌子间提供服务。有人诙谐地说,掏耳朵的人在表演一种艺术,使人们感到舒服,顾客则不在意他们的工具可能传播细菌。[14]他们的存在为茶馆生活增加了方便和更多的乐趣,但政府以妨碍卫生等各种理由进行限制(见插图 4-2)。

热脸帕服务在茶馆里很流行,顾客不仅可随时擦脸揩手,还可以早晚在那里洗脸洗脚。提供这项服务的人有特殊的技艺,在十分拥挤的茶馆里,能够扔毛巾给任何一个顾客,并从空中接住顾客扔回来的帕子,甚至能够同时接住几张从不同的方向扔过来的毛巾。他们有时还有意炫耀技术,用嘴去接,顾客看得高兴,也会给小费。[15]热脸帕的经营者不是茶馆雇员,他们必须付给茶馆一定的费用,以使用茶馆的空间和热水,当堂倌和瓮子房忙不

插图 4-2　鹤鸣茶馆里的掏耳朵师傅

资料来源：作者摄于 2003 年 6 月。

过来的时候，他们还要帮忙。许多茶客是附近商铺和手工工场的工人，他们大多不是成都人，来自外县甚至外省，过着独居的生活，由于居住环境简陋，茶馆便成了他们的"半个家"或者"临时旅店"。这些人清晨去那里喝早茶、洗脸，然后去工作；下了工回到茶馆，待到茶馆关门，在那里洗了脚才离开，一到家便直接上床。他们所谓的"家"，也不过就是一个晚上睡觉的地方。这部分人成为热脸帕最固定的客人，他们的需求为这个行业带来了繁荣。[16]

另一个茶馆里独特的行业是"装水烟"，又称"装水烟娃儿"，外国人称他们为"烟草贩"（tobacconists）。装水烟要用两个袋子，一个装烟，另一个装几根铜管和纸捻子。他们一般左手拿一个大铜水烟袋，右手拿一个燃着的捻子。水烟管很长，经常可达两米多，这样很容易把烟管伸到茶馆的另一边。如果烟管仍不够长，还可以将准备好的管子接起来，这样，即使是在热闹得水泄不通的茶馆，他们也可以为坐在远处的顾客提供服务。[17]这种服务方式的发展，说明茶馆非常拥挤，在那里谋生的人会想方设法来方便顾客，一些独特的服务方法和文化现象便应运而生。据王庆源对成都平原茶馆的调查发现，许多卖水烟者随着赶场期从一个场镇到另一个场镇，犹如施坚雅所描述的成都平原上流动的商贩。他们的主要顾客是赶场天买卖东西和休息的农民，花上一元钱可以吸上十几口烟。[18]

几乎每个茶馆都有算命先生，他们一般在特定的茶馆兜售"本领"。一个算命先生一旦树立了声望，便不愁没有客人。这样，算命先生也为茶馆带来了客源。如一个叫"神童子"的算命先生，经常出没在少城公园，他只要一到茶馆，人们便争先恐后地请他算命。甚至有小孩在茶馆算命，例如一个茶客在春熙路益园"独自品茗"，一个十一二岁的"拆字小孩"向他兜售"本领"，"算年灾月降"。这个顾客因此感慨"对比欧美一般十一二岁的孩童都要受国家强迫教育，可中国文盲的孩子大多数行江湖骗术"。[19]算命者以相面先生为多，即通过看相来算命，他们有着非凡的能力，给顾客提供乐观的答案。例如，如果客人是个瘸子，便称他"龙行虎步"，是有"官相"；如果客人脸上有麻子，就说"他的尊容上应星点，多一颗或少一颗都不成格局"，将保佑吉利。顾客对他们所说深信不疑,心情好了,还有了自信。有人对此冷嘲热讽,说政府应该请他们去进行战争动员,他们比政府的宣传还厉害。[20] 现代化和西化的精英批评人们"迷信",但有意思的是,也有人从不同的角度看这个问题。例如上文作者没有指责算命先生"欺骗",反而赞赏他们的灵活和睿智的语言,并借这个事例来讥讽政府的宣传(见插图4-3、4-4)。

人以群分

除了经济功能,茶馆还作为各种社会组织及社会团体的总部或聚会地,扮演着更重要的社会角色。正如有评论所说:"所以在不知不觉当中,是那一样的茶客,也就常常上那一家茶馆,这是非常自然而确切的事实。"[21] 许多社会组织既无经费又无会址,便把茶馆作为聚会地。它们一般在茶馆门前挂一个牌子,上书组织的名称。[22] 它们还利用茶馆进行集资和其他活动,如民国初年建平社在万春茶园成立,演出新剧,政府以其提供"社会教育"而允许只付一半租金。中国红十字会华阳分会筹集资金建立医院,也得到允许使用万春茶园,免交两个月租金,之后租金只需付一半。[23] 1920年代末岷江大学采用同样的办法集资修建校舍,在悦来茶园举行三天"游艺会"。节目包括著名戏曲《卓文君》《山河泪》等,还有音乐、舞蹈和绘画展览。[24]

一些社会团体则有自己的茶馆。例如,1921年,一些地方精英自称"旧学老成",对"近来民气嚣张,人心狡诈"不满,还指出灾害迭出也与之有关,试图通过演讲儒家经典这个"救世

插图 4-3 盲人算命先生

资料来源：照片由传教士 H. 侬利罗特于 1906 年至 1907 年间在成都拍摄。照片由他女儿 J. 约翰逊女士提供，使用得到约翰逊女士授权。

插图 4-4 茶馆里的算命摊子

这是一个号称"祖传三代"的"女神算"摆的摊子，自称"麻衣神算，四柱预测，婚姻求财，升官晋级，运行方位，择时定日"。

资料来源：作者摄于 2003 年 6 月。

良药"来"救正人心，挽回天意"。他们以三道会馆为总部，组织武圣讲演会，还得到地方士绅和商人的捐款。武圣讲演会在总部开办了一家茶馆，称"武圣演讲会茶社"，引起社会关注。许多精英相信，"当此异说纷腾，尤不可不使大义微言，昭垂宇宙"，希望讲演会成为"拯救"世风的榜样。为免受地痞骚扰，讲演会试图得到政府的支持，要求警察给予免税的待遇。省会军事警察厅发布告示称：

> 武圣演讲设会，按日宣讲格言。
> 呈准本厅立案，藉以启迪愚顽。
> 凡尔听讲人等，不得滋扰喧闹。
> 特出此示保护，其各一体凛遵。[25]

有趣的是，似乎警察也为适应所谓"旧学"，以韵言发布告示。应该注意到，这正是新文化运动的高潮时期，一些"旧"文人竭力以传统去抵制"新"知识分子对中国传统的攻击，防止西方文化的渗入。参照第3章关于戏曲改良的讨论，我们可以看到茶馆实际上成为"新""旧"之争的战场。

尽管成都茶馆有很强的包容性，但仍然反映了"人以群分"这个普遍规律。如在一个公园里的茶客，"天然地分出了界限：坐荷花池一带是做买卖的小商人，梅花庵、湖心亭那儿的是阔少和内眷喝茶的地方，琴鹤轩是机关职员、县中名士、知识阶层茶会之所。没有人规定，自然而然，天然形成的。"[26]从外地来的学生组成同乡会，也在茶馆聚会。抗战时期大量难民来到成都，同乡活动更为频繁。例如，四川大学的学生喜欢在东门的四维茶社聚会，华西大学和金陵大学的学生到小天竺茶社。中学生则去更小更简陋的茶馆，像石灰街和华西坝的"野店"。1949年，四川大学的教授因为低薪和生活艰难罢课，据地方报纸报道，许多学生便到枕流茶社去混时间，而这个茶馆过去是来自外地的富家中学生的聚会地。[27]1949年10月瑞典汉学家马悦然在春熙路的一间茶楼上，留下下面一段录音采访："我现在要问一个顾客为什么到这儿来，多久来一次：'请问先生，你天天到这里来？''我是一个学生，我们同学有时在星期天来……'他告诉我他是一个学生——我想是城里的某个大学的大学生，他说他没有那么多钱经常来，但有时同朋友一起来聊天。"[28]

作家、学者和其他知识分子也有他们喜爱的茶馆，如商业场的二泉茶楼及少城公园的浓荫、绿天、鹤鸣等茶馆。浓荫茶社安静，人们爱去那里下棋，所以又有"棋艺茶社"之称。学校校长和老师爱去鹤鸣茶社，在每年农历六月和腊月，教师去那里找工作、续聘书，由于教职竞争激烈，所以有"六腊之战"的说法（见插图4-5）。[29]何满子回忆当年为成都报纸编文艺副刊时，总是在茶馆与作者见面，既节约时间又省了邮资。电影明星一般在三益公吃茶，而记者则到濯江茶馆，小花园茶社和三益公都是川剧艺人的聚会地，京戏演员到第一茶楼，但是票友则在走马街的祥光茶馆碰头。茶馆还有族群的分野，穆斯林到他们街区附近的茶馆，如贡院街的吟啸楼、东御街的东坡亭、三桥南街的荣乐轩等。[30]

插图 4-5　鹤鸣茶馆的入口处

现在鹤鸣茶馆仍然存在，每天顾客盈门，是人们休闲的好去处。

资料来源：作者摄于 2002 年夏。

茶馆里自然形成的职业、身份、阶层、地域、社区、邻里等分野，在我看来并非是茶馆的排他性使然，反而显示了茶馆的包容性，也即是说可以以类似的设施为各种人、各种目的服务。其实，在任何社会中，都是"人以群分"，事实上也不存在所谓对任何人都有同样感觉或享有同样权利的公共空间。相同的职业、身份、阶层、地域、社区、邻里等人在一起更有认同感，人们更感觉放松，有更多共同语言和共同兴趣。其实任何一个不在乎这些畛域的人，可以很容易地打破这些界限，到任何他们愿意去的茶馆，茶馆一般也不会把他们拒之门外。

阶级畛域

韩素音在她的传教士家庭史中描写道:"铜壶冒着蒸汽,漆得光亮的桌上,放着花瓷茶碗,人们坐在竹椅上,茶房把绣花坐垫拍得松软。乞丐拖着痛苦的腔调,人们的交谈淹没在悲伤的小曲中,枯瘦的小孩在桌子边翻筋斗,他们的手撑在两脚中间,茶房赶他们走,但就像驱散的苍蝇,他们马上又回来,饥肠辘辘,像狗一样在地上寻食。"[31]韩素音把乞丐在茶馆乞讨的可怜处境描写得形象生动。

人们可以看到不同阶级的人在成都茶馆自由地共同使用公共空间,因此有人相信,成都茶馆的"优点"之一是"相对的平等"。的确,茶馆可以包容"有闲阶级"和"有忙阶级",正如第2、第3章和本章所提到的,各种人物在那里会友、做生意、闲聊、休息、打望行人、娱乐等。实际上茶馆并非人们想象的那样平等,如果我们仔细考察,便可以看到阶级分野,即使它们不像在其他地区的茶馆那么明显。按照胡天在其《成都导游》中的说法,有的茶馆是根据顾客的社会身份来划分的。《新成都》的作者周止颖也指出,如少城公园的茶馆、春熙路的正娱花园等上等茶馆,地板整洁,桌子干净,空气新鲜,"来往的人也比较上流"。而那些在"冷街僻巷"的茶馆,则"形式简陋,多临街觅一铺户营业,排列矮椅矮桌,专供一般推车抬轿,劳动阶级者"(见插图4-6)。当然也有接待"贤愚不等"、包容各色人等的茶馆。[32]地方报纸的一篇文章进一步肯定了阶级分野的存在,称简

插图 4-6 一家城郊的简陋茶馆

资料来源：作者摄于 2003 年 6 月。

陋的茶馆为下层人开办，一般坐落在贫困区，远离主街，只有几百元的资本，十几张桌子，几十把竹椅。相反，在商业区和风景区的茶馆则主要服务于中产和中产以上的客人，这些茶馆资金雄厚，可达三四千元到两万元，有经济实力购置高档器具，店面装饰讲究，铺玻璃板的桌面，舒服的马扎椅，茶碗一般都是景德镇的瓷器。[33]

1940 年代，茶社业公会把全市 618 家茶馆分为四等，甲等 33 家，乙等 348 家，丙等 150 家，丁等 87 家。由此可见，乙等茶馆占一半以上，如果加上丙等，占茶馆总数的 81%（498 家）。这些数字显示，最高档和最低档的茶馆在总数中只占小部分，而中等茶馆服务范围宽泛，可任意上下延伸，为各阶层服务，这可能也是人们之所以不容易看到成都茶馆阶级畛域的原因。甲等茶馆一般在公园和繁荣区，例如仅少城公园，甲等茶馆便有 6 家，中山公园3家，春熙路、总府街、商业场一带有10家（见地图2）。我们不清楚茶馆等级是怎样划分的，不过，1940年茶社业公会会员名单列有各茶馆的资本额，对其进行比较，我们可以发现资本应该是标准之一。上述33家甲等茶馆，有15家在这个名单上。这15家中，7家有1000元或以上（最高2500元）的资本，其余是400—800元。这15家茶馆的总资本是17200元，平均1100多元（见附表4《1940年代成都甲等茶馆统计》）。在少城公园，两家甲等茶馆枕流和鹤鸣分别达2000元和2500元资金，而大多数茶馆的资金仅为300—500元。[34]

这些数字说明，尽管资本是因素之一，但可能不是唯一因素，其他像雇用工人数、桌椅数、销售和付税等也可能在考虑的范围之内。有资料显示茶馆的设施也是重要考量之一，如1945年11月评定茶价时，把茶馆分为三等。甲等的标准是："电器优良，座位舒适，设备完善"，包括少城公园内5个茶社，长顺街梁园，中山公园各茶社，祠堂街华记茶社，三益公、益智、新世界、二泉、华华茶厅、锦春等27家；乙等则"电器稍弱，座位设备较次者"，有东大街沁园等四百余家；丙等却是"街道偏僻，设备欠佳者"，有百余家。[35]茶社业公会1949年将其659家成员划分为三等，甲等39家，乙等399家，丙等221家，其划分标准不甚清楚，很有可能是根据经营规模来定的，因为最大最著名的茶馆都被列为甲等。[36]

茶馆的阶级分野也可以从一些回忆录、游记及其他文学作品中看到。在关于清末成都的小说《暴风雨前》中，李劼人描述几位上流人士去同春茶楼喝茶，发现在雅座里茶要贵得多，他们坐的一个大圆桌铺有桌布，放有花瓶。当易君左1930年代第一次到成都时，他去著名的二泉茶楼，泡一碗茉莉花茶，发现那里的客人都是衣冠楚楚。海粟也回忆说，虽然成都有许多茶馆，但"茶客却是各就各位，各得其所的。有的大茶铺平民百姓从不跨进去，而更多的小茶铺某些人则不屑一顾"。[37]在民国成都，大茶馆一般为高档，小茶馆则多为下等。即使在同一个茶馆里，也可以分出高下来，如有些茶馆提供"雅座"，有自己的私人空间，或用屏风、帘子等与普通座隔开。由于茶馆能够对不同顾客提供不同的服务，所以它们看起来比较"公平"，实际上则最大限度地扩大了生意范围。

有的文人怀着优越感，认为茶馆中人以群分是天经地义的，如一个作者写他在一个公园的茶馆里喝茶，觉得"不三不四的人，是不能让他闯进这园子里来"。[38]有人描写了自己在茶馆的经历，对堂倌以貌取人很不满：他有次穿短衣到悦来茶园看戏，堂倌并不向他打招呼。他低声下气地问是否还有票，堂倌从头到脚把他打量一番，回答说票已售完。然而，这时一些穿长衫的人来到，还有打扮入时的太太陪同，进入茶馆直接便去了前排最贵的座位，堂倌赶忙上去打招呼，并从兜里掏出票来。[39]在当时的成都，有点身份的人都穿长衫，劳工则着短衣，该文作者因为穿短衣，便受到堂倌的怠慢，这个事例从一个侧面证明茶馆中阶级或身份分野的存在。

茶客的经济状况也反映在他们的行为举止上。当经济窘困时，他们尽量少花钱。一次，一个人显得很有"派头"，为他人买了8碗茶，他的出手不凡使大家刮目相看，大多数人虽然也好面子,但并不敢轻易有如此做派。舒新城1925年到成都时,发现成都茶馆不仅数量多,而且规模大。小茶馆也有三四间屋,而大者可达十几间屋的程度,能同时接待几百人。那里的顾客都穿戴整齐,多是中年以上的长衫族,看来都是中上阶层,舒还看到几个打扮时髦的太太。所以舒猜想,"他们大概在生活上是不生(成)什么问题的,既非求学之年,又无一定之业,于是乃以茶馆为其消磨岁月之地"。[40]我相信舒新城所见者,多是在那些主要街道上比较有档次的茶馆,他可能没有机会光顾穷街陋巷的小茶馆。不过,舒氏对成都茶客的描写却是十分生动的:"座位定后便有侍者照料茶食",据他观察,顾客在"茶食"上有上下之分。上等则"饮于斯食于斯,且寝于斯",行为也较有"档次",在吃饱喝足后,他们不是"购阅报纸,讨论天下大事",就是"吟咏风月,诵述人间韵事"。当然也并不掩饰其纨绔秉性,不是"注目异性",一饱眼福,就是"研究偷香方法",以便来日风流。这些人在混了大半天后,如果感到疲倦,"乃颓然卧倒竹椅之上,使一切希望都在南柯中一一实现"。(见插图4-7)等他们从梦中苏醒,已近傍晚,舒新城谑称他们是"此日之日课已毕",才回家吃晚饭。但晚饭后,他们也并不待在家里,而是去戏园"上夜课"。而经济拮据的茶客则有所不同,由于"受经济之限制",他们一般"只饮不食,寝而不处",但坐的功夫非常了得,"一坐亦可数小时而至假寐"。舒新城发现,南京比成都的茶馆要少得多,而且基本上都是为中下阶层服务的,他们一般是上午去茶馆喝茶。[41]舒的观察显示,在成都,坐茶馆并非是某一个阶级的生活习惯,而是各阶层的一种普遍行为。

插图 4-7　睡觉的茶客

资料来源：作者 2019 年夏摄于大慈寺茶馆。

衣着有时固然可以显示茶客所处经济地位，但瑞典汉学家马悦然却发现，他们所抽的烟比衣着更能透露其身份：

> 大多数茶客穿着长衫，像睡衣的样式，从傍边扣扣子，很多人穿裤子、短衣、鞋，但也有若干人穿西服。很难根据他们的穿着去对他们进行划分，有人按照他们吸的烟来判定。老人总是吸水烟，一只金属管，一个装水的容器。用这个吸烟不很方便，先把叶烟填进去，叭几口，把烟吐出来，然后清烟灰，又填叶烟进去，又吸、吐、清理，反反复复。年轻人喜欢吸纸烟。有钱的人吸一种在香港或上海生产的英国牌子，经济拮据者或穷人则抽质量不怎么样的国产烟。叶烟的质量还可以，那些搬运工、穷苦力吸黑色的中国叶烟，他们把叶烟卷成像雪茄一样。[42]

许多小茶馆主要为下层阶级服务，它们一般都在僻街小巷。好地段的茶馆要付比较高的租金，许多小本生意只能找便宜的地方。例如，一家茶馆干脆就开在城隍庙的戏台上（见插图2-4）。[43]我们可以想象，能够忍受如此简陋和嘈杂环境的顾客，显然不会是衣冠楚楚有身份者。在僻静街巷的茶馆都很简陋，不过是一间朝街的屋子，有几张矮桌和凳子。它们主要是为那些车夫、轿夫或其他劳动者服务的。虽然这些小茶馆不如那些繁华区的大茶馆利润丰厚，但也基本可以维持。下层人在这些地方与同类人在一起会感到自在得多。如辛亥革命后，半边街和烟袋巷一带小作坊的织工都到这些小茶馆；1920年代，陕西街、君平街、汪家拐等成为织工的集中地，附近茶馆的客人几乎都是这些作坊里的工匠。走街串巷的小贩除了到茶馆揽生意，在走累了渴了的时候，也到这些茶馆歇歇气。当穷人失业时，茶馆更是他们唯一打发时间、调整心态、进行短暂休息的地方。《新成都》作者虽然抱怨人们在茶馆里浪费时间，但是也承认劳动阶级"终日忙碌"，不工作时茶馆便是"唯一消遣场合"，可以"调节身心，修养体力"，所以"对此劳动者，倒也未可菲薄耶"。[44]而且，正如前面所讨论过的，许多劳工通过茶馆找工作，对他们来说，茶馆不仅是一个休闲处，而且是谋生地。

茶馆总是很热闹，乞丐在那里也经常出没，使我们从另一个角度看到茶馆里的阶级畛域。茶馆乞讨有多种手段，一个通常的方法是"卖凉风"，即在夏天为顾客打扇，顾客舒服高兴了，就会赏几个小钱。有的乞丐则不说话，只是把手伸着，有的却跪在地下乞求，更多的乞丐在茶馆唱莲花闹、打竹板等，以娱乐求得赏钱。[45]1944年有人写了一篇题为《茶馆观丐》的文章,总结茶馆乞讨的几个方式,即"强迫式""哀求式""不语式"等。不过,他描写了一个印象最深的老乞丐是"滑稽扯谎式":那乞丐说,"先生!我是唱书的,嗓子哑了,所以才讨钱,这是第一天,经理!"这个乞丐很聪明地叫每一个人"经理",这样保证不会得罪人,哪怕那人不是经理,也无伤和气。他说:"经理!你做这样大的事,还在乎这几块钱?"他还明显故意扯谎:"我从来不乱要钱,那回你在颐园,正娱花园,我都没有向你要过啊!"[46]作者很佩服那乞丐的睿智,虽然他是在扯显而易见的谎,但拍人马屁不露声色,可以使人感到很受用。在这个例子中,乞丐暗示所乞讨的对象是上等社会中人,因为宣称先前在高档的颐园和正娱花园见过他。即使那乞丐是在胡诌,也绝不会因此得罪那个茶客。[47]

乞丐的存在,固然是茶馆里阶级分野的反映,但从另一个角度观之,也显示了成都茶馆的包容性。堂倌和经理不是把他们蛮横地赶出去,而是让这些不幸的人有一个乞讨之地,特别是在冬天,这些饥寒交迫的人哪怕在茶馆里乞讨不到什么,至少也可以稍微得到一点室内的温暖。

性别歧视

在中国不同的区域,人们对妇女公共角色的态度亦有不同。[48]妇女在成都与在沿海地区有不同经历,在沿海城市,对妇女的限制较成都要少得多。例如19世纪60—70年代的北京,

"妇女外出游观,出入于以往只有男子才能光顾的茶馆、戏园、烟馆等公共消闲娱乐场所的风气越来越盛"。[49] 在成都,直到晚清新政时期和 1902 年警察出现后,社会习俗仍限制妇女到茶馆吃茶。即使是在晚清城市改良的浪潮下,新规则仍然要求"良家妇女"远离茶馆。当然,妇女也并非完全被排斥在茶馆之外,她们可以到茶馆买开水热水,或者去那里炖肉熬药。年纪大的妇女限制较少,社会对未婚妇女或少妇的公共角色更为关注。另外,人们对中产或中产以上家庭妇女的抛头露面更感兴趣,下层妇女有更多机会出现在街头,人们已见惯不惊。[50]

1906 年,可园成为第一家允许妇女进入的茶馆,这引来了众多的好奇者,他们在茶馆门口引颈围观衣着光鲜的富家女子,由于过分拥挤影响了交通和公共秩序,结果不久警察便禁止了妇女入园看戏。虽然悦来茶园允许妇女进入,但使用不同的进出口,而且座位男女分开,男在堂厢,女在楼上,前面还拉上帘子,但帘子上晃动着的女人风姿绰约的影子仍然引起楼下男人的无限遐想。[51] 可园和悦来都是改良茶馆,但主要是为中产及以上阶层服务。妇女能够进入茶馆,是成都文化发展的一个重要里程碑。开始时,进入茶馆的妇女需要有极大的勇气面对人们的闲言碎语和好奇的目光,到辛亥革命时,精英妇女到茶馆看戏已不足为奇。在《大波》中,李劼人描述受过良好教育的年轻主人公楚用与一个地方士绅的妻子去悦来茶园的情形:

> 那天,是楚用特邀约她到悦来戏园看京戏。演戏当中,楚用在男宾堂座内写了一张字条,叫服务的幼童送到女宾楼座上给她,蚕豆大的楷字,写得一笔不苟:请她不要吃点

心,散戏后他在梓潼桥西街女宾出口处等她,一同到劝业场前场门口去吃水饺。因为她从楼栏边向着楚用微笑点头,表示同意,还引起堂座中好多男宾的注目;并引起服务女宾的一个老妈子的误会,故意来献殷勤,问她要不要给楚用送个纪念东西去;甚至引经据典地讲出某知府大人的姨太太、某知县大老爷的小姐、某女学堂的几个女学生都是在这里搭上了男朋友,都是她同某一个幼僮传书递柬送纪念品的。黄太太当时又好气又好笑,还故意给那老妈子开个顽笑,凑着她耳朵说:"那个小伙儿早就是我的朋友了,我们的交情正酽哩!等我要厌烦了,二天要另找新朋友时,再请你拉皮条,只要服伺得这些太太们喜欢,锭把银子的赏号不在乎的!"还逗得那坏东西连屁股上都是笑。[52]

虽然这只是一个小说的情节,但提供了辛亥革命前夜日常生活的生动场景,我们看到了人们在茶馆中有怎样的行为。这个情节发生在楚用与黄太太有染之前。他们是亲戚,所以一起去茶馆戏园并无什么不妥。尽管他们坐在不同的区域,但男女仍然可以相互看见,还可以通过茶馆雇工进行联系。这个描述显示,茶馆戏园成为精英男女社交的场所,看戏、喝茶、品尝小吃等。悦来茶园的位置非常好,离晚清开办的新商业中心劝业场很近,在演出之后,人们可以很容易地继续进行他们的夜生活。茶馆成为两性间社交的极好场所,李劼人描写的这个场景显示,茶馆工人可能为那些"茶馆恋人"充当中介,对这种现象进行描述者不乏其人,也引起了社会关注。一篇文章描述茶馆怎样成为"皮条客"和"露水夫妻"的天地,文章抱怨:"许多有为的男青年,都被他们引入歧途，陷落火坑。"[53] 显然，作者认为男女在公共场所的交往是罪恶的，因而持全然否定的态度。

清末民初是一个过渡时期，茶馆从一个男人世界逐渐向女性开放。李劼人的小说便描述了这个转化初期的情形。当楚用与他的情人黄太太路过劝业场的益春楼时，他请她进去喝茶，李劼人写道：

> 中等人家妇女到宜春吃茶，也和到少城公园几处特设茶馆吃茶一样，已经成为风气。不过打扮出众、穿着考究的上等社会的太太奶奶们，还不肯放下身份，在这些地方进出。黄太太比郝家、葛家的太太们开通泼辣，少城公园的茶馆进去过几次，宜春、怀园，同劝业场对门的第一楼，几次想进去，还是觉得不好意思。
>
> "特别座不好去。你看，都是男宾，窗口又大敞着，人来人往的。"
>
> "那吗，到普通座去。那里就有女宾。"楚用掉头向东边那间人声嗡嗡的大房间看了看。"喏！还不少哩！"[54]

茶馆戏园是最早允许妇女进入的公共场所，其他茶馆很快便紧跟这个新趋势。虽然妇女对进入茶馆与陌生男人共处一室仍然显得犹豫，但她们也想抓住这个机会享受在公共空间的自由。妇女还给茶馆带来了更多的生意，例如当临江影戏茶园生意不好时，它请求警察允许妇女进入，但没有获准。赛舞台（茶馆）演出杂技，生意原来很好，但在妇女被禁止进入以后，观众大减，最后演出只好取消。1911年，《通俗日报》透露悦来茶园由于有女宾而生意兴隆，该报还强调如果万春茶园允许女客进入，生意将会翻番，显示了女客和茶馆利润之间的密切关系。[55]

妇女进入茶馆等公共空间，经历了许多障碍，这些障碍不仅来自传统观念对妇女公共角色的束缚，而且还在于改良精英在妇女问题上的保守态度。1910年《通俗日报》发表了一篇题为《妇女不可听戏》的文章，便表达了精英改良的矛盾心理。作者对世风日下十分失望，抨击戏班子为吸引观众而上演"有害"的节目。在作者看来，观众看戏应该欣赏的是服装、表演以及唱腔，但茶馆中的氛围与此格格不入，"叫好的，拍掌的，不用问，必是淫戏"。更有甚者，演员"手提着裤子，口咬着手巾，哼哼唧唧……那一种声音，叫人听见，真不好受。甚至帐子动弹，解怀露胸，笑迷迷的眼，红敷敷的脸，嘴对着嘴儿，手拉着手儿"。按作者的话说是上演一场"活春宫"。作者还攻击男女平等、婚姻自由等主张是"邪说"，对于妇女不喜欢看"改良新戏""文明新戏"表示担心。女客吸引更多的男客到戏园，他们到戏园的醉翁之意并不在看戏，是那些衣着光鲜的女人使他们大饱眼福。在演出过程中，男女趁喝彩之时，暗送秋波。作者希望那些涉世不深、单纯的"良家妇女"，不要到戏园，以远离不良影响，家里人也应对其进行劝阻。作者还抨击戏班不顾政府禁令，擅自上演淫戏，甚至有意加入色情内容，以取悦观众。如果淫戏在城内被禁，妇女则蜂拥出城。因此，作者呼吁男人要管好他们的女人，"劝劝认识字，懂得礼，顾廉耻，保名誉，管的了家的人，作的了女人主的诸君子，千万别叫妇女听戏。"[56]（参见插图1-1）那些"新式"精英在对妇女抛头露面问题上的保守态度，延缓了她们进入公共空间的过程，成为妇女追求公共生活的主要障碍之一。虽然这个时期，精英以崇尚西方为时髦，但对妇女问题上的态度与他们的西方同侪大相径庭。

在辛亥革命之后，妇女进入茶馆看戏者日多，但男女混杂是警察明令禁止的。茶园一般将男客女客安排在一天不同的时段，或一周内不同的日期。例如可园分"男宾座"与"女宾座"。逢二、五、八（即农历每月二、五、八、十二、十五、十八、廿二、廿五、廿八）对女客开放，其余为男客时间。但如果女宾日恰逢星期天，那么也只对男宾开放，第二天则为女宾。显然，这个安排仍然是以男人为中心的。1912年万春茶园的一个广告称，9月22日和24日，白天演出只卖女宾票，3角一张，随女主人来的仆人1角，小孩半价。夜场只卖男宾票，2角一张。夜场从5点半开始，9点结束。这种安排显然对那些想到茶园看女人的男子很不利。在民初，妇女的入场限制时松时紧，女宾使允许男女同场的茶馆愈发喧闹，哪怕男女分开，但戏到达高潮时，男客乘机站起来打望女宾，而女宾"嬉笑撩拨男宾，秩序大乱"。[57]这种状况也成为社会改良者反对戏园男女观众混杂的原因之一（见插图4-8）。

在成都，妇女对茶馆等公共空间的平等权利的争取，经过了一个长期过程。在1920年代，男女混杂在茶馆里虽然并不普遍，但是茶馆为男女顾客的交往提供了空间。[58]不过，妇女进入茶馆的限制也时有反复，如1932年，中山公园向市政府报告，称该公园茶馆里"暗娼混迹其间，藉名饮茶，暗地勾引一般无识青年走入迷途"；流氓也在茶馆制造事端，甚至发生械斗，骚扰女客，公园不得不雇特别警卫巡查各茶馆。警察因此发布告示，禁止妇

插图4-8 看戏热——看戏乎,看人乎?

该画讽刺了那些到戏园观女人的看客,题图曰:"楼上女宾,不准回顾。快些上前,大踏几步。倘无女座,安到此处。把我招来,为看美妇。说我看戏,未免有误。"

资料来源:《通俗画报》1912年第35号。

女到中山公园茶馆,"以维治安"。[59] 甚至到1930年代中期,警察仍然竭力分开男女。如1934年冬鼓楼街的芙蓉亭茶社搬到玉带桥,改名为陆羽茶楼。从1929年便在该茶馆演出的著名盲人竹琴艺人李德才,也和其他艺人一起到了新址。1935年4月,警察派人"详为侦察",称李的演出超过了规定的晚上收场时间,而且场内"男女杂坐",有害社会风俗,令演出停止。该茶馆老板袁纪福解释说,由于正是花会期间,白天没有演出,只好在晚场让男女同进。由于经济不景气,演出使茶馆得以维持,如果停演,茶馆亏本无疑,10个盲人艺人也将失去生计。茶馆依靠竹琴演唱维持经营,同时这些艺人也依靠茶馆维持生计。袁请求警察考虑他所雇皆残疾人,保证以后演出将分开男女,并在晚上7点结束。他称全部节目都是"高雅"和有教育意义的,不会违背新生活运动的宗旨,如果发现场内有土匪和其他嫌疑活动,将立即报告警察。但警察否定了其请求,指出:"现值戒严期间,娱乐场所亟应从严取缔。"据档案资料显示,袁后来至少又三次呈交请求,反复申述他要"维持盲人生计",没有演出使他"蚀本不已",指出"数十盲人亦因之断食",说明"两方苦况再再堪怜"。警察先以戒严法为借口多次否决,但后来也松了口,表示"从缓再夺",袁只好耐心等待。1935年5月,在演出停止一个月之后,警察所派人进行调查,复核茶馆没有违规现象后,演出才重新开始。[60]

如果演出班子里有女艺人,也会受到政府的限制。1936年戏班明德堂申请在芙蓉亭茶社演出便颇费周折(参见插图3-4)。明德堂已有二十多年历史,是只有四人的小班子,其中三人为女性,四人年龄在21—40岁之间,而且都有不同程度的残疾,据描写或"眼瞎"或"眼目近视"或"眼昏"或"跛脚"等。该班多年来在川东南各县巡回演出,"并无淫邪词调,荒谬声律",所唱皆"词旨高雅,音歌纯正,足可救正人心,补助社会教育之不逮"。其于1936年春到成都,先由警察批准在花会演出月余,得"各界赞许"。但花会结束后,戏班须继续谋生活,便选择了芙蓉亭茶社。[61]负责处理此申请的警察表示,其节目中未发现任何不道德之内容,但警局的回应是:"查妇女清唱,对于风化秩序在在有关。如其散布在各街茶社内营业，妨碍甚大。兹为体恤业人等生计起见，准其另觅偏僻地点，仿照戏园规模设备，唱台不得接近街面，以便取缔，而杜流弊。"警察的策略是虽然允许这些人谋生，但尽量减少其影响。一般来讲，警察对于女艺人的控制甚严，如果她们不是残疾人，则很可能会被禁止演出。警察要求演出场地必须远离要道。明德堂先找到芙蓉亭，芙蓉亭也向警察提交了申请，还由一个铺保联署，指出这些艺人不开演则失去生计，甚至无法果腹。但警察仍然坚持演出地点不能"接近街面"。

虽然没有得到正式许可，班子仍然在芙蓉亭开演。在给警察的申述中，他们强调成员"非娼妓式组合之清音工会可比"，这个说法暗示唱清音者可能兼做妓女，但这有可能缘于同行竞争之互相诋毁。尽管警察确认这个茶馆是在背街的二楼，"对于风化秩序，均无妨碍，有街团首人可查"，但是再次拒绝批准，令其取消演出。明德堂和茶馆立即再次上书，表明他们设法寻找新场地，但没有找到合适的地方。如果停止演出，演员将无以为生。再者，茶馆与班子相互依存，没有演出，顾客减少，茶馆将亏本。经理请求在班子寻找新场地的同时，准予继续演出。如此可"公私两全……十余人生活有赖，不致演成流落之苦"。这年8月，班子最后找到陕西街的吟香茶楼，远离闹市，警察才批准了演出许可。[62]明德堂的经历不仅反映了民国时期国家大众娱乐的政策使艺人们更生计日绌，而且揭示了对女艺人的加倍控制使她们的处境更加艰难。

不像大多数普通妇女，妓女一直是茶馆的常客。[63]地方精英对此非常不满，指责茶馆里卖淫经常引起纠纷，如导致争风吃醋、散播流言、围观拥挤甚至打架斗殴等事端发生。因此，政府不断采取措施禁止妓女进入茶馆。虽然如此，但她们甘冒当众受辱、被警察惩罚的危险，不断向禁令挑战。1914年一个报道显示了人们是怎样对待茶馆里的妓女的。陈月秋是当时成都名妓，绰号水红桃。一次有人发现她在悦来茶园看戏，想故意使她出洋相，于是把她的名字写在一个黑板上，说是有人找陈月秋，让一个工人拿着黑板在场子里面转，这是当时演戏时找人的通常办法。一个警察对此很吃惊，"陈月秋是监视户，你在此会她何为？"那人答称"因为在此，才来会她"。警察最后在楼厢上发现了陈，把她带到警察局。而那个恶作剧的男子因没有报告警察，"轻薄无行"，被罚款2元。一些茶馆对妓女出没视而不见，1938年《成都快报》就这个问题发表了一篇题为《关于妓女坐茶社》的文章，称妓女由"公爷"（即嫖客）陪同，"言笑淫浪"，"举动轻浮"。如果堂倌不为其服务，可能被扇耳光。文章指出，"这是很严重的社会问题，不仅是贴贴布告就能了事的"，要求政府采取具体行动。[64]

抗战是成都妇女进入茶馆的一个重要转折时期。直到1937年，茶馆基本上还是一个男人的世界，成都茶馆虽然多如"过江之鲫，可是饮者中，女人都很少很少，差不多十分之九以上的饮者都是男士"，除了公园和风景区的茶馆，其他茶馆的女子"可谓寥若晨星"。[65]但抗战爆发后，大量移民改变了这种状况。先是女招待开始在茶馆谋生（第7章将对此进行专门讨论），女艺人和女顾客在茶馆的活动也明显增多。例如，总府街的新仙林地处中心区，一楼卖"闲茶"，楼上卖"书茶"，即有艺人表演。该茶馆雇用战争逃难的女艺人演京戏，她们穿着华丽戏装，节目单用白字写在大红纸上。顾客听唱需另付费，但不少人专门来园听戏。由于日机轰炸，许多居民疏散到城郊，为城墙外的茶馆带来不少生意，许多衣着入时的年轻男女在那里一起吃茶聊天、读书打牌。这些女顾客在茶馆里得到男人一样的对待，也由此吸引了不少想打望时髦女人的男客。[66]看来容忍妇女出入茶馆，使妇女能在公共空间占一席之地，恐怕是战时"下江人"对长江上游区域社会和文化的重要贡献之一。

在这时的成都，从扬州来的女艺人（又称"扬州台基"）几乎就是"妓女"的同义词。抗战时期，许多从东部沿海作为难民到成都的"妓女"称自己为"流亡歌女"，经常在三益公、二泉等繁华区茶馆出没。1940年，十来个歌女在清和茶楼的大广寒歌场演出。晚上，在明亮的舞台上，客人可出20元点歌女演唱，歌女得8元，老板得12元，当晚没有被点唱的歌女由老板付5元。据报道："此次广寒开幕，扬州妓女均愿纷纷投效，盖一经登记，彼辈则都属职业歌女。"这样可以保证她们的生计，以防被驱逐。战时，政府禁止公共场所，包括饭馆、旅店妓女的活动，但是有人批评，那些"国难富翁"，照样到戏院与妓女厮混，还美其名曰"捧歌女"。一般茶馆一碗茶3角，但大广寒歌场要3元。演出从傍晚6点开始，许多"捧客"聚在那里，观看浓妆艳抹的歌女一曲又一曲地演唱，忘了前方还在浴血奋战。作者悲叹"频年烽火急，犹唱后庭花"，表达了失望之情。[67]不过他的文章也揭示了残酷的战争并未能打断人们的茶馆生活这样一个事实。

战后,妇女进入茶馆的趋势继续发展,人们在茶馆里越来越经常看到妇女。有人描述在茶馆里,看到"一双男女互相斜视、调情"。甚至到了深夜,在茶馆里还"坐了一堆妙曼的女郎,看样子是某学校的"。根据《新新新闻》的报道,甚至在比较保守的成都之外的某县,有"许多值得称道的兴革事业",其中之一便是"公园茶馆的设置",加上社会教育的发展,"对解放女性束缚的功效亦很大"。结果便是"许多年青的女人,在大热天,也能和男人们一样,坐在公园里喝茶了"。在茶馆里,"无一处没有搽脂抹粉的娇滴滴的女人,她们娇声地呐喊:'堂倌!小娃!'不时又突如其来地一阵子清澈的笑声,吸引着茶客们的眼光。"[68] 经过了几乎半个世纪的努力,妇女终于为自己在茶馆的公共生活争取到一席之地。

公共生活的集体选择

茶馆是一个为不同个人、群体、社会集团服务的公共空间。正如我们所看到的,一个茶馆经常是做生意的地方,有的甚至是行业性的设施。晚清和民国时期的成都没有一个贸易中心,茶馆便弥补了这个缺陷。虽然茶馆散布在整个城市,但这种分散性或许更能适应以小商小贸为主的经济模式。在茶馆做生易不仅对商人有利,而且促进了茶馆的生意。小贩同经营规模大些的商人一样以茶馆为交易场所,只是使用的方法不一样罢了。如果说后者通过沟通、谈判、签合同等完成交易,那么小贩则是直接把商品带到茶馆销售。因此，说茶馆是一个"市场"，可谓名副其实。除了第3章讨论的艺人依靠茶馆，还有大量的人以茶馆为生，包括热脸帕、装水烟、算命、理发、工匠、擦鞋、掏耳朵、修脚等各行各业。没有任何其他公共空间能够把这么多的行业聚集在一个屋檐下，营造这样一个互惠互利的环境。

社会组织将茶馆作为其办公地，这是最便宜最方便的选择，因为大多数这类组织没有固定经费，租一个地方花费多，而且并不每天都使用。对那些没有加入一个正式组织但又有共同兴趣的人来说，茶馆更是最方便的聚会地。一些商人有财力建立他们的会馆或行会，但大多数小本生意者只能以茶馆作为他们的活动中心。同一个行业的人定期聚集在同一家茶馆，交换信息，休息，聊天。教师、学生、学者、演员、劳工等，都形成自己的团体，有固定的茶馆聚会，而这种人以类聚的机会和场所对他们的生活和生计都不可或缺。例如从本章中所看到的，教师在少城公园的茶馆聚集，是为了争取下一年的合同。茶馆提供场所，使复杂的雇佣程序简单化。在那里，人们获得信息，审查工作申请，面试或被面试，协商雇佣条件等，犹如今天的求职市场，但显然茶馆更方便、便宜，也更有效率。虽然成都茶馆是对各阶层开放之地，竭力包容各色人等，但仍然不可避免地出现了阶层或阶级的分野，这是社会状况使然。从这个角度来看，茶馆也给我们提供了一个非常合适的窗口，来观察阶层和阶级以及衍生的社会问题。

妇女也逐渐在公共空间得到了一席之地。在清代，不成文法使妇女不能涉足茶馆，但从晚清开始这个限制逐渐松弛，标志着茶馆经营的新阶段。当然，妓女是最早进入茶馆的女性群体，她们敢于挑战传统，无视政府禁令。不过，她们在茶馆的活动不仅不能帮助扩展妇女在公共空间的权利，反而起到相反的效果。妓女进入茶坊的历史可以追溯到宋明时期，许多妇女不敢到茶馆正是担心她们的名声受到玷污。政府和警察以"伤风败俗"为由禁止妇女到茶馆，精英和官员以茶馆中有卖淫作为借口，对妇女进行限制。禁止妓女进入茶馆，使她们在那里谋生更为困难，但给其他妇女创造了进入茶馆的环境。虽然妓女不敢直接向政府挑战，但她们采取了"日常抵抗"（daily resistance）的策略，冒着被羞辱和被惩罚的危险，寻机与顾客混杂在一起。

妇女在茶馆的出现，是社会发展和妇女为平等权利不断努力的结果。具有讽刺意味的是，貌似开化的社会改良者不但没有给妇女进入公共空间创造更好的条件，反而设置了重重障碍。妇女进入茶馆经历了几十年时间，从1906年首次允许女宾进入，这个过程到1940年代也没有完成。实际上社会中总是两个倾向共存：一方面，经过多年的努力，随着社会的不断开化，妇女赢得了一些权利；但另一方面，精英和政府仍然不鼓励甚至竭力限制妇女到这样的公共场所。茶馆作为小商业，要尽量吸引顾客，对顾客的性别和职业并不在意，而且妇女的进入，促进了茶馆的生意，所以茶馆经营者对政府的禁令听之任之，也就不足为怪了。从妇女进入茶馆这个公共空间在成都所经历的漫长历程，我们可以认为它所反映的是整个20世纪上半叶这个城市社会演化所走过的曲折道路。

茶馆生活不仅是普通民众的个人行为，也是各种社会组织的集体选择，也即是说茶馆同时为个人和集团服务。国家推行的现代化的动力，使地方文化日益趋向国家文化的同一性，削弱了地方文化的差异性和个性。作为公共空间的茶馆成为抵抗精英和国家推行的现代性的一个重要桥头堡，茶客、茶馆经营者和其他依靠茶馆为生的人们，面对政府的规章和禁令，结成了同盟，以对抗国家的控制，维持他们使用公共空间的权利。从某种意义上说，茶馆是地方文化的代表，是公共生活的集体选择，因此能在社会变革和剧烈的政治变化中幸存和发展。

注释

[1] 李劼人：《暴风雨前》，《李劼人选集》第 1 卷，第 337—338 页。

[2] Han, *The Crippled Tree: China, Biography, History, Autobiography*, pp. 228-229; Hubbard, *The Geographic Setting of Chengdu*, p. 125. 一些茶馆给小贩提供免费场地，但另一些则要求小贩付一定的费用才能在茶馆卖东西。茶馆对这个问题没有一定之规，根据各自的具体情况，包括位置、老板与小贩关系而定。一般来讲，茶馆位于繁华之地，生意很好，小贩是借茶馆之地利卖货，那么就要交费；相反，如果茶馆生意不好，小贩可以给茶馆带来人气，给顾客提供方便，茶馆则乐意提供免费场地。

[3]《成都市茶馆业概况》，《新新新闻》1947 年 7 月 21 日。政府力图控制茶馆中的市场，特别是防止价格垄断。民国初年，在南门的一家茶馆里，有几个人看来像做大宗米生意的，大声叫喊高价，结果被警察抓捕，却引起意外的恐慌。一个来卖米的乡下人，正在茶馆喝茶，看到有人被捕，"吓得目定口呆，面无人色，颤颤栗栗，如筛糠然抖"。等稍缓过气，拔腿就跑，旁人大叫："跑了！拉倒！"他被抓住后，警察

问他"你是做甚么的,其人一言不发,只见发颠。再问之,应曰我我我是吃茶的。调查(员)曰,吃茶就吃茶,跑甚么?曰,我我我害怕。众皆莞然。"见《国民公报》1914年9月11日。

[4] 老乡:《谈成都人吃茶》,《华西晚报》1942年12月26—28日。

[5] 博行:《茶馆宣传的理论与实际》,《服务月刊》第6期,1941年5月1日,第5页。

[6] 陈茂昭:《成都的茶馆》,《成都文史资料选辑》第4辑,1983年,第189—190页;《成都市政府工商档案》:38-11-1440。1947年,有人向成都市参议会请愿,要求放松对茶馆的禁令,他们强调四川是产茶地,四川人喜欢喝茶,因此到处是茶馆,甚至只有三五家的小乡场,也必有一家茶馆。成都是繁盛之区、商业中心,从外地来的人依靠茶馆洗脸、解渴、约会、见友等,商人也可以在那里得到关于市场的各种信息。《成都市政府工商档案》:38-11-1440)章开沅先生记得抗战时在江津,看见茶馆里商人谈生意,当讲价时,他们把手伸在对方的袖筒里,用手指头讨价还价,不用说话便可达成交易。见与章开沅先生的谈话,2002年8月27日于华中师范大学近代史研究所。

[7] 胡天:《成都导游》,第70页;陈茂昭:《成都的茶馆》,《成都文史资料选辑》第4辑,1983年,第190页。

[8] 《国民公报》1914年9月11日;此君:《成都的茶馆》,《华西晚报》1942年1月28—29日;秋池:《成都的茶馆》,《新新新闻》1942年8月7—8日;老乡:《谈成都人吃茶》,《华西晚报》1942年12月26—28日;陈茂昭:《成都的茶馆》,《成都文史资料选辑》第4辑,1983年,第191页;文闻子编:《四川风物志》,第456—457页;海粟:《茶铺众生相》,冯至诚编《市民记忆中的老成都》,第141页。

[9] 王庆源:《成都平原乡村茶馆》,《风土什志》1944年第1期(总第4期),第35页。

[10] Brace ed., *Canadian School in West China*, p. 245.

[11] Malmqvist, "Göran Malmqvist's Live Recording of Impressions of a

Teahouse in Chengdu."

[12] 王庆源:《成都平原乡村茶馆》,《风土什志》1944年第1期(总第4期),第34页;林孔翼编:《成都竹枝词》,第113页;何满子:《五杂侃》,第193页。茶馆与小贩的合作关系可参见第5章。

[13]《成都快报》1932年4月28日;《成都市政府工商档案》:38-11-328。

[14]《成都市市政年鉴》(1927年),第512页;《成都晚报》1949年2月28日。

[15] 郑蕴侠、家恕:《旧时江湖》,《龙门阵》1989年第5期(总第53期),第72页。这个行业过去叫"烟袋帕子",为什么会有这么一个奇怪名字尚不清楚,但崔显昌认为,茶馆里竹竿上晾的毛巾,很像烟杆上吊一个烟袋。他们的服务又叫打香水帕子。"打"在这里应该是"扔"的意思,因为热帕子一般都是从空中扔给顾客。见崔显昌《旧蓉城茶馆素描》,《龙门阵》1982年第6期(总第12期),第102页。

[16] 崔显昌:《旧蓉城茶馆素描》,《龙门阵》1982年第6期(总第12期),第102页。茶馆为流民提供了空间,那些在成都没有栖身之处的人,把茶馆当成他们的休息地,这很像美国城市的酒吧。正如P.杜伊斯所说:"自由劳动力的增长是19世纪后半叶最重要的发展之一",酒吧为"无穷无尽的离家的流动人口服务,它们的服务不同于那些以附近居民为主要顾客的酒馆"。见 Duis, *The Saloon: Public Drinking in Chicago and Boston, 1880-1920*, p. 172。

[17] 陈孔昭:《叶子烟杆(儿)、水烟袋与习俗》,冯至诚编《市民记忆中的老成都》,第127页;周少稷,75岁,作者于1997年6月22日在悦来茶馆的采访。李劼人对装水烟有这样的描述:"装水烟的矮子老远就拐了过来。晓得学生是不吃水烟的,把一根两尺来长的黄铜烟嘴只朝吴凤梧肩头上敲着。'你瞎了眼吗?难道我有两张嘴,一张吃纸烟,一张吃水烟不成?'矮子瞪了他一眼道:'总爷,怎吗还是这们毛法?''你晓得我是吃粮子饭的?'吴凤梧奇怪起来。'两年前就认得你

了。两年前你就是这们毛法,不开口骂人,好象过不得日子似的!'恰逢靠街有人喊水烟,矮子才悻悻然拐了过去,口里还叽里咕噜地还没停歇……吴凤梧也笑起来道:'记起来了。这矮子原来在皇城坝吟啸楼装烟,难怪认得我'。"见《大波》,《李劼人选集》第2卷,第154—155页。

[18] 王庆源:《成都平原乡村茶馆》,《风土什志》1944年第1期(总第4期),第34页;Skinner, "Marketing and Social Structure in Rural China." *Journal of Asian Studies* vol. 24, no. 1(1964):3-43; vol. 24, no. 2(1965):195-228; vol. 24, no. 3(1965):363-399。

[19]《新新新闻》1945年8月20日。

[20]《成都晚报》1949年2月28日;杨槐:《神童子与满天飞》,《龙门阵》1982年第1期(总第7期),第67页。

[21]《成都晚报》1949年3月20日。

[22] 例如中山公园的茶馆外面挂十几个木排,上书各个同乡会的名字,包括富顺县旅省同乡会、屏山县旅省同乡会等。见陈茂昭《成都的茶馆》,《成都文史资料选辑》第4辑,1983年,第191—192页;此君《成都的茶馆》,《华西晚报》1942年1月28—29日。

[23]《成都省会警察局档案》:93-6-1062。

[24]《国民公报》1929年10月17日。

[25]《成都市政府工商档案》:38-11-2322。

[26] 蓝羽:《茶客》,《新新新闻》1948年1月16日。

[27] 根据原枕流茶社老板的回忆,教师一般并不到这家茶馆,学生从不到鹤鸣茶社,因为如果他们在茶馆里碰见将会很尴尬。老师认为学生不应该到茶馆,学生见到老师也必须恭恭敬敬。(王世安、朱之彦:《漫话少城公园内几家各具特色的茶馆——回忆我经营枕流茶社的一段经历》,《少城文史资料》第2辑,1989年,第152—154页)1945年7月,四川大学校长黄季陆以"易藏奸宄",以及"盗窃案件,频频发生"为由,要求市政府取缔学生宿舍后面道路两旁的全部茶馆酒馆。

见《成都市政府工商档案》：38-11-328。

[28] Malmqvist, "Göran Malmqvist's Live Recording of Impressions of a Teahouse in Chengdu."

[29] 一首竹枝词描述了教师怎样利用茶馆找代课的工作："酒店茶房稳寄身，不分午夜与侵（清）晨。老师变作漩皮鬼，替代天天找熟人。"见林孔翼编《成都竹枝词》，第237页。

[30] 此君：《成都的茶馆》，《华西晚报》1942年1月28—29日；秋池：《成都的茶馆》，《新新新闻》1942年8月7—8日；《成都晚报》1949年3月15、20日；陈茂昭：《成都的茶馆》，《成都文史资料选辑》第4辑，1983年，第191—192页；王世安、朱之彦：《漫话少城公园内几家各具特色的茶馆——回忆我经营枕流茶社的一段经历》，《少城文史资料》第2辑，1989年，第152—154页；何满子：《五杂侃》，193页；梁德曼、黄尚军：《成都方言词典》，第55页；李英：《旧成都的茶馆》，《成都晚报》2002年4月7日。2004年初在美国加州伯克利大学的一次学术讨论会后，与耿云志教授（中国社会科学院近代史研究所）聊天时，提到著名学者、前《历史研究》主编黎澍抗战时期在成都一家报纸当编辑，他的许多文章都是在茶馆里写的。在场的复旦大学朱维铮教授也告诉我，战时复旦大学迁到重庆，因为宿舍条件差，学生都喜欢到茶馆读书做作业。（2004年1月31日在美国加州伯克利大学附近一个中餐馆的谈话）

[31] Han, *The Crippled Tree: China, Biography, History, Autobiography*, p. 96.

[32] 胡天：《成都导游》，第70页；周止颖：《新成都》，第247页。

[33] 此君：《成都的茶馆》，《华西晚报》1942年1月28—29日。

[34] 《成都市政府工商档案》：38-11-1539、1821。

[35] 《新新新闻》1945年11月7日。

[36] 但是我仍然发现一些著名茶馆被划分为乙级和丙级，如悦来茶园当时便被划为丙级。见《成都市政府工商档案》，38-11-97。

[37] 李劼人:《暴风雨前》,《李劼人选集》第 1 卷,第 457 页;海粟:《茶铺众生相》,冯至诚编《市民记忆中的老成都》,第 139 页;易君左:《锦城七日记》,《川康游踪》,第 194 页。

[38] 蓝羽:《茶客》,《新新新闻》1948 年 1 月 16 日。

[39]《华西晚报》1941 年 9 月 20 日。

[40]《华西日报》1947 年 3 月 11 日;舒新城:《蜀游心影》,第 142—143 页。

[41] 舒新城:《蜀游心影》,第 143 页。

[42] Malmqvist, "Göran Malmqvist's Live Recording of Impressions of a Teahouse in Chengdu."

[43]《国民公报》1928 年 7 月 17 日。

[44] 陈茂昭:《成都的茶馆》,《成都文史资料选辑》第 4 辑,1983 年,第 192 页;周止颖:《新成都》,第 247 页。

[45] 巴波:《坐茶馆》,彭国梁编《百人闲说:茶之趣》,第 295 页。

[46] 老舍:《茶馆观丐》,《新民报晚刊》1944 年 1 月 9 日。

[47] 崔显昌:《旧蓉城茶馆素描》,《龙门阵》1982 年第 6 期(总第 12 期),第 98 页。

[48] 一些关于中国传统社会中妇女的最近研究,注意到妇女的家内角色,但主要研究的是精英妇女,见 Ko, *Teachers of the Inner Chambers: Women and Culture in Seventeenth-Century China*; Mann, *Precious Records: Women in China's Long Eighteenth Century*。也有若干关于 1949 年后工人阶级妇女的研究,如 Sheridan and Salaff, *Lives, Chinese Working Women*。

[49] Goldstein, "From Teahouses to Playhouse: Theaters as Social Texts in Early-Twentieth-Century China." *Journal of Asian Studies* vol. 62, no. 3 (2003): 765; Zhang, "Teahouse, Shadowplay, Bricolage: 'Laborer's Love' and the Question of Early Chinese Cinema." in Yingjin Zhang ed., *Cinema and Urban Culture in Shanghai, 1922-1943*, p. 33; 李长莉:

《晚清上海的社会变迁——生活与伦理的近代化》，第428页。当然，这个现象引起社会关注，许多批评者相信，妇女到茶馆违反了传统道德，妇女会引诱男人，败坏社会道德。因此，1880—1890年代，地方官力图禁止妇女进入茶馆，但没能成功。一些精英有不同的看法，指出妇女促进了商业发展，应该像男人一样享有公共空间的权利。见李长莉《晚清上海的社会变迁——生活与伦理的近代化》，第427—455页。

[50] Wang, *Street Culture in Chengdu: Public Space, Urban Commoners, and Local Politics in Chengdu, 1870-1930*, chap. 6；王泽华、王鹤：《民国时期的老成都》，第108页。

[51] 男宾从华兴街正门入场，女宾在梓潼桥西街的侧门进园。最好的位子是堂座前面的包厢，用帘子分开。楼厢下面称"普通座"，价格最廉。除包厢外，还有十几个"弹压座"，是为维持秩序的士兵准备的。后来包厢取消，每个座位后面加了一个木板以放茶碗，楼厢的帘子也取消了，于是男女可以互相观望。见傅崇矩《成都通览》上册，第277—279页；王泽华、王鹤《民国时期的老成都》，第129页。

[52] 李劼人：《大波》，《李劼人选集》第2卷，第232页。

[53] 秋池：《成都的茶馆》，《新新新闻》1942年8月7—8日。

[54] 李劼人：《大波》，《李劼人选集》第2卷，第1464页。

[55] 《通俗日报》1911年8月1、3、15日。

[56] 《通俗日报》1910年4月29日。

[57] 《国民公报》1912年4月25日、10月31日，1914年3月8日。由于园外围观者太多，经常造成交通堵塞。见《国民公报》1912年8月25日、10月31日。

[58] 竹枝词反映了这个变化，如1928年的前人《续青羊宫花市竹枝词七十首》有两首与妇女在茶馆有关。其一："社交男女要公开，才把平权博得来。若问社交何处所，维新茶社大家挨。"其二："女宾茶社向南开，设有梳妆玉镜台。问道先生何处去，双龙池里吃茶来。"表明这

时已经有专为妇女服务的茶馆了。有文人观察到妇女在茶馆里频繁出现的这种变化,但视其为不正常现象。如杜仲良的《社会怪象竹枝词》中便写道:"公园啜茗任勾留,男女双方讲自由。体育场中添色彩,网球打罢又皮球。"见林孔翼编《成都竹枝词》,第100、196页。

[59]《成都快报》1932年3月16日。

[60]《成都省会警察局档案》:93-4-1093。

[61]《成都省会警察局档案》:93-4-1789。

[62]《成都省会警察局档案》:93-4-1789。无女艺人的演出得到许可相对容易些,1936年5月,桂华科班请求警察允许30多个清音"戏员"使用得胜下街一个茶馆演出"清戏",申明这些戏没有"淫词",每票卖400文,这样这些演员方能有钱购买食物等必需品。分局警察报告称,"票价甚廉"。警察局在确认班子"既无女性艺员,所唱又非淫词小调,对于风化秩序,尚无妨碍,自可暂准营业,俾维目前生活"后,同意演出请求,但表示要认真监视节目内容。(《成都省会警察局档案》:93-4-1789)另一份警察的报告称,得胜下街后面是一个米市,那里有一个台子可以演"清戏",但只能白天上演。《成都省会警察局档案》:93-4-1789)关于清音演唱的更多信息见第3章。

[63]据李劼人的描述,茶馆里卖淫并非新现象,所以过去"良家妇女"都不去茶馆。见《暴风雨前》,《李劼人选集》第1卷,第339页。

[64]《国民公报》1914年10月7日;夜莺:《关于妇女坐茶馆》,《成都快报》1938年8月7日。

[65]此君:《成都的茶馆》,《华西晚报》1942年1月28—29日。

[66]海粟:《茶铺众生相》,冯至诚编《市民记忆中的老成都》,第143—146页。沙汀1944年写的小说《困兽记》,提到一家茶馆中的女客:"这家茶馆,是本地一位有名的士绅开的。这是一个特殊地带,客人多半是年轻知识分子,女眷们也常进来坐坐,因而成了一个众目睽睽的所在。现在,那个开明有趣的老绅士虽然搬到成都住家去了,但是他所倡导的风气,却被一直保存下来。"在这个茶馆里,"主要的消遣

是清淡。内容无所不包,上至国家大事,下至某节街上忽然发现了一匹老鼠的残骸"。见《沙汀选集》第 2 卷,第 423 页。

[67]《华西晚报》1941 年 11 月 27 日。

[68]《新新新闻》1946 年 7 月 25 日;蓝羽:《茶客》,《新新新闻》1948 年 1 月 16 日。

第二部

茶馆与经济

第5章 经 营
——小本生意的管理和竞争

一路入蜀，在广元开始看见了茶馆，我在郊外等车，一个人泡了一碗茶坐在路边的茶座上，对面是一片远山，真是相看两不厌，令人有些悠然意远。后来入川愈深，茶馆也愈来愈多。到成都，可以说是登峰造极了。成都有那么多街，几乎每条街都有两三家茶楼，楼里的人总是满满的。大些的茶楼如春熙路上玉带桥边的几家，都可以坐上几百人。开水茶壶飞来飞去，总有几十把，热闹可想。这种弘大的规模，恐怕不是别的地方可比的。

——黄裳[1]

这是1943年黄裳对四川及成都茶馆盛况的描述，揭示了茶馆在城市生活中的重要地位。作为小本生意的茶馆，经营资金不多，店堂可大可小，雇员可多可少，大多营收微薄，但进退灵活，故能在严峻的条件下生存。茶馆的经营者不少是介乎贫穷与小康间的小商人，当提到茶馆时，"小本生意"或"小本商业"这个词在官方文件、地方报纸、日常交谈中频繁出现。那些资金雄厚，店堂宽敞，可同时服务几百茶客，收入可观的茶馆，在整个成都茶馆业中仅占很小一部分。茶馆作为一个社会经济单位是非常成功的，它们有独特的生存途径，而且在小商业的激烈竞争中能立于不败之地。

　　研究茶馆提供了细察成都小商业整体状况的极好机会。中国经济史专家对现代工厂和公司有不少研究成果，但几乎没有对过去城市经济中占主导地位的小店铺进行探索。茶馆作为成都小商业的一个重要组成部分，发展了一套独特的经营方式。[2] 对茶馆的研究可以使我们深刻理解该行业在城市商业和经济生活中所扮演的角色。本章对茶馆的数量、规模以及具体经营方式进行考察，证明在中国城市中，在茶馆和茶客的数量上，任何城市都不能与成都相提并论。茶馆是成都城市经济的重要组成部分，本章讨论了茶馆的资金、开办方法、所有权等问题，指出开茶馆无须大笔投资，普通人家也可经营此业，大多数业主是终日为生计挣扎的平民百姓。本章还分析了茶馆的税务负担，讨论茶馆如何生存和赢利。通过对茶馆经济的仔细考察，发现那些有竞争力的茶馆，虽然也采用一些共同的管理办法，但一般还各具独特的经营手段。

　　本章展示了传统小店铺面对新式企业兴起和政府规章的挑战，在经营环境恶化的条件下，是如何生存下去的。20世纪前半期，成都基本是小店铺的世界，茶馆成为成都小商业的一个代表。1949年中华人民共和国成立之前，成都的现代工厂或大公司为数甚少，小商店占据了城市经济活动的绝大部分。几乎在每一条街，从主要的商业中心到偏僻的小街窄巷，都能找到它们的门面（见插图5-1）。手工艺品、种类繁多的日用品——鞋帽、

第5章 经营——小本生意的管理和竞争　225

插图 5-1　晚清小店铺

资料来源：照片是传教士 H. 依利罗特于 1906 年至 1907 年间在成都拍摄。照片由他女儿 J. 约翰逊女士提供，使用得到约翰逊女士授权。

五金、纺织、碗盆、木器、衣服等，经常当街制造和销售。沿街鳞次栉比的小店既卖国货又售舶来品，从土产、食品到器具、药物等。人们的生活与小店息息相关，而这些小本生意为下层百姓提供了生计，也使这个城市生机盎然。

20 世纪初，进口货的增加，新工业的兴起，国家权力的日渐增强等因素，皆不断地影响着成都的经济，造成了传统店铺与现代商业的竞争。尽管现代化和西化的浪潮未能改变传统的经济结构，但推动现代化的国家权力足以在方方面面干预成都小商业的经营。国家的这些介入可分为三阶段：第一阶段为 20 世纪初清政府推行新政时期，新工业制造品特别是进口货逐渐进入长江上游地区，但其对成都小商业的影响微乎其微。[3]从清政府崩溃到1937年为第二阶段，其间四川相对独立于中央政府，但像中国的其他地区一样，经历了社会的大动荡。1910—1930年代，军阀为了扩张自己的经济实力，不得不支持发展地方生产。然而，这时新建的大多数工厂，如能源、机械、纺织、化工、印刷、日用品等部门，大多不过是只有二三十或三五十个工人的小工场。1937年前的这个新发展是在地方政府支持下取得的。成都1934年有店铺17497间，到1936年仅茶馆、屠宰、浴室、理发、餐馆5个行业中，就有店铺3290家。1937—1950年是第三阶段，战争爆发后，大量的工厂随同众多的难民、政府部门和教育机构迁入成都，给城市经济注入新因素。1942年成都有现代工厂105家，1945年达到330家，但这不足以根本改变成都的经济结构。战后许多工厂不是迁走就是关闭，从而结束了成都短暂的"工业化"繁荣。1949年成都有28480家店铺，小商业的发展可以说达到顶峰，在成都经济中仍占主导地位。[4]这些数字告诉我们，在整个20世纪前半期，每四五户城市居民中，就有一家经营小店，或做小买卖，或从事手工业。这种基本经济模式从未因战争的爆发、政权的更迭或其他外部因素而中断，显示了小商业的坚韧性和持久的生命力。

数据分析

尽管关于成都的茶馆缺乏完整系统的统计，但从各种原始资料，包括档案、报刊及其他记载中，可以大致描绘从晚清至国民政府垮台时期茶馆行业的概况。从附表5《1909—1951年成都茶馆数量统计》中，我们可以看到成都茶馆的数量一直相对稳定，在500—800家之间。而中国最大、最繁荣、人口最多的城市上海，在1919年只有164家茶馆，成都同时期则有600多家。[5]据1932年《新新新闻》上的一篇文章描述，辛亥革命之后，成都的茶馆在1921年曾达到1000多家，之后开始急剧减少，[6]我认为这个数字不大可靠。根据其他可查证的统计资料，在1910—1949年间，即便成都人口从34万多人增长到65万多人，茶馆也从未超过800家。抗战期间，蜂拥而入的难民使城市人口数量猛增，1947年人口达到74.7万多时，茶馆也只有614家。1949年成都有茶馆659家，中华人民共和国成立不久后的1951年，茶馆数量降至541家。[7]成都茶馆数量的相对稳定，是茶社业商业职业公会和地方政府共同控制的结果。[8]

1914、1924、1929和1951年关于成都茶馆的统计资料相对完整，使我们得知茶馆的总数、分布、税务及成本等详情。从1914年的统计来看（详见附表6《1914年成都茶馆分布》和附表7《1914年成都茶馆分区详细统计》），当时成都分为6个区，共有茶馆681家。其时成都有516条街道，其中311条有茶馆。[9]到了1929年，区划从6个减少到5个，但茶馆的分布由311条街扩大到336条街，不过茶馆总数由681家略减至641家（见地图3）。在336条有茶馆的街道中，180条街有一家茶馆，91条街有两家，65条街有茶馆两家以上（见附表8《1929年成都茶馆的分区统计》和附表9《1929年成都茶馆按街道分布的统计》）。例如陕西街和浆洗街分别有7家茶馆，小天竺6家，东人街13家（见地图2）。[10]尽管茶馆遍布成都，但并非如一些

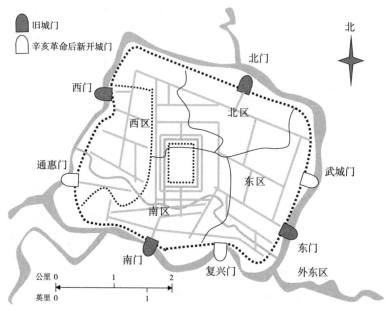

地图3 成都城市及其分区,1910—1940年代

观察者所说的那样每街必有。在闹市区和市郊的一些地区茶馆高度密集,如青羊场,不过3条街,居民约200来户,却有茶馆19家。[11]

茶馆在成都的分布相对均匀。附表10《1920年代末成都的街道、茶馆和人均统计》显示了茶馆的分布和城市人口的关系。从表中我们看到1929年成都有30多万人口,641家茶馆分布在5个区的336条街上,平均每千人就有2.12家茶馆。[12]第二和第四分区的居民最多(分别为75739人和74177人),其茶馆数量亦最多(分别为133家和136家)。而东城门外(外东区)茶馆分布最密,每千人有3家茶馆。在城墙内的城区中,西城区茶馆的密度最高,46195名居民有107家茶馆,分布于44条街上,每千人有 2.31 家茶馆。从晚清开始该区成为成都主要的休闲娱乐区，有著名的花会和少城公园，吸引了许多游客。

一些记录给我们提供了关于茶馆规模的资料，如茶桌的数量可以为我们计算每日茶客总数提供重要依据。1914 年，成都的茶馆共有茶桌 9958 张，每家平均 14.6 张，这表明大多数茶馆规模都较小。[13]然而这仅是征税茶桌的数字，实际的桌数可能要多得多，因为茶馆在"打涌堂"时添加桌椅是很平常的事，但为逃税并不上报。即使我们不把加座计算在内，1914 年按 1 万张茶桌来计算，每张平均接待 10 个客人，可以得出有 10 万名客人的总数，或每天超过 1/4 的成都居民去茶馆饮茶[14]。

1942 年初，有人试图估算成都的茶客总数。其方法是按 400 家茶馆，每家每小时最多接待 20 位客人，或全部茶馆每小时接待 8000 名茶客计算。假设茶馆平均每天经营 10 小时，那每天的茶客可达 8 万人。估计者写道：一天"就有八万人的生活消磨在茶馆里，这是多么惊人的事情！"[15]用同样的方法按 600 家茶馆（根据附表 5，成都当时有 614 家茶馆）来计算，茶客的总人数可达 12 万人。1947 年《新新新闻》发表《成都市茶馆业概况》称，当时共有茶馆 656 家，"散布本市各街"，设备较好、地方宽敞的甲等茶馆，"每天可卖到三千碗茶"，而能"卖到千碗茶者约四十家"。也即是说，仅这 40 家大茶馆，每天即有茶客 4 万人。[16]

一份 1949 茶馆日均销售的记录，为我们提供了最具体、最为可信的茶客人数的计算法。当年成都有茶馆 598 家，其中 60 家大茶馆每天各卖出 300 多碗茶，每天共 1.8 万碗；17 家最大的茶馆每天共卖出 4.27 万碗茶；370 家中等茶馆平均每天卖出 200 碗茶，总共 7.4 万碗；168 家小茶馆每家的平均日售量为 80 碗，每天共卖 1.34 万碗茶。根据以上估算，我们可以得出每日计有 10.54 万人到茶馆饮茶。[17]因此我认为，成都每天有 10 万—14 万人（即约 1/5 到 1/4 的城市人口）到茶馆喝茶，应该是比较可信的。估算茶客人数有多种方法，上述数字为我们提供了一个粗略概念。当然，这些茶客有很大部分是流动人口，他们比居民更依赖茶馆，但如果我们假设各茶馆的加座数与流动人口相抵消，到茶馆的居民的比例可能不会发生大的变化。

茶馆成为成都最重要的商业之一，尤其对许多普通老百姓来说，是赖以为生之地。有多少人以经营茶馆为生呢？1909—1910 年，成都有 6.7 万户，其中 518 户经营茶馆，931 户卖水烟，9 户搭戏班子，111 户从事演唱，589 户为茶馆挑水，总共 2158 户以茶馆为生计。如果按当时户均 5 口人计算，那么可以说茶馆养活了 1.1 万人。加上在茶馆做小买卖或打工之人，诸如小贩和理发匠之类，这个数字将会更大。[18]1932 年，茶社业公会更证实成都有 6 万多家庭成员和几千雇工靠 600 多家茶馆维持生计。按照这个估计，也即是说平均每家茶馆可直接和间接养活百人左右。1941 年茶馆雇佣人数在工商各业中排名第五。[19]

然而在成都所有小店铺中，茶馆占多大比例呢？舒新城于 1924—1925 年游成都时，估计每 10 家店铺中就有一家是茶馆。[20] 1935 年，成都小商铺有 6615 家，其中餐馆数量最多（2398 家），食品店次之（910 家），茶馆排第三（599 家），或者说茶馆占总数的 9%（见附表 11《1935 年成都服务行业统计》）。[21]这个比例与舒新城 1920 年代的估计很接近，或许说明了多年来茶馆在成都整个小商业中的稳定地位。

资金和财务

开办一家茶铺无须投入大笔资金，且回报相当不错。桌椅和茶碗是必备的，场地可以租用。[22] 有人认为，"只要计划得好，就是无本通商也可能把茶馆开起来"。或许这有些言过其实，但也的确反映了开茶馆相对容易这样一个事实。另外，那些从茶馆受惠的人，如从厕所淘粪作肥料的农民，或租用茶馆一角的剃头匠，还有给客人提供热脸帕和卖纸烟的小贩等等，向茶馆老板交押金也是一个通行的做法，成为茶馆开办基金的重要部分。这些预付的押金已足够交付首月房租和购买茶馆所需桌椅器具的费用。有些茶馆老板甚至要求那些擦皮鞋、卖报纸或其他卖日常用品的小贩投资茶铺，以换取他们在此谋生的权利。[23]

1930 年代以前有关茶馆投资金额的详细记录无从查找，但目前可以看到 1937 年有关这方面的不完整数字，即投资于 457 家茶铺的总资金为 58400 元，平均每家 120 元。[24] 1940 年的档案资料对茶馆投资有十分可信而且详尽的记录（见附表 12《1940 年成都茶馆资本统计》），资料显示最低投资额为 300 元，最高为 2500 元。事实上 610 家茶馆中有 450 家的开业费用处于最低水平，换句话说 74% 的茶馆启动金仅为 300 元；如果加上那些启动金在 400 元、500 元的茶馆，其总数达到 581 家，或者说占总数 95% 的茶馆处于这个投资水平。那些开办资金在 1000 元或以上的茶馆只占总数的 2%，即只有 12 家。从表中我们还看到投资 610 家茶馆的总资金为 227200 元，每家平均费用 373 元。[25]这说明在 1940 年 300 元是开一家茶馆的最低标准。但 300 元能买到什么东西呢？在过去，米价通常是物价的基础，也是通货膨胀的主要指标。1940 年 8 月 1 石米卖 141 元，因此 300 元可买 2.1 石米（约 294 公斤）。[26]

一些茶馆实行合伙制，因此可以筹集到更多资金。开办茶馆，业主必须登记和完成各项手续，档案资料保存了部分相关记录，业主填写的《商业登记呈请书》，提供了包括开办人姓名、地址、资本额、合伙人、营业性质等信息。以 1942 年成立的同兴茶社客栈为例，该茶馆由傅永清和巫品荣合伙开办，据他们所签合约，傅和巫各出资 1000 元作为本金，租浆洗下街铺房 2 间，内屋 3 间，共 5 间。付押金 400 元，每月房租 40 元。另租茶壶、茶碗、桌椅、被盖、床帐等。其余资金用作购茶叶、煤炭、雇工、伙食等费用。由傅负责保管银钱和查账；巫负责记账、采买、办伙食。而管理工人、日常经营等则各负责一天。每半月结账一次，当结余达 2000 元时可进行分红，但所有茶馆之必用材料，诸如茶叶、煤炭等则不能用于分红。像停业、重组等生意上的重大问题，都要由两人共同决定。对此政府还发布公告："傅永清、巫品荣创建同兴茶社，呈请登记给证案。呈悉，查核尚无不合，除公告外，准予发给商业登记证一张"。[27]（见插图 5-2、5-3）

有的茶馆则是多人合伙，如 1942 年位于盐市口的锦江阁集资达 3 万元，投资分为 10 股，每股 3000 元。一人拥有 4 股

第 5 章　经营——小本生意的管理和竞争

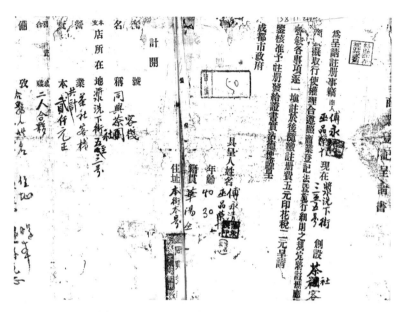

插图 5-2　同兴茶社《商业登记呈请书》(1)

资料来源：《成都市政府工商档案》：38-11-2192。

(1.2 万元)，另一人有 2 股（6000 元），其他 4 人各有 1 股。其《合同伙约》显示了该茶馆是如何经营、如何分配红利的。这家茶馆有经理、账房、堂倌各 1 人，另有 3 位选自股东的监事。经理负责一切业务，不拿薪水，但可报销业务花费，而账房和堂倌要付工资。经理有权开除或雇用伙计。茶馆每年两次向股东报告经营业务情况，包括开销、赢利或亏损。无论盈亏都平均分摊到每股。每年年终净利润的 20% 作为红利分发给股东。有关茶馆的任何决定或变动，如资本额的增减，都必须得到股东一致同意。这种经营方式与其他大多数以家庭为基础的茶馆不同，有限合伙人形式不仅分散了风险，而且持有较多资金使其能在同行激烈的竞争中占上风。[28]

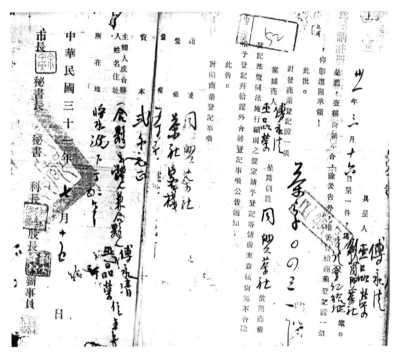

插图 5-3　同兴茶社《商业登记呈请书》（2）

资料来源：《成都市政府工商档案》：38-11-2192。

开茶馆无须大笔投资，且资金回笼很快。1910 年，悦来茶园的投资人每投银 10 两，得到 1.67 两的分红，另有 0.8 两的月息，加上他们在 1909 年的收益，投资人每投银 10 两可得 2—3 两的回报，可见是有利可图的。[29] 当然，一个茶馆是否赚钱还得看整个经济大环境，一旦经济萧条或衰退，茶馆所得便会大幅缩水，甚至出现亏损。[30] 1931 年 620 多家茶馆根据销售和支薪雇员人数分为四个等级：甲等的 20 多家，平均雇用 20 个或以上工人，每日销售 200 多千钱；乙等有 90 家左右，每家雇工 12 人或更多，日销售 100 多千钱；丙等大约 300 家，每家仅雇 5—6 人，日销售 40—50 千钱；丁等大约 200 家，通常为单间店面，雇 3—4 人，日售 20 千钱。但在 1930 年代初，根据茶社业公会报告，材料价格上涨，成本增加，茶馆各项支出中，燃料费占据 50%，茶叶和人工各占 20%。这导致一些茶铺亏本，甲等茶馆每天损失 30—40 千钱，乙等 20—30 千钱，丙等 10 多千钱，丁等 6—7 千钱。仅在一季度中，就有 40 多家茶馆倒闭。[31]

大多数茶馆在抗战时期面临资金危机。附表 13《1942 年四家茶馆的每日收入和支出统计》列出四家茶馆的财务状况，这个统计是根据这些茶馆要求政府允许涨价时所提供的资料作出的，从中可以看到这四家茶馆都出现了亏损。该表亦显示茶叶、燃料、薪水为茶馆主要开销。这四家茶馆分布在不同区域，正娱花园和二泉茶厅位于春熙路，此处被称作"特区"。德园茶厅和掬春茶楼位于"普通区"。四家茶馆的报表有一些注释，其中之一写道："正娱开堂迟收堂早，阴雨座稀。"关于二泉茶厅的注释称："人工高，开幕发欢迎卷八万张，每日计欢迎茶至四百元。"[32]

根据附表 14《1945 年甲等茶馆收支统计》，如果一个甲等茶馆卖 500 碗茶，每碗 15 元，其卖茶收入为 7500 元。茶馆还有其他收入，如脸帕服务、卖热水等，前者可收入 150 元，后者可收入 1000 元，二者合计大约占总收入 8650 元的 13%。表中显示，这些茶馆平均支出为 13210 元，超过平均收入，也即是说，一个甲等茶馆每卖 500 碗茶，将亏本 4560 元。我们还可以看到，燃料（包括煤和木炭）是最大的开销，为 7250 元，占成本的 55%，远远超过第二大开销茶叶（2400 元，占成本的 18%）。相比而言，工资开销较低，仅为1150元（9%）；除工资外，茶馆一般提供饭食，这个开销应该算是劳动力的支出。工资和饮食开销共2150元，占总开支的16%。其他开销还包括租金（2%）、税（2%）、修理费（2%）、贷款利息（2%）、捐献（不到1%），加在一起不到10%。这些数字使我们对茶馆的财务状况有了进一步了解。不过我们应该意识到，虽然茶馆面临销售不景气，但情况可能也不像其所描述的那么糟糕，公会和茶馆编制这些资料，是为了要求政府同意涨价和减税，因此不排除茶馆故意向政府高报支出、低报营收，以夸大茶馆所面临困难的可能性。[33]

谁是茶馆的主要经营者呢？茶馆同业公会会员名册提供了一些茶馆主人的背景资料，如年龄、出生地、性别、受教育程度、是否国民党党员等。从1940年的名单中，我们发现349名茶馆主人受过传统的私塾教育（57%），239人有小学文化程度（39%），仅有22人上过中学（4%），但无人有中学以上文化程度。[34] 由此我们得知茶馆的老板都多少受过一些教育，具有简单的读写能力，正如研究中国大众文化的学者所指出的那样，"晚期帝国时期，许多人都有阅读甚至书写能力，虽然他们不属于精英阶层"。[35] 这个教育背景或许可以帮助茶馆老板在茶馆取名、装饰、记账、管理等方面作出比较明智的决策。许多茶馆主人先在茶馆里当堂倌，从而对这一行当有了深切了解，一旦有机会，也可以圆他们做小老板的梦。所以有人称茶馆经营者"以堂倌出身者为多，外行较少"[36]。

一个1951年的统计显示，四川本省人基本垄断了成都的茶馆业，几乎看不到外省人在此经营茶馆。例如该年登记在册的

541人全为川籍，来自四川省内各县。[37] 虽然尚不清楚外地人为何没能涉足茶馆业，但正如我们所看到的那样，茶馆是本地文化和传统的鲜明象征，因此带外地口音的茶老板恐怕很难吸引众多茶客，茶客恐怕也很难相信外省人能够提供他们所需要的茶叶以及茶馆的那种氛围。茶馆主人是地方文化的一个组成部分，既是传承者，亦为传播者，他们不仅为居民提供饮茶服务，而且成为地方传统的一个符号。当沿海文化和西化浪潮冲击内地时，茶馆经理人便是站在前列的抗拒者之一。

经营和管理

无论经营什么生意，要想尽可能提高利润，关键是要降低成本。到目前为止，我们还没有看到任何关于茶馆的研究（甚至任何关于小商铺的研究）在这方面的分析，这可能是由于资料的缺乏。由于关于成都茶馆档案的发现，使我们有可能在这个问题上进行探索。虽然目前的有关重要资料都是1940年代的，但我们知道在整个20世纪上半叶，茶馆在经营模式上没有剧烈的变化，因此可以认为这些资料反映了晚清民国时期的一般状况。

从附表13《1942年四家茶馆的每日收入和支出统计》中，我们可以看到茶馆各项开支的具体数字，其中以燃料为最多。有趣的是，4家茶馆的茶叶和工资开支相同，而房租占的比例并不大。4家茶馆收支都不平衡，支出都大于收入，似乎都是亏本。根据这个表，正娱花园每天亏210元，二泉茶厅亏180元，德园茶厅亏60元，掬春茶楼亏40元。也即是说销售越多，亏本越多。正如前面所提到的，这些收支明细是茶馆为请求政府准许提价而提供的，因此存在夸大支出的可能性。其实我们仔细观察，就会发现这些数字的确存在一些问题，如德园茶厅的销售只有掬春茶楼的一半，但其茶叶和工资的开销与掬春茶楼相同。[38]更重要的是，这些茶馆都没有将副业收入计算在内，如已经讨论过的，茶馆的副业收入包括理发、卖货、擦鞋、厕所等，如果真的按有人所估计的，副业收入"占其总收入二分之一"的话，茶馆即使在卖茶上无利可图，那么实际上也还不至于亏本。[39]

附表14《1945年甲等茶馆收支统计》提供的信息更为具体。以收入为例，根据这个统计我们知道，甲等茶馆卖茶的收入占87%，卖热水占11%，热脸帕占2%。这里的热脸帕服务，应该是提供这个服务的人给茶馆经营者的租金和使用热水的费用，所以在茶馆总收入中占的比例并不高。该表显示茶馆仍然是支出大于收入，原来（涨价前）每卖500碗茶收入为8650元，支出为13210元，亏4560元。那么现在（涨价后）每卖500碗茶收入为14250元，支出为19743元，仍亏5493元。虽然如同前面所述之原因，亏损的数字可能有所夸大，但该统计仍然有用，因为它提供了茶馆各项收支的细目（尽管经过了茶馆经营者的修饰、篡改，但应该说不会太离谱），帮助我们考察茶馆的经营状况。我们看到，支出中仍然以茶叶和燃料为大宗，特别是燃料，占茶馆支出的1/2以上。1947年有类似统计，见附表15《1947年每售500碗茶的收支统计》。从该表的注释中还可以发现各项目的具体使用量，如茶叶、煤炭、伙食费等开销，还有每碗茶价格的涨幅，热脸帕服务的租金怎么算，茶叶使用多少，每斤分多少碗，炭用多少挑，每挑多少钱，雇工每天食米量及其开销，工资花费，贷款和利息等信息。

我还收集到1948年12月若干茶馆必需品的价格记录（见附表16《1948年12月茶馆必需品价格比较统计》），对我们了解茶馆的经营状况有进一步帮助，这些必需品包括煤、木炭、茶叶、电、水、灯油等。从表中我们发现同样的物品，价格可能略有不同，这可能一是因为茶馆的进货渠道各异，二是因为统计日期也有差别，虽然都是同一个月的数据，但当时的恶性通货膨胀导致几天之内也存在明显的价格差。原资料给出两个时期的价格，一是"原来"，二是"现在"，但不清楚这个"原来"的具体时间。根据其他资料，可以推之应是12月初或稍后的时间（也即附表16中"之前"的价格）。据《新新新闻》1948年12月4日报道："成都市茶社业近以燃料价涨，赔累不堪，昨日又呈请市府将现售之花茶每碗一角二分调整为二角，芽茶每碗一角五分调整为二角五分，闻市府当局正考虑中。"[40] 也即是说，政府批准涨价为每碗2角也是12月4日以后。由此可见，在不到一个月时间内，这些基本原料大部分涨了1倍或1倍以上（关于茶馆和茶社业公会为涨价与地方政府的交涉，见第6章）。如木炭从每车100元涨到240—250元，茶叶涨幅更大，从每斤3—4元涨到十几元。

经济萧条对茶馆的影响小于对其他行业的冲击。入夜是茶馆生意最好的时候，而多数商店此时已打烊关门。如一个地方文人所描述的："萧条市井上灯初，取次停门顾客疏。生意数他茶馆好，满堂人听说评书。"在与其他小商业的竞争中，茶馆占有优势，但同行间的竞争十分激烈。地方精英抨击新茶馆一家接一家在一小区域内开张,在商业区更是高度集中。为避免同行恶性竞争,茶馆同业公会试图限制茶馆数量,政府为此颁布了许多相应规章以示支持(对这个问题的进一步讨论见第6章)。另一方面,竞争带来更好的服务和更有效的经营管理,促进了茶馆业的繁荣。[41]

使用公共地带,扩大营业场地,以服务更多顾客,这成为茶馆扩大销售常用的策略。这些公共地带包括街沿、桥头、庙前空地、广场、公园树荫下等。茶馆一般都临街,当街的一面总是大开,便于顾客进出和观看街景,也使街头的行人能一瞥茶馆内风光,他们可能被熙熙攘攘的氛围所感染、所吸引而进入茶馆。很多茶馆根本就没有门,早上开门时把门板卸下,茶馆便大大敞开,如果室内拥挤,顾客很容易把桌椅搬到街沿上。虽然政府反复禁止茶馆占用公共地带,但那些规章实际上都没有被认真执行。

成都公园里是"茶馆林立,小贩充斥"。1929年,刚成立的市政府颁布禁令,不准茶馆超出自己的范围占地经营,少城公园、中山公园、支矶寺公园的茶馆联合要求政府修改这项决定,指出这样将使营业大减,因为夏天城内闷热,这些地方给乘凉的人提供了好去处。茶馆利用公园空间接待乘凉的客人行之多年,于公共秩序并无妨碍。如果新规定实行,茶馆将难以维持;没有茶馆,公园也失去了生机。[42]1932年政府指责在各公园的茶馆把桌椅移到营业范围之外,"但图己之私,不顾公众之利益",试图强化规章,要求茶馆保证顾客不将桌椅移到公共地带。[43]显然茶馆并不遵守这个规定,视利用公园空地为理所当然,在茶馆开办时，老板早已把周围空间计算在其使用范围之内，以尽可能服务更多客人来保证利润。1938年，少城公园的鹤鸣茶社面临破产关门，熊卓云出任经理，违规经营，把桌椅移到公共地段，将座位总数增加到500多。茶馆营业时间从早上6点到晚上9点，生意大好。后来茶馆以赚得的钱修建了公园进门处的石桥。[44]

大多数业主对自己的经营之道严加保密，诸如雇员的薪水、赢利及经营策略等，总之，无论用什么方法，他们都必须尽量多卖茶水。茶馆一般从早晨5点就开始营业，直到晚上10点。但有的茶馆开门更早关门更迟。如位于菜市棉花街的泰和亨茶社清晨3点即开门营业，以为那些把鲜货送到市场，在此饮早茶的菜贩提供服务。此类茶馆有"鬼茶铺"的绰号，因为它们开门时天尚未亮，正是人们认为鬼到处转悠的时辰。一家位于湖广馆的茶铺则一直营业到午夜，以方便那些在春熙路和东大街餐馆讨生活的工人，他们要在铺子打烊后，很晚才得闲到茶馆饮茶。[45]有的茶铺根据所处的位置，在不同的日期景况不同。青羊场是只有三条街、大约两百户居民的小市场，却有19家茶馆（见插图5-4），顾客都是赶场的农民和小贩。由于集市只在二、五、八开市，这意味着每月茶铺仅有9天好生意可做。[46]虽然这些茶铺平日照常开门，但真正赚钱则只能在赶场天，这反映了成都平原乡场人们有规律聚散之特点。另外，茶馆的生意一天之内也有自己的节奏，早晨和夜晚为高峰期，顾客多，称之为"打涌堂"。午后一段时间生意相对清淡，称为"吊堂"。当然这种节奏是由茶馆的营业地点和服务对象所决定的。那些位于菜市的茶馆天亮前便进入高峰期，而商业区的茶馆与邻近的商店一样，早晨稍晚才开门，茶馆必须依据自己所处的位置和顾客的需求调整经营策略。

插图5-4 赶场天的集市

成都北郊青龙场,1910年冬。着冬装的农民将萝卜等冬季蔬菜运到集市出售,从照片可以看到其他交易也在进行。

资料来源:当时任教于四川高等学堂的美国人那爱德(Luther Knight)所摄。照片由来约翰(John E. Knight)先生提供,使用得到来约翰先生授权。

茶馆要想生意兴隆,必须培养回头客。因此它们往往对清晨吃早茶的客人格外关照,因为他们基本都是常客,给他们的茶叶也比较多。茶馆努力营造舒适的气氛,雅致的高等茶馆将铜壶擦拭得闪光发亮,店堂内的桌椅干净整洁。欲招揽顾客,周到的服务很重要,而茶叶的质量更为关键。同样的茶叶用不同的烘制和混合技术,可以做成不同色、香、味、形的茶叶,品质高下立见分晓。[47]这种技术经常是茶馆出奇制胜的武器,保证茶馆的生存和生意兴隆。

茶叶进货渠道对茶馆也很关键。1930年代初,成都茶叶的销售由成华茶岸官茶店和元亨茶号垄断,在政府特许政策下,它们从产地买进茶叶,然后以高价卖出,这是从清代延续下来的配额茶岸制,地方政府和特权商从中牟取暴利。为了保护茶商的利益,茶社同业公会发誓进行抗争,"为谋解除痛苦计,除向各方呼吁外",还提出三个要求:"自行入山采茶,废除茶岸,恢复产地征税法。"茶社公会指出"官茶店以少数人,妨害民生",要求"政府主张公道"。限额体系于1942年被放弃,这样茶馆进购茶叶有了更多的选择。一些资金雄厚的大茶馆,如华华茶厅在茶叶的收获季节直接以低价从茶农手中买进全年的货物,它经常买进超过所需的茶叶,再将多余部分卖给其他茶叶店或茶馆。[48]茶馆是仅次于零售客户的最大买家。一个茶馆同一家茶叶店往往有多年的交道,茶叶店了解茶馆需要,在进货、价格、品质等方面都会优先考虑该茶馆。它们的合作可以维持多年。大多数小茶铺购买力有限,它们经常不得不以赊账的方式买进茶叶,即使是有能力支现的小茶馆,也经常只买当日所需的最少量茶叶,如两三斤,甚至一斤、半斤茶。[49]

从一定程度上说,茶馆仅卖茶是难以为继的,所以有人称,茶馆如果无副业,"蚀本真就够惨了"。甲等、乙等茶馆副业较多,包括理发、小卖部、擦鞋、脸帕、厕所等,据估计副业收入"占其总收入二分之一"。经营副业多系由茶馆"包租",或采用"每日分账式",后者即茶水由茶馆供给,"分账以碗计算",每碗分10%—20%。位于"僻街巷尾"的下等茶馆这些服务业比较少,则"以售出堂水"给居民为主要副业。[50]包租形式使茶馆与那些服务于茶客的各业建立了相互合作关系，小贩、屠夫、餐馆、理发、小吃摊主等，都有可能是一家茶馆的股东或与之有经济关系。食品摊主和肉贩常将摊位摆在茶馆门前，以便茶客吃完茶后能顺便带一块肉回家。人们经常在餐馆吃过饭后，相约到茶馆继续长谈。茶馆、肉贩和餐馆间并不将彼此视作竞争者，而是作为商业伙伴共存。至于那些要理发的人，据说，"差不多是百分之百"一边等候理发，一边悠闲地饮茶。理发匠充分利用茶馆热水的便利，通常在房间内租下一个角落。[51]

厕所（成都一般叫"茅房"）是茶馆必不可少的设施和副业，因为茶客饮水太多，必须有方便之处，人们幽默地说这是一条"流水线"。巴波回忆，"解放前，成都每条街几乎都有茶馆，同时也必然有厕所。这也是为了大家方便。绝不会像某些知名的南北大城市，找厕所有如上青天"。[52]茶馆厕所不但为茶客服务，实际上成了公共厕所，正如一句民谚所云，"要解手，茶馆走"，给附近居民的日常生活带来了方便。这类厕所大多很简陋，卫生条件差，一般与茶馆连在一起，经常臭味扑鼻。有的不过是在茶馆的后面搭一个棚，地下挖个坑，便是厕所，有的用破砖、木板、竹片搭成，最简单的厕所则是在角落里放一个尿桶。[53]这些尿水都包给了郊区农民做肥料，他们每天进城收尿水，在秋收以后会给茶馆送一袋干胡豆以示感谢，因此这种胡豆又被谑称为"尿水胡豆"。[54]由于大多数茶馆有自己的厕所，或者茶馆附近会有一个公共厕所，所以有人认为可以按照公共厕所的数量来计算茶馆的多少。作家何满子便注意到，20世纪30—40年代成都的公共厕所都有编号，一次他在北门附近发现一个厕所的数字是

970多号,因此他估计成都的茶馆可能上千。这个时期成都人口有40万左右,大约平均每400人有一家茶馆。虽然很多茶馆有厕所,但说每个茶馆都有厕所并不准确。我们知道许多居民依靠公共厕所,如果附近已有厕所,有些茶馆便不用再设置。事实上,一些茶馆的厕所并不算公共厕所,恐怕也并没有编号。据1927年的《成都市市政年鉴》,实际上当时成都有1259个公厕。[55]

电灯和其他新设施的引入也为茶馆带来顾客。以前茶馆用的是菜油灯,光线暗淡。劝业场于1909年最早使用电灯,吸引了众多访客,由于"游人如织",刺激了不少茶馆的开办。地方报纸评论道:"成都茶园发达,几有一日千里之势。"[56]各茶馆也以五花八门的手段来吸引顾客注意,如李劼人在其小说《暴风雨前》里,便描写了总府街的第一楼茶馆所玩的花招:

> 一路说着,走到总府街,行人更众了。到了第一楼,果见地势很好,漆得也辉煌,倒不觉得是由一家公馆的外厅和大门改造出来的。引起郝又三注意的,并不是这些,而是铺子门外悬了一块黑吊牌,用白粉写着:本楼发明蒸馏水泡茶。
>
> 吴金廷道:"他这里生意之好,就得力这蒸馏水泡茶。"郝又三模模糊糊记得理化教习史密斯在讲堂上讲过,蒸馏水是顶干净的水。但水之好吃,并不在干净的水,而在所含的矿质之不同。王翻译还加以解释道:"泉水好吃,就因为含的矿质多,所以水的比重也才大些。又说成都的水,含的碱质多,所以不好吃。"
>
> 他相信王翻译的话。遂笑道:"这未免新得过度了,蒸

馏水如何能吃？"

"大家都说，蒸馏水比薛涛井的水还好些哩！"他们进了门，楼梯旁边，就是瓮子锅烧开水之处，果然摆了一只小小的蒸馏器在那里，看来，比高等学堂理化室里的东西还小。

郝又三笑道："这就骗人了！如此小的一个蒸馏器，能供给一个茶铺之用吗？"[57]

这个细节反映了茶馆如何使用各种解数来吸引顾客，新奇便是制胜的手段之一。

当然，优雅的室内环境，也是茶馆吸引顾客的方法，不过在这类茶馆里，茶价自然不菲。李劼人对晚清成都这样一家茶馆有真实的描述：几个客人进门，发现茶馆顾客盈门，熙熙攘攘，他们上得楼去，却发现安静得多，只有稀稀拉拉七八个人，谈话都很小声。房间还有十来张麻将桌，上面铺着桌布，还有一张大八仙桌，中间放有一花瓶，周围有好几张新式扶手椅。楼上的茶贵得多，他们一坐定，"一个干净利落的堂倌便端着一个茶盘，从楼下飞奔上来，一直走到大餐桌前。一面把三把洋磁小茶壶，和三只也是洋磁的有把茶杯，一一分送到各人面前，一面笑容可掬地向郝又三打招呼道：'老师好久不来吃茶了。'"茶钱付了3角，其中一人说道："我这个土生土长的成都人，竟不晓得成都有这样茶铺，这样贵的茶！"[58]

又如1912年开张的陶然亭宣称其有五大卖点：一是"茶味浓厚"，特别是"改良绿茶"；二是"座场宏雅"，店堂装饰雅致、场地宽敞并有"单房雅座"，顾客"议事谈心，可免嚣杂"；三是"游戏文明"，提供西方的保龄球和台球，"足资消遣，有裨卫生";四是"消息灵通",装有电话,备有报纸,使"世界之情形了如指掌";五是"餐点便宜",附售面食、茶点、糖果等"价廉物美"的食品。少城公园的浓荫茶社则以富有异国情调的东南亚风格遮阳伞吸引顾客,而该公园的绿天茶社向顾客提供报刊和从京沪买来的书籍,还用留声机播放"精美"的音乐和歌曲,"以娱耳目,而快精神"(见插图5-5)。在1930年代,成都茶馆里的顾客可以从小贩那里租报纸,只需花几分钱,看完一份,还可以换另一份阅读。有的茶馆还提供"家庭间"。[59]尽管这种私人空间当时在成都并不很流行,但显示了茶馆不断努力满足客人,

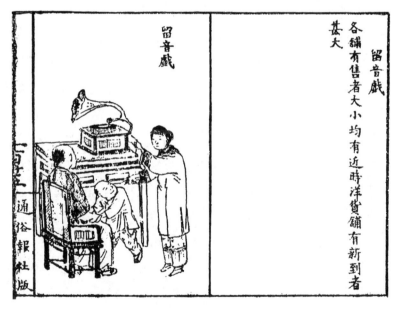

插图5-5 留音戏(留声机)

图题为:"留音戏,各铺有售者,大小均有。近时洋货铺有新到者甚大。"
资料来源:傅崇矩:《成都通览》第3册,第115页。

特别是那些试图将自己与普通大众区别开来的地方精英的需要。茶馆里提供娱乐是促进生意的另一策略,特别是位置偏僻的茶馆,评书和清音为最常见的娱乐形式,比较高档的茶馆则上演川剧。[60]

一些茶馆的经营非常成功,名声在外。那些著名的茶馆一般都规模较大,而且位处商业繁华区,它们的名字经常出现在地方报纸和其他文字中,居民和外来客也经常提到它们。这些茶馆的客人多,它们经营的方式、布置的风格、对待顾客的态度等,都成为茶馆文化之一部分。东大街华华茶厅,是抗战和内战时期成都最大的茶馆。该茶馆有两个天井,三个大厅,可同时接待上千顾客。创办人廖文长有30多年的从业经验,把许多新观念带进茶社业,在业内很有声望,1940年代末出任茶社业公会的理事长。华华茶厅是最早使用自来水的茶馆,并以此招徕茶客。每年正月初一从天刚亮到早上10点,茶馆提供免费茶,这也使华华茶厅大大出名。华华茶厅有50—60名雇员,被编为经理会计、开水、茶炉、毛巾四组,各司其职。每组选一人负责,每个雇员的职责都很明确,雇员守则清楚地规定了奖惩办法。店堂布置也很得体,廖请著名书法家写了不少中外警句,贴在墙上,每10天半月换一次。一幅巨大的日历挂在茶馆第一个厅的入口处,显得很有"现代"气派。华华使用的毛巾共有7套,上面印有星期,每天都有相应的毛巾,顾客一看脸帕,便知道今天是星期几。茶具也很讲究,茶碗是专门定做的。茶馆平日卖几千碗茶,星期天可达7000碗之多,需用几斤茶叶。虽然华华的茶叶并非成都最好的,但它给的量足,1斤茶分100碗。虽然其他茶馆也宣称有这个分量,但 1 斤茶经常要分 120 甚至 160 碗。[61]

在 1930—1940 年代,随着一些综合茶馆和咖啡馆特色的铺子的开业,新颖的服务项目和特色更为常见。总府街上的紫罗兰茶馆和商业场的白玫瑰茶馆,店堂不大但十分整洁,摆放着铺有白布的圆桌,桌上的花瓶插满了花。木椅小巧,做工精致,带盖的杯子取代了传统三件套的茶碗。它们提供不同种类的茶叶,还有牛奶、咖啡和西式小吃,留声机播放着流行的轻音乐和歌曲,顾客大多为喜欢"现代"气氛的青年学生。年青一代日益拥抱西方文化,这些茶馆便顺应这一新趋势。一些茶馆亦向社会团体,尤其是那些租不起办公室又无固定地址的社团提供场地。这种安排不仅能以租赁的方式给茶馆带来更多收入,而且在社团开会时带来了大量饮茶的顾客。许多茶馆的门上都挂有"某某协会"或"某某同业公会"的牌子。茶馆还邀请政府雇员和各种社团成为投资人,这些人来茶馆喝茶不用付现金,可以日后清账。[62]

在中国,个人的社交网络亦可带来生意上的成功。对一个茶馆主人来说,如果没有社会集团、地方权势人物、附近居民的支持,茶馆很难经营,也容易受到地痞的骚扰。枕流茶社于辛亥革命后在少城公园开办,有警察、政府官员、军官、袍哥等做后台。据经理人回忆,茶馆有 300 多平方米,坐落在河边的树荫下,还设有理发处、照片部、糖果小卖部,出租给小商贩经营。他竭尽全力建立与警察分所的关系,给他们提供免费热水。警察经常来"借"椅子、茶具等,老板也免费提供,因为迟早这些投资会得到回报,至少这些警察不会来制造麻烦。茶馆经常丢失茶具,有一次一天便被盗走五十余套之多,是被称为"红钱帮"的小偷集团所为。茶馆还必须与黑帮拉关系，在茶馆若干次由于斗殴而造成极大财产损失后，茶馆经理人不得不与袍哥取得联系，送一笔钱求得保护，从此类似事件不再发生。后来公园管理人忌妒茶馆的经营，试图关闭茶馆，但茶馆老板通过政府里的朋友，把事情搞定，茶馆得以幸存。[63]当熊卓云接手濒临破产的鹤鸣茶社时，他为了吸引顾客，跟所有的社会集团建立关系，培养感情，包括袍哥、政府官员、军人等，从而使茶馆能顺利发展。[64]关于茶馆与袍哥的关系在第8章将进行深入讨论，这里不赘述。

税务负担

现存档案中关于民国初期茶社业税务情况的资料相对丰富，这些记录透露了非常有用的关于茶馆的信息，从而使我们进一步了解成都小商业的经营和行业状况。由于茶馆征税是根据茶桌数，所以又称"茶桌捐"。关于成都茶馆的征税记录最早可追溯到1914年，当时成都有681个茶馆，9958个茶桌，日收税60302文，月收1749080文，平均每桌每月约176文，平均每个茶馆每月约2568文。大茶馆如怀园、芙蓉亭有40个茶桌，每日付税200文；而小茶馆如冷洪发茶社仅3张桌，日付税15文，差别甚巨。[65]1920年代，茶社税务记录更为具体。1924年，警察提高茶税，规定凡售茶每碗在50文者，每日每桌课税50文；茶价在20—50文者，每日每桌课税30文；茶价在20文者，每日每桌课税20文。[66]

根据1924年征税的详细档案资料，我们可以作比较具体的分析。以东区为例（见附表17《1924年东区茶馆税务统计》，当时成都分为东、南、西、北、外东五区），该区下分6个分所，各茶馆名称、地址、桌数以及旧税量和1924年新税量都有详细记载。整个东区有117个茶馆，新捐每天共计51010文，平均每个茶馆约389文，增长幅度最低者74%，最高者83%。由于捐税基于茶桌数，从这个税率我们可以推算茶馆的规模。从茶桌数看，东正所和东五所茶馆规模较小，而东一、东二、东三所较大，东四所的茶馆规模最大，平均日捐税为800文。

为了进行更细致的观察，我们把焦距缩小，从东区的6个分所中选东正所进行进一步分析（见附表18《1924年东正所茶馆税务统计》）。该分区共21家茶馆，其中7家仅有6张桌，8家有7—10张，4家有11—14张，2家有15—18张，也即是说大多数茶馆只有不到10张桌。其税额从120文到550文不等。这21家茶馆每天总共付税4835文，平均约230文。有6家茶馆售茶每碗20文，其余30—40文不等。[67] 为便于比较，再以东四所为例（见附表19《1924年东四所茶馆及税额统计》），该所为成都最繁荣的商业区之一，包括悦来商场、商业场、总府街等。该区有17条街，30家茶馆，总共有858张茶桌，其中方桌472张，其他类型桌386张。如果换算成计税的方桌，为719张，或者每家茶馆24张方桌。这些茶馆的总税额是24705文，平均每个茶馆约824文，平均每张桌约34文。这30家茶馆中，付税最少者每天仅150文，最多者3200文。每碗茶价从20文到50文不等，但只有养园的茶价高达80文。我们发现东四区的茶馆较东中区付税更多。[68]

我们再进一步把分析焦点缩小到一条街。这里以茶馆最多的东大街为例，该街为成都商业中心区，划分为上东大街和下东大街，1924年共有14家茶馆（见附表20《1924年东大街茶馆及付税统计》）。这14家茶馆共有229张方桌，98张小方桌。以2张小桌等于1张大桌换算，为278张桌，平均每家约20张。付税总额为7045文，平均每家约503文，即每张桌每天须付税约25文。从这些数字看，东大街的茶馆比东中区的平均税额高，但低于东四所。

各茶馆总是竭力减轻捐税负担。当1925年第一公园设立时，第一茶楼同时开张，虽然其有不少茶桌，售茶每碗70—200文不等，但从未付税。当警察前去收税时，该茶馆声称"系公家所开，并非私人营业，不能认捐"。但警察不再承认这个特权。[69]同年，青羊场的茶馆共同要求警察减税，指出该乡场只有3条街，200多家住户，却有19家茶馆，即平均每10户一家茶馆。该场以农历初一、五、八为场期，即每月仅有9天人们到此赶场和坐茶馆，其余时间顾客"有如晨星寥落，较之城内茶铺天壤悬殊"。这些茶馆请求警察按平均每桌每日15文收税，不分场期与否。虽然警察承认青羊场与其他地方的不同，但仍不同意这个办法。作为妥协，警察决定开场的9天付全额捐税，其余时间付半税。[70]

由于茶桌税是警察的经费来源之一，所以警察厅在税务问题上一般采取比较强硬的态度，但直接与茶馆打交道的分署警察对茶馆的困境多有同情，1926年警察分署处理一个老兵开的茶馆便是典型例子。李烈扬为废兵院伤兵，据李称，"住院负伤员兵，异常困苦,欲外出休息,茶资费用,亦无钱付给"。于是,李在院门左侧租屋半间,置靠壁桌三张,"专售院内负伤员兵",一碗茶售50文,允许伤兵赊账,因此茶馆几无现钱。按照新税法,李每天必须付90文的税,李声称"分文俱无,毫末生计,情实可怜",要求把税"全数豁免"。但警厅拒绝这个请求,称"茶桌捐一项,为本厅正当收入,例难减免",否则"不准开设"。而分署署长则呈请警察厅称"复查属实理合",请能"准予豁免,以示体恤"。警察厅最后承认该茶社"仅售茶与伤兵",因此"自与普通茶社有别",准予减免。[71]李烈扬非茶社公会成员,或许成都还有许多诸如此类的非正式茶馆,并未登记。这类茶馆一般由慈善或其他社会组织开设,由于不纳税,因此一般的统计资料中没有它们的记录。例如,儒教会开办一家茶馆作为宣讲儒经之用,但并无营业执照。[72]因此,成都茶馆的实际数量应该比官方和茶社业公会所公布的数字要高。这类茶馆实际上与普通茶馆竞争客人,茶社业公会当然对此不满。因为茶社业公会竭力对茶馆数量进行控制,特别是限制无照营业者,以减少竞争(对此问题的讨论详见第6章)。

环境和卫生

茶馆的各个方面,从店名到环境无不反映出传统和习俗,这成为地方文化和成都日常文化之重要部分。每家茶馆综合考虑环境和人文因素来取名,诸如悦来、芙蓉、竹园、品香等,以此来喻示这是饮茶休闲的最佳地点。[73]尽管不同的茶馆有不同的标准,但设店地点总是重要的,大茶馆一般选择商业中心和繁华街区,这些地方的租金较为昂贵,只有资金雄厚者方能承受,当然这些茶馆的利润也较高,顾客多是谈生意或进行社交的中上阶层。春熙路和东大街是成都茶馆最为密集的地方,前者有茶馆17家,后者有13家,而且都为大型茶馆。在商业场(晚清称之为劝业场),也有若干家能容纳一两百人的大茶馆(见地图2,插图5-6、5-7)。[74]

插图 5-6 劝业场

该商场建于晚清,从图中看是典型欧式风格。劝业场后改名"商业场"。资料来源:《通俗画报》1909 年第 3 号。

第 5 章　经营——小本生意的管理和竞争　255

插图 5-7　今日之商业场

虽然商业场昔日的风光已经不再，但它仍然幸存。其不远处便是大型超市"王府井百货"，更使商业场相形见绌。它可以说见证了整个 20 世纪成都商业的发展。

资料来源：作者摄于 2003 年 6 月。

　　1920 年代末，春熙路成为成都最热闹的商业中心，各种茶馆也随之开办。如有名的三益公，店面宽敞，有庭院、花园、楼厢，天气好时，那里座无虚席，茶客多是各业商人。同三益公类似，正娱花园也是一个露天茶馆，花草树木提供了清新的环境，有资料称该茶馆每天可卖两三千碗茶，顾客多是公司和政府雇员。益智和漱泉茶楼也坐落在春熙路，其最显著的特点是使用矮木椅而非普遍使用的竹躺椅，虽然坐起来没有靠背扶手的竹椅舒服，但顾客喜欢坐在临街的茶楼上，看街面上人来人往，茶馆因此获利不小。[75]春熙路的茶馆都名声在外,本书中多次提到它们的名字和那里发生的各种故事(见插图5-8)。

交通要道也是开茶馆的理想之地,如沿河伸展的太平下街地处商船码头,四方八面的运货船只需要在此停靠,附近的茶铺是苦力们饮茶吃饭、恢复体力的好地方。这条街只有两百来户人家,就有七家经营茶铺,其中四家聚集在街中心地段,分属何、蒋、俞、黄家。这些被称作"吊角楼"的茶铺半悬于水上,由多根木柱支撑,别有一番景色。[76]那些市场繁荣、人口密度高的区,经常一条街有几家茶铺,而商业欠发达、人口密度低的区,有时几条街才能找到一家茶馆。小茶铺一般都很简陋,主要服务于那

插图5-8　1997年的春熙路

之后春熙路又进行了大规模的改建,已经几乎不见原来的面貌。
资料来源:作者1997年夏拍摄。

些家住附近的下层民众，因此它们大多位于居民区和偏街小巷。

成都的公园也是茶馆的集中地，如仅少城公园就有六家茶馆（见地图2、4）。[77]公园的茶馆得天独厚，有怡人的环境和景色，为来自社会各阶层的访客提供服务。舒新城发现，茶馆几乎成为所有成都公园的中心：

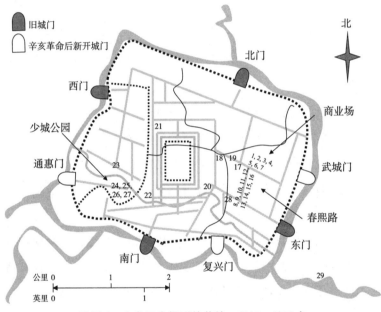

地图4 本书经常提到的茶馆，1900—1950年

1. 悦来茶园（商业场）。2. 同春茶社（商业场）。3. 陶然亭（商业场）。4. 怀园（商业场）。5. 宜春楼（商业场）。6. 二泉茶楼（商业场）。7. 可园（南府街）。8. 第一楼（春熙路）。9. 品香茶园（春熙路）。10. 三益公（春熙路）。11. 漱泉茶楼（春熙路）。12. 饮涛茶楼（春熙路）。13. 宜园（春熙路）。14. 益智茶楼（春熙路）。15. 正娱花园（春熙路）。16. 东方茶楼（春熙路）。17. 养园（锦华馆）。18. 惠风茶社（中山公园）。19. 芙蓉亭茶社（鼓楼街）。20. 安乐寺茶社（安乐寺）。21. 锦春茶楼（东城根街）。22. 安澜茶社（西御街）。23. 万春茶园（祠堂街）。24. 绿荫阁（少城公园）。25. 浓荫茶楼（少城公园）。26. 枕流茶社（少城公园）。27. 鹤鸣茶社（少城公园）。28. 华华茶厅（东大街）。29. 风云亭茶社（菖泉街）。

我曾经说过,成都人民的时间极充裕,常藉茶馆以消磨之,若到各公园一看,更证明我这话不错。第一公园是以口字形的茶馆为中心的,中城公园的茶馆踞北部之一大部分;什么东西都没有的支矶石公园,也有一座很大的茶馆;少城公园虽然各色俱备,但就各种场所所占面积看来,仍以茶馆为第一。茶馆为游人休息最适当的地方,无论什么地方的公园都是不能少的,不过公园以茶馆为中心却是比较地少有。而茶馆于其他游戏场所渺无人影时还是高朋满座,那更是少有了!

公园里的茶馆环境优美,从早到晚顾客盈门。在少城公园,每天"总见有百把两百人,好几家茶铺都坐满了。平扯下来,一天怕不有三几百人"。如绿天茶社设在绿叶成荫的树下,为顾客提供美丽的自然环境,用从薛涛井取来的水冲泡顶级蒙山茶(见插图5-9)。[78]

一些地处郊外的茶馆拥有令人心旷神怡的景色,成为那些寻求自然美景和新鲜空气的人的好去处(见插图5-10)。成都被清澈的江水环抱,建在城墙外江边的茶馆,既得益于江边的景色,同时直接用竹筒或水车轮来汲水泡茶,更是别有情趣。[79]吴虞在1938年的一则日记中,描述了一家位于西城门外河畔边的茶馆,星期日茶客云集,他估计当日可卖出七八百碗茶,进而感叹:"成都闲游茶客之多也。"庙会也给茶馆带来好生意。如每年春季的花会是成都最大的季节性集会,按传统都在西城门外的青羊宫举行,届时在此搭建有许多临时茶铺,有的茶馆内还演戏或提供其他民间娱乐。一首1928年的竹枝词描写道:"丘田顷刻变繁

第 5 章 经营——小本生意的管理和竞争 259

插图 5-9 公园里的茶馆

长卷风情画《老成都》局部。

资料来源：根据原作翻拍。作者：刘石父、李万春、谢可新、潘培德、熊小雄、孙彬、张友霖。使用得到作者授权。

插图 5-10 河边的露天茶馆

资料来源：作者摄于 2003 年 6 月。

华,开出商场几百家。酒肆茶寮陈列处,大家棚达篾笆笆。"[80]
(见插图5-11、5-12)1938—1941年,日机对成都进行狂轰滥炸,许多居民只好疏散到郊区,沿新南门外府河两岸许多临时茶馆应运而生,"江上村"便是其中之一,周围景色怡人,河水与幽深的竹林相映成趣,吸引了众多客人。这家茶馆分两区,前区为露天,用方桌和竹椅;后区为室内,用木桌木椅。天气好时,特别是躲警报的日子,前后两区都拥挤不堪。[81]

市内的茶馆缺乏自然美景,但也竭力以装饰来弥补,制造人工景观。例如梁园就有一个池塘,上建有凉亭。宜园则把座位安放在假山上,让顾客有置身于花园的感觉。锦春茶楼是一座老式

插图 5-11 花会

每年春天在青羊宫和二仙庵之间举行,为成都最大规模的传统公共聚会。长卷风情画《老成都》局部。

资料来源:根据原作翻拍。作者:刘石父、李万春、谢可新、潘培德、熊小雄、孙彬、张友霖。使用得到作者授权。

第5章 经营——小本生意的管理和竞争 261

插图 5-12 劝业会

1911年第四次劝业会,会场在青羊宫和二仙庵之间。我们可以看到临时搭建的展览棚。

资料来源:当时任教于四川高等学堂的美国人那爱德所摄。照片由来约翰先生提供,使用得到来约翰先生授权。

建筑,店内摆设盆景,常绿植物放在进门的两侧,宽大的主厅通到种满菊花的庭院,外加开满鲜花、香气四溢、建有假山的花园。大门右侧的收银柜台悬挂着13块写有茶名的木板,备有13种精致各异的茶碗。墙上挂着由著名学者书写的对联,大厅最里面有一个供艺人表演的戏台。[82]这类茶馆的价格通常较高,与主要服务于下层民众的简陋街角茶铺不可相提并论。

与那些高级茶馆相比,大多数低档街角茶铺的环境很差。稍上档次的茶馆肯花钱把茶馆的环境营造得更舒适宜人，而低等茶馆主要为下层民众服务，为了尽量降低成本，卫生状况经常被忽略，当然它们的顾客更关心茶叶是否足量，环境对他们来讲并不是最重要的，或者他们对简陋、脏乱的环境更具忍受力。李劼人是这样描述晚清的下等茶馆的："不大的黑油面红油脚的高桌子，大都有一层垢腻，桌栓上全是抱膝人踏上去的泥污，坐的是窄而轻的高脚板凳。地上千层泥高高低低；头上梁桁间，免不了既有灰尘，又有蛛网。"[83]在这些茶馆里，使用被污染的水、肮脏的桌椅，人们随地吐痰，座位上剪发刮胡，茶桌边修脚，还有臭气扑鼻的厕所。在庙会和其他节庆活动场所的临时茶馆，卫生条件更难保证，如在花会上，顾客们拥挤在临时搭建的茶棚里，由于环境肮脏，气味难闻，跳蚤横行，有人戏称它们为"臭虫窝"。各种小商小贩、顾客、民间艺人、观众挤在这些茶馆里，空气恶浊。直到1940年代，成都的茶馆仍然是以简陋者为主，所以有人说："成都的茶馆，家数甚多，多是千篇一律，未求精致。"[84]（见插图5-13）

在20世纪初，社会精英和地方政府把卫生视为塑造城市形象和衡量"文明"程度的重要问题，在全国各地，清洁都成为城市改良和国家介入城市事务的重要内容。在成都，1902年警察一设立，便立即着手改进卫生状况。宜春茶楼一个堂倌经常把水泼到地上，漏水造成楼下商铺损失，并引起冲突。一天警察总监周善培抓住他的违规行为，罚款4元作为警告，地方报纸称"罚得痛快"。[85]1926年政府颁发了专门涉及茶馆卫生问题的规章，条文包括茶馆雇员不得有性病和其他传染病，桌椅和用具必须保

第5章 经营——小本生意的管理和竞争　263

插图5-13　一家城门附近的街角茶馆

长卷风情画《老成都》局部。

资料来源：根据原作翻拍。作者：刘石父、李万春、谢可新、潘培德、熊小雄、孙彬、张友霖。使用得到作者授权。

持清洁，茶馆要配个痰盂，不准往地上吐痰，厕所不能有臭味，茶馆里禁止修脚，茶馆理发必须得到许可等等。1931年，警察厅令茶社业公会提供全部茶馆雇工的名单，以对他们进行卫生培训。次年，市政府颁布关于茶馆的五条禁令，要求江水必须用沙缸过滤三次，水必须烧到摄氏100度，茶馆附近不能有厕所，剩茶必须倒在专门的桶里，不能泼在地上，任何一家茶馆如违反规定都将受到惩罚。但这些规章没能得到认真贯彻，1934年警察收到一封署名"本市公民"的匿名信，抱怨在拥挤的茶馆里修脚和理发，脚臭难闻，剪下的头发经常飞到茶碗里，地下脏水四溢。警察厅再颁禁令，重申先前所颁布的关于修脚和理发的条规。[86]

在新生活运动中，卫生问题更成为关注的焦点。[87]1938年8月，成都卫生检查委员会与警察厅卫生处和新生活运动委员会联手，考察公园和其他公共娱乐场所的卫生条件。根据它们的调查，许多茶馆的卫生条件差，充斥着乞丐、小贩、修脚匠，影响环境。委员会要求警察加强卫生标准的实施。另外，委员会还制定规章要求茶馆、餐馆、客栈的雇工必须穿工作服和围裙，姓名牌戴在左胸，上面用红字写明其姓名和号码。按照规章要求，每个茶馆必须得到卫生许可证，患有肺病及梅毒、麻风等其他传染疾病者都不得当堂倌。雇员必须始终保持清洁。[88]

1940年代初这个标准进一步强化。1942年，成都市政府卫生事务所发布关于茶馆卫生的命令，市政府也颁发了若干关于餐馆、茶馆、理发铺、浴室等服务行业的规章。根据这些规章，事务所要求对全部茶馆进行卫生检查，然后发给卫生证，并登记有关事项（见插图5-14）。事务所制定《成都市饮食店及茶社清洁检查办法》，其目的是"阐扬新运精神"，"实行劳动服务"，"促进市民健康"，"养成良好习惯"，"加强抗战力量"，"争取最后胜利"。这样，卫生的问题与正在进行的抗战和国家的命运联系在一起。卫生事务所还发布了《成都市饮食店茶社清洁检查进度表》，挂在每个茶馆之外，每次检查结果都填进表内。[89]

同年，作为新生活运动的一部分，军队、政府、经济组织、

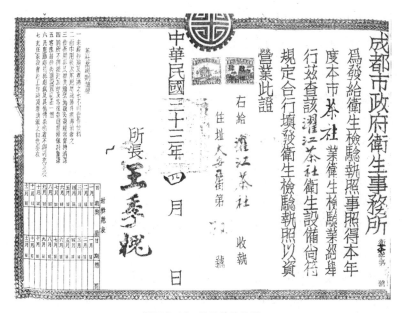

插图 5-14 卫生检验执照

该执照1944年4月由成都市政府卫生事务所发给濯江茶社。其右上角印有《茶社业规则摘要》，共七条。

资料来源：《成都市政府工商档案》：38-11-1441。

各级警察都要开展卫生检查。卫生事务所要求茶馆经理人经常性地检查茶房，以确定雇员"身体清洁"，那些患有肺病、癣疥的人不能受雇于茶馆。事务所还规定每三张茶桌必须提供一个痰盂，茶馆里的各种器具，包括茶碗、茶托、茶盖等，都必须保持清洁。茶社业公会也组织了一个小组，在政府检查前先对卫生条件进行自我完善。次年，市政府卫生事务所颁布《取缔管理本市娱乐场所暂行规则》，要求各娱乐场所提供全部雇员的姓名、年龄、籍贯、家庭住址及营业地址、雇员数量等，并再次重申相关规定。1945年，抗战到了决定性时刻，政府并未因此削弱对茶馆的控制，进一步颁布了《四川省管理茶馆办法》，要求各个茶馆必须"绝对"达到标准。1948年政府再次公布了这些规定。[90]

小本生意的生命力

通过考察茶馆的规模、投资、所有权、管理、竞争等各个方面，我们可以得知茶馆面临的困难和茶馆文化所具有的活力。本章利用不同时期的各种资料，对成都茶馆业状况进行了系统分析。整个晚清民国时期，成都有500—800家茶馆，数量上超过同期其他任何中国城市。成都居民与茶馆有着密切联系，相当大一部分居民是茶馆的顾客。在1930年代，茶馆大约给6万人提供了生计，这些数字还显示了茶馆在城市经济中所处的中心地位，茶馆成为成都最重要的商业之一，带动了其他行业，如餐馆、理发、小商小贩等。开办茶馆相对容易，仅需很少的投资。为了生存，茶馆都尽量降低成本，并提供最好的服务。每个茶馆都有自己应付各种情况的策略。它们相互竞争，以提供高质量的茶、舒服的环境、周到的服务、丰富的表演等，来吸引顾客，特别是维持大量的回头常客。

从表面上看，茶馆作为一个小本生意，在竞争中很脆弱，但是它们的小规模使其很容易开办和经营，并能根据情况进行调整，资本周转快，因此能够在艰苦条件下幸存乃至成长。茶馆经理人竭尽全力建立社会网络，培养与地方有势力人物的特殊关系。各个茶馆还有自己独特的经营方法和秘密武器。一些制胜的法宝，也很难永远保守秘密，一旦传出，便争相仿效，从而使整个行业改善了经营状况,为成都独特的商业文化和物质文化作出了贡献。而这种商业文化是长时期形成的,具有很强的灵活性。另外,成都休闲的生活节奏和地方传统,使茶馆不愁客源。即使是那些难以维持的茶馆,也可以等待时机,再图发展。许多茶馆是家庭经营,这样便降低了成本,即使它们的利润不高,但适应性强,经济不好时容易收缩,灵活应付各种危机。

可以这样认为,茶馆作为一个行业是坚韧的,尽管经历了战争、政治动乱、经济危机、社会演化,但是许多茶馆仍然生存了数十年。但另一方面,个体的小茶馆仍然是脆弱的,不少茶馆破产关门,无声无息地消失在人们的视线之外。任何意外事件,无论是一次火灾或水灾,还是地痞流氓茶馆斗殴,又或是政府一项限制政策,都可能危及茶馆的生意。我还没有发现在20世纪前50年里有任何小茶铺发展成大茶馆的实例,几乎所有的大茶馆都是从开办时便初具规模,它们投资多,营业的空间大,雇用的工人多,接纳的客人众,因此利润不菲。大茶馆的老板与地方政府的官员、军队和商界的头面人物,都建立了良好的关系,以得到保护。但那些小茶铺缺乏这些资源,资本少,规模小,利润低,无法再投资,故难以扩展,多数也仅处于糊口的水平。

过去地方政府对小商业采取的是任其发展不加干涉的政策,但20世纪初情况改变了。各种规章的颁布便是国家权力日益影响小商业的一个例子。从这些规章中,我们可以发现控制的问题对国家政权日渐重要。如在改良者和政府看来,卫生问题不仅是一个公共健康问题,而且攸关城市的形象和声誉。从晚清到国民政府崩溃,地方政府和警察不断颁布茶馆规章,这从一个侧面反映了国家努力的失败。从一定程度上讲,这种失败或许显示了传统地方小商业对现代化同一性的强烈反抗,因为那些改良措施使它们增加了成本,迫使它们改变经营生意的传统方式。因此,20世纪上半叶,在日益恶化的经济状况外加国家控制的强大压力下,成都茶馆艰难地生存和发展,显示了其旺盛的生命力。

注释

[1] 黄裳:《茶馆》,彭国梁编《百人闲说:茶之趣》,第 299 页。
[2] 关于现代企业的研究,见 Cochran, *Big Business in China: Sino-Foreign Rivalry in Cigarette Industry, 1890-1930* and *Encountering Chinese Networks: Western, Japanese, and Chinese Corporations in China, 1880-1937*; Köll, *From Cotton Mill to Business Empire: The Emergence of Regional Enterprises in Modern China*;久保亨『戦間期中国の綿業と企業経営』。对比较成功的商号的研究,见 Chan, "The Organizational Structure of the Traditional Chinese Firm and Its Modern Reform." *Business History Review* vol. 56 no. 2 (Summer 1982): 218-235; Zelin, "Capital Accumulation and Investment Strategies in Early Modern China: The Case of the Furong Salt Yard." *Late Imperial China* vol. 9 no. 1 (June 1988): 79-122; Zelin, "The Rise and Fall of the Fu-Rong Salt-Yard Elite: Merchant Dominance in Late Qing China." in Esherick and Rankin eds., *Chinese Local Elites and Patterns of Dominance*, pp. 82-109; Zelin, *The Merchants of Zigong: Industrial Entrepreneurship in Early Modern China*; Gardella, "Squaring Accounts: Commercial Bookkeeping Methods and Capitalist Rationalism in Late Qing and Republican China." *Journal of Asian Studies* vol. 51, no. 2 (1992): 317-339; Pomeranz, "'Traditional' Chinese Business Forms Revisited: Family, Firm, and Financing in the History of the Yutang Company." *Late Imperial China* vol. 18, no. 1

(June 1997): 1-38。关于西方特别是英国和法国的店铺的研究,见 Davis, *Fairs, Shops, and Supermarkets: A History of English Shopping*; Adburgham, *Shops and Shopping, 1800-1914*; Forster, *Merchants, Landlords, Magistrates: The Depont Family in Eighteenth-Century France*; Mui and Mui, *Shops and Shopkeeping in Eighteenth-Century England*。

[3] 王笛:《跨出封闭的世界——长江上游区域社会研究,1644—1911》,第324—348页。

[4] 何一民主编:《变革与发展——中国内陆城市成都现代化研究》,第182—201页;张学君、张莉红:《成都城市史》,第240—248页。

[5] 王国安、要英:《茶与中国文化》,第49—50页。

[6] 来也乙:《成都市茶社之今昔》,《新新新闻》1932年4月27日。

[7] 根据地方政府同年的另一项调查,有563个茶馆。(《成都市工商局档案》:119-2-167)出现这种情况,可能是因为两个资料虽然同年,但时间不同,因此数字有差异。

[8] 关于茶馆数量控制的问题见第6章。

[9] 成都街道数量的增长如下:1850年400多条;1909年516条;1939年576条;1944年684条;1950年734条。(吴好山:《笨拙俚言》,林孔翼编《成都竹枝词》,第69页;傅崇矩:《成都通览》上册,第25页;何一民主编:《变革与发展——中国内陆城市成都现代化研究》,第278、473、478页;四川省文史馆编:《成都城坊古迹考》,第305页)人们对成都茶馆的密度有不同说法,1938年的《成都导游》没有给出准确数字,但称成都有800多条街,平均每两条街有一家茶馆,大茶馆可容两三百人,小茶馆可容几十人。(胡天:《成都导游》,第69页)1942年秋池指出,成都1940年有611家茶馆,平均每街一家茶馆。(秋池:《成都的茶馆》,《新新新闻》1942年8月7—8日)1947年的《成都市茶馆业概况》也称成都"每条街都有一二家"茶馆。(《新新新闻》1947年7月21日)姚蒸明在回忆中称,据成都市政府1942年的统计,成都及周边地区有1600多家茶馆(姚蒸民:《成都风情》,

《四川文献》1971年第5期［总第105期］，第18页)，但是我没有发现任何其他资料支持这个数字。如果这个数字准确的话，我想可能包括成都附近乡场的茶馆。根据陈茂昭的说法，1949年，成都城内的茶馆占43％，城外57％。(陈茂昭：《成都的茶馆》，《成都文史资料选辑》第4辑，1983年，第179页) 如果也按这个比例计算1942年的茶馆数，城内应该有688家茶馆，与历年的统计基本吻合。

[10]《成都省会警察局档案》：93-5-1046。

[11]《成都省会警察局档案》：93-6-739-3。

[12] 美国城市的酒吧密度较成都的茶馆为高。例如芝加哥"在电车的尽头，总有几家酒吧"。(Duis, *The Saloon: Public Drinking in Chicago and Boston, 1880-1920*, p. 176) 1894年的纽约和旧金山的地图显示，在一些街区，每条街可多达十二三个酒吧。(Powers, *Faces along the Bar: Lore and Order in the Workingman's Saloon, 1870-1920*, pp. 156-157) 19世纪60—70年代，威尔士的瑞克斯汉（Wrexham）人口只有8000—9000人，却有85个饮酒处，平均每110人一家。见Lambert, *Drink and Sobriety in Victorian Wales, c. 1820-c. 1895*, p. 48。

[13]《成都省会警察局档案》：93-6-2635。

[14] 如果作最保守的估计，即按每张桌子每天平均有4个顾客（即每个座位每天只有一个顾客用）计算，那么顾客总数是4万人，即总人口的1/10。然而根据其他资料，显然这个估计太低。例如1924年每碗茶卖30文，但每个方桌的税是每天30文《成都省会警察局档案》：93-6-739-1），如果每桌平均每天只服务4人，那么税率是25％，显然这是不可能的。根据附表13和14，税率在1940年代为2％—3％。即使我们按1924年税率10％算（实际上应该大大低于这个税率），每桌至少每天可以卖茶300文，这即是说每桌平均每天至少有10个顾客。其他资料也显示，每个座位平均每天使用者超过10人。(张放：《川土随笔》，《龙门阵》1995年第3期［总第87期］，第96页；《成都省

会警察局档案》：93-6-739-2）1930—1940 年代，便有不少人对茶馆顾客数量进行估计，大多高于我的上述估计，下面列出若干以供参考。根据 1931 年的数字，261 个茶馆（显然这个数字不完全），共 203716 名顾客、870 名堂倌、经理人、挑水夫，3088 张桌子，29551 个茶碗，平均每天 134 元烟钱，792 斤茶叶，25699 斤柴和煤，平均每天收入 3948 元，每月 118600 元。这 261 家茶馆共有 3000 多张茶桌（平均每家 11.8 张），卖约 3 万碗茶（平均每家约 113 碗）。（《四川月报》1933 年第 3 期，第 126—127 页）同其他资料相对照，这些数字似乎有问题。根据附表 5 可知，1931 年成都有 621 家茶馆，如果 261 家茶馆可以服务 20 多万个顾客，那么 621 家所服务的人便超过成都总人口了（人口数见附表 1）。而且既然全部茶馆每天卖 3 万碗茶，那怎么可能有 20 多万顾客呢？因此从逻辑上讲说不通。一篇 1933 年的文章，按成都 200 家茶馆算，平均每天卖 800 碗茶，这即是说平均每个茶馆每天接待 800 个顾客，全成都即可达 160000 个。每天消费 4800 元，每月 144000 元，一年 1728000 元。这个钱可以给 864000 个饥饿的人提供一个月食物，或者建修 3200 里道路。（病非：《消费小统计》，《新新新闻》1933 年 10 月 29 日）该文章关于茶馆数量的计算比实际数低得多，但我认为每个茶馆平均每天 800 个顾客估计太高。例如 1914 年，681 家茶馆共有 9958 张桌子，平均每家 14.6 张。如果每个茶馆接待 800 人，那么每张桌子平均每天要服务约 55 人，显然是不可能的，即使 1930 年代茶馆平均接待的客人比 1910 年代要多。

[15] 此君：《成都的茶馆》，《华西晚报》1942 年 1 月 28—29 日。但是那年稍后，另一个资料估计每个茶馆每天平均接待 50 个顾客，因此全成都每天平均有 30550 名茶客。见秋池《成都的茶馆》，《新新新闻》1942 年 8 月 7—8 日。

[16]《成都市茶馆业概况》，《新新新闻》1947 年 7 月 21 日。

[17] 原资料没有说清楚那 17 家最大的茶馆所售的 42700 碗茶是否已经包括在前面所提到的 60 家大茶馆售茶数之内，但是根据计算，即 60+

370+168=598，刚好和总数吻合，因此17家最大的茶馆售茶数应该已经包括在60家大茶馆内了。每天茶客的数量在10万人以上，相当于每个家庭的男主人都去茶馆（成都1949年有12.6万户，见附表1《1910—1949年成都人口统计》）。如果我们加上那些去茶馆的小孩，数字应该更大，而小孩一般是不买茶的，所以没有计算在内。感谢周锡瑞提供的这个思路。

[18]《四川官报》1910年第2号。

[19]《成都快报》1932年4月23日。同年的另一份资料提供了不同的算法：8000多人以茶馆为生，包括茶馆老板、经理人、其他雇员，但这个计算没有把他们的家属包括在内。(《新新新闻》1932年4月27日）根据一项1936年的警察调查，茶馆业有3403名男性和415名女性。(《新新新闻》1936年4月29日）大北茶厅1948年被政府勒令关门后，经理请求准许重开，其主要的理由是许多人依靠这个茶馆为生，包括理发匠、卖香烟、小贩等，"生计断绝，难维现状"。(《成都市政府工商档案》：38-11-1440）据1951年的调查，当时以茶馆业为生者有3885人，平均每个茶馆7人。见《成都市工商局档案》：119-2-167。

[20] 舒新城：《蜀游心影》，第142页。

[21]《新新新闻》1935年1月11日。不过，这些数字似乎也不全，因为一年前，即1934年，省城警备部户籍处对成都住户进行人口普查，其结果编制有"分类极为精确"的普查报告。普查没有将茶馆专门列入一类，而是与"饮食"放在一起，总共为6552家，占成都总住户的8%。见《新新新闻》1934年4月5日；附表1《1910—1949年成都人口统计》。

[22] 开办茶馆的基本要求非常低，所以有人说两三张桌子、五六把椅子便具备了基本条件。（叶雯：《成都茶座风情》，《成都晚报》1949年3月20日）事实上，还是需要很多其他东西的，以下3份清单提供了比较详细的信息。第一份是由于一家茶馆与房东的纠纷（1922年），打

官司时提供了开办一家茶馆所需物品的比较完整的记录：100 把竹椅，20 张方木凳，7 张折叠桌，3 个石缸，4 个陶缸，1 个炉灶，1 个电表，7 盏灯，1 个铜罐，1 口小铁锅，1 个柜台，116 个茶碗，102 个茶盖，116 个铜茶托，77 个小铜茶托，6 把铜水烟，3 个铜脸盆，5 把铜茶壶，1 把铜吊壶，2 个水桶，1 个砖台，1 个花台，55 扇玻璃，2 个竹水管，2 张布棚，8 张玻璃瓦，5 张旧木方凳，1 个木橱柜。(《成都市政府工商档案》: 38-11-2322) 第二份是茶馆斗殴损失清单 (1941 年)，从另一个角度提供了茶馆所需物品的信息: 185 个茶碗, 165 个茶船，171 个茶盖，2 个茶壶，75 把椅子，7 张桌子，35 只烟袋，45 包香烟，4 个长凳，31 个凳子，240 支烟卷，25 盒万金油，18 盒八卦丹，5 把蔬菜，7 包金灵丹，12 包头痛粉，134 碗茶叶，265 碗茶的茶钱。(《成都市商会档案》：104-1397) 第三份也是茶馆斗殴损失清单 (1946 年): 149 个茶碗，182 个茶盖，5 个茶壶，1 个热水瓮子，1 个滫水缸。茶馆物品的 2/3 被损坏。茶馆还有一个厨房，损失了如下东西: 1 个铁炒菜锅，1 个灶，1 个橱柜，5 个小陶碗，1 个陶缸，31 个碗，5 个细瓷饭碗，11 个粗瓷饭碗，8 个调羹，1 个米盆，1 个水缸，9 盘菜，1 钵萝卜烧肉，共值 86000 元。见《成都省会警察局档案》：93-2-3282。

[23] 陈茂昭:《成都的茶馆》,《成都文史资料选辑》第 4 辑，1983 年，第 183 页; 姜梦弼，78 岁，1997 年 6 月 22 日在悦来茶馆与作者交谈。一家地方报纸的报道透露这是一个通常的筹集资金的方法: 在茶馆老板邹某死后，其遗孀试图继续经营茶馆，她从热脸帕服务和其他小贩那里收取了 400 元押金，但房主不让她继续租房，并要她搬出，于是她卷款逃走。见《国民公报》1929 年 8 月 14 日。

[24] 实际上成都 1936 年有 640 家茶馆。见附表 5《1909—1951 年成都茶馆数量统计》。

[25] 有一个不同的数字: 1940 年 614 家茶馆共有资金 230800 元 (陈茂昭:《成都的茶馆》,《成都文史资料选辑》第 4 辑，1983 年，第 182 页),

这些钱大约可以买 820 石米，每个茶馆平均约 380 元，能买 700 多斤米。（但仅半年以后，由于米价大涨，仅能买 300 斤米，参考附表 22《1909—1948 年茶与米价的比较》）另一有详细记录的年份是 1951 年，我考察了统计表中前 30 家茶馆，资本最多者为 14178180 元，最少者 2014640 元。这 30 家总资本为 174762180 元，平均 5825406 元。其中 17 家有不同程度的欠债，包括投资很大的茶馆，如兴和茶园，有固定资本 15096360 元，流动资本 1413190 元，但也有 2864400 元的债务。这 30 家茶馆的全部债务是 13952090 元。（《成都市工商局档案》：119-2-167）请注意这里是旧币，1955 年发行新币时，新旧币的折合比率为 1 比 1 万。见《人民日报》1955 年 2 月 21 日。

[26] 李竹溪、曾德久、黄为虎编：《近代四川物价史料》，第 369 页；附表 22《1909—1948 年茶与米价的比较》。当然也有的茶馆资本雄厚，如桃园茶社在 1940 年 10 月开张时有资本 2000 元。见《成都市政府工商档案》：38-11-298。

[27]《成都市政府工商档案》：38-11-2192。

[28]《成都市政府工商档案》：38-11-2192。1947 年政府试图介入茶馆生意，四川省政府社会处在中山公园建立游乐园，设立一个官办茶馆和一个饮茶部。社会处提供 50 万元（法币）资助这个计划。在两个花园间的空地搭建了竹棚，修了竹栏杆。这个茶馆可以服务两百多位顾客，使用电灯，栽种各种植物，创造了一个"幽雅"的环境，由社会处委派经理和会计进行管理，但其他雇员工资则由茶馆决定和支付。见《四川省政府社会处档案》：186-3367。

[29]《通俗日报》1911 年 8 月 3 日。J. 伊万斯注意到开茶馆的好处："人们都知道茶馆总是有现金在手，对于那些赌棍来说，有的茶馆犹如民间银行，或者借高利贷以付嫁妆、买房、开铺子、做茶叶生意、投资稀有金属或购置不动产。有若干茶馆老板挣够了钱以资助儿子参加科举考试，许多官员还得感谢他们努力勤奋的先辈开茶馆打下的基业。"（Evans, *Tea in China: The History of China's National Drink*, p. 61）

陈茂昭估计,如果全部开销包括茶、燃料、雇工、租金等算作一个单位,每天每卖 100 碗茶,加上出售开水热水,便可以得 2.5—3 个单位,也就是说茶馆可以得到 2—3 倍的回报。(陈茂昭:《成都的茶馆》,《成都文史资料选辑》第 4 辑,1983 年,第 185 页)从上文的分析来看,伊万斯和陈茂昭可能都过高估计了茶馆的赢利。

[30] 第 6 章对这个问题作进一步讨论。

[31] 《国民公报》1931 年 1 月 15 日。

[32] 《成都市政府工商档案》:38-11-650。

[33] 《成都市商会档案》:104-1390。

[34] 《成都市政府工商档案》:38-11-1539。

[35] Johnson, Nathan, and Rawski eds., *Popular Culture in Late Imperial China*, p. ix.

[36] 《成都市茶馆业概况》,《新新新闻》1947 年 7 月 21 日。

[37] 《成都市各行各业同业公会档案》:52-128-2。不过也有例外。据老茶客李英回忆,1940 年代,两个华裔英国人,皆系 50 多岁的妇女,丈夫在英国死于空袭,她们在北打金街开了一家"中英茶馆"。两人虽然有中国人的面孔,却不会讲中文,因此人们称她们是"假洋女人"。虽然该茶馆公众知道不多,却是许多想练英语的中学生喜欢的去处。(李英:《旧成都的茶馆》,《成都晚报》2002 年 4 月 7 日)但我没有从茶社业公会的登记中找到关于这家茶馆的记录。

[38] 该年 10 月还有另外一个茶馆全月成本的统计,包括鹤鸣茶社和王秀山茶社,列在这里做参考(前一个数为鹤鸣的数据,后一个数为王秀山的数据,单位:元):煤:1560,2080;木炭:2400,3600;雇工:1000,4000;税:330,缺;租金:2,200;电:55,200;茶叶:120,160。卖茶收入鹤鸣为 1.1 万多元,王秀山为 1.8 万多元。鹤鸣茶社的租金仅 2 元,不知是否原表有误。见《成都市政府工商档案》:38-11-650。

[39] 《成都市茶馆业概况》,《新新新闻》1947 年 7 月 21 日。

[40]《新新新闻》1948年12月4日。

[41] 林孔翼编:《成都竹枝词》,第165页;《通俗日报》1909年10月19日。例如劝业场开了一家茶楼,生意不错,不远的华兴街又开了一家,也生意兴隆,于是劝业场对门再开一家,以半价招徕顾客。地方报纸对此评论道:"西国人的商业,是与外国人竞争,不是自己人与自己人竞争。我们四川,多半是自己与自己争。"见《通俗日报》1909年10月28日。

[42]《成都快报》1938年12月1日;《国民公报》1929年6月25日。

[43]《成都快报》1932年4月28日;《成都市市政公报》1932年第44期。

[44] 作者采访熊卓云,熊先生当时89岁,2000年8月9日于熊家。

[45] 作者采访熊卓云,熊先生当时85岁,1997年6月22日于悦来茶馆;陈茂昭:《成都的茶馆》,《成都文史资料选辑》第4辑,1983年,第184页。

[46]《成都省会警察局档案》:93-6-739-3。

[47] 陈茂昭:《成都的茶馆》,《成都文史资料选辑》第4辑,1983年,第183—185页。

[48] 来也乙:《成都市茶社之今昔》,《新新新闻》1932年4月27日;《成都快报》1932年4月23日;贾大泉、陈一石:《四川茶业史》,第7章;陈茂昭:《成都的茶馆》,《成都文史资料选辑》第4辑,1983年,第183页;文闻子编:《四川风物志》,第456页;王泽华、王鹤:《民国时期的老成都》,第112页。根据另一资料,民国时期成都有50多家茶叶店,并成立有自己的公会。(贾大泉、陈一石:《四川茶业史》,第365页)但张承春(民国时期为一个茶厂的老板)认为,1949年以前成都有90家茶叶店。见张承春《解放前成都茶叶经营管理史话》(手稿),第6页。

[49] 张承春:《解放前成都茶叶经营管理史话》(手稿),第23页;陈茂昭:《成都的茶馆》,《成都文史资料选辑》第4辑,1983年,第183页。H. C. 梅(Hoh-Cheung Mui)和L. 梅(Lorna Mui)研究了18世

纪英格兰的小店主、经营方式以及顾客，见 Mui and Mui, *Shops and Shopkeeping in Eighteenth-Century England*, pp. 200-220。

[50]《成都市茶馆业概况》，《新新新闻》1947 年 7 月 21 日。

[51] 王庆源：《成都平原乡村茶馆》，《风土什志》1944 年第 1 期（总第 4 期），第 34 页；此君：《成都的茶馆》，《华西晚报》1942 年 1 月 28—29 日。

[52] 巴波：《坐茶馆》，彭国梁编《百人闲说：茶之趣》，第 294 页。

[53] 太简陋的厕所甚至可能发生事故，如下北打金街香泉居茶社厕所的尿坑里，"发现一人淹死在内，头部跌入尿水中，双脚朝天"。（《新新新闻》1948 年 2 月 23 日）关于成都的厕所改良，见 Stapleton, *Civilizing Chengdu: Chinese Urban Reform, 1875-1937*, p. 137。

[54] 柴与言：《话说尿水胡豆》，冯至诚编《市民记忆中的老成都》，第 105—106 页。

[55] 何满子：《五杂侃》，第 139 页；《成都市市政年鉴》（1927 年），第 506 页；巴波：《坐茶馆》，彭国梁编《百人闲说：茶之趣》，第 294 页。在王旭峰的《茶人三部曲》的第 2 卷中，也通过书中人物写到成都茶馆：1939 年，出生于杭州茶叶世家的杭汉因战争逃难到重庆，一次与同学去茶馆，当他第一次看到这么多扶手椅和茶桌，很吃惊地叫道："我那开茶庄的杭州伯父若看到这里的茶馆，才叫开心呢。"有一个来自成都的同学则不以为然地说："杭同学，这你就少见多怪了。四川茶馆甲天下，成都茶馆甲四川，我们成都的茶馆才值得你如此啊哟啊哟地叫呢！你若在街上走，没几步就是一家矮桌子小竹椅的茶馆，旁边还配一个公厕。前些日子我回家专门数了一次，数到一千个公厕，那么茶馆少说也有近一千个吧。"见王旭峰《不夜之候》，《茶人三部曲》之二，第 380 页。

[56]《通俗日报》1909 年 10 月 20 日。不过使用电灯也可能造成混乱，如一次第一大舞台演出时电灯突然变得很亮，观众被吓得拼命逃离剧场，由于门太狭窄，几个人被踩伤。见《国民公报》1917 年 4 月

3 日。

[57] 李劼人:《暴风雨前》,《李劼人选集》第 1 卷,第 601—602 页。

[58] 李劼人:《大波》,《李劼人选集》第 2 卷,第 1060—1061 页。

[59] 《国民公报》1912 年 9 月 7 日、1918 年 5 月 8 日;秋池:《成都的茶馆》,《新新新闻》1942 年 8 月 7—8 日;作者采访熊卓云,2000 年 8 月 9 日于熊家;何满子:《五杂侃》,第 194 页。

[60] 精彩的演唱有助于吸引常客,关于这个问题的进一步讨论见第 3 章。有的茶馆为了吸引更多顾客,违反规定,暗中接待推车夫在茶馆过夜,警察以防止歹徒隐藏为由予以禁止。见《国民公报》1929 年 10 月 17 日。

[61] 陈茂昭:《成都的茶馆》,《成都文史资料选辑》第 4 辑,1983 年,第 183 页;文闻子编:《四川风物志》,第 456 页;王泽华、王鹤:《民国时期的老成都》,第 112 页;海粟:《茶铺众生相》,冯至诚编:《市民记忆中的老成都》,第 141 页;龙在天:《华华茶厅》,成都市群众艺术馆编《成都掌故》第 1 辑,第 527—528 页;张承春:《解放前成都茶叶经营管理史话》(手稿),第 23 页。

[62] 《国民公报》1929 年 10 月 17 日;王庆源:《成都平原乡村茶馆》,《风土什志》1944 年第 1 期(总第 4 期),第 34 页;海粟:《茶铺众生相》,冯至诚编《市民记忆中的老成都》,第 141 页;作者采访熊卓云,2000 年 8 月 9 日于熊家。成都还有一些咖啡馆,1931 年沁芬咖啡馆在商业场开张,雇用年轻艺人,但当局指控其"藏垢纳污",将其关闭。见《成都快报》1932 年 3 月 31 日。

[63] 王世安、朱之彦:《漫话少城公园内几家各具特色的茶馆——回忆我经营枕流茶社的一段经历》,《少城文史资料》第 2 辑,1989 年,第 155—156 页。

[64] 作者采访熊卓云,2000 年 8 月 9 日于熊家。

[65] 《成都省会警察局档案》:93-6-2635。

[66] 《成都省会警察局档案》:93-6-739-1。

[67]《成都省会警察局档案》：93-6-739-1。

[68]《成都省会警察局档案》：93-6-739-1。养园的茶价高出许多，据说是因为它的露天茶桌占大半，阴雨天无法接待客人，因此过去其付税法与其他茶馆不同，并不按茶桌算，每日固定付税3500文。但是1924年新税改变这一传统办法，要求养园按桌付税，但养园请求在原税基础上加300文。通过反复讨价还价，养园增税500文，即每日付税4000文。这显然对养园有利，因为500文不过在原税基础上增加约10%而已，而其他茶馆一般都增税70%，有的甚至接近90%。不过养园仍然比该分区的其他茶馆付更多的税，有些茶馆的茶桌数比养园还多，但税总额不及养园。见《成都省会警察局档案》：93-6-739-1。

[69]《成都省会警察局档案》：93-6-739-1。

[70]《成都省会警察局档案》：93-6-739-3。

[71]《成都省会警察局档案》：93-6-739-3。

[72]《成都省会警察局档案》：93-5-1046。

[73] 此君：《成都的茶馆》，《华西晚报》1942年1月28—29日；陈锦：《四川茶铺》，第33页。茶馆之名可以分如下类别：文雅和有趣类，如宜春、映月、饮涛、竹园等；与茶有关类，如茗园、品香、蒙顶、陆羽等；用老板名字类，如方记、曾记、师亮等；街名类，如华兴、青龙等；方位类，如东园、西园、中心等；数字类，如第一楼、二泉、三益公、四明、五福等；幸运词类，如宏兴、顺兴、同兴、兴盛等；外国类，如百老汇、白玫瑰、紫罗兰等。见陈茂昭《成都的茶馆》，《成都文史资料选辑》第4辑，1983年，第180—181页。

[74] 陈茂昭：《成都的茶馆》，《成都文史资料选辑》第4辑，1983年，第179页；李英：《旧成都的茶馆》，《成都晚报》2002年4月7日；《国民公报》1918年1月29日。在春熙路，有正娱、新仙林、新蓉、白玫瑰、品香、吉安、二泉、宜园、双龙池、三益公、漱泉、益园、春熙第一楼、益智、清和、都益；在东大街，有关东、闲居、王自清、槐园、三桃园、东篱、沁园、刘家柯、多福儿、留芬、华华、掬春

楼、会友轩。这些地区的茶馆数量时有变化，如春熙路，除了上面所列举者，还有颐和园、来福、饮涛等；商业场有益春、怀园、陶然亭等。又如，前面提到东大街有 14 家茶馆，由于统计时间不同，茶馆数量也就相异。见陈茂昭《成都的茶馆》，《成都文史资料选辑》第 4 辑，1983 年，第 179 页；李英《旧成都的茶馆》，《成都晚报》2002 年 4 月 7 日，《国民公报》1918 年 1 月 29 日。

[75] 李英：《旧成都的茶馆》，《成都晚报》2002 年 4 月 7 日；海粟：《茶铺众生相》，冯至诚编《市民记忆中的老成都》，第 140 页。

[76] 清有正：《锦城南岸一小街》，冯至诚编《市民记忆中的老成都》，第 20 页。

[77] 包括枕流、鹤鸣、绿荫阁、永聚、文化、射德会。除上列 6 家外，还有资料表明应该有 9 家，即加上浓荫、荷花池、绿天，不过这 9 家茶馆不一定是同时存在。少城公园后改为中城公园，但具体改名时间不详，不过 1946 年的文献已经显示新名。见李英《旧成都的茶馆》，《成都晚报》2002 年 4 月 7 日，《国民公报》1918 年 5 月 8 日；《成都省会警察局档案》：93-2-759。

[78] 李英：《旧成都的茶馆》，《成都晚报》2002 年 4 月 7 日；舒新城：《蜀游心影》，第 170 页；《国民公报》1918 年 5 月 8 日，1929 年 6 月 25 日；李劼人：《大波》，《李劼人选集》第 2 卷，第 122 页。关于公园与茶馆关系，见李德英《公园里的社会冲突——以近代成都城市公园为例》，《史林》2003 年第 1 期，第 1—11 页。

[79] 当然，江边的茶馆有遭遇水灾的危险，如 1947 年夏天成都遭受大水灾，损失甚大，许多沿江茶馆受损，甚至完全被冲毁。资料显示至少有 4 家茶馆要求政府救济，包括太平下街的顺江茶社、太平春茶社，太平上街的一家茶馆，河along街的清源茶社。有的茶馆在水灾后，只剩下一座空房子。茶社业公会也核实了它们的损失，请政府帮助其渡过难关。见《成都市商会档案》：104-1408。

[80] 吴虞：《吴虞日记》下册，第 775 页；《国民公报》1919 年 3 月 5 日；

林孔翼编:《成都竹枝词》,第99页。临时茶馆一般都搭建在竹棚里,内设炉灶、桌椅等。1919年,在二仙庵附近专门为女客开了一个戏园,在鸟市为男客开了一个戏园,还在青羊宫搭了一个演杂技的台子,临时茶馆和饭馆的数量也有增加。(《国民公报》1919年3月5日)李劼人在《暴风雨前》中描述了年轻姑娘是怎样逛花会的:当她们走累了,来到一家大茶馆,虽然是用竹棚搭的,但装饰典雅。地板垫出三尺高,茶桌铺着桌布,椅子是传统式,很宽大,茶具是细瓷。房间由纱帘隔成两半,左边部分专为女客,如果是一家人,男女也可以同桌。这是花会茶馆的一个特点。这些茶馆还提供热毛巾、烟杆、小吃等,服务很好,但茶较贵,每碗茶至少10文。见李劼人《暴风雨前》,《李劼人选集》第1卷,第436页。

[81] 政府对这些茶馆竭力限制。1939年6月,成都警备司令部、成都市政府、四川警察局颁布公告,禁止复兴门外沿河两岸开茶馆。公告称这些茶棚、瓦房、茅屋、席棚皆属违章建筑,在最近日机轰炸中,许多人丧命或受伤,而且很可能成为下次轰炸的目标。为防止悲剧再次发生,公告令在两天内拆除茅屋和席棚,五天内拆除全部瓦房,逾期警察将强行拆除。(《成都省会警察局档案》:93-2-5117)同年,一些大学,包括齐鲁、金陵、金陵女子、华西等,从东部迁来,坐落于成都南门外江边。这些大学的校长请求省政府禁止沿江开设茶馆,称这些茶馆窝藏"不法之徒",危及安全。当时兼任四川省省长的蒋介石签署了给成都警察的命令,要其处理此事。(《成都市政府工商档案》:38-11-520)战后,河边的茶馆生意立刻萧条下来,江上春关门,艺人们只好到城内谋生。府河南岸的另一家茶馆是由袍哥开办的,也雇艺人演唱,生意不错。见海粟《茶铺众生相》,冯至诚编《市民记忆中的老成都》,第143—146页。

[82] 姚蒸民:《成都风情》,《四川文献》1971年第5期(总第105期),第18页;《国民公报》1928年2月25日;李思桢、马延森:《锦春楼"三绝"——贾瞎子、周麻子、司胖子》,成都市群众艺术馆编《成都

掌故》第1辑，第379页。

[83]李劼人：《暴风雨前》，《李劼人选集》第1卷，第340页。

[84]《华西晚报》1947年3月13日；《成都市茶馆业概况》，《新新新闻》1947年7月21日。

[85]《通俗日报》1909年11月24日。关于近代中国卫生问题的研究，见Rogaski, *Hygienic Modernity: Meanings of Health & Disease in Treaty-Port China*。关于成都城市改良，见Wang, *Street Culture in Chengdu: Public Space, Urban Commoners, and Local Politics in Chengdu, 1870-1930*, chaps. 4 and 5。

[86]《成都市市政年鉴》（1927年），第510—511页；《成都快报》1932年4月2日；《成都市市政公报》第42号，1932年6月；《成都市商会档案》：104-1388；《成都省会警察局档案》：93-4-1631。

[87]"新生活运动"由蒋介石于1934年开始推行，有关研究见Dirlik, "The Ideological Foundations of the New Life Movement: A Study in Counter-revolution." *Journal of Asian Studies* vol. 34, no. 4 (1975): 945-980; Chu, "The New Life Movement before the Sino-Japanese Conflict: A Reflection of Kuomintang Limitations in Thought and Action." in Chan ed., *China at the Crossroads: Nationalists and Communists, 1927-1949*, pp. 37-68; Averill, "The New life in Action: The Nationalist Government in South Jiangxi, 1934-37." *China Quarterly* no. 88 (December 1981): 594-628。

[88]《成都市政府工商档案》：38-11-298, 38-11-335, 38-11-1441。在随后的卫生检查中，卫生检查委员会发现新又新大舞台清洁，春熙大舞台、悦来、永乐等欠佳，成都戏院、三益公、均乐等脏乱。见《成都快报》1938年8月20日。

[89]《成都市商会档案》：104-1406。进度表显示检查的日期和时间（1942年8月8日）以及检查的项目，总共有148人参加检查，其中警察72人，宪兵37人，新生活运动促进会、市政府、三青团、社会局各4

人，卫生局、商会、茶社业公会、餐馆公会、中西食馆业同业公会各2人，国民党成都支部、社会服务局、成都卫生事务所各3人。参加者每人每天"茶水费"4元，要求他们衣着整齐，说话客气。(《成都市商会档案》：104-1406。同样文件也可见《四川省政府社会处档案》：186-3000。《成都市饮食店茶社清洁检查进度表》包括以下项目：用水过滤、设置痰盂、用具清洁、桌凳清洁、指甲常剪、对客礼貌、地面清洁、墙壁清洁、垃圾肃清等，还要"评判等级"。每个茶馆都必须"请领《卫生检验执照申请书》"。执照每年更新，收费2元。如果铺子关门和改变经营项目，许可证必须归还给卫生事务所，不得转让。许可证是通过茶社业公会分发的，共614张，收费1228元。茶社业公会也派各组组长参加，即5个区5人参加，每人有5元茶和饭钱补助。凡被检查的茶馆，还要付每个检查员2角"茶资"。(《成都市商会档案》：104-1401，104-1406) 在档案中，我发现一些1944年由成都市政府卫生事务所颁发的《卫生检验执照》，提供了关于茶馆和卫生标准的一般信息，包括水、毛巾、厕所、堂倌等卫生要求。见《成都市政府工商档案》：38-11-335, 38-11-1441。

[90]《新新新闻》1945年3月16日；《成都市商会档案》：104-1401；《成都市政府工商档案》：38-11-298。这些关于卫生的规定包括：墙和地面必须干净，必须提供痰盂和垃圾桶，饮水必须用沙缸过滤，厕所保持干净并远离客人区（茶馆如果地方狭窄不得设置厕所），茶馆禁止乞丐，堂倌须佩戴证章，保持手干净。见《成都市政府工商档案》，38-11-335。

第6章 公 会
——周旋在行业与国家之间

> 本业茶价已获调整，计：1. 普通茶一千元；2. 春茶、芽茶一千二百元；3. 自明日起实行。除通知各区外，相应通知贵号查照一致行动为荷。
>
> ——成都市茶社商业职业公会[1]

上述"重要通知"于1947年12月24日由成都市茶社商业职业公会（以下简称"茶社业公会"或"公会"）理事长廖文长发布，这不过是公会经常颁布的关于整个茶馆业价格调整的指示之一罢了，真切地反映了其在社会经济中所扮演的角色，即组织全行业共同行动，特别是建立统一价格，以保护行业之共同利益。为达到这一目的，公会必须得到政府之支持，既争取行业利益，亦尽量与政府进行多方面合作，实际成为茶馆和政府间沟通之中介。

明清以来，同业经济组织在城市经济和社会生活中便具有独特功能。本章关于民国时期成都茶社业公会之研究，使我们可以通过个案分析，进一步了解民国时期这些组织及其在社会和经济中的重要作用。在本章中，我们还将看到行会如何由一个自治的组织,演变成为国家控制的机构;不过,其仍然代表了行业利益,并在一定程度上反抗日益增强的国家控制。

为了准确和深入理解成都茶社业公会,有必要对"行会"一词进行若干考察。西方学者经常用"guild"来翻译中文的"会馆"和"行会"。"会馆""公所""帮"都是中国传统的社会组织,但中文"行会"一词产生于20世纪初。[2]关于中国行业组织的产生时间,大多数研究认为是明末清初。P. 格拉斯(Peter Golas)关于清初行业组织的研究发现,同乡的会馆早于同行的行会出现。如果说会馆的出现是由于移民"经常遭到土著的歧视,自然而然地会与同道联系在一起",行会之建立则为"经济目的",其成员"通常进行同样的经济活动"。因此,按照格拉斯的观点,会馆不同于行会,即使它们经常合二为一。格拉斯指出,在清代的一些城市中,虽然行会主要是由商人和工匠(craftsmen)组织的,但工人(workers)也组织有自己的行会,"以就工资、工作环境进行讨价还价",不过它们的数量并不多。[3]

在西方,"guild"一词通常是指"那些在同一行业的人形成的组织,其目的是保护共同利益,确立行业标准"。[4]从这个定义来看,将同业组织翻译为"guild"是恰当的。正如罗威廉所指出的:"尽管入会标准的不同和组织功能的多样性,行会(guild)都是以经济为中心的。"[5]当西方学者把"guild"视为"会馆"的同义词时,他们都尽量仔细进行定义,避免与欧洲的同类组织混淆。[6]正如格拉斯所提醒的,"犹如中国的'封建'与法国'封建'(feudalism),或中国的'士绅'与英国的'士绅'(gentry)存在着差别一样,中国的行会与欧洲的行会也相去甚远"。[7]在中国,

"行会"是一个现代词语,在近代之前,人们常用的是"会馆""公所""帮"等。罗威廉认为,其实"帮"这个词"与英文中的'guild'意思最为接近"。"行会"显然从传统的"帮"发展而来,"帮"是"自治的"行业组织,很少"受到政府的控制"。[8]中国学者经常用"行会"这个词去讨论20世纪以前社会和经济组织,没有在时间上进行认真区分,没有充分考虑到用一个现代词去分析前现代社会现象可能出现的混淆。[9]

关于移民的家乡纽带和行业关系,是一个有争议的问题。罗威廉在其关于汉口的研究中,按照行会的宗旨、入会条件、聚集地区、内部结构、外部联系以及功能(包括文化、商业、社团、社区服务等)进行划分。根据他的研究,汉口的会馆和行会基本上是一回事,人们加入行会基于三个因素:"同业""同乡"以及相同的"经济阶层"(指人们在生产和销售中的共同地位)。因此,相同的经济功能是聚集行会成员最基本的因素。罗还讨论了"理性经济"(rational economy),即商业活动中的自我控制。一般来说,行会的职责在于维持商业秩序和制定价格标准。罗指出,行规仍然为自由市场和贸易留下了较大的空间。[10]如果说罗不强调行业组织中的籍贯因素,那么这正是顾德曼(Bryna Goodman)所重视的,即使她意识到两者经常是"重叠"的,没有一个清楚的界限,因为"同一个省的集团经常从事好几种行业,也由于某一地区的人们并不能垄断某种行业",但她认为罗威廉"坚持经济是最基本的功能,弱化了同籍因素","夸大了19世纪籍贯纽带的减弱的趋势"。[11]

罗威廉和顾德曼之间的分歧可能是由于他们研究对象的不

同,也可能反映出不同地区会馆和行会所具有的不同特点。会馆的建立是为了保护那些来自同一地区移民的共同利益,而行会则为同业服务。然而,两者的界限并不清楚,经常相互重叠。例如,某个行业经常由来自同一地区的人控制,这样,会馆的成员一般也在同行业中谋生。我在一项关于清代长江上游区域社会的研究中指出,在重庆的会馆经常是由商帮来组织的。例如1801年出现的浙江会馆,便是由瓷器帮成立的,其成员都来自浙江。其会馆章程全都与贸易有关,并未涉及一般会馆所关注的家乡纽带、慈善、祭祀等活动。虽然这个组织看起来像会馆与行会的结合体,但更接近罗威廉所描绘的汉口的会馆。与上海和汉口一样,重庆的会馆积极参加城市事务,八个最大的会馆组成"八省首事",在慈善事业、城市管理、消防、团防、税务等活动中起着重要作用。[12]

在民国时期,同业组织与同乡组织有日益分离的倾向,这一分离的部分原因是国家推行同业公会的结果,与过去的会馆相较,同业公会是一个纯粹的经济组织。与罗威廉所描述的19世纪汉口的行会相比较,我们发现民国成都的同业公会已经失去了其独立的性质。与其他城市一样,成都有很多会馆、公所、商帮,其角色复杂。一些会馆活动范围仅为同乡联谊,一些公所局限于同业,但一些有着"会馆"名称的团体完全是同业组织,而一些冠名"公所"的则为同乡组织。有的则两者兼而有之。因此,同乡和同业组织很难一概而论。各个组织与籍贯或职业的关系各有其自己的特点,并根据时间和空间的不同而变化。然而,不论性质如何,它们都并没有像重庆"八省会馆"那样在地方事务中扮演活跃的角色。在成都,并非会馆,而是土地会(又叫清醮会）承担了组织邻里和社区社会生活的职责。[13]

在晚清成都，各业商人共组成51个商帮，"茶叶帮"属于其中之一，其下有54个茶叶店，但并没有包括茶馆，也不存在茶馆帮。1905年在清政府推动下，成都总商会成立。到1909年，成都的69个商帮组成69个商务分会，这时"茶社业"才第一次在文献中出现，与餐馆同归于"饮食业"，而没有与茶叶店同类。从资料看，这时茶社业才第一次形成了自己的职业团体。在民初和军阀混战时期，茶社业与澡堂一起隶属"水帮"。但水帮对行业的控制力似乎十分有限，所以1914年和1929年当地方政府进行行业调查和登记时，水帮并没有起什么作用，而是由警察直接进行的。[14]实际上在1918年，北洋政府农商部便颁布了《工商同业公会规则》，这是中国历史上第一部关于同业组织的法规。次年，虽然成都总商会仍然存在，但政府令各商务分会改回原商帮名。1929年，南京政府颁布《工商同业公会法》，把参加同业公会变为一个强制性规定，不入同业公会者将受到惩罚，甚至勒令其关闭。1928年新成立的成都市政府也令各商帮设立同业公会。截至1931年4月，已有84个行业公会成立，都是由商帮转化而来，其中也包括茶社业公会。1936年，新的成都总商会建立后，茶社业公会重组并在市政府登记注册。[15]

上述虽然基本厘清了茶社业公会出现的大概轨迹，但关于这个组织早期活动的资料十分缺乏，进入1930年代后，特别是1936年公会重组后，才有了比较完整的记录。[16]本章根据这些记录，集中考察抗战和内战时期成都茶社业同业公会的内部结构及其功能。我们将看到，公会在国民政府控制下的重组，特别是在新政治和经济结构中,与传统同业组织有明显的不同,但仍具有某些传统商帮的特点。茶社业公会制定通过行业规章,特别是关于价格、税务、商业登记以及开办新茶馆的控制,以指导和调整同业关系,在茶馆和地方政府之间起着承上启下的作用。本章通过研究同业公会的组织结构、领导阶层、成员组成、功能活动等,分析同业公会在国民政府控制下发生改变的程度,揭示茶社业公会与国家权力之间的关系,以及公会在应付政府控制中的角色。这个研究发现,虽然茶社业公会在国民党的控制之下,但它仍然可以代表整个行业,与政府讨价还价,成为茶馆和地方政府间的沟通渠道和中介。

组织结构

成都茶社业公会由理事会负责日常工作,由主席(兼理事长)、4个常务委员、10个执行委员、5个候补执行委员、7个监察委员、3个候补监察委员组成。[17] 理事会由选举产生,下设4个股:总务股、组织股、调解股、会计股。应该特别强调的是调解股,它主要解决同业内部的矛盾和争执。在抗战时期,又设立了宣传股,显示了政治对这个组织的影响日益增强。公会下的各茶馆按街区分为"组",组长由成员选举产生,而不是由理事会任命。按照公会章程,如果组长位置出现空缺,必须在理事会监督下于5天内补选。1946年,公会又在每个区设立办事处,每个办事处设正副主任各1名。[18]

从公会的组织结构、规章、活动等来看,国民党对同业公会进行了严密控制。从1940年的公会成员名单看，610个茶社业主中，有17个是国民党员，他们全在理事会中担任不同职务。虽然没有资料说明他们是怎样被选入理事会的，但这个现象说明了国民党对这类社会经济组织日益加强的影响。对于进入理事会来说，国民党党员的身份似乎比教育背景更为重要。在30个理事会成员中，只有两人有中学文化程度，其余的都只读过私塾或小学。茶馆的规模（如资本量）可能是另一因素。30个理事会成员共有资本17300元，平均约577元（见附表21《1940年茶社业公会理事会成员资本统计》），而当时全部茶馆的平均资本为373元。不过，这可能并非关键因素。理事会中有14个成员的资本只有300元，这不过是开茶馆的最低资本要求。鹤鸣茶社有资本2500元，是当时各茶馆中最高者，其老板在理事会中任常务委员，但理事长王秀山的茶馆仅有资本1300元。[19]

公会的财政来源主要是各茶馆每年春秋两季所交纳的会费，另外公会还有房产收入。1940年，各茶馆分为甲乙丙三等，最高的甲等会费为5角，但不久涨为2元，后又涨为6元。1941年5月，公会要求全部茶馆登记，各茶馆按等级交会费，甲等16元，乙等10元，丙等6元。公会一直存在资金短缺问题。如1942年10月，公会欠债2000元，为解决资金问题，公会专门组织了一个委员会，清理账目，寻求节约和生财之道。[20] 1946年10月，公会把茶馆分为甲乙丙丁四等征收会费，分别为20000、15000、10000、5000元。[21]公会会费如此大幅度上涨，主要是通货膨胀的结果。几乎在同一时期（1940年8月到1946年8月），每碗茶从1角涨到60元（600倍），同时米从每石141元涨到

48727元（约346倍）。这次会费上调，仍然难以解决资金短缺的问题。[22]

茶社业公会还有责任维护茶馆共同使用的一些公共设施。保证水源对茶馆来说十分重要，码头不仅解决了这个问题，也避免了茶馆与居民因使用道路而发生的争执。1942年，公会集资维修茶馆的取水码头，每个茶馆出资5—50元，受益最大的挑水夫组织"水工王爷会"捐100元，共得捐款507元，足够支付维修的材料和人工费。当会员遭遇困难或不幸时，公会也会提供帮助。作为茶馆业主的代表，茶社业公会还不得不与茶馆雇员的工会组织打交道。例如当工会提出加薪要求时，公会理事会开会讨论解决办法，并指示茶馆执行。[23]不过，公会最经常和最重要的事务是就价格和税务问题与政府进行交涉。这些问题实际上揭示了民国时期小商业和它们的行业组织与地方政府的复杂关系。

价格控制

茶社业公会在许多方面与传统行会不同。传统行会不仅介入贸易，每逢重要节日，还举行庆祝仪式、宴会等活动，但这些活动在茶社业公会中已不复存在。当然，茶社业公会的宗旨与传统组织仍然相近，按照P.格拉斯的说法，还是"保持经济环境的稳定，使每个成员的经营活动，能够避免外部竞争，和内部的杀价内斗"。格拉斯在研究中国行会时认为，"控制物价是减少行内竞争的有效途径"。不过他也发现，关于行会强制实行统一价格的案例，"并不像我们想象的那么多"，因为所依据的资料，"主要是石刻碑文",而"刻在碑上的价格一般来说与经常变化的市场是不相同的"。[24]然而,茶社业公会的档案记录,系统地展示了公会与物价的关系。虽然格拉斯讨论的是清代的行会,但从控制物价来看,这个特点并没有发生根本的改变。茶社业公会具有各种功能,但其最主要者,也是同业最关注的问题,是稳定茶价,与政府进行协商,以保持茶价随通货膨胀而上涨。抗战爆发后,每碗茶的价格不是由各茶馆决定,而是由公会统一制定。当需要进行价格调整时,公会理事会开会讨论。在正式宣布涨价前,还必须得到政府批准。由于到茶馆喝茶是成都市民日常生活的重要部分,因此茶价成为一个敏感的问题,政府对此控制甚严。

茶馆能够吸引众多茶客的原因之一是价格低廉,一碗茶的价格只相当于一个劳工日收入的一小部分。在晚清,一碗茶售4—6文,相当于1个锅盔或3个汤圆的价格。而同期一个木匠每日工钱大约为96文,石匠106文,铁匠200—250文。[25]1924年,一碗茶值20文,但一年后涨到70文。[26]由于缺乏完整的关于茶馆价格的资料,我们对从晚清到1930年代间茶价变化的详情并不清楚,但1940年代有了比较系统的记录。1942年每碗茶为1角5分,1945年42元,1948年1800元,这个涨幅是巨大的。由于通货膨胀,我们难以对这些价格有一个清晰认识,因此有必要与其他商品进行比较。实际上在20世纪上半叶,物价的变动非常之大,特别是40年代末物价完全失控。过去大米被视为一切物价的基础,因此将这期间茶价与米价进行比较,可以使我们对茶价有一个明确的概念。同一时期,币制也在发生变化。晚清使用银元和铜元,1935年改为法币,1948年又改为金圆券,这使得比较变得更为复杂和困难。为此我对各种相关资料进行综合换算,制作了附表22《1909—1948年茶与米价的比较》,根据该表,如果只看1909年和1948年1月每百碗茶的价钱所能购米的量(中间的变化忽略不记),我们可以看到实际上这个比例变化很小,1909年购米0.054石,1948年购米0.057石。[27]

抗战期间,任何涨价都必须得到政府批准。市政府建立"评价会",定期讨论物价控制问题,审批涨价的申请。这个政策沿用到内战时期。在物价问题上,公会必须很策略地与政府打交道,反复申明它们都是按政府规定行事。1940年8月7日,在各茶馆的强烈要求下,茶社业公会决定将每碗"普通茶"的价格升至1角,而其他各类茶由各茶馆自行定价。公会要求:"八月二十日一律提价,否则照政府规定违约金章程处理。"这个指示说明了一些茶馆试图用低价来吸引顾客,但这是公会所不允许的。为避免低价竞争,保护整个行业的利益,公会竭力执行一个统一的价格标准。1941年1月1日,公会又决定涨价到1角5分一碗,同年5月涨至2角5分。8月,政府要求茶馆业降价,公会一方面把茶价定在2角5分,一方面与政府交涉争取再涨价。这年11月5日,公会将普通茶从2角5分涨到3角,其他茶仍由各茶馆自行定价。1942年5月17日,公会宣布从6月1日开始,茶价从4角涨到5角,但这个涨价不包括高档茶和特区(即成都的商业中心春熙路)的茶价。[28]两年内每碗茶的价格从1角到5角,涨了4倍。

公会关于涨价的决定,主要是缘于茶馆必需品和原料价格的持续上涨而作出的,尤其是燃料和茶叶两项成为茶馆的巨大负担。例如,1942年5月1日,煤炭每斤6角,7月15日已涨到1元4角,其他原料价格也同样有大幅度的提高。几天后,公会召集紧急会议,讨论原料特别是煤炭价格问题,决定将茶价也作相应的调整,自8月1日起,普通茶从5角涨到7角,特区茶价则自行决定。但政府仅允许普通茶涨到6角,而且要求全部茶馆在7月30日前用木牌挂出明码实价。由于没有达到要求,公会向政府申述"本业各项困难",但政府再次否决了公会的要求。公会一方面继续努力要求涨价,另一方面要求各茶馆遵守政府决定(见插图6-1)。[29]

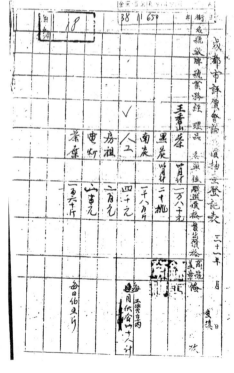

插图6-1 1942年成都市评价会议物价抽查登记表

该表反映了茶社业公会理事长王秀山茶社的开销记录。资料来源:《成都市政府工商档案》:38-11-650。

在地方政府与茶馆的关系中，茶社业公会和其理事长扮演了重要角色，但是公会和其领导人经常处于尴尬的地位。1942年，理事长王秀山宣布，由于个人原因要离开成都一段时间，其职责将由代理理事长行使。[30] 实际上，其离职的真正原因是与地方政府的冲突。同年10月，公会同意王暂时离任，并成立一个委员会处理日常事务，后决定由闵次元暂行理事长职责。1943年4月，王秀山向成都市政府正式递交了辞职信。信中表露出对政府严密价格控制的不满。由于物价上涨，诸如茶叶、煤炭、食物的价格在半年内翻了一番，但政府不允许茶馆对茶价作相应调整。作为同业公会理事长，夹在政府与茶馆之间，进退维谷，难以履行职责。虽然他并未直接批评政府，但指出由于不能"上达下情"，而造成"怨尤滋起"，只好以辞职来表达自己的不满："自知才智不足，上不能仰体政府德意，下不能为会员解除困难，与其碌碌遭怨，何如退为会员，减去无谓烦恼。"作为地方政府控制同业公会的理事长，他不得不执行政府有关政策。然而他的权威基于各茶馆的支持，必须代表它们的利益。当政府反复否定他所提出的涨价要求时，其在公会的声望当然会受到影响。王的辞职暴露了国家权力与公会间的利益冲突。[31]

战后经济状况不仅没有得到改善，反而进一步恶化。1946年4月，公会再次向政府要求涨价。根据其请求，各种原料的价格，包括油、米、电、煤、人工、茶叶、茶具、桌椅等，都涨了1倍。45元一碗茶使茶馆遭到很大的损失。由于政府的限制，茶馆不能根据成本制定价格，真是"痛苦何堪"，公会表达了茶馆业主日益不满的情绪："我业属政府领导之下，百般痛苦俱诚遵守,在所不辞。但若长此,则不特负债倒闭,而竟可达于饿莩之途。"公会不敢违背禁令,但它竭力使政府了解,这种状况将使全部茶馆破产,那些以茶馆为生者将忍饥挨冻。更有甚者,电力公司把电费提高了1倍,经常断电。加之政府推行自来水,而各茶馆仍须雇挑水夫到"售站"搬运"自来水",这样比直接从河中取水花费更大,从而使每碗茶的成本更高。但各茶馆遵守政府命令,在过去半年内没有涨价,遭受极大损失,许多茶馆负债累累。因此,公会指出涨价"刻不容缓"。[32]

1946年7月,公会开会,决定茶价分为甲乙丙三等,每碗分别为80、70、60元,并要求各茶馆在8月1日统一实行这个新价格。由于涨价必须得到政府批准,公会决定雇请律师以保护行业利益。9月,公会召开"紧急会议"讨论价格问题,谴责那些不按公会所定价格行事的茶馆,寻求强制统一价格的途径。[33]这时,公会不再直接把请求送交政府,而是通过成都商会转交。10月,公会代表各茶馆通过商会要求调整价格,指出从抗战开始,国家就实行物价控制,茶馆一直"忍痛拥护国策"。在这个政策之下,各茶馆都被要求悬挂价格牌,以便于政府控制。但是,战争已经结束,本来应该恢复"营业自由",然"事与愿违,胜利已遂,仍加管制"。各茶馆都面临困境:"各物价值俱趋上扬,而本业现售之各级价格难敷成本,则均亏折过巨,无法维系营业,负债倒闭者,日有所闻。"但公会似乎也不敢贸然要求取消价格控制,只是希望"略宽尺度,准予调整",以使"六百余同业,万余职工"可以为生。在商会的共同努力下,政府同意了这次涨价要求。[34]

1947年，情况变得更糟，按照茶社业同业公会的说法，茶馆业亏空甚大。每售500碗茶收入为35750元，但成本却达53042元（见附表15《1947年每售500碗茶的收支统计》）。因此公会指出，根据成本每碗茶应售90元。[35]继任公会理事长的华华茶厅老板廖文长，继续就价格问题向政府抗争。1947年9月，他代表各茶馆向政府要求涨价，其理由仍然是原料价格的上涨，指出物价相比抗战爆发时已经上涨3.5万倍，但茶价的调整只是这个幅度的1/2。[36]许多茶馆被迫关门，失业成为严重的问题。如果茶价"不及时调整，再遭亏蚀，势必全体倒闭"。他指出茶馆要生存，一碗茶应卖600元。他要求政府核实，松弛关于涨价的禁令，以防止更多茶馆破产，更多雇工失业，否则将危及"社会秩序"。当然，茶馆的困境反映了战后经济状况的进一步恶化，通货膨胀完全失控，国民经济濒临破产边缘。[37]

对于成都茶社业公会来说，争取涨价是一种不停息的奋斗。根据现有的记载，仅1948年一年内，公会至少五次向政府要求涨价，但没有一次得到批准。[38]1949年，即国民党政权崩溃的那一年，我们可以看到更频繁的公会涨价的申请，但在多数情况下，这种要求得不到满足，有的茶馆无奈自行涨价，但又要受到惩处。如1949年2月炭价飞涨，少城公园的数家茶馆"自动将茶价提高"，市政府称其"违反政府法令"，威胁"必要时市府将采取紧急措施，实行查封政策"。到这年年中，对擅自提价的打击更为严厉，茶馆老板甚至可能因此被捕。警察局"召见该业公会理事长廖文长，着其转令各茶社不得借故提价，茶价应照原定标准售卖，否则决查拿严办经理人"。8月，中山公园、中正公园、竟成公园及望江楼等茶馆"擅自提高"茶价，市政府认为茶价可能"刺激其他物价上涨"，立即"传讯各该茶社负责人"，命令他们"自行减低以符合规定"，否则即"予以查封"。在这种情况下，这些茶馆经理人不得不"深明大义"，表示"愿遵照办理"。从这个信息看，政府认为茶馆的价格对全市其他物价可能发生影响，从另一个角度反映了茶馆在成都经济和社会生活中的重要性。有时茶馆不提价确实难以为继，只好关门。如1948年9月，由于茶馆擅自加价，被"警局取缔"，结果是"多数茶馆已停业"。1949年6月，由于茶馆业"营业情况转佳"，许多"因不堪赔累而关门"的茶馆，在"茶资提价后……多复业"。[39]

从上述例子我们可以看到，在战时和战后，茶馆的经营面临非常困难的处境。一方面是日益恶化的通货膨胀，另一方面是政府对价格的严密控制。不过我们也有理由相信，虽然与其他行业一样，茶馆的经济状况不佳，但茶馆和同业公会也有可能夸大了其困境。1945年3月，公会在向政府请求提价的同时，附有一个收支表。根据这个表，一个茶馆每售500碗茶成本将近2万元，但收入仅1.4万多，要亏损5000多元。[40]正如在第5章所讨论过的，虽然茶馆面临物价剧烈上涨的压力，但可能亏损并不像描述的那么严重，因为其副业收入并没有计算在内。1946—1947年间，如果仅从茶与米的价格比来看，茶价实际上达到了最高点，即每百碗茶的价格相当于0.12石米的价格（见附表22《1909—1948年茶与米价的比较》）。其实，当时便有人质疑这个问题："开茶馆的人，他们总爱说，生活高涨，他们天天在折本，他们的生意做不起走了，但是他们口头尽管这样说，实际上做茶馆生意的人,年来又如雨后春笋随时都在增加……不知对于这种号称要折本的生意,何以又如是其起劲呢?"[41]

因此,应该对茶馆和茶社业公会关于其困境的描述,持比较慎重的态度。为了自身的经济利益,争取一个合理的价格,它们当然会尽量渲染自己艰难的处境。同时,茶社业公会竭尽全力保护行业利益,但又避免与制定这种政策的政府相对抗。当然,试图在这两方面保持平衡是非常困难的。在这个过程中,我们看到了国家对市场的严密监督,而城市小商业不能根据供需关系去确定价格,这是国家加强控制的政治大环境在一个行业的反映。

茶馆涨价,虽然是为了维护自己的经济利益,但这有可能造成与市民的紧张关系,因为茶客也普遍向政府抱怨茶价猛涨,所以政府对茶馆价格的压制实际上得到社会的广泛支持。地方报纸甚至把茶馆经理人也归于"发国难财的商人",从上面我们所看到的茶馆的困境来说,这当然是对他们天大的冤枉,但也反映了茶价的敏感程度。1946年6月茶馆将茶"悄悄地由六十元一碗,涨成七十元一碗",有号称"茶客"的人便在报纸上质问道:"不知是否经过评价会议评过?"我们知道,茶馆业颇为诟病的所谓"评价会议",却得到其他民众的支持,所以尽管"几月以来,有人请撤销评价会议",但人们担心,如果"随心所欲,要涨就涨,这样下去,一般人的生活更会不得了!"去茶馆是成都居民非常重要的日常活动,但是"这个年头,有许多人,不但吃不起肉,现在居然大有连几片茶叶、一碗白开水的茶都喝不起了",这难免会引起他们对茶馆涨价的不满。因此在茶馆价格问题上,市民是站在政府一边的,因为"当生活高昂的现在,成千成万的人讲不起娱乐场",他们担心如果茶价继续上涨,可能"连进茶馆的权利"都要被"剥夺",因此支持"稳定物价"和"平抑物价",而且首先要"平茶和肉的价"。[42]如果我们把茶社业公会关于茶价的档案,与地方报纸关于茶价的报道对比阅读,便会发现这是两种不同的文本,叙事存在巨大的反差。前者集中在该行业所面临的困境,强调的是行业的生存;而后者集中在发泄对茶价上涨的不满,对茶馆业违反政府规定涨价的愤懑。[43]

组织抗税

在民国初期,茶馆税由警察征收,执行十分严格,因为这是警察经费的重要来源。为了防止漏税,警察令各茶馆报告业主姓名、地址、桌数、茶价、课税等。一般情况下,各茶馆直接向警察交税,但有时由茶帮(即茶社业公会的前身)先支付行业总税,然后各茶馆再交付行会。[44]1924年,警察提高茶税,立即遭到各茶馆的强烈反对。茶帮代表各茶馆向警察递交请愿书,"历陈困苦情形",要求"准予免加桌捐,以恤商艰"。请愿书申称,茶馆业主在得知增税后,"不胜惶骇",因为最近已经涨过两次税,他们已被迫"节衣缩食",以求生存。另外,前一年历时半年多的战争,直接或间接地影响到茶馆生意,其他诸多因素也造成茶馆亏本,许多茶馆几临破产边缘。[45]

当茶馆难以承受赋税负担时,业主们便联合起来共同抵制,例如1928年的罢市便颇有影响。这年成都市政府刚成立,这恐怕是茶社业和市政府的第一次冲突。当地报纸以《茶社停业抗捐》为题，报道称这是"和平请愿中之剧烈变化"。此事的起因是警察以强力收取"茶桌捐"，茶帮举行了若干次会议，要求警察免税，提出若干解决办法。当这些努力失败后，茶帮举行紧急会议，决定罢市。1928年12月10日清晨，全成都茶馆无论大小全部关门。业主们表示，不合理的税不取消，誓不复业。据人们的观察，茶馆停业，成都似乎立即失去了生机。那些以茶馆为生的人们，如剃头匠、水烟贩、挑水夫也支持罢市，并组织向警察的公开请愿。茶帮发布了如下声明：

> 近日以来，警厅方面，不惜民隐，不体民艰，毫不容纳，对于我茶社商人，仍复派人估收，施以非法被捕，靡或肆意擅行毒打，种种压迫，惨不忍言。嗟我弱小茶业商人，在此解放声中，竟遭荼毒之举。不料我青天白日下政府见之，殊大失减轻吾民痛苦之望。今复同业被其逮捕，工人被其监禁，全市恐危及于营业，只有自行关闭，另求他图。尚希各界人士，党国名流，念其苦衷，加以援助。同业等宁为玉碎，不作瓦全。倘不达到茶桌捐停止之日，誓不复业。[46]

行会的这种挑战是史无前例的。行会总是试图维持与政府的关系，因为它依靠地方政府的权力去规范整个茶社业。罢市显然是迫不得已的一步，不仅造成与政府关系的进一步紧张，而且给同业带来很大损失。

罢市恐怕不过是茶馆业主表示愤怒的一种方式。第二天，茶帮理事会开会，决定立即复业，同时致电中央政府，要求其主持正义。不过，行会决定继续代警察向各茶馆收税，并与警察谈判要求释放被捕的人员。[47]由此可见，行会的策略是非常灵活的，力图在表达诉求、保护行业利益的同时,避免与政府的过度冲突,不想把与政府的关系搞到难以收拾的地步。

作为双方妥协的一个结果,从 1928 年冬开始,茶馆的税由茶帮统一征收,再缴纳给政府。但 1931 年初,市财政局决定直接从各茶馆征收茶桌捐,而不再通过茶社业的行会,这立刻遭到反对,"本会以负担不起,乃向政府请求免捐"。后财政局妥协,同意仍然由公会代收,但公会认为这是"苛捐",应该停止。公会举行全体会员大会,决定请求国民政府主持公道。公会专门组织了一个要求减税的委员会,令各茶馆在国民政府答复前,不得交税,违反规定者承担全行业的税务。公会还举行记者招待会,指出茶桌捐始于晚清,用于乞丐教养工厂,天长日久,这项税收早无必要,而且也违背了民国政府禁止乱征税之令。公会力图通过媒体得到社会更多的同情。次年,另一场抗税运动兴起,称为"茶捐风潮"。一些公会成员和茶馆工人被捕。虽然运动结束后政府释放了被捕人员,但命令领导运动的公会理事长李云阶辞职。[48]这两个例子都说明公会力图从中央政府那里寻找公道。然而,这个策略似乎难以得到预期的结果。因为四川当时实际上在军阀的控制之下,这种自治状态一直维持到 1936 年。即便中央政府同情茶馆的处境,也难有所作为。[49]

1940 年 8 月,市政府颁布新税,公会再次领头抗税,要求全体成员"不承认该税,抗拒到底。倘市府施用压力,用强捕会员时,全体停业抗拒"。公会强调,"若会员有不遵守议案时,先用大义劝导。再不遵守,由全体会议攻之"。为了鼓励成员参加罢市,公会许诺任何成员如果被捕,将负责其家庭的生活。在压力之下，政府决定暂缓实行新税。同时，公会继续争取政府免除新税，并取得了一定的效果。次年年初，政府同意根据茶馆的等级而不再按茶桌数量征税，执照费也由按月改为按季度缴纳。[50]

尽管茶馆业为征税问题同当局进行了不懈的斗争，反复向社会和地方政府陈述所面临的困难，但当我们把茶馆的税务负担与其收支进行具体比较时，发现前者所占的比例实际上很低。如1945年3月，公会在向政府请求提价同时，附有一个收支表。据此可知，茶馆纳税在整个支出中占的比例并不高，无论是旧税率还是新税率，都仅为2%。即使加上捐献，也不过3%（见插图6-2）。[51] 当然，我们应该意识到，大多数茶馆靠薄利维持，任何额外负担，都使它们难以承受，因此会竭力抗争。

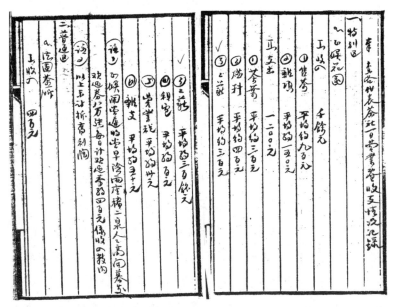

插图6-2　1945年正娱花园一日营业暨收支情况记录

资料来源：《成都市政府工商档案》：38-11-650。

公会在地方事务中与政府合作，但是如果整个行业的利益受到威胁或损害，它将进行反抗。虽然在大多数情况下，政府是赢家，但公会有时也有所斩获。从上面的例子我们可以看到，茶社业公会是整个行业的一个有力代表，其集体行动的策略还是有效的。各茶馆联合行动，能发出比个体更强的声音，迫使政府认真考虑行业的诉求。当然，公会也竭力避免与政府的对抗，力图与其维持一种正常的关系。

协调关系

虽然成都茶社业公会和政府间的权力关系是不平衡的，矛盾也不可避免，但在大多数情况下两者还是尽量通过协商解决矛盾，避免直接对抗，这符合两者的利益。政府迫使公会遵守其制定的规章，同时也需要维护公会在同行中的声望，并不希望公会在争取行业利益时节节失败，而失去整个行业的信任。地方官员发现，以公会作为中介较之直接应付茶馆容易得多。公会领导层也懂得，与政府官员的密切联系，对处理公会事务也至为重要。例如，当公会决定提高物价时，最常用的办法便是以"招待新闻界聚餐"的名义，用钱"行贿买通"市府有关人员。[52]

公会要提价，必须得到国民党和政府的支持。1942年10月14日，根据会员的请求，公会召开全体会员会议，两百多会员参加。国民党党部也派人出席，并称党部会允许"合理的"涨价，但政府力图控制物价，对此类请求的批准会非常慎重。公会理事长王秀山强调："今天以合理的召集会，谋茶价之正当解决……

评价会之设,乃'评定'之'评',非'平抑'之'平'。自评价会设立以来,各种物价指数均有剧烈增长,尤以最近为甚,如粮食、布匹,茶价自应有合理的涨价。"王保证将尽力向评价会表达民意。[53]然而这种努力的结果经常是失败的,正是这个原因才导致了他的辞职。

一方面,茶社业公会代表整个行业与政府斗争以保护行业利益,另一方面它的权力来自政府,特别是在统一价格问题上也需要政府支持和配合。如果任何茶馆被发现违背公会所确定的价格标准,它要被迫改正,否则将遭到惩罚,而这个权力是政府所赋予的。例如,1941年5月,公会致信田洪兴茶馆,警告其"售价过低",没有遵守"法定价目",令其"限期遵照法定价格,否则则转报上锋,停止营业"。一般来讲,那些违例的茶馆业主必须向公会理事长保证,其所售之茶将执行公会确定的价格。公会还经常派遣有关人员到各茶馆检查,发现违规者先要求其改正。如果不改,公会发信正式警告。如果仍然拒不听从,公会将要求政府将其关闭。[54]可以说,公会与政府合作以寻求统一价格。从一些茶馆采用低价争取顾客的办法看,恐怕这也是无奈之举,但也反映了茶馆仍然存在一定的利润空间。否则成本超过卖价,那么茶卖得越多,亏本越大,茶馆还以低价竞争便显得不合情理了。

茶社业公会在国家与茶馆之间的作用不仅表现在价格问题上,在税收、政治活动等方面也扮演着重要角色。正如前述,公会代表行业利益,在茶馆和政府间斡旋,但还要执行政府规章,并参加政府所推动和组织的活动。例如,1940年公会参加政府发动的"节约运动"和"建国储蓄"运动,说服民众在银行存钱，保证半年后本金和利息一起付清。总商会要求茶社业至少存5000元，公会决定"尽量劝募"，公会理事长带头存500元。又如当"前方抗战伤兵之友"掀起全国性募捐活动时，总商会要求茶社业公会捐300元。各种募捐，包括衣服、食物、现金等的募捐，成为经常性的活动，公会总是鼓励各茶馆踊跃参加，特别是"劳军"活动。[55]

许多这些"募捐"活动实际成为一种必须履行的义务。例如1941年总商会要求公会捐1500元，公会不得不派员到各茶馆收取。1942年，公会参加"献机"运动（捐钱给军队购买飞机）。有时，茶馆不一定捐钱，而是捐实物，如戏票、米票等。[56]当主要节日来临时，公会承担更多的捐献，便向各茶馆征收，这实际上成了一种税。例如，1942年春节前，公会从各茶馆筹款交纳"飞机捐""消防捐""音乐捐""春礼劳军捐"等。在战时，虽然公会为其社会声望而捐献，表达"爱国热情"，但这些"捐献"接踵而来，而且数量不小，加大了茶馆的负担，有时甚至达到令其难以承受的程度。[57]

1947年，市政府以"卫生"为理由，命令各茶馆使用自来水，但遭到许多茶馆的抵制。公会代表茶馆陈述面临的困难：只有十多条街安装了自来水管，而且只有八个水站。对很多茶馆来说取自来水很不方便，特别是那些地处城边者，还得雇水夫运水，花销非常大。公会召集全体会员会议，"责成各同业凡沿自来水管侧近茶社，务须购用自来水"，同时向政府提出若干建议：下令各饮食业购买自来水，购用者在店铺"予以显著之标示"，铺设更多管道和设立更多水站，降低自来水价格，等等。[58]政府基本接受了这些建议,发布三条决定:"责成各同业凡沿自来水管侧近茶社,务须购用自来水,并汇册呈查";由自来水公司制作木牌送各茶馆,在门楣上挂牌申明"本馆购用自来水";要求自来水公司"竭尽物力、财力,添设水站、水管,以便用户"。但是关于水价,则由自来水公司决定。[59] 显然,各茶馆所关心的最重要的问题,即减价降低负担问题,并没有得到解决。

限制数量

公会力图与地方政府建立良好的关系,另一个重要目的,即迫切需要政府支持限制成都茶馆的数量。茶馆数量众多造成竞争加剧,对整个行业不利。然而公会并无足够权力去达到这个目的,必须依靠政府颁布规章,严行执照制度,以控制茶馆的数量。因此,如果说在价格和捐税问题上,茶社业公会与地方政府充满着矛盾和斗争,那么在限制茶馆数量问题上,两者则更多的是合作。

限制新茶馆的开办是地方政府的一贯政策,这得到茶社业公会的支持,公会需要政府采取行动,取缔"非法"开办者。虽然它们的目标一致,出发点却不同。公会为了避免茶馆数量过多造成内部竞争,而政府则认为这类场所滋生弊病,浪费时间,应该控制。这样,在整个民国时期,特别是 1940 年代,关于营业执照的审批日渐严格,公会和政府联手颁布了不少规章,规定茶馆新开、转手、搬迁、更名、重新开张等政策,限制之严格可谓空前,事实上市政府基本拒绝新开茶馆的申请。1943 年,《成都市茶馆业取缔办法》颁布，明确规定不允许再新开茶馆，那些"位置不适宜""妨害公共卫生""妨害交通"的茶馆都必须搬迁或关闭，但其他茶馆"应在原地开设，不得迁移到别处"。[60]任何茶馆要得到新营业执照，或者丢失执照补办，都必须经过周密调查。如1946年十月，圆园茶社执照丢失，通过公会提出补办。调查员进行了公开和暗地调查，得知该茶馆已经开办三十余年，遂报请许可（见插图6-3）。[61]

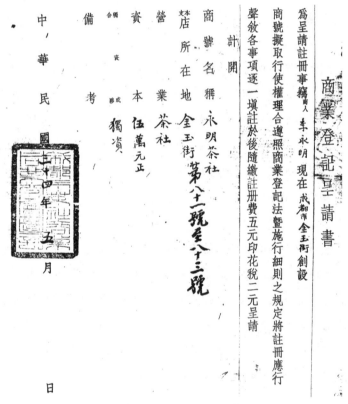

插图 6-3 永明茶社的《商业登记呈请书》（1945年5月）

资料来源：《成都市政府工商档案》：38-11-2322。

这个政策得到茶馆业主的普遍支持。如 1946 年十余家茶馆写信给政府，揭发何吉安的柳江茶社并未登记，是"非法"经营。当局立即将该茶馆关闭。但一些茶馆老板则不用"茶社"这个名称以逃避限制。1947 年一个商人集资在湖广馆街开办一个讲评书的书场，政府立即将其关闭，指责其实际上是未经允许的茶馆。又如政府令雪兰咖啡厅重新登记，说它"以咖啡之名，而为卖茶之实"。这个咖啡厅宣称，由于它正在装修，只能以卖茶和点心维持，但负责处理该案的官员坚持咖啡厅卖茶属违规，否决了其请求。同年，78 个茶馆业主联名写告状信，指责金泉街的泗泉茶社"非法"营业。这个茶馆原在下河坝街，1944 年原店主死亡后关闭。按照政府和茶社业公会的规章，关闭的茶馆不许再开。[62]

然而，那些试图进入茶馆业的人则反对这种限制。1947 年，18 人联名向成都市参议会提交了一份呼吁书，请求允许开茶馆。他们对政府目前的政策表达了不满，认为允许现存的茶馆继续营业，却以坏人混杂其间和浪费时间为理由不许新开，是非常不公平的。他们强调茶馆给外来客和本地居民提供了极大方便，特别是商人在茶馆得到市场的信息，茶馆也是人们喝水、苦力、工匠等人休息之地，随着人口增多，对茶馆的需求更大，甚至一些咖啡馆也开始售茶。他们还以法律所准许的"营业自由"为依据。[63]因此，他们呼吁政府按照市场供需关系，取消限制的政策。

茶馆转卖也被禁止，但易主时有发生。1944 年，五家茶馆因使用前店主的执照被迫关闭，营业执照被吊销。政府的限制使新店主得到执照异常困难，因此当一个茶馆易手后，新主人一般继续使用原来的执照。有时，新旧主人结成合伙关系，不过有的合伙关系不过是避免申请新执照麻烦的权益之计罢了。[64]例如，1947年，一些茶馆业主向政府揭发鸿升茶社使用前店主的执照，违反了"商规"。政府在确认茶馆易手后，将这家茶馆关闭。"顶打"（这是借用土地租佃关系中的一个词，即指把租来的茶馆再转租给其他人）也被禁止。1948年，桃源茶社房主控告承租人"顶打"，要求政府将其关闭。叶某租余某之屋开办这家茶馆，但1946年叶将其转租给唐某，桃源改名为合记桃源，名义上是叶唐合资，实际上是唐独资。政府限期关门，但唐并未遵守，又营业了四个月。一张由市长签署的告示显示茶馆被迫关闭，执照收缴。[65]

也有因承租引起其他纠纷者。1945年，抗战胜利前夕，武圣演讲会与树荣茶社就茶馆的名称发生纠纷，武圣演讲会请求政府帮助。[66]1938年演讲会将茶馆租给李树荣，但1940年茶馆由于日机轰炸受损，修复后，李没有通知该会便将茶馆改名为树荣茶社，并在政府注册。该会要求政府将名称改回。市政府令李交回执照，同演讲会签署合同，表明"树荣甘愿立约，将登记证交案，由市府更正，交武圣演讲会收执"。由保长、甲长作证人。李租借茶馆和其他全部用品，包括桌椅、茶壶、茶碗、水缸、灶、电表等，都在合同中列出作为附件。李树荣将执照交还给演讲会，并继续经营该茶馆，但是名称改回武圣演讲会茶社（见插图6-4）。[67]

第6章 公会——周旋在行业与国家之间 311

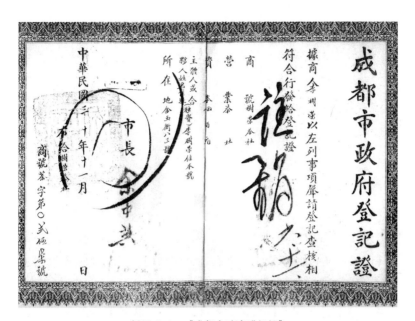

插图 6-4　《成都市政府登记证》

这是李树荣交回的营业执照，上面写明"注销，六、十一"，即1945年6月11日该执照被吊销。

资料来源：《成都市政府工商档案》：38-11-2322。

政府的控制政策使茶馆迁移十分困难，茶馆业主为减轻竞争，也竭力帮助政府揭发所谓"违规"者。如1947年13家茶馆揭发青羊场正街的中和园茶社搬迁，没有得到许可便开业，"违反管制规定"。按照业主罗崇德的解释，他的茶馆"西南阁"也在青羊场正街上，并向政府注册。但1943年因为道路扩展，茶馆空间大大缩小，无法营业，于是罗与同街的庹中和协议共同经营，庹提供房屋，罗提供桌椅。罗宣称，在开张那天他告知同街其他茶馆业主这个情况，"得同业等赞许"。罗称他没有重新申请执照是出于不了解手续。茶馆在同一街内搬迁，不应该认为是新开茶馆，对其他茶馆的生意也没有任何影响。[68]也在这一年，7家茶馆经理人联署揭发牛市口的义明轩茶社"非法迁移"，搬迁到三官街，违反了公会规定，要求政府查办。[69]这些例子反映了茶馆主人是如何寻求一切机会使竞争者出局，一旦找到借口，就会利用政府将对手置于死地。[70]

国家控制与行业利益

茶社业公会是从晚清的茶社业商务分会发展而来的，1931年和1936年在政府支持下两次重组，丧失了某些传统会馆和公所的特点。按照顾德曼的观点，像行会和会馆这样的传统组织的重组，实际上是国家权力和民族身份认同建构的组成部分。H. B. 莫斯（Hosea Ballou Morse）在其1932年关于中国行会的研究中，强调行会的宗教功能，把行会定义为中国"唯一将宗教和慈善结合的互助会"。他分析了行会在欧洲和中国的不同起源，指出，在欧洲，行会的权力来自国王、邦主、议会或市政官府；但是在中国，行会"完全是民主产生的（purely democratic origin），没有国家授予的权力"。[71]他对中国行会的这个论断，对清代来说是准确的，但民国时期行会的性质已有很大的变化，特别是抗战和内战时期，行会越来越依靠国家授予的权力。因此，成都茶社业公会较之过去的商帮、公所和会馆，独立和自治因素大为减少，倒更趋近过去欧洲的行会。国家日益加强对社会组织的控制，这成为民国时期国家权力深入到社会基层的一个重要实例。另外，如果说过去行会与会馆经常功能重叠的话，那么抗战时期这两个传统组织已经完全分离，我们看到成都茶社业公会完全成为一个行业组织。

通过考察战时成都茶社业公会的组织结构和功能以及与地方政府的关系，我们看到公会在茶馆业中扮演了十分重要的角色。虽然公会的日常事务由成员选举的理事会负责处理，但公会在相当大程度上被地方政府所控制，其重要决定必须得到政府的批准。同时，公会也竭力以集体力量与政府就物价和赋税负担进行交涉。政府以"稳定市场"为借口，在战时实行价格控制，茶馆无权按照其成本和市场决定价格，这危及茶馆的利益，一些茶馆甚至因此破产关门。我们可以看到公会经常在价格和捐税问题上与地方政府发生冲突，但又不得不在政府和各茶馆之间维持平衡关系。从某种角度看，公会的斗争反映了社会对国家权力日益深入经济和日常生活的抵制。

公会竭力维护其"行规"，但缺乏惩罚那些违规的茶馆的权力，因此需要政府采取行动，这说明公会需要依靠国家权力去控制本行业及其会员。"行规"经常会与个体茶馆的利益发生冲突，当冲突发生时，一般都是有政府作依恃的公会占据上风。例如公会竭力维持全行业统一价格，以防有茶馆以低价自相残杀。另外，在政府的支持下，公会有效地限制了成都茶馆的数量，这样有助于本行业的稳定和减轻同行竞争。当然，这些措施也不可避免地遭到那些试图进入茶馆行业的生意人的反对。茶社业公会竭力争取"营业自由"，例如自己有权决定价格；但它却寻求政府支持以控制茶馆的数量，实际上又成为真正"营业自由"的极大障碍。这个矛盾揭示了公会的两难处境。那些试图挤进茶社业的生意人，不仅面临政府的限制，而且遭到公会的排挤。从晚清到1940年代末，成都茶馆的数量一直限制在500—800家之间，而且大多数时间为600家左右，在相当程度上便是公会同政府联手的结果。虽然西方的"自由竞争"和"商业自由"的观念在晚清便已进入成都，但这个城市的经济结构长时期并无根本性变化，政府和各行业的公会在经济生活中仍然扮演着重要角色。即使人们竭力争取"商业自由"，但在整个民国时期，这个目的并未达到。

公会与地方政府的关系是相互利用的。公会一方面不得不维持与政府的良好关系以得到其支持，另一方面为了茶馆整个行业利益而竭力与国家进行斗争。当然，国家和茶馆之间的利益冲突，经常使公会面临十分困难的处境。公会的主要职责之一是在地方政府和各茶馆之间进行沟通，代表行业与政府协商。政府的新政策很快通过公会传达到各茶馆，各茶馆的诉求亦能通过公会上呈到政府。从晚清到国民政府的崩溃，政府对茶馆的政策基本都是强调控制，但达到这个目标并非轻而易举。从现有资料看，政府的一些政策得到了贯彻，另一些则形同虚文；一些政策在某个时期发挥了作用，但在另一个阶段则遭废弃。毫无疑问，国家的许多政策要依靠茶社业公会来执行。公会与政府一般通过协商、谈判来解决分歧，尽量避免直接对抗。当政府迫使公会执行某项政策时，也并不想使公会失去在本行业的权威，因为官员发现，利用公会作为中介，远比直接控制整个行业和各个茶馆容易得多。而公会在为本行业争取权利时，也有所节制，不愿把同政府的矛盾弄到不可收拾的地步，为自己留下进退的空间。当然它采取如此的策略也与其组织的性质有关,其权力由国家所授予,也随时可能被国家剥夺。

注释

[1]《成都市商会档案》:104-1390。该通知是致饮涛、濯江、益智、锦江、复兴、大北、漱泉、沁园、三益公、掬春、益园、宝林轩、西南、品香、吉安、桃源、宜园、正娱等茶馆,要求"阅后盖章"。

[2] Goodman, *Native Place, City, and Nation: Regional Networks and Identities in Shanghai, 1853-1937*, p. 40.

[3] Golas, "Early Ch'ing Guilds." in Skinner ed., *The City in Late Imperial China*, pp. 573-576.

[4] Pickett et al, eds., *The American Heritage Dictionary of the English Language*, Fourth Edition.

[5] Rowe, *Hankow: Commerce and Society in a Chinese City, 1796-1889*, p. 252.

[6] 例如何炳棣(Ho Ping-ti)采用德语"Landsmannschaften"来翻译"会馆"一词,见 Ho Ping-ti, "The Geographic Distribution of Huikuan (Landsmannschaften) in Central and Upper Yangtze Provinces." *Tsinghua Journal of Chinese Studies* n. s. 5, no. 2 (December 1966): pp. 120-152。

[7] Golas, "Early Ch'ing Guilds." in Skinner ed., *The City in Late Imperial China*, p. 559.

[8] Rowe, *Hankow: Commerce and Society in a Chinese City, 1796-1889*, p. 254. 今堀诚二可能是第一个向马克斯·韦伯(Max Weber)关于中国不存在类似西方行会组织观点挑战的学者。(今堀诚二『中国の社会構造:アンシャンレジームにおける「共同体」』,第303页,Rowe,

Hankow: Commerce and Society in a Chinese City, 1796-1889, p. 339)邱澎生在他关于中国商业组织的著作中,并不使用"行会"这个词,以避免与西方的"guilds"相混淆。见邱澎生《十八、十九世纪苏州城的新兴工商业团体》,第2—3页。

[9] 关于对会馆和行会研究的评论,见朱英《中国行会史研究的回顾与展望》,《历史研究》2003年第2期,第155—174页。

[10] Rowe, *Hankow: Commerce and Society in a Chinese City, 1796-1889*, pp. 75-76, 252-253, chaps 8 and 9.

[11] 顾德曼认为几乎所有行业组织都强调籍贯的重要性,她把各种行业组织分为籍贯贸易组织(native-place trade associations)、籍贯多元贸易组织(native-place multiple-trade associations)、有籍贯偏见但非完全排斥性的贸易组织(trade associations subdivided by native place, non-exclusive trade associations with strong native-place bias)以及按贸易而划分的籍贯组织(native-place associations subdivided by trade)等种类。见 Goodman, *Native Place, City, and Nation: Regional Networks and Identities in Shanghai, 1853-1937*, pp. 31, 32-37, 44。

[12] 王笛:《跨出封闭的世界——长江上游区域社会研究,1644—1911》,第558—567页。

[13] 王笛:《跨出封闭的世界——长江上游区域社会研究,1644—1911》,第558—567页;Wang, *Street Culture in Chengdu: Public Space, Urban Commoners, and Local Politics in Chengdu, 1870-1930*, chap. 2;孙晓芬:《清代前期的移民填四川》,第248—250页。

[14] 傅崇矩:《成都通览》上册,第108—109页;下册,第462—551页;王笛:《跨出封闭的世界——长江上游区域社会研究,1644—1911》,第568—576页;《成都省会警察局档案》:93-5-1046,93-6-2635;钟茂煊:《刘师亮外传》,第40页。

[15] 李德英:《同业公会与城市政府关系初探——以民国时期成都为例》,《城市史研究》第22辑,第227—228页;朱英主编:《中国近代同业

公会与当代行业协会》，第361—363页；《成都市政府周报》第1卷第2期，1939年1月14日，第11—15页。

[16]例如1940年5月的统计，表列了610个茶馆，这个统计透露了很多重要信息，包括茶馆名、资本额、业主姓名、籍贯、年龄、教育程度、是否国民党党员等。(《成都市政府工商档案》：38-11-1539) 610应该是成都全部茶馆的数量，因为茶馆都必须在公会登记。但也不排除一些社会组织以"为会员服务"的名义开茶馆。这类茶馆既不纳税，亦未在公会登记。如一商帮在东大街开了一家茶馆，但没有营业证，虽然说是只为帮内成员服务，但实际上公开营业。见《成都市政府工商档案》：38-11-425。

[17]《成都市政府工商档案》：38-11-1539。关于选举的具体情况留下来的记录不多，不过地方报纸有时也透露一些信息，如1948年11月15日《新新新闻》报道："蓉市茶社业同业公会，上期理监任期已满，依法应予改选。该会特定于明日午前九时在总府街市商会举行会员大会，并改选理监事。"该报11月17日报道了选举结果："廖文长、王世安、王清泉等当选理事"，而得票最多的前五名"当选为常务理事"，华华茶厅廖文长"蝉联理事长"。这种结构可以说是传统行会的特点。H. B. 莫斯 (Hosea Ballou Morse) 认为行会的内部管理是"民主的"。例如，19世纪80年代的上海茶叶公会"由每年选举的12人组成的理事会主持，每个理事每个月轮流担任主持"。(Morse, *The Gilds of China, with an Account of the Gild Merchant or Co-hong of Canton*, p. 16) 现存档案保存有成都茶社业公会理事会的一个完整的会议记录簿，时间从1940年6月到1942年12月，内有十分有用的信息，包括会议日期、地点、主席、讨论的议程和结果等。这期间，公会共开会36次，每月至少一次。每次会议都是为处理公会事务而召开，有时仅一项议题，有时多达十余项。但此期间全体会员会议仅开过一次。见《成都市商会档案》：104-1401。

[18]《成都市商会档案》：104-1400，104-1401。东区办事处设在华兴东街

华兴茶楼，南区在东桂街大同茶社，西区在东城根街锦春茶社，北区在鼓楼北街致远茶楼，外东区在椒子街颐和茶社。见《成都市商会档案》：104-1400。

[19]《成都市政府工商档案》：38-11-1539。从这个名单，我发现理事长王秀山有两个茶馆，即东城根街的锦春茶楼，有资本 800 元；少城公园的观德茶社，有资本 500 元。(《成都市政府工商档案》：38-11-1539) 华华茶厅老板廖文长成为公会理事长虽然是由于他在本行的经验和声望，但资本的多少在公会领导层的选举中也并非不重要。

[20]《成都市商会档案》：104-1401。

[21]《成都市商会档案》：104-1400。此后会员费有所降低，1947 年 1 月，公会确定的标准是：甲等 5000 元；乙等 4000 元；丙等 3000 元；丁等 2000 元。(《成都市商会档案》：104-1400) 除会员费外，公会的房地产也可得若干收入。1941 年，公会卖一块地得 3200 元，又花了 5000 元买了若干处房产。见《成都市商会档案》：104-1400，104-1601。

[22]《成都市商会档案》：104-1400。在第 7 章我们将会看到成都茶社业职业工会内部存在许多矛盾，特别是茶馆工人拒绝交纳会费等。我没有发现茶社业公会内存在类似问题，这可能说明茶馆业主对同业公会的依赖较之茶馆工人对工会的依赖更大。

[23]《成都市商会档案》：104-1401。关于取水码头还有一个例子：1935 年之前西区江边没有专门的码头供茶馆取水，由于水车弄得地下泥泞，附近居民不许水车通过，政府也以"卫生"为由加以禁止。三友茶楼老板张范九提出各茶馆出资，仿照东区和北区办法修建水码头。市政府同意修在西门外的饮马河畔，但费用全部由从这个码头取水的茶馆支付。为修这个码头，借款 100 银元，月息 3%。按原计划，这个借款应该以码头收入来还，但是实际上收入不够支付每月本息。到 1949 年 3 月，亏银 129.89 元。由于战乱，码头也失去了月收入。但是张范九为借款责任者，不得不继续还款，共计垫款约 400 元。张请求政府令茶社业公会敦促各茶馆支付所应承担的部分。成都市长也为

此向公会下令，但最后的结果不得而知。见《成都市政府工商档案》，38-11-1441。

[24] Golas, "Early Ch'ing Guilds." in Skinner ed., *The City in Late Imperial China*, pp. 569-571.

[25] 1909—1910年比较详细的茶价如下（每碗）：毛茶4文，春茶和白毛茶6文，龙井茶32文。毛茶为最普通、最便宜的茶。如果把茶价与当时街头小吃价格进行比较，可以对茶价有更明确的概念：虾浆汤，12文/碗；豆腐（2块）或馒头（10个），9文；面，6—8文/碗；汤圆（3个），5文；锅盔，4文/个；煎饼，3文/个。如果在一个较高级的饭馆吃饭的话，开销要大得多：鸡每盘35文，鱼25文，蛋饼120文。最好的饭馆，一顿筵席要3—20两银子不等。（傅崇矩：《成都通览》下册，第252—256页）周询的记录也显示，晚清成都一碗茶3—4文。见周询《芙蓉话旧录》，第24页。

[26] 《成都省会警察局档案》：93-6-735-1，93-6-739-1。

[27] 从附表22《1909—1948年茶与米价的比较》还可知，1942年1月的茶价非常低，100碗茶的价格大约只相当于0.023石米的价格，但是1946年和1947年7月的茶价又特别高，100碗茶的价格相当于0.12石米的价格。

[28] 《成都市商会档案》：104-1401。

[29] 《成都市商会档案》：104-1401。1941年9月，公会再次要求茶价从6角提到7角。虽然政府在10月最后批准了这个请求，但通货膨胀已经达到新高，公会在各茶馆的强烈要求下，把茶价提到8角（特区春熙路9角）。公会指出其他商品都价格飞涨，茶价不得不调，即使是这个上涨后的价，仍然不能弥补成本，计划将价格涨至9角（特区1元）。一些茶馆擅自提价，受到政府惩罚，公会请求从宽处理，因为这些茶馆的确处境困难，表示不能容忍政府任意处罚。这显示公会竭尽全力保护茶馆利益，不过这些情绪只是在公会理事会上进行表达，他们并不想公开与政府对抗。1943年5月，由于茶叶、煤炭、人工涨

价 2—3 倍，公会将普通茶涨到 1 元 2 角（特区 1 元 6 角）。（《成都市商会档案》：104-1401）除了公会的集体努力外，各茶馆也竭力向政府申诉。1944 年与 1945 年之交，设在公园内的 6 家茶馆要求政府给予"特别区"待遇。按照他们的申述，公园茶馆服务游客，需要"在设备方面，力求精致，致使设备费庞大"，因此成本比一般茶馆要高。而且，这些茶馆都在露天，晚上和天气不好时没有顾客。过去，政府对公园茶馆都是区别对待，其茶价较之普通茶馆高 1/3。当茶叶、煤炭、工钱上涨时，他们希望茶价提高到 10 元。但政府不仅拒绝这个要求，而且要求茶馆"悬牌售卖"，警告"不得巧立名目，擅自提价。如违并案查究"。《成都市政府工商档案》：38-11-1530。这个文件无日期，但根据内容，特别是根据茶价判断，应该是在 1944 年底或 1945 年初。经过持续的努力，到 1945 年 3 月，公会将价格涨到了 12 元，以与通货膨胀同步。（《成都市商会档案》：104-1401，104-1390；《成都市政府工商档案》：38-11-1530）1945 年 3 月，成都茶社业同业公会再次请求政府允许涨价，其理由是甲、乙、丙、丁级茶馆茶价分别为 15、14、13、12 元，远低于物价上涨指数，像煤炭、木炭、茶叶等价格上涨了 20%—50%。公会提供了上月涨价后的物价变化（前一个数字是上次涨价时的价格，后一个数字是现在的价格）：煤炭为 3000 多/5000 多元（挑），木炭为 40 多/50 元（斤），茶叶为 800 多/1200 多元（斤），米为 1500 多/2000 多元（斗），茶碗为 2000 多/6000 多元（10 个），竹椅为 300 多/450 多元（把），茶桌为 500 多/1000 多元（张）。因此，公会提出把茶价涨到 36 元。同时，其他各方面的开销，包括工资、电、租金等都大幅度上涨。（《成都市商会档案》：104-1390）1945 年 1 月有茶馆"违反限价"，遭市政府"传讯"，"严饬改正"。同年 6 月，天暨洞园茶社因涨价被罚款 2000 元。见《新新新闻》1945 年 1 月 19 日、6 月 21 日。

[30]《成都市商会档案》：104-1401。

[31]《成都市政府工商档案》：38-11-1540。不知何故，这个权力转移直

至1946年7月才实施，由当时成都最大的茶馆华华茶厅老板廖文长接任。见《成都市商会档案》，104-1400。

[32]《成都市政府工商档案》：38-11-807。

[33]《成都市商会档案》：104-1400。

[34]《成都市政府工商档案》：38-11-1530。

[35]《成都市政府工商档案》：38-11-807。自然灾害使茶馆处境进一步恶化。如1947年夏天成都遭受大水灾，许多沿江茶馆损失惨重，至少有44家茶馆要求政府救济。一些茶馆的全部财产被水冲走，甚至连营业执照也无存。公会确认各茶馆的损失，要求政府救济，补发执照。见《成都市商会档案》：104-1408。

[36] 通货膨胀似乎没有减缓之势。公会称"本会会员纷纷报称"成都的"物价咸节节上涨"，特别是茶馆必需的煤炭涨幅最大，从每吨40余万元涨到80余万；电价从每度580元涨到2426元；茶叶从每斤16000元涨到22400元；自来水从每挑80元涨到300元。见《成都市政府工商档案》，38-11-32。

[37]《成都市政府工商档案》：38-11-32; Feuerwerker, "Economic Trends, 1912-49." in Fairbank ed., *The Cambridge History of China*, vol. 12, pt. 1, p. 114。从档案文献中，可以看到1947年11—12月的若干公会关于价格的"重要通知"（包括本章开篇的那份通知），这些通知有针对全部茶馆的，也有专门发给某些茶馆，特别是甲等茶馆的。从这些文献中，我发现显然公会意识到大茶馆的声望，如果要使其措施在全行业贯彻，必须得到这些茶馆的支持。这些茶馆包括益智、三益公、饮涛、益园、复兴、正娱、漱泉、西南、品香、沁园、吉安、锦江、桃园、大北、濯江、掬春、宝林轩、香荃居等。公会希望它们能够"共同行动"。这些通知还反映了通货膨胀的严重程度。在一个月之内，茶价从800元涨到1500元，虽然在12月22日到24日间暂时有所下降。见《成都市商会档案》：104-1390。

[38]《成都市政府工商档案》：38-11-1535;《成都市商会档案》：104-

1391。1948年9月27日,廖文长向市参议会请求,原料价格上涨,但茶价自1948年8月10日以来还没有随着上涨,各茶馆仍然保持低价,即使它们面临极大的困难。特别是那些无法用自来水的茶馆,必须雇工挑水。收入的一半都用于挑水花费,一些茶馆被迫关门。廖特别提到,成都有600多家茶馆,给许多人提供了生计。在这个请求书后,廖还附有一个成本表,从表中可看到,1948年9月,每100碗茶大约相当于0.13石米的价钱,这即是说,茶的价格实际上达到了这些年的最高点。(《成都市政府工商档案》:38-11-1535)这些请求都有共同的特点,即都给出物价上涨的具体数字,为提高茶价提供依据。当公会不能达到预定的要求时,茶馆作为个体仍然力图实现它们的目的。12月,许多茶馆向市政府呼吁,声称它们不能执行政府规定的茶价。按照这些茶馆的说法,几天内茶馆各种原料价格疯涨,虽然一周内茶价从2角涨到3角,但是原料、人工、生活费已经翻倍,不过政府拒绝了这些请求。见《成都市商会档案》:104-1391。

[39]《新新新闻》1948年9月21日,1949年2月22日及6月10、25日;《新新新闻晚报》1949年8月8、9日。

[40]《成都市商会档案》:104-1390;参见附表14《1945年甲等茶馆收支统计》和附表15《1947年每售500碗茶的收支统计》。

[41] 尖兵:《茶与肉》,《新新新闻》1948年4月21日。

[42]《新新新闻》1945年5月13日、1946年6月6日;尖兵:《茶与肉》,《新新新闻》1948年4月21日。

[43] 仅从1948年的《新新新闻》的新闻标题便可看到这种倾向性,如《一碗白开水法币六千元茶又涨价了》(6月13日)、《茶社擅提价,市府不允准》(8月14日)、《政府查究物价茶价》(9月20日)、《商会函茶社业,忍痛勿加茶价》(9月21日)、《茶价自由涨,到处有风波》(12月6日)等。

[44]《国民公报》1916年3月13日;《成都快报》1932年4月23日。

[45]《成都省会警察局档案》:93-6-739-1。1924年前的旧税率,茶馆最

第6章 公会——周旋在行业与国家之间 323

贵每碗茶售 50 文,每天付 30 文税,下等茶馆根据茶的售价,付较低的税。然而,根据警察局颁布的新税率,每碗茶售 50 文,每天付税 50 文;每碗茶 20—50 文者,付税 30 文;每碗茶 20 文或以下者,付税 20 文。另外,还规定一个餐桌按两个方桌计算,半桌按半个方桌计税。见《成都省会警察局档案》:93-6-739-1。

[46]《国民公报》1928 年 12 月 11、12 日。
[47]《国民公报》1928 年 12 月 13 日。
[48]《国民公报》1931 年 1 月 7、13 日;《成都快报》1932 年 2 月 27 日。
[49] 关于民国时期政治结构及对茶社业影响的详细讨论见第 10 章。
[50]《成都市商会档案》:104-1401。有时政府也不得不妥协。如 1938 年成都商人罢市抗议增税,政府只得把税降到 2%,而货品合并计算价值不足 100 元的小商人免税。见《成都快报》1938 年 3 月 25 日。
[51] 见附表 14《1945 年甲等茶馆收支统计》。
[52]《成都市商会档案》:104-1401。
[53]《成都市商会档案》:104-1401。
[54]《成都市商会档案》:104-1401。
[55]《成都市商会档案》:104-1401。
[56] 如 1942 年 2 月,每区捐 10 张米票和 10 张戏票,共 50 张米票、50 张戏票给军队。有一次,公会捐了 10 元、1 张戏票给警察。见《成都市商会档案》:104-1401。
[57]《成都市商会档案》:104-1401。
[58]《成都市政府工商档案》:38-11-752。这个问题从晚清开始便存在,当自来水第一次在成都出现时,人们仍然需要从水站挑水。见 Wang, *Street Culture in Chengdu: Public Space, Urban Commoners, and Local Politics in Chengdu*, 1870-1930, p.124。
[59]《成都市政府工商档案》:38-11-752。
[60]《成都市商会档案》:104-1401;《成都市政府工商档案》:38-11-298。政府颁发营业执照十分谨慎,如果一家茶馆丢失了执照或者是

迁址，必须重新履行全部申请手续。店主首先向茶社业公会呈递请求书，说明原因，公会转交市府，并附公会的调查结果。市府的相关部门将派人进行调查，将调查结果写成报告，呈送股长、科长、秘书、秘书长以及市长。股长也必须写一份报告，提出处理意见。市府将根据规章和申报者的具体情况作出决定。另外，茶馆还必须有"铺保"，并在执照申请书上签名。见《成都市政府工商档案》：38-11-951。

[61]《成都市政府工商档案》：38-11-2413。

[62]《成都市政府工商档案》：38-11-1440、38-11-1441。

[63]《成都市政府工商档案》：38-11-1440。

[64]《成都市政府工商档案》：38-11-425。

[65]《成都市政府工商档案》：38-11-298，38-11-1441。

[66] 关于该组织的进一步信息见第4章。

[67] 武圣演讲会的请愿书还有附件，包括警察的告示和茶馆的财产清单。这个和约由保甲长、公会理事长和两个副理事长、4个武圣演讲会成员以及李树荣共同签署。(《成都市政府工商档案》：38-11-2322) 还有其他茶馆有类似的经历。三可茶楼的老板张国干在向政府要求重开茶馆的请愿中，称该茶馆已经开办十多年，1939年日机轰炸时疏散到城外，把茶馆租给了黄德之。1940年当政府令各茶馆进行登记时，黄暗自以品清茶社的店名向政府登记。张称曾经花费150多元修理茶馆取水码头，如果政府不允许茶馆重开，他将损失巨大。但政府对其请求予以否决，"所称三可茶楼即品清茶社一节本府无案可稽，所请碍难照准"。《成都市政府工商档案》：38-11-1535) 这个案例与上述武圣演讲会茶社类似，但结局不同。茶馆被允许重开还有其他一些具体原因，如1947年夏，顺江茶社被洪水冲毁，其营业执照和卫生许可证也丢失，茶馆主人委托公会请求政府重发这些文件以便重新开张。见《成都市商会档案》：104-1408。

[68]《成都市政府工商档案》：38-11-1441。1940年代，道路加宽使许多

茶馆缩小了营业面积，政府同意这些茶馆搬迁。长顺中街的林春茶馆在长顺下街找到一个地方，公会确认是由于道路扩展的原因导致迁址，请政府颁发新执照。(《成都市政府工商档案》: 38-11-1465) 饮涛茶社于1926年开办，在修路之后，不得不在春熙南路另租地方，成都市政府发出示称："查核尚无不合，除公告外，准予发给商业登记证一张。"金华街的大北茶楼1941年取得执照，但1946年扩路后，只得搬到下顺城街。在公会理事长廖文长请求下，政府经过调查后，颁发了新执照。(《成都市政府工商档案》: 38-11-2413) 1949年8月，公会理事长廖文长报告，李汉清要求重新开办兴记茶社，该茶馆过去进行过登记，颁发过执照，但被日机轰炸后关门。后来茶馆修复，但由于街道加宽，茶馆空间变小，李只好搬到转轮街。廖确认了李的说法，请求政府考虑"以利营业，而恤商艰"，发给许可。随附的保甲长的信也保证李的说法属实。档案中还存有两份调查报告，提供了关于这个新址的更多信息。新址与一家杂货店相连，不会影响市场和社会秩序。负责此事的官员称经调查，一切属实，应该准予登记。见《成都市政府工商档案》: 38-11-2413。

[69]《成都市政府工商档案》: 38-11-1441。

[70] 当然搬迁还有其他原因，1946年当四川省立科学馆在北城公园成立时，丽春茶社被令关闭，由于业主未能找到适当的地方重新开张，只得请求政府给予时间待来年另择新址。(《成都市政府工商档案》: 38-11-1441) 政府同意一些茶馆搬迁是由于其他一些特殊原因：王春廷是大安街濯江茶社的老板，在水神庙租屋开办濯江茶社，1940年在政府登记。该茶馆主要顾客为船帮公会会员，王曾经是该公会的理事长，提供这样一个地方给公会办公。1942年成都市长令将水神庙改为学校，该庙拒绝，其首事被捕，王的茶馆也必须迁出。王提出该茶馆在水神庙已有三年，为船帮公会提供了聚会之地。迁址给茶馆带来很多问题，特别是资金问题，而且在战时很难找到新地方。直到1947

年,他才在总府街找到一栋房,有4间屋,不妨碍交通,没有卫生问题。这是当时政府批准的不多的几个案例之一。见《成都市政府工商档案》,38-11-1441。

[71] Goodman, *Native Place, City, and Nation: Regional Networks and Identities in Shanghai, 1853-1937*, pp. 291-314; Morse, *The Gilds of China, with an Account of the Gild Merchant or Co-hong of Canton*, pp. 9, 13.

第 7 章 堂 倌
——艰难环境中的挣扎生存

　　一会儿，麻子堂倌右手提着亮晶晶的紫铜茶壶，左手卡着一二十个黄铜茶船和白瓷茶碗，宛如盛开的海棠，向台子跟前走来。未拢茶桌，他左手一扬，"哗"的一声，十几个茶船脱手撒出，"咯咯咯……"几旋几转，一位坐客面前旋转一个，不多也不少，茶船未停稳，"咔咔咔……"一个茶船上已放好一个茶碗。顾客要的茶，品种不同，放在面前的茶碗颜色花鸟也不相同，决不会你要"龙井"给你上的是"雨前"。你眼睛还未眨两下，十几个茶碗已经摆好，动作之神速、干净、利落，无不引起座客啧啧叫绝。大家又聚精会神看他掺水。只见这位麻子哥，站在一米之外，提起茶壶，手臂挽住壶梁，手杆打得笔直，"刷、刷、刷……"十几碗茶碗掺得垒起尖尖，桌子上、茶船里滴水不洒。接着他抢前一步。用么拇指把茶盖子一挑，刚才还站在每个茶碗旁边的盖子，"嗑嗑嗑……"一个个归位，跳起来把茶碗盖得严严实实，依然一滴茶水也未溅出。这哪里是在掺茶，简直是变魔术。冯玉祥禁不住叫道："绝啊，真绝！你就是报上说的锦春楼'三子三绝'的周麻子吧？我是慕名而来，专看三绝的，不错，你算一绝。"

——李思桢、马延森[1]

在成都的茶馆里，有许许多多像周麻子这样的茶馆工人，他们被称为"茶博士"。正如这个"头衔"所代表的，这些茶馆工人创造、传承、解释、发扬、丰富了茶馆文化，他们散布在整个成都的茶馆里。他们有许多不同的称呼，如堂倌、茶房、幺师、提正堂、提壶工人等，但"茶博士"成为他们最常见的"雅名"。[2] 虽然"茶博士"这个词带有点谐谑的味道，但也的确反映了他们高超的服务技巧、对茶的独到知识以及丰富的社会经验。在中国，很少有关于小商铺雇工的资料，但关于成都茶馆的档案给我们提供了这方面的丰富信息，使我们能够考察在小商业谋生的工人的工作环境、生存的困难、与顾客的关系等。在公共场所谋生活，使茶馆工人比其他小商铺的雇工更引人注意，茶馆中所发生的事情也能够引起社会关注，因此留下了较多的记录（见插图7-1）。

本章把着眼点放在茶馆内部的问题上，考察茶馆里的雇佣工人——特别是堂倌和女茶房，揭示小商业、雇工、工作环境、工作场所、职场文化（workplace culture，或"工作场所文化"）之间的关系。在中国历史学和人类学的研究领域，目前还没有任何关于饭馆、酒店、茶馆中男女招待的研究。[3] 实际上，在各种小商业包括传统的店铺、餐馆、茶馆、其他小商铺等工作的工人，在中国城市史和劳工史中几乎都没有位置。茶馆工人经常要对付

第 7 章 堂倌——艰难环境中的挣扎生存

插图 7-1 一个堂倌
资料来源：照片由美国《生活》杂志记者 C. 麦丹斯于 1941 年在龙泉驿拍摄。

复杂的社会关系，他们经历了公共空间的各种社会冲突。关于茶馆工人和职场文化的研究能够提供一扇窗户，使我们观察到中国工人阶级的另一面。

对近代中国工人阶级研究的重要成果几乎都集中在工厂工人。[4]然而，民国时期在小作坊、小店铺工作的工人，占整个劳工队伍的绝大部分。例如，截至 1919 年，全中国工厂的工人总数不过 150 万，但是据农工商部 1912 年的统计，仅在四川各种小作坊的工人即有 210 万。[5]虽然这些工人数量巨大，但在城市史和劳工史的研究中并未受到重视，因为他们散布于许许多多小工作场所，不曾在重大事件中扮演重要角色，亦缺乏系统资料对他们进行全面考察。工厂工人在近代城市经济、文化的演变及劳工运动中扮演了重要角色，但小作坊、小商铺的工人也作出了重要贡献。事实上，从某种意义上讲，后者更能代表城市文化，因为他们的工作是在公共场所，直接与市民接触，而且他们在城市中无所不在。然而到目前为止，我们对服务行业工人的工作条件和环境、他们所面临的问题、他们生存的策略、他们与地方社区的关系、性别冲突、他们在公共生活中所扮演的角色等都知之甚少，而本章便将回答所有这些问题。

本章揭示了一些重要经济文化现象：第一，"茶博士"怎样利用他们丰富的社会经验和服务技巧，来应付茶馆中的各种问题和在艰苦的环境中求生存。第二，抗战时期茶馆劳工的雇佣发生重大变化，即妇女向男人独霸的行业发出挑战，并把新的职场文化带进了茶馆。这一茶馆文化的剧烈变迁是由于长江下游的战争难民的大量涌入，这一方面给茶馆带来了大量顾客，但是另一方面，在茶馆中工作的女性也面临着男性同行的歧视乃至敌视。"茶博士"们愤恨其加剧了竞争，夺了他们的饭碗，再加上地痞流氓对她们的性骚扰，使她们的处境更为艰难。第三，茶馆工人的社会形象取决于他们的工作表现，也取决于精英的话语霸权，还受到政府政策法规的影响。第四，成都茶社业职业工会于1939年建立，成为茶馆工人最重要的代表，也是保护茶馆工人权益的最重要组织，工人在工会中发出了自己的声音。不过，工会自身也不断遭遇内部危机。过去的研究集中在工会的外部关系上，诸如工会与雇主、政党、国家的关系，本章则着眼于工会的内部功能和关系,例如关于其领导层、男女成员之间的互动,使我们能够从文化和社会史的角度考察这些问题。[6]

"茶博士"

在成都,大茶馆可能雇工人三四十人之多,中型十人左右,小型则三五个。[7]一些茶馆则完全是家庭生意,丈夫是老板兼堂倌,妻子洗碗兼清扫,儿子则充当灶房或挑水夫。[8] 1951年,新政权对成都茶馆情况有一个详细调查,这时还没有开始对茶馆进行大规模的改造,其资料可以作为了解民国时期雇佣情况的参考。统计显示,该年各茶馆有领薪的雇工1404人,其中1368人是男性,女性仅36人。但在统计表中,还有列为"其他"的1783人,数量超过工薪工人,关于他们的工作性质和背景表内没有说明。我估计他们是家庭成员,不领工资,不计算在劳动力的开销之内。该资料还告诉我们有3885人依靠茶馆为生,平均每个茶馆6.9人。茶馆几乎没有学徒工,靠茶馆为生的3885人之中,仅10人是学徒,占总数的0.25%,或工薪工人的0.7%(见附表23《1951年成都茶馆雇工统计》)。这说明茶馆与其他行业不同,缺乏一种充分发展的培养未来"茶博士"的学徒制度。没有资料对这个现象进行解释,但我估计应该与工作性质有关。在茶馆里,一个没有经过专门训练的新手,仍然可以提供端茶、掺水等基本服务,但要成为一个"茶博士",则非有长期的工作经验不可。[9]这里再以该表的东一区数字为例,作进一步分析(见地图3)。这个小区共有24家茶馆,150人以此为生,平均每个茶馆约6人。这150

人中，仅48人是付薪雇工，其余皆家庭成员。在24家茶馆中，无雇工的1家，1个雇工的8家，2个的7家，3个的6家，4个的2家，没有超过4个雇工的。这48个工人中，只有1人为女性。[10]

为鼓励堂倌卖力干活，茶馆给他们按日付薪，提供免费饭食；而更低级的下手则按月给工资，也提供免费饭食。1938年，一个堂倌每月工资大约是4.47元，而同期成都平均工资为13.41元。一份1942年的记录显示茶社业公会理事长王秀山茶馆的月开销：该茶馆雇有10人，全部雇工的开销为4000元，平均每人400元。按每月30天算，平均每个雇员的劳工支出是13.3元，不过资料没有说明多少为工资，多少为饭食开销。但是我发现了同期鹤鸣茶社的伙食开销记录，如果假设其与王秀山的茶馆雇员伙食开销水平相同，那么可就此算出实际工资数。鹤鸣茶社刚好也有10个雇工，伙食开销每月为1800元，每人每天6元。如果我们将王秀山的茶馆也按这个数字算，其雇工每天工资为7.3元。[11]那么这个工资到底是个什么概念呢？有必要将工资与当时的物价进行比较。这个工资记录是1942年11月的，当时大米价格是444元1石。[12]也就是说，一个茶馆工人的日工资可以买大约4.6斤米。[13]显然，仅靠这点收入养活一家是很困难的。当然，堂倌还有其他"软"收入，如顾客只买开水的钱称"水钱"，归其所有，这笔收入经常高于日工资；而灶工（成都叫瓮子房）则可以收取"火钱"，即为居民提供炖肉、熬药等服务的服务费。[14]但是，即使加上这个"外快"，其收入仍然很难维持家庭开销。

在成都，"茶博士"——技术高超的堂倌——经常被认为是"茶馆的灵魂"。虽然主人或掌柜负责经营，但他们主要是坐在柜台后面，称茶叶，收堂倌交来的钱，将已配好茶的碗清点给堂倌等。而堂倌才是直接与顾客周旋的人，他们的态度和服务质量直接关系到茶馆能否吸引更多的顾客。两者不同的角色反映在当地的一则俗语中："长官不如副官，掌柜不如堂倌。"[15]堂倌为茶馆中最显眼、最忙碌之人，几乎没有休息时间，经常是一吃完饭便开始工作，甚至边吃饭边干活。一则民谣曾给予他们以生动描述："日行千里未出门，虽然为官未管民。白天银钱包包满，晚来腰间无半文。"[16]还有这么一个顺口溜："从早忙到晚，两腿都跑断。这边应声喊，那边把茶掺。忙得团团转，挣不到升米钱。"[17]反映了他们在工作场所的真实处境。

堂倌热情为茶客服务，当有顾客进来，堂倌立即招呼"某老爷请""某兄弟请""某先生请"等，带领其找到座位，问其要喝什么茶。如果是熟客，甚至不用问便把茶端上了。顾客经常"一到茶铺门前，便只听见一派绝大的嗡嗡，而夹杂着堂倌高出一切的声音在大喊：'茶来了！……开水来了！……茶钱给了！……多谢啦！……'"使大家有宾至如归的感觉。堂倌必须立即答应顾客的召唤，眼观四方，耳听八面。[18]堂倌的反应要快。他们形成了独特的吆喝声。在高峰时，顾客可以听见堂倌的吆喝、回应此起彼伏，与茶馆的熙熙攘攘融会在一起。顾客也并不因此觉得吵闹，反而认为增添了无穷的乐趣。[19]

堂倌必须懂得他们的顾客。一个好堂倌必须有高超的掺茶本领，还要使大家都身心愉快，但要达到这两个目的并不容易，任何小的失误都有可能得罪顾客。例如即使是收茶钱，也并非一件简单的事，也有艺术可讲。堂倌经常遇到这样的情况：一个客人走进茶馆，碰见他的几个朋友在那里喝茶，大家都跑上前争先恐后地为新来者付茶钱。面对许多只拿着钱的手，堂倌从某人手中接过钱来，告诉其他人"都请揣倒！二回收你们的就对了嘛！"每个人都回到他们的座位，皆大欢喜。[20]情况也可以是相反的：一个刚进茶馆的人告诉堂倌他要为所有在那里的朋友付茶钱，哪怕是他朋友的茶钱已经付过。这时"茶博士"不得不决定是否把已收的茶钱退还给他的朋友，收这个新来者的钱（关于这个习惯的较详细讨论见第 2 章）。但是要做到这一点，堂倌必须对他的顾客有深切的了解（见插图 7-2）。

插图 7-2　茶牌

当堂倌给一个顾客上茶收钱后，如果没有零钱找，那么便给该顾客一个铜牌，表明欠钱多少。图中是乐天茶园的茶牌，上书"乐天茶园欠钱卅文"。

资料来源：原件藏四川大学博物馆。

茶馆其他工人也体现着强烈的茶馆文化和传统。瓮子房可能是仅次于堂倌的重要雇员,不过他们并不在茶馆里来回奔忙,也不直接与顾客打交道,但工作并不轻松。他们在黎明前起身,烧火准备开门营业,天不亮许多茶客便要到茶馆喝早茶。一直忙到半夜,当堂倌已经结完账,他们还得仔细地用炭灰把火盖好,留下火种,以便第二天清早开灶。他们经常满面尘灰,夏天还得忍受酷热,加煤除灰。他们还得尽量节约煤炭,同时又要及时提供充足的开水,并能够根据一天的"涌堂"(高峰时间)和"吊堂"(清淡时间)来调整火候。[21]要做到这一点,亦需长期的工作经验。

在男人的世界讨生活

成都茶馆中的工人基本都是男性,但抗战时期,妇女开始在茶馆谋生,称"女茶房"。在传统中国社会,妇女也是家庭经济的重要支柱,但主要是从事家内劳动,如家务、纺线、织布、做鞋等,或外出当保姆、佣人等。在农村地区,妇女还参加各种田间劳动。如果说也有妇女在公共场所谋生的话,那么经常会被误认为卖艺或卖淫,被视为非常不体面的营生。[22] 1937年女茶房在成都出现是一个新现象,引起社会的极大关注。[23]妇女进入茶馆充当女招待,在成都代表着一个重大进步,既是雇佣形式的变化,亦为茶馆生活和文化加入了新因素,改变了妇女的公共角色和性别关系等。当时地方报纸对她们亦有不少报道,涉及个人生活、职业经历、与男堂倌和顾客的关系,提供了关于她们经历的珍贵信息。然而,到目前为止,作为近代中国女工重要部分的服务行业的女招待,还没有引起历史研究者的充分注意。

茶馆女招待兴起的直接原因,是战争难民的涌入。日本的入侵造成大量逃难者进入成都,成都处于长江上游,相对保守封闭,即使晚清以来内陆社会逐渐开放,人们对妇女公共角色的态度已经发生了变化,但妇女在公共场所出现仍然有不少禁忌。[24]这些进入成都的战争难民,带来了沿海地区相对开放的文化和观念,对妇女进入公共场所工作,也持较开明的态度。而且在战争刚开始时,人们的注意力主要集中在民族危机上,战争进程事关生存,罔顾其他。对于精英和国家来说,恪守道统在这时也并非当务之急,因此当妇女进入茶馆工作后,也未见政府和社会的强烈反弹。先是那些在最繁华的春熙路等处的高等茶馆如益智茶楼、三益公等,不仅提供包房以吸引顾客,而且开始使用女茶房。女茶房甫经出现,男顾客便纷纷涌向雇用她们的茶馆,到这里不仅可一饱眼福,还可趁机与女招待调笑一番。茶馆主人们很快发现,这是非常好的生财之道,便纷纷跟进,哪怕是那些穷街陋巷的下等茶馆,也照此办理,以增强竞争力,以至于如果一个茶馆没有女茶房,便会被认为"过时",生意也便难以为继。[25]女招待也很快懂得怎样以姿态、动作、声音等来取悦客人,以女人特有的手法招徕顾客(见插图7-3)。

女招待虽然有着各种不同的背景,但大多数是来自下层没有受过教育的已婚妇女,她们的丈夫一般是政府小职员、劳工、前方打仗的军人等。由于生活费用的大幅度上涨,许多家庭如果只靠男人的工资,难免捉襟见肘,妻子只得帮助养家糊口,因此女子出去挣钱养家也是不得已而为之。在茶馆工作,妇女不得不承

第 7 章 堂倌——艰难环境中的挣扎生存　337

插图 7-3　成都老顺兴的女服务员
资料来源：作者摄于 2003 年 6 月。

受来自社会的压力，所以有的人说她们是"可怜的小鸟"。[26]当然，女招待也是有不同档次的。在高级茶馆，女招待一般面容端庄，身材姣好，这些茶馆可以支付较高的工资，可以有较多的选择。她们的年龄多在 18—23 岁，留短发、施粉黛、着旗袍、围白裙，面带羞涩，一看便知是走出家门不久的女子。她们以清纯来吸引顾客。但是在下等茶馆，多数女茶房实际上是由热脸帕或香烟贩所雇，按日给薪，每天工资仅 1.5 元，外加免费早餐和午餐。如果有任何亏折，她们还得自己掏腰包赔偿。在那些十分简陋的茶馆里，她们有时很难挣够糊口的钱。[27]

茶馆中的女招待还必须独自面对各种问题。茶馆里总是熙熙攘攘，拥挤不堪，男顾客和女招待之间的空间有限，因此容易遭遇性骚扰。虽然她们的基本角色并非提供娱乐，但许多顾客想得到一般服务以外的东西。如果她们拒绝与顾客"调情""打情骂俏""开玩笑"等，可能因此得罪顾客和老板；如果她们按照顾客和老板意愿行事，又会遭到社会上诸如"有伤风化""下流""妓女"等尖刻的指责。因此她们总是陷入两难的处境。[28]

茶社业工会

关于茶社业工会的早期历史我们所知不详，但根据现有资料，过去茶馆工人——包括茶房、瓮子房、挑水夫等——都有传统的组织，称"三官会"。1926年，茶馆工人组织了成都市茗工业职业工会，只有男性才能加入，号称有两千多个成员。工会"曾经党政机关备案"，还称"全体工友一致站在三民主义青天白日旗帜之下，对救国工作，历次已有表现，认党国为重心"。这个工会一直活动到1939年。是年日机狂袭成都，许多居民疏散到郊区，待茶馆工人返回市内继续谋生活，发现工会被"茶社商人、女性、非工人"凌国正改组为"成都市茶社民生工会"。这样，一个男性集团被改组为男女混杂的组织。[29]

同年，这个组织又改称"成都市茶社业职业工会"。《四川省成都市茶社业职业工会章程》清楚表明了这是一个得到国家支持的组织，成都市档案馆所藏原件显示，"成都市茶社业职业工会"这几个字是在印好的文本上手写的。我估计各行业的职业工会其实都使用由政府颁发的统一章程，这个推断可以从章程的内容得

第 7 章 堂倌——艰难环境中的挣扎生存 339

到证明。在总共 5 章 35 款的章程中，没有任何专门关于茶社这个行业特点的规定，有几处出现"茶社业"时，也是手写字（见插图 7-4）。[30] 这实际上反映了工会是在地方政府的指导和控制

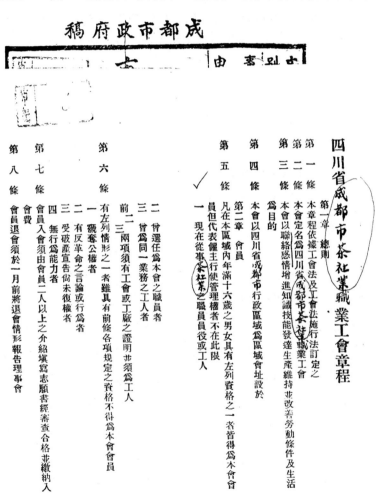

插图 7-4 《四川省成都市茶社业职业工会章程》

资料来源：《成都市政府工商档案》：38-11-982。

之下。从现存的资料中,我们没有发现任何由工会组织的,为了工人权利、工资、工作时间等抗争的活动记录,更没有领导罢工的蛛丝马迹,而这些活动是近代工会的基本功能。其实,当时成立工会,是国民政府推动的结果,其在1929年和1943年两次颁布工会法,茶社业工会章程的主要内容不过是照抄1929年的工会法而已。

即使这个章程并不是专门为茶社业制定的,它仍然成为工会活动的基础。根据章程,工会的建立是以"联络情感,增进知识技能,发达生产,维持并改善劳动条件及生活为目的"。[31] 这样,工会有一个比较平和的宗旨,仅最后一项暗示工人的权利。这个章程也透露了关于工会会员资格和领导层的信息。按照章程,任何人年满16岁,包括妇女,只要在茶馆工作,或曾经在茶馆或为工会工作过,都可以成为会员。但是那些"剥夺公民权者""有反革命之言论或行为者""受破产宣告尚未复权者"以及"无行为能力者",都不得加入。这里所称有"反革命"言行而不允许加入工会,从另一个角度反映了国民政府对工会的政治控制。[32]

章程还揭示了工会的内部结构。工会设理事会,由九名理事和四名候补理事组成,由理事选出常务理事(后又称理事长)一人负责。理事会有如下职责:主持工会日常事务,代表工会,召开成员大会,贯彻大会决议,接受成员建议。工会分三个部门:一是负责文件和日常事务,二是负责教育、培训、出版、登记、组织、调查、记录等,三是负责合作、调解、卫生、娱乐、雇佣、工人的福利等。每一部门由理事会雇一职员专门负责。工会还成立监事会,包括五名监事和两名候补监事,其中一人被选为常务监事，负责日常事务。监事会主要有如下三项职责：检查账目，监察全部事务，检查理事会和其他成员的表现。理事和监事都是一年任期，可连选连任。每半年召开一次全体会员大会或代表大会，但如果三分之一的会员或理事会要求，也可以召开紧急会议。正式会议必须要有半数以上会员出席，任何决议也必须有半数以上出席者同意才能通过。工会下设区分会，区下设组，组长由理事会选任（见插图7-5）。[33]

这个章程也给我们考察政府怎样限制劳工组织提供了一个机会。正如前面所提到的，章程实际上是由政府颁布的，适用于各行业工会，因此工会的职责也是由政府来限定的，这些职责包

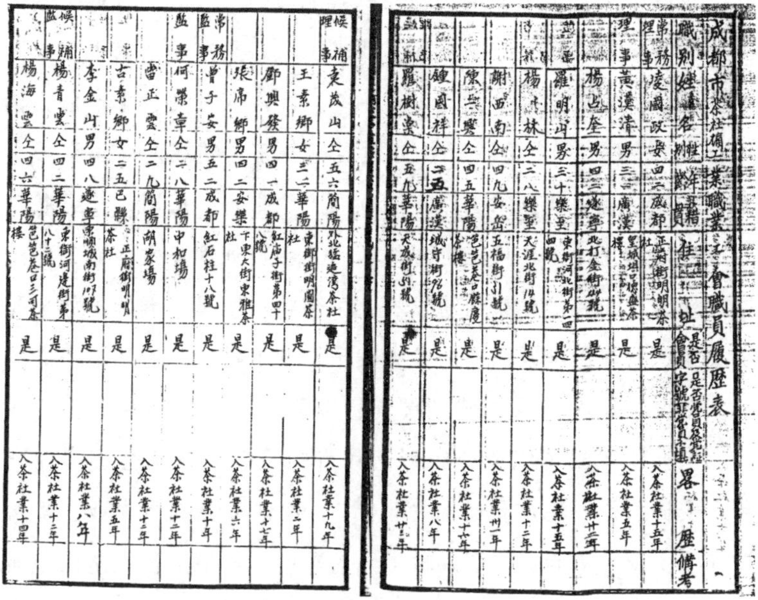

插图7-5　《成都市茶社僱工业职业工会职员履历表》
资料来源：《成都市政府工商档案》：38-11-982。

括：签订、修改、废除"团体协约";建立职业介绍所,帮助会员解决储蓄、保险、医疗、托儿等生活具体问题;建立"合作社",帮助处理会员的工作、生活和教育事务;建立图书室,提供报纸和其他读物;提供会员俱乐部和娱乐设施;解决工会与会员、雇主与雇员之间的纠纷;关于各种规章向政府提建议;调查工人家庭和生计;编制雇佣统计资料;其他有关工作条件和会员福利的事务。[34]这些"职责"涉及各个方面,显然工会并不可能通通落实,但既然这是政府制定的章程,工会也就只好全盘照收。

如果说章程并非针对茶社业工会所定,那么《成都市茶社佣工业职业工会会员工作公约》则专为茶馆工人而制定,包括17款,表明了工会是怎样组织和控制其成员的。该公约宣称工会力图改善会员的生活,帮助抗战,要求工人必须在去茶馆上工前到工会注册,完成全部手续,以杜绝"奸匪混入行业,影响后方治安及本会会誉"。申请注册者必须要有一家店铺或两名工会成员推荐。成员如果找到了工作,必须向工会报告并填写《介绍书》,这样可以防止雇主与雇工出现纠纷。工会在处理雇主与雇工纠纷中也扮演了角色。如果纠纷发生,工会将派职员去调解,如果是工会无法解决的涉及法律的较大案子,则上报市政府和国民党党部。会员工作时必须佩戴会员证,以区别于顾客和其他行业人员。工会还建立了职业介绍所,其目的是"为解除会员失业痛苦,安插工作,稳定会员间之生活"。任何工会成员失业,都可请求该所帮助求职,申请人付1元的费用。如果工作不是由该所介绍,该所对主雇间任何纠纷不负责任。如果工作是通过职业介绍所介绍,没有适当理由雇员不得被辞退。同时该所要求雇员不得懒惰，或有偷盗茶馆钱财等行为。任何雇员如果违犯规章三次，将被报告到政府，请求予以惩罚。[35]

显然并非所有工人都热衷于加入工会，当工会试图强迫人们入会时，常常遭到强烈反弹。按照当时政府政策，加入工会实际上是强制性的，否则会被处罚。1943年6月的一个报告显示了工会怎样处理诸如此类的问题：工会常务理事王荣章和其他职员到魏家祠茶社收会费和招纳新会员，但该茶馆的工人杨庆荣"不入会登记"，虽然工会职员"多方感动，毫无效果"。杨还"尽力促动"他人"反对本会登记"，"阻碍会务"。最后，报告无可奈何地称，工会"本拟执行处理，奈本会无有执行权"。不过报告说，"如果不制止"，则其他人将会效尤，"影响会务，后患何堪设想"。因此，工会请求市政府惩罚拒绝入会者。市政府于是发布命令，称"在馆工人，应即强制办理，如有不遵，准将姓名列表报惩"（这再次提供了国家支持工会之证据）。随后，工会上报了拒绝入会的7名工人以及他们工作的茶馆，在某人的名字之下，工会还作了说明："此人为抗不入会之领袖，并劝阻该社工人等不予登记。"而烟袋巷街口的来舒茶社和皇城坝的忙里闲茶社，竟然"工人全不入会"。[36]

工人拒绝入会表明，工会可能只代表了部分人的利益。他们拒绝加入的原因，似乎是不愿付2元的会费，但这个会费并不是高得无法承受。前面已经讨论过，1942年茶馆工人平均工资是每天7.3元，考虑到战时剧烈的通货膨胀，会费相当于一天工资的不足1/3。但从另一方面看，工人工资微薄，任何额外开销对他们来说都是不小的负担。[37]实际上一些工人拒绝付这个看来并不高的会费,有更深层的原因。首先,茶馆工人似乎并不十分依赖这个组织。他们可能并没有从工会组织得益,或者工会并没有能向工人证明它可以维护他们的利益。其次,工会自己内部也纠纷不断,内部的冲突弱化了工会的领导能力,也损害了工会的威信。例如1944年年初,83个会员递交了一份请愿书,指责上年年末的工会选举不按章程进行,许多会员甚至不知选举何时举行,工会有两千多成员,但只有70人参加投票,结果一些"捣乱分子"甚至两个非会员也被选入理事会,他们要求政府根据《工会法》责令重新选举。[38]再次,许多茶馆工人是袍哥成员。作为一个最有影响的秘密社会组织,从政府官员、商人到一般居民、下层劳工,袍哥成员散布于各阶层。对那些缺乏靠山的一般民众来说,袍哥是寻求庇护的一个很好的选择。事实上,许多茶馆就是由袍哥开办的,或者成为袍哥的公口,袍哥在那里开会,处理日常事务,将其作为联络处等。因此,这些茶馆的工人不可避免地加入了这个组织。显然,由于袍哥的保护,他们所遭受的骚扰要比其他人少得多,这些工人相信他们并不需要工会。[39]

即使工会存在各种问题,但仍然能够开展一些活动,加强行业工人的自我约束和自我保护。例如,工会试图规范女茶房,要求她们不化妆,不烫发,不与顾客调情,"行动要规矩,态度要庄重"。工会要求全体成员工作时佩戴会员证章,而且还经常派职员检查成员行为。据观察者称:"那时的会务进行相当有精神,会章的执行也非常的严格。"[40]工会力图将女茶房与从事娱乐和卖淫的妇女区别开来,要求佩戴胸章,是试图创造女茶房的一个比较积极的形象,并宣传工会、扩大影响。工会还经常代表女茶房发出她们的声音,为保护她们的利益与政府交涉,本章随后将讨论这个问题。[41]

艺人工会

除受雇于茶馆的工人外,其他依靠茶馆为生的职业也有自己的工会,它们几乎都是在1930年代成立的,包括成都市通俗评话职业工会、成都市金钱板通俗讲演宣传职业工会、成都市清音职业工会等。这些工会都是由艺人组成,与茶社业职业工会共存,说明了那些在同一个茶馆谋生的人,可能属于不同的工会,这取决于他们工作的性质。虽然曲艺和评书演员也以茶馆为生,但他们与男女茶房不同,并非茶馆雇员。他们实际上是租用茶馆,与茶馆之间是一种合约性质的关系。

成都市通俗评话职业工会建立于1936年,其章程实际上与茶社业职业工会章程基本一样,宗旨也是推进工人之间关系,提高工作技术,发展社会教育,但也有关于本行业的规定,诸如"推进社会文化"等。民国时期,讲评书只是男人的职业,会员资格限于那些20岁以上、识字、"品行端方""通达三民主义"和"深通文义(意)"者。章程的许多部分,像会员的权利和责任、工会的组织、会员大会、财会规则等与其他工会类似。工会称要给会员提供各种服务,包括找工作、职业训练、建图书室等,但没有证据显示这些计划大都得到实施。[42] 1930年代末,10位艺人联名请愿,要求政府允许成立成都市金钱板通俗讲演宣传职业工会。他们宣称,虽然并没有上战场与日寇奋战,但是他们竭尽全力参加宣传和其他爱国活动。他们保证所演的节目都是通俗易懂的，可以"启发爱国热忱"。随着该行业的发展，他们想建立自己的工会，以处理自己的事务，禁止"淫词荡语"和任何对社会风俗习惯有害的表演。[43]但关于这个组织具体情况的资料有限。

相比而言，成都市清音职业工会留存有稍详细的记录，包括章程、领导层、会员资格、会员名册、功能等。章程共有6章，涉及日常工会事务、会员、组织、职责、会议、预算、会计等，宣称是根据《工会法》和《工会实施法》拟定宗旨，其总部设在品香茶楼。[44]据会员名册，该工会共有会员86人，其中女性28人，年龄最大的54岁，最小仅11岁，有相当一部分在11—13岁之间。[45]理事会有如下职责：处理工会事务、代表工会、主持全体会议和代表大会、贯彻决议、推荐会员等。每半年举行一次全体会议和代表大会，但如果2/3的会员或理事会提出建议，可召开临时会议。任何决议都必须有半数赞成方可通过。工会的收入主要来自三类会费：新成员入会时交1元；每月月费0.12元，但如果会员失业或者面临紧急情况，此费可免；额外会费，此费用只有在特殊情况下，而且需全体会议或代表大会通过方可收取。财务报告每半年提交给全体成员，如果有1/10的会员提出要求，将审核公布会计账目。[46]

这些工会与成都茶社业工会一样，也处于政府的监视之下，受到国家和地方政治的强烈影响。例如，根据清音职业工会的章程，章程修改必须得到国民党市政府批准。上述几个工会的章程都规定，所谓"剥夺公民权者""有反革命之言论或行为者"不得入会。[47]而在当时的政治体制下,那些真正为工人利益而同国家权力进行抗争的活动家,经常被判定为有"反革命之言论或行为"或被"剥夺公民权"。这种会员资格的规定,便是国家控制这些组织的有力证据。

性别冲突与性骚扰

妇女进入茶馆谋生,立即在这个传统的男人行业掀起了波澜,引起了男性工人的愤恨,由此产生了激烈的职场性别冲突。[48]由于这个行业的工会领导者是一名女性,因此所产生的矛盾更为尖锐。这个矛盾在1939年成都茶社业职业工会重组以后,特别是在工会的领导层内部更加激化了。一份档案资料透露了关于理事会成员的信息,包括他们的姓名、在工会的任职、性别、年龄、籍贯、地址、从业时间等。在20位理事中,17位男性,3位女性,包括42岁的常务理事(即理事长)凌国正,一个积极的工运活动者,被认为对"妇运"工作特别地"干得努力"。[49]但是1940年秋,凌国正却面临来自男性工人的挑战,他们两次向政府请愿,称凌非法获取权力,还说她得到权力是因为在选举之前和一些会员达成交易,是"少数人压迫多数"的结果。[50]

显然凌国正依靠的是女茶房的支持,是她促成了这个组织从传统到现代的转化。无论怎样获得权力,她能够成功地将一个男性组织整合改造并确立她的领导权这个事实,已经显示了其作为一个工会活动者的非凡能力。男性工人竭力维持他们的同性组织,便是当时职场性别冲突的一个极好例子。许多反对凌国正的男茶房,不能容忍她"竟敢以我堂堂数千须眉工友,同彼妖艳茶房一锅染",认为这是"雄覆雌飞,司晨由牝"。他们指责她不顾男女分野,犹如"豕羊同圈"。因此,他们宣称要"恢复旧有之成都市茗工业职业工会",而且"仍以三官会之全体男性为会员"。[51]服务行业男工人反对女性同行加入工会的行为,在世界劳工史上并不鲜见。D. S. 科波(Dorothy Sue Cobble)在关于美国女招待历史的研究中,便发现在1930—1940年代,"为了保证其位置和工作条件,男性工会会员竭力排斥同行妇女,继续实行职场的男女分离"。[52]

实际上男茶房所争者,不仅是男女分离,而且更重要的是他们的生计。凌国正的权力基础是女茶房,她竭力为妇女在茶馆工作的权利而斗争。女招待突然出现改变了过去男工人主宰的局面,引起了茶馆中雇佣模式的剧烈变化。她们不但廉价,而且易于控制,还可以招徕更多顾客。为了雇更多的女招待,许多茶馆开始解雇男茶房,"茶博士"感到自己的生计面临威胁。他们甚至把官司打到了法院,但是凌国正在法庭上就妇女在茶馆的工作权利进行了充满热情和富有说服力的辩论,赢得了官司。在她的影响下,许多女茶房加入工会,以寻求对个人利益的保护。[53]

然而凌国正的成功却引起男茶房更激烈的反对,对她的指责也更为严厉。一份请愿书控告有3000多会员是凌的追随者,称她"施展捞钱手段",强迫工人买胸章,还说她贪污公款,2元的会费仅给1元的收据。男茶房指责她是"纵横形同以前之军阀无异","如此剥削工人血汗金钱,生活必受重大影响"。从这些请愿中,我们发现男茶房试图把凌描述成一个专横独裁者,以把她驱逐出工会。虽然关于她的记录不多,但根据已有的资料看,在成为工会常务理事之前,她一直在做妇女组织工作。我没有充分证据判断请愿书中对她的指责是否确实,但她似乎并非请愿书中描述的那种人,那些带有强烈情绪的词语,诸如"捞钱""剥削""军阀"等,都与我们所知有相当距离。当时报纸关于女茶房的文章,对凌也多有赞誉。我们也不知道凌国正是否努力修补与男茶房的关系,但我发现凌已经不在随后的理事会名单中,继任的常务理事是樊荣武,而此人便是请愿书上最先签名的人之一。陆隐1942年初的文章提到凌已经去世,但没有提及死因,不知这个权力转移是在她死前还是死后。因此,无法判断工会领导层的变化是男茶房抵制成功的结果,还是凌去世的结果。不过,我们至少知道男茶房并未能将工会回复到男性的一统天下。[54]

由于工作场所的性质,女招待最容易成为茶馆中性骚扰和暴力的目标。地痞流氓"目无法纪,为所欲为",经常聚集在茶馆制造事端,不仅"妨碍工人生计",而且"影响后防(方)治安"。[55]1939年发生的两个事件曾引起社会关注。先是一个叫汤炳云的女茶房因拒绝一个男人的骚扰而被毒打。她在龙春茶园提供热脸帕服务和卖香烟。一天她出去买饭时,被周姓地痞截住,周企图调戏她,她跑进茶馆,但周追进茶馆。汤谴责他的行为,周遂恼羞成怒,把她打成重伤,口吐鲜血。当顾客试图制止时,周继续暴跳如雷。另一事件涉及元圆茶社的女招待谢礼贞,一个姓丁的顾客假装从地下拾毛巾,抓住她的脚。她礼貌地叫他住手,但丁不仅不听,反而猛然动手殴打她,来劝解的茶馆老板也遭到殴打。此类事件不断发生,对女招待生计形成严重的威胁。

但令她们伤心的是,作为受害者,女招待在社会上并没有得到多少同情,政府对她们也是一副冷脸。当时许多人认为在公共场所谋生的妇女都是"不正经"的,臆造或夸大她们"有伤风化"的行为,甚至认为这些妇女不过是风尘女子。这种社会歧视恐怕也成为那些地痞流氓肆无忌惮地欺辱和调戏她们的背后推手。面对职场的暴力,凌国正主持下的工会成为她们的主要保护者。在上述两个女招待被调戏和袭击事件发生后,工会向市政府请愿要求"严惩凶手,用保善良,而维治安"。请愿书指出,流氓经常调戏女茶房,甚至对反抗的女茶房使用暴力,因此,弱者没有选择,难以逃脱被蹂躏的命运。如果妇女力图保护自己的尊严,则有可能导致悲惨结局。请愿书还指出,这类事件"层出不穷",女茶房不得不依赖工会的保护。为了获得更多的同情,工会特别指出许多女茶房是前方将士的妻子,她们的丈夫在为国家与日寇浴血奋战,妻子儿女却在家饥寒交迫、嗷嗷待哺,到茶馆工作是她们的谋生之道。地痞流氓对她们的骚扰和欺辱,实际上是"摧毁女权,妨碍风化"。"前方沐血抗战之官兵因家属不得保障而有后顾之忧,影响抗战,是非浅鲜。"[56]

工会还进而呼吁政府和社会对女招待持积极态度,理解她们:"此亦全国总动员"之时,"国家需兵之际,女子出而代之男子之劳",因此政府应该支持和保护"女子经济独立",这样可以"极力培植以充国力"。工会请求政府发布告示,禁止骚扰,严惩违法者。在收到工会请愿书两周后,成都市市长将请愿书批转四川省警察厅,在批文中,他指出骚扰女茶房是"有伤风化,蔑视人权"。[57]虽然我们并不知道此事的最终结果，至少可以看到在工会作出努力后，市长试图去解决这个问题（见插图7-6、7-7）。

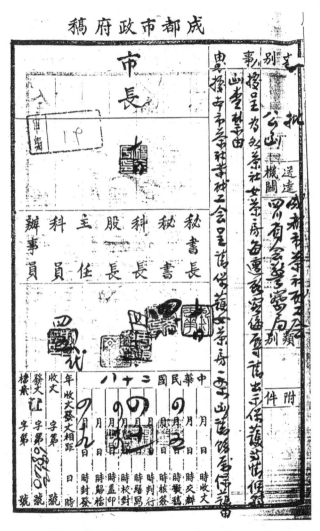

插图7-6 成都市警察局关于女茶房被辱事件的案卷（1939年4月）
资料来源：《成都市政府工商档案》，38-11-908。

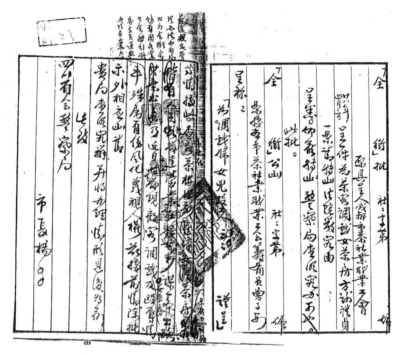

插图7-7　成都市市长关于茶馆里调戏女茶房的批示
资料来源：《成都市政府工商档案》，38-11-908。

当然我们也应该意识到，工会的能力是有限的。第一，如上面已经讨论过的，工会基本上是一个国家支持的组织，虽然它代表工人，但必须按国家所制定的规则行事。第二，工会缺乏一个强有力的领导层，经常遭遇内部危机，减弱了其号召力。第三，工会还面临来自同业公会以及特别是袍哥的竞争。那些加入了袍哥的茶馆工人，公开反对工会的强迫加入措施。第四，正在进行的战争对工会作用有所影响。政府不断地宣传，为了国家利益，人们应该牺牲自己的个人利益，工会任何关于争取工人权利的努力，如果和政府的政策主张不一致，都可能被指责为不爱国。

男女茶房的社会形象

由于茶馆工人是在公共场所谋生，为公众服务，因此比其他在小商铺的工人留下了更多的记录。他们的社会形象既基于其工作表现，也由地方精英的话语霸权所决定。为了创造一个新的和进步的省城形象，地方精英不断地传播现代和西方的观念。[58]由于公共场所为大众所注目，因此茶馆和茶馆工人都成为改良之对象。虽然不能说全部茶馆工人都有消极的形象，但与茶馆一样，他们也有着复杂的社会关系，即使他们中不少人在顾客中颇有人缘，仍然难免遭到严厉的批评。

茶馆工人在社会中有着各种形象，这些形象是被不同的人从不同的角度来建构的。毫无疑问，即使是在那些高档幽雅茶馆工作的"茶博士"，其社会地位也是很低的。虽然精英喜欢"茶博士"高超的技术和丰富的阅历，但对他们的批评声仍不绝于耳。即使这些批评在相当程度上是出于偏见，但也经常导因于堂倌个人或行业的"陋习"。例如，茶房有时会在顾客和雇主之间玩小花招，以设法捞点外快。一个比较经常的做法是从每个茶碗中匀出一小撮茶叶，积少成多，便可以多卖一碗茶作为额外收入。当然，如果我们知道他们所处的困境，可能对这些生存术也会抱一分同情。茶房有时也有小偷小摸行为，例如，一个茶馆的二楼是一家商铺，曾丢失了几根烟管，嫌疑人张文先是该茶馆的堂倌，警察到他家进行调查，张在一个餐馆招待警察酒饭，然后两人又到茶馆喝茶，后来张伺机逃跑了。报道称张"贼计多端，用计脱逃"。[59]

地方报纸在对茶房的形象塑造上起了推波助澜的作用。它们热衷于关于堂倌的负面报道，诸如《茶房骗奸良家妇女》《狠心茶房杀妻投河》之类新闻标题，的确起到了骇人听闻的效果。[60]有的堂倌自己不检点，更为攻击者提供了口实。1941年一篇关于一个茶房从一个妇女那里骗取钱财的报道，便以《茶房可恶》作为标题，充分显示了精英的愤慨。报道说一个军官看上了一个在茶馆和餐馆卖书报的女人，于是他请茶房去拉皮条。那个女子虽然有些犹豫，但终抵不住500元钱的诱惑。然而交易做成后，茶房只给那女子50元，而把其余部分私吞，导致两人发生纠纷。那女子告到官府，茶房则逃之夭夭，因为在茶馆拉皮条是违法之事。[61]此类事件，给地方政府非常好的借口对茶馆进行严密控制，以维持"公共秩序"。由于警察认为茶房"智识水准太低，往往发生不正当之作为，实系一严重之社会问题"，1947年专门开班"训练茶房"，其目的是"为灌输其现代知识、提高人生信念"。分期训练，每期一个月。[62]

舆论对女招待有两种不同的态度。那些同情女茶房者强调她们的处境，把茶馆描述成一个熔炉，她们在那里得到磨炼。在那里她们必须应对各色人等，这使她们的眼界更加开阔。从一定意义上说，女招待的出现改变了社会风气。一些单身汉追求女招待，有的还双双跨入婚姻殿堂。有人注意到，那些青年男女熟悉后，先是一起去看戏，待关系进一步深化，开始互赠礼物，如一条围巾或一幅布料等。如果他们决定终生相守，便租一间小屋，把各自的东西搬到一起，不举行婚礼，也不要嫁妆。由于茶馆成全了不少这样的青年男女，便得了"恋爱场所"的美名。那些同情女招待处境的人，认为这些女招待是妇女经济独立的先驱。[63]考虑到当时大部分妇女的婚姻被父母所控制，我们必须承认这些普通妇女是在为自己的婚姻自由向传统进行挑战。

一些评论者也尽量理解女招待的处境，如有人指出如果茶馆里只有男人，也未免有点枯燥，女茶房实际上活跃了茶馆生活。至于她们同顾客调笑，这些评论者反驳说，如果这些妇女不竭力讨顾客的欢心，使他们高兴，那么她们的雇主将会不满，因为顾客不喜欢板着脸的女招待。像轿夫和小商小贩等下层社会的人，劳累了一天以后，也很想到有女招待的茶馆轻松一下，在她们那里或许能够得到一些安慰。[64]这里我想强调的是，茶馆里女招待的出现，重新定义了男女在公共场所的关系。根据中国传统，青年妇女不应该与家庭成员以外的任何男人有直接接触。在茶馆中女招待和男顾客的联系，开始动摇这个传统，当然这也就是她们之所以遭到如此强烈攻击的原因之一。

地方报纸对女茶房的批评一浪高过一浪。强烈的带偏见的情绪逐渐散布到社会，在女招待遭到地痞流氓欺辱的时候，人们不是幸灾乐祸，就是怪罪于她们，认为她们是咎由自取，因为很多人相信女茶房"成了茶社老板眼里的一枝摇钱树"。如一个卖糖果的小贩与茶馆的女招待发生争执，在其他茶馆工人的介入后争执平息，但小贩试图报复，几天之后，他纠集几个"烂兵"，在她下班的路上把她一阵暴打。地方报纸却以《女茶房打情骂俏，被烂兵辱殴一番》这样的标题来报道这个事件，称女茶房"体躯肥胖，色貌不佳"，还指责她"常与流氓与无赖子胡混，因此招惹麻烦。[65]女招待与地痞有联系，也并非一个秘密，但对她们来说，在公共场所工作，如果要生存，几乎不可能不和这些常在茶馆混的人发生任何联系。

一些批评者相信做女招待导致了这些妇女的道德沦丧。按照他们的说法，这些妇女刚出来工作时，"都才是十七八至廿二三岁的年龄……过时的旗袍，脸上淡淡地涂一点白粉，套上一件白雪的围裙，羞答答地周旋于包厢座中的茶客间，使人一望而知她们是刚由厨房内走上社会里来的"。但与此形成鲜明对照的是，1940年代的女招待"唇涂口红，脸擦脂粉，烫其发，高其跟，在茶馆中与茶客们，不是轻狂胡诌，就是怪笑连连"，她们"种类复杂，丑态百出"，只要有客人进入茶馆，一个女招待便会上来厚颜地纠缠，"嬉皮笑脸来一声：'喂，不吃烟？洗不洗脸？'"做丑态故意引客人笑。在精英看来，"近年来，成都茶馆都变成了很不平凡的场合。女茶房与茶客公开的打情骂俏，有特别的房间，小费有时甚至超过了茶资的四五倍"。[66]

精英对1940年代的女茶房持较多的批评，可能包含更深层的原因。女招待在1930年代末刚出现时，是在为中上层服务的高等茶馆里，当这些年轻妇女为精英自己服务时，他们似乎并没有特别地表示反感，反而还流露出欣赏的态度，对那些"羞答答"的女招待的服务好像也颇为受用。然而当低等茶馆纷纷仿效，下层民众也能享受到女茶房的服务时，也就是说当女茶房由难得一见的"阳春白雪"，变为到处散布的"下里巴人"时，精英们便看不惯了，遂愤然站起来反对。因此，与其说精英反对女茶房是因为"有伤风化"，倒不如说是出自他们的优越感和偏见。

不可否认，在下等茶馆谋生的那些女茶房外表可能没有那么令人赏心悦目，言谈举止也不那么"优雅"，但这不过是严酷的生活环境使然，她们在本质上与1930年代的先驱并无多大区别，都是在公共场所谋一口饭的一般妇女。另一方面，社会对妇女的公共行为比对男人更吹毛求疵。没有发现精英对与女招待吊膀子的男子的批评。虽然的确有个别女招待卖淫，但大多数所谓"有伤风化"的指责是基于当时社会存在的对女招待的偏见，当妇女进入一个过去纯粹是男人的世界，她们遭到种种非难也就不奇怪了。从晚清开始，妇女作为客人进入茶馆，但是到1930—1940年代，她们仍然在为进入茶馆而抗争。[67]批评者大多根本反对妇女的公共角色，经常夸大女招待存在的问题。

在如此的社会风气下，地方政府颁布对女茶房实施限制的规章便是势所必然的了。1941年，四川省警察厅因为担心出现女茶房与顾客"调情"、为小费争执、没有系围裙等问题，令茶社业公会监督各茶馆，并颁布了关于女茶房服装和行为的10条规则，主要内容是必须穿长袖衣服、系白围裙或穿蓝旗袍，还要带证章；不允许与顾客开玩笑，或有任何"有碍风化秩序"的行为，否则将报告警察；女茶房不得卖淫；不能要求小费，或未经允许擅自涨价；如果女茶房与"汉奸"有来往或者是偷顾客的东西，茶馆掌柜必须报告官方，不报告者将承担责任；任何违规的女茶房都将受到惩罚。[68]这些规定内容甚广，有些条文定义模糊，无疑给女招待的谋生增加了困难。

女茶房的"黄金时代"在1940年代初便结束了，这是各种规章的限制、经济危机的影响、沉重的社会压力等多种因素共同作用的结果。正在进行的战争和经济的恶化造成物价上涨，中下层民众是茶馆的主要顾客，但他们几乎难得温饱，再加上日机的空袭，自然造成茶馆顾客的减少。而且，在1940年代初，人们已经从战争刚爆发的惊恐中镇静下来，精英和政府官员开始着手恢复旧秩序，茶馆里女茶房这个新职业便成了他们的眼中钉。在经济、社会和政府的三重打击下，一方面，茶馆生意的下降导致大批女招待被解雇，1941年便有200多个女招待失业；另一方面，许多人把女茶房视同妓女，她们面临极大的社会歧视，使许多妇女不敢涉足这个行业，有的女招待也迫于压力而辞工。因此，女茶房的数量从1937年的400多人，下降到1942年的不足100人。[69]

这些女招待有着不同的结局。许多返回家庭，但根据当时关注女招待问题的陆隐的记载，有的"不惯于家庭清苦生活，则沦为神女"。另一些试图另辟途径，继续寻求经济独立。她们三五成群到成都之外的茶馆寻找工作机会。在成都平原的乡场上，犹如抗战初的成都，她们很快吸引了大量茶客。然而她们又不得不经常转移，在一个地方很难工作几个月时间，因为地方政府总是以"有伤风化"为借口驱赶她们。在成都及其附近郊县，地方政府日益增加对女招待的限制，她们的工作环境进一步恶化。1945年3月，四川省政府给女茶房这个职业以致命的一击，颁布新禁令，虽然条款中称禁止"青年妇女充当茶房"，但地方报纸报道此事时则以《绝对禁止妇女充当茶房》为题，实际上该禁令最终把妇女驱逐出了这个行业。[70]因此可以说，社会的歧视导致了女茶房的衰落，但政府的限制则是这个职业消亡的根本原因。

性别、劳工与国家

本章考察了茶馆工人和顾客的各种关系、男堂倌与女茶房之间的冲突、人们对茶馆工人的态度和看法，分析了工会怎样保护其会员和解决内部纠纷。茶馆工人建立了与顾客的特殊关系，这种关系成为茶馆文化的一个重要部分。高质量的服务虽然是小商业竞争的重要手段，但也是茶馆求生存的基础。顾客对茶馆的服务比对其他商铺的期望值高得多。如果说顾客去餐馆是为了吃饭，去店铺是为了购物，去小作坊是为了修补东西，那么他们去茶馆则是为了打发时间、休闲或娱乐。即使他们是去茶馆办事，也因待在那里时间长而期望身心愉快。因此，这些顾客对服务，即茶房怎样对待他们十分在意。茶馆工人较其他小商铺雇员更能与顾客建立一种密切联系，由于他们的工作态度和服务水平直接影响到茶馆的生意，也与他们个人的生计密切相关，因此茶馆雇员不得不竭尽全力使顾客满意。为达到这个目的，他们培养了谦卑、热情、认真的工作态度，不断地在实践中学习怎样应对三教九流各色人等。而且，茶馆工人与顾客的相互作用，反映了复杂的社会关系，以及茶馆多彩的职场文化。

茶馆男女工人在工作场所存在着严重的性别冲突。抗战时期大量难民进入成都，茶馆暂时向女招待打开了大门，这是茶馆出现的雇佣新现象。女招待"侵入"男人的世界引起了"茶博士"们的不安、恐慌乃至愤恨，他们担心那些无技术但有"脸蛋儿"的女招待抢去他们的饭碗。与其他行业不同，没有技术和训练的人也可以在茶馆混一口饭吃,给顾客提供服务并不要求当多少年学徒,但是要想成为茶博士,则非有多年的经验不可。茶博士所能提供的服务质量,则非性别和面容可以达到。茶馆老板雇用妇女做招待,受到顾客欢迎,不是因为她们的技术和经验,而只是因为她们的性别和外表。这些无技术的妇女抢夺了有技术的茶博士的工作,不可避免地引起后者的不满和抵制。在公共场所工作,女招待还遭遇到持续不断的性骚扰,包括被地痞流氓欺辱和施加暴力,她们不得不为职场的工作安全而抗争。男茶房和女招待间的矛盾还揭示了工作场所的冲突不仅存在于不同阶级之间,也普遍存在于下层阶级内部。

女茶房的兴起是对传统观念的一个挑战,使妇女有了动力争取工作权利,标志着妇女经济独立开始迈步。不过,女招待不得不面对来自社会、政府、男性同行的歧视。女招待在成都茶馆里的最终消亡便是由于这种性别敌视。人们对女招待的看法反映了成都社会和文化的传统。直到抗战时期,成都仍然是一个比较保守的城市,传统的价值观仍然主宰着对女性的态度,特别是对她们公共角色的态度。这些保守的观念与日益强化的政府控制相结合,使得女招待最终陷入困境。当然,我们不能简单地将对妇女的歧视都归罪于文化,还有许多其他因素,包括经济和政治状况都影响到对女招待的态度。女茶房无论是在经济上还是政治上都是非常脆弱的,一旦发生危机,她们便是首先受到影响的对象。

随着重庆成为战时首都,大量从东部来的难民进入四川,沿海文化影响到成都茶馆,但也不断遭遇抵制,这个过程也是国家权力扩张到茶馆这个社会最基层单位的过程。在民族主义的旗帜下，政府用现代的同一性来改变内地文化，并进而达到政治统一的目的。具有讽刺意义的是，在现代化的过程中，至少在理论上，政府应该鼓励妇女加入劳工队伍，但实际上恰恰相反。工会的建立，标志着工人内部、劳工和国家之间新关系的出现，代表了中国小商业工作环境和职场文化的重要变化。研究茶馆工人和他们的职场文化，为我们提供了一个考察城市下层生活和生计的极好机会，去观察他们怎样与那个大社会、经济和政治联系在一起。

民国时期，上海、天津等沿海大城市现代工厂里工人阶级的队伍比内地城市要大得多。在大城市，工人作为一个群体比较引人注目，他们还组织了强有力的独立工会。而民国时期的成都小商业占主导地位，大多数茶馆工人来自农村，作为廉价的劳动力进入陌生环境。这些工人散布在许许多多的小工作场所，这使他们很难组织起来。另外，虽然成都是一个移民城市，但是工人的原籍在茶馆中并不重要，不像在上海的工厂中可以成为工人组织起来的一个有利因素。裴宜理指出，在上海"工场隔离"与"普遍文盲"可能"制约了阶级意识"的发展，但是她相信这些因素并不能阻止无技术工人的集体行动。不过本章关于成都茶馆工人的分析揭示，工作场所的"隔离"不仅遏制了阶级意识，而且阻碍了集体行动的发展。最近关于中国工人阶级和劳工运动的研究，强调工人原籍和文化倾向的影响，如上海一个工人的行业经常是由其原籍所决定的，来自同一个地区的人们往往从事同一行业。裴宜理指出这个模式在移民中"形成了很强的团结"。[71] 成都的各个行业经常由来自同一地方的商人所垄断，但这个模式在劳动队伍中并不存在。相较而言,同业公会要比工会成熟得多,成都有许多会馆和行会,它们的主要目的是防止商铺间的恶性竞争,保护同行利益,建立同乡间的社会网络。商铺主人、富商巨贾等精英控制了这些组织,并利用这些组织帮助他们在生意场上纵横捭阖。[72]茶社业公会是为茶馆老板而非工人所组织的,而在其中谋生的工人并没有自己的声音。

虽然成都茶社业职业工会本身并不成熟,而且被置于政府的监视之下,在内部团结上也是问题多多,但仍然可以代表茶馆工人发出自己的声音。茶社业职业工会最显眼的角色不是组织工人争取更好的工作条件和增加工资,而是扮演政府与工人间的中介,这与其他大城市的工人工会组织形成了鲜明对比。在工会成立之前,茶馆工人没有任何渠道可以同政府进行沟通,没有组织代表他们的利益。这个工会的早期成就之一便是争取妇女在茶馆工作的权利,即使工会缺乏全面保护工人的能力,但仍然可以代表受害者要求政府主持公道,使工人的权利问题得到社会的关注,争取公众的同情。不过,没有任何证据表明工会曾组织工人向茶馆老板或地方政府抗争。在关于中外工人运动的研究中,工会都是作为国家政权的对立面出现的,特别是在马克思主义历史学中,我们经常看到共产党在工运中的活跃角色。然而对成都茶社业工会的研究,则为我们提供了近代工会的另一种面貌。在国民政府指导下的工会,不仅不是国家政权的对立面,而且是国家政权的合作者。这再次提供了国家深入地方社会的一个实例。

注释

[1] 李思桢、马延森:《锦春楼"三绝"——贾瞎子、周麻子、司胖子》,成都市群众艺术馆编《成都掌故》第1辑,第380—381页。在陈茂昭的回忆中有类似的描述,但称该人是"李麻子",还说他不仅掺茶技术好,而且"服务周到,最突出的是,不管客人再多,收茶钱时,从不当即找补,而最后结账,竟不差分毫,其记忆力之强,令人叹服,故也算一绝"。见陈茂昭《成都的茶馆》,《成都文史资料选辑》第4辑,1983年,第185页。外国人对堂倌的技术也有生动描写,见 Sewell, *The People of Wheelbarrow Lane*, p. 119。

[2] "茶博士"这个词最早出现在唐代封演的《封氏闻见记》中:"御史大夫李季卿宣慰江南,陆羽来见,衣野服,随茶具而入,手自烹茶,口通茶名。茶罢,李公命奴子取钱三十文,酬煮茶博士。"(转引自崔显昌《旧蓉城茶馆素描》,《龙门阵》1982年第6期[总第12期],第99页)根据何满子的分析,在唐宋时期,社会风俗喜欢以官名谑称百业,如医生称郎中,地主称员外等,所以有"茶博士"之称。见何满子《五杂侃》,第155—156页。韦思谛(Stephen Averill)教授对我的"茶博士"英译很有启发,我原是用直译,"doctors of tea",但是他建议使用"masters",这样更能反映原意。因为这里的"博士"是指经过工作实践而非通过学术研究来达到的。见2001年5月8日与韦思谛教授的电子邮件。

[3] 关于西方男女招待的研究,见 Spradley and Mann, *The Cocktail Waitresses: Women's Work in a Man's World*; Paules, *Dishing It Out: Power and Resistance among Waitresses in a New Jersey Restaurant*; Cobble, *Dishing It Out: Waitresses and Their Unions in the Twentieth Century*; Walton and Smith, "The Rhetoric of Community and the Business of Pleasure: The San Sebastian Waiters' Strike of 1920." *International Review*

of Social History vol. 39, no. 1 (1994): 1-31。

[4] Chesneaux, *The Chinese Labor Movement, 1919-1927*; Honig, *Sisters and Strangers: Women in the Shanghai Cotton Mills, 1919-1949*; Perry, *Shanghai on Strike: The Politics of Chinese Labor.* 全大伟的《黄包车北京》和贺萧的《天津工人》是例外，前者聚焦于在街头求生的苦力，后者则考察工厂工人，特别是描述了小工场和三条石的搬运工。见 Strand, *Rickshaw Beijing: City People and Politics in the 1920s*; Hershatter, *The Workers of Tianjin*。

[5] Chesneaux, *The Chinese Labor Movement, 1919-1927*, p. 42; 王笛:《跨出封闭的世界——长江上游区域社会研究，1644—1911》，第346页。

[6] 中国近代工人运动的研究见 Chesneaux, *The Chinese Labor Movement, 1919-1927*; Perry, *Shanghai on Strike: The Politics of Chinese Labor*。

[7]《成都市政府工商档案》: 38-11-1530。

[8] 例如全兴茶社有5个工人（包括老板），但只有挑水夫一人是付薪的雇员（《成都市工商行政登记档案》: 40-65-1）。像19世纪美国城市的酒吧，规模小，由家庭管理。这些酒吧也不雇工，本身就是家庭的延伸，家庭成员住后面或楼上，前厅或楼下做生意。见 Duis, *The Saloon: Public Drinking in Chicago and Boston, 1880-1920*, p. 49。这也有点像卢汉超所描写的那些上海用客厅做小卖部的情况，见 Lu, "Away from Nanking Road: Small Stores and Neighborhood Life in Modern Shanghai." *Journal of Asian Studies* vol. 54, no. 1 (1995): 93-123。

[9] 罗威廉发现，在汉口许多（虽然不是全部）行业建立了学徒工制度，特别是技术要求高的行业。见 Rowe, *Hankow: Conflict and Community in a Chinese City, 1796-1895*, p. 41。

[10] 在民国末期和中华人民共和国早期，成都划分为5个区，即东区（下辖5分区）、南区（下辖6分区）、西区（下辖5分区）、北区（下辖5分区）、外东区（下辖4分区）。各分区的街道数量不等，全城有街道734条。见《成都市工商局档案》: 119-2-169；四川省文史馆编

《成都城坊古迹考》,第304—305页。不过在其他区的一些茶馆雇工多一些,据同一份资料,我们可以看到濯江茶社雇有16个工人。见《成都市工商局档案》:119-2-167。

[11] 何一民主编:《变革与发展——中国内陆城市成都现代化研究》,第915页;陈茂昭:《成都的茶馆》,《成都文史资料选辑》第4辑,1983年,第185页;《成都市政府工商档案》:38-11-650。不过我们应该注意到劳动力开支也有夸张的可能,因为这个资料是关于茶馆减税请求的(关于这个问题的讨论见第6章)。如果是这样的话,茶馆工人的实际收入可能更低。谢诺(Jean Chesneaux)的《中国工人运动》显示工厂工人的工资比成都茶馆工人工资高得多。见 Chesneaux, *The Chinese Labor Movement, 1919-1927*, pp. 96-97。

[12] 因为价格飞涨,甚至月份也很重要,例如每石米1942年1月为248元,12月便涨到633元。见李竹溪、曾德久、黄为虎编《近代四川物价史料》,第327页。

[13] 按每石280斤米算。换算依据和方法见附表22《1909—1948年茶与米价的比较》。

[14] 陈茂昭:《成都的茶馆》,《成都文史资料选辑》第4辑,1983年,第185页;崔显昌:《旧蓉城茶馆素描》,《龙门阵》1982年第6期(总第12期),第101—102页。

[15] 崔显昌:《旧蓉城茶馆素描》,《龙门阵》1982年第6期(总第12期),第99页。

[16] 陈浩东、张思勇主编《成都民间文学集成》,第1569页。

[17] 杨忠义:《成都茶馆》,《农业考古》1992年第4期(中国茶文化专号),第116页。

[18] 陈茂昭:《成都的茶馆》,《成都文史资料选辑》第4辑,1983年,第183—184页;李劼人:《暴风雨前》,《李劼人选集》第1卷,第339页。一个外国人是这样描写堂倌的:"长嘴茶壶列成一排,闪亮发光,一直延伸到里面。自豪又有技术的堂倌把滚烫的开水从高处冲进有绿

茶叶的碗里。"见 Sewell, *The People of Wheelbarrow Lane*, p. 119。

[19] 罗尚：《茶馆风情》，《四川文献》1965 年第 10 期（总第 38 期），第 21 页。

[20] 崔显昌：《旧蓉城茶馆素描》，《龙门阵》1982 年第 6 期（总第 12 期），第 100 页。

[21] 崔显昌：《旧蓉城茶馆素描》，《龙门阵》1982 年第 6 期（总第 12 期），第 101 页。瓮子房对茶馆来说十分重要。一般瓮子分两个部分。一是"茶水灶"，用黏土砌成，面上是一个厚铁板，上有十来个"火眼"，每个火眼置一把铜壶（或生铁壶）烧开水。另一部分是一个或两个（一个装河水，一个装井水）大瓮子，可以装一两吨水，这样可以充分利用茶水灶的余热烧热水，热水可以卖给附近居民。这也就是为什么成都人过去把烧开水的房间叫"瓮子房"，称烧水的人为"瓮子匠"。

[22] 有人指出女茶房的历史可以追溯到唐代，一些妓女在苏州的茶楼出没，这些茶楼称"花茶坊"（周止颖：《漫谈成都女茶房》，《华西晚报》1942 年 10 月 13 日）。但是我认为，这些妇女并非女招待，而是艺人，相当于元代在成都茶坊演"茶词"者（费著：《岁华纪丽谱》，《墨海金壶》第 3 函，第 2—4 页）。在近代上海，妇女进入服务行业很早。1860 年代末，由于严酷的竞争，一些鸦片馆开始雇用年轻妇女端烟具和茶，称"女堂倌"，至 1870 年代更为普遍，这引起精英考虑"风化"的问题。主流社会对女堂倌持否定态度，视她们为妓女一类。不过，也有一些人把女堂倌看成一种职业，持容忍态度。有人认为，虽然女堂倌有"有伤风化"的行为，但这是顾客而非女堂倌的责任，因为他们经常试图占女堂倌的便宜。1870 年代初，精英试图禁止女堂倌，甚至上海商人在 1872 年为此联合行动，次年，地方官和租界当局规定烟馆只能雇男性，结果许多女堂倌被解雇。虽然女堂倌并没有完全消失，但已经不及过去兴盛。见李长莉《晚清上海的社会变迁——生活与伦理的近代化》，第 392—414 页。

[23] 陆隐：《闲话女茶房》，《华西晚报》1942 年 2 月 25—28 日。

[24] Wang, *Street Culture in Chengdu: Public Space, Urban Commoners, and Local Politics in Chengdu, 1870-1930*, chap. 6.

[25] 陆隐:《闲话女茶房》,《华西晚报》1942年2月25—28日。这些新现象对许多人来说很难接受,他们极尽讽刺之能事。如吴虞在1938年6月的一则日记中写道:他在春熙路的益智茶楼"见所谓女茶房,令人失笑"(《吴虞日记》下册,第774页)。西方一些研究者指出,在服务行业女招待比男招待更适合,因为她们能够满足顾客"情感和幻想的需要"。按照D.科波的说法,女招待"很快便可扮演尖刻的老婆、慈爱的母亲、性感的情人、甜蜜可爱的女儿等各种角色"。见 Cobble, *Dishing It Out: Waitresses and Their Unions in the Twentieth Century*, p. 2。

[26] 陆隐:《闲话女茶房》,《华西晚报》1942年2月25—28日。

[27]《华西晚报》1941年6月16日;陆隐:《闲话女茶房》,《华西晚报》1942年2月25—28日。

[28] 这些女茶房与日本茶馆的艺伎有一定的可比性。在江户时期以及江户时期之后的日本,艺伎一般提供娱乐(Dalby, *Geisha*; Downer, *Women of the Pleasure Quarters: The Secret History of the Geisha*)。虽然日本茶馆和中国茶馆一样是休闲之地,但它们的环境不同,中国茶馆具有多功能,如会客室、市场、舞台等(Wang, "The Idle and the Busy: Teahouses and Public Life in Early Twentieth-Century Chengdu." *Journal of Urban History* vol. 26, no. 4 [2000]: 411-437 和本书第一部)。日本茶馆的主人与艺伎以及艺伎之间有着紧密关系,她们在"私人和职业生活"中的关系像"母亲"和"女儿"或姐妹(Dalby, *Geisha*, p. 8)。日本茶馆一般是在内室,饮茶更多强调仪式和过程。艺伎为顾客提供娱乐,这个角色是明确的,也是社会所承认的,但成都茶馆中的女招待是新事物,她们的社会定位并不清楚。

[29]《成都市政府工商档案》:38-11-982。一份男茶房的请愿报告透露了稍微多一点关于凌国正的信息:前理事长黄义生"尸位贪污,会事不

整",他担心受到指责,于是暗中把工会名单和印章交给了"插翅飞来"的凌,而凌"亦太不(自)量,公然接收主席自命","将我招牌放下,改号佣工"(《成都市政府工商档案》:38-11-758)。陆隐的文章称"工会的主席凌国正,她年龄已五十八了,据说她是国民党的老党员"。(陆隐:《闲话女茶房》,《华西晚报》1942年2月25—28日)陆的这个描述与档案不一致,根据档案中的理事会名单,凌42岁,在"是否是党员及党证字号(非党员不填)"一栏留着空白。见《成都市政府工商档案》:38-11-982。

[30]我发现其他一些工会使用完全一样的章程,见以下的讨论。

[31]《成都市政府工商档案》:38-11-982。

[32]《成都市政府工商档案》:38-11-982。我们可以在上海发现同样的情况,工会合法化,但基本上为政府所控制。见小浜正子『近代上海の公共性と国家』,第2章。

[33]《成都市政府工商档案》:38-11-982、983、984。理事会年纪最大者为59岁,最年轻者25岁。其中,20—29岁5人,30—39岁3人,40—49岁9人,50岁以上3人。其中9人为成都本地人,其余来自外县。在茶社业时间最长者31年,最短者仅2年。那位25岁的理事会成员,从事茶社业已经8年,也即是说他17岁开始以此业为生。见《成都市政府工商档案》:38-11-982。档案中还有1939—1940年关于工会理事会成员的情况表,提供了进一步详细的信息。见《成都市政府工商档案》:38-11-982。

[34]《成都市政府工商档案》:38-11-982。

[35]《成都市政府工商档案》:38-11-983,38-11-984。有些条款是为保护会员的利益,如规定工资由工会和雇主共同决定,凡是这样决定的工资都将得到保障。如果雇主无故解雇会员,在解决这个纠纷之前,其他会员不得在这家茶馆受雇。有些规定是为了约束会员,使他们有良好的工作态度,例如,如果一个工人必须离开10个小时以上,他得负责找一个替代者,否则不得离开,但参加工会组织的活动或由于

生病、紧急情况等除外。会员还要爱护茶馆财产，不得损坏；要保持茶馆清洁，工会将定期派人检查；要礼貌对待客人等。见《成都市政府工商档案》：38-11-983。

[36]《成都市政府工商档案》：38-11-984。根据对茶社业公会的研究，我发现较之工会，其内部权力斗争少，这个组织作为一个行业的代表显得更为成熟。公会能够成功，可能缘于它是一个有较长历史的组织，其领导层通过比较正规的选举，因此也较工会更少争议。关于茶社业公会的研究见第6章。

[37] 工人拒绝付会费的现象并非仅仅出现在成都，其他城市也有类似现象，即使是工人运动比较发达的城市，例如上海，一些木匠工人拒付木匠公会年费，被公会告上法庭。见 Perry, *Shanghai on Strike: The Politics of Chinese Labor*, pp. 33-34。

[38]《成都市政府工商档案》：38-11-758。

[39] 樊荣武向政府提交的反凌国正愿书称，凌诬陷他们是袍哥成员（《成都市政府工商档案》：38-11-758）。虽然樊否认凌的指控，但如果考虑茶馆工人加入袍哥的比例甚大，凌说的也可能是事实。关于茶馆与袍哥的关系，见 Wang, "The Idle and the Busy: Teahouses and Public Life in Early Twentieth-Century Chengdu." *Journal of Urban History* vol. 26 no. 4 (2000): 411-437 和本书第8章。

[40] 陆隐：《闲话女茶房》，《华西晚报》1942年2月25—28日。

[41] 相较而言，美国的女招待是一个更有自我意识的群体，组织起来也比较早，在1880年代便成立了妇女自己的工会，同时她们也有人加入男侍者的工会。在1900年，劳工组织尚不发达，她们就有了自己的劳工组织；而且在1930—1940年代，女招待更多地加入了男女混杂和行业混杂的组织。但是民国时期成都的女招待缺乏这样一个转变过程，她们直接进入了第二阶段，加入了男女混合的工会。而且，美国同侪们组织性更高，影响力更大，她们的文化背景和工作环境也不相同。20世纪初，即使"女工和工会之间的障碍已经打破，许多工会对

女会员仍然持怀疑态度"。事实上,美国妇女大规模进入工会也是在1930—1940年代。见 Cobble ed., *Women and Unions: Forging a Partnership*, p. 61; Cobble, *Dishing It Out: Waitresses and Their Unions in the Twentieth Century*, pp. 3-6。但也有研究指出1910年代便有许多妇女加入工会,如1913年纽约城的工会有7.2万女会员。见 Foner, *Women and the American Labor Movement: From Colonial Times to the Eve of World War I*, p. 471。

[42]《成都市政府工商档案》: 38-11-1115。与成都茶社业职业工会的比较见《成都市政府工商档案》: 38-11-982。

[43]《成都市政府工商档案》: 38-11-1115。

[44] 会员资格为: 年满16岁、现在或曾经在这个行业工作, 及曾经当过工会职员的男女。任何违反工会规则、损害工会声誉者, 都将受到惩罚, 包括警告、取消在工会的待遇、驱逐出会等, 给予何种惩罚视违规情况而定。驱逐惩罚必须由2/3会员通过。见《成都市政府工商档案》: 38-11-1103。

[45] 以下是具体年龄分布(数字按顺序为: 年龄段/男数/女数)11—20/2/22, 21—30/28/6, 31—40/20/0, 41—50/3/0, 51—60/3/0, 总计: 男56, 女28人。从这些数字看, 女艺人的最佳年龄是20岁之前, 但男艺人则在21—40岁。这个名册还显示每个艺人都必须有保证人, 他们的名字也列在名册中。清音工会设有理事会, 包括7位理事、2位候补理事、3位监事和1位候补监事, 任期一年, 但可连选连任。理事选举一位常务理事, 主持日常工作。监事负责查账、监督程序、考察职员和会员言行等。同茶社业工会一样, 清音工会也有三个部门: 一个负责邮件、文件、会计以及其他杂务; 一个负责教育、培训、登记、调查、资料收集; 一个负责互助储蓄、调解、卫生、娱乐、工人福利等。互助储蓄是一种互助方式, 每个会员存一定数量的钱在公积金中, 当急需时, 如遇生病、红白喜事等, 便可从中借取。理事成员名单还有领导层的姓名、年龄、籍贯、地址等。理事会和监

事会（包括候补）共 13 人，最年轻者 28 岁，最年长者 54 岁。其中 20—30 岁 3 人，31—40 岁 6 人，41—50 岁 2 人，50 岁以上者 2 人。虽然这个名单没有显示他们的性别，但根据姓名，可知全部是男性。这个名单有一个说明：他们是在国民党和政府代表的监督下选出和宣誓就职的；还说他们都工作努力，尽力做公仆，没有酒和鸦片嗜好。见《成都市政府工商档案》，38-11-1103。

[46]《成都市政府工商档案》：38-11-1103。

[47]《成都市政府工商档案》：38-11-1103、1115。

[48] 关于中国职场的男女冲突几乎没有任何研究，而关于其他国家的这个问题已经有论文发表，如 D. 科恩克（Diane Koenker）考察早期苏联印刷工厂男工对女工的语言、行为和态度，从一个新角度理解俄国工人阶级的历史。见 Koenker, "Men against Women on the Shop Floor in Early Soviet Russia: Gender and Class in the Socialist Workplace." *American Historical Review* vol. 100 no. 5（1995）: 1438-1464。

[49]《成都市政府工商档案》：38-11-983；陆隐：《闲话女茶房》，《华西晚报》1942 年 2 月 25-28 日。

[50]《成都市政府工商档案》：38-11-758、983。

[51]《成都市政府工商档案》：38-11-758、983。

[52] Cobble ed., *Women and Unions: Forging a Partnership*, p. 6.

[53] 陆隐：《闲话女茶房》，《华西晚报》1942 年 2 月 25-28 日。

[54]《成都市政府工商档案》：38-11-758、983、984；陆隐：《闲话女茶房》，《华西晚报》1942 年 2 月 25—28 日。

[55] 本段史料均见《成都市政府工商档案》：38-11-908。

[56]《成都市政府工商档案》：38-11-908。正如前面所提到的，其实女招待的背景各不相同，但工会强调她们是"前方沐血抗战之官兵"的家属，不失为一个能得到广泛同情的策略。

[57]《成都市政府工商档案》：38-11-908。

[58] Wang, "The Idle and the Busy: Teahouses and Public Life in Early Twen-

tieth-Century Chengdu." *Journal of Urban History* vol. 26 no. 4（2000）：411-437；Wang, *Street Culture in Chengdu: Public Space, Urban Commoners, and Local Politics in Chengdu, 1870-1930.*

[59]《成都快报》1932年3月28日。

[60]《新新新闻》1947年6月15日、1948年12月3日。

[61] 崔显昌：《旧蓉城茶馆素描》，《龙门阵》1982年第6期（总第12期），第101页；《成都快报》1932年3月28日；《华西晚报》1941年5月21日。

[62]《新新新闻》1947年9月21日。

[63] 陆隐：《闲话女茶房》，《华西晚报》1942年2月25—28日；周止颖：《漫谈成都女茶房》，《华西晚报》1942年10月13日。

[64] 周止颖：《漫谈成都女茶房》，《华西晚报》1942年10月13日。葛以嘉描述了人们怎样在茶馆中与旦角调情。见 Goldstein, "From Teahouses to Playhouse: Theaters as Social Texts in Early-Twentieth-Century China." *Journal of Asian Studies* vol. 62, no. 3（2003）：763。

[65] 陆隐：《闲话女茶房》，《华西晚报》1942年2月25—28日；《华西晚报》1941年6月12日。

[66] 陆隐：《闲话女茶房》，《华西晚报》1942年2月25—28日；《华西晚报》1941年6月16日。

[67] 西方学者对这个问题进行过研究。当在讨论美国鸡尾酒女招待和"在男人世界工作的妇女"时，J. 斯普瑞德利（James Spradley）和 B. 曼（Brenda Mann）指出："作为男人和作为女人的行为，是由我们的文化决定的。"见 Spradley and Mann, *The Cocktail Waitresses: Women's Work in a Man's World*, p. 7。

[68]《成都市商会档案》：104-1388。

[69] 陆隐：《闲话女茶房》，《华西晚报》1942年2月25—28日。在西方，卖淫成为饮酒场所的公共问题，见 Haine, *The World of the Paris Café: Sociability among the French Working Class, 1789-1914*, pp. 190-191。

[70] 陆隐:《闲话女茶房》,《华西晚报》1942年2月25—28日;《新新新闻》1945年3月16日。

[71] Perry, *Shanghai on Strike: The Politics of Chinese Labor*, pp. 27, 60; Honig, *Sisters and Strangers: Women in the Shanghai Cotton Mills, 1919-1949* and *Creating Chinese Ethnicity: Subei People in Shanghai, 1850-1980*.

[72] 关于四川的同乡会和公会,见王笛《跨出封闭的世界——长江上游区域社会研究,1644—1911》,第558—567页。对其他城市这一主题的研究,见 Rowe, *Hankow: Commerce and Society in a Chinese City, 1796-1889* and Goodman, *Native Place, City, and Nation: Regional Networks and Identities in Shanghai, 1853-1937*。

第三部

茶馆与政治

第8章 讲 茶
——超越国家的控制

到"安澜"吃茶的顾客大多是本街上担二分公事的有脸面的人物,因此它经常成为街坊上的议事场所。街坊邻里间有什么纠纷,总爱说:"走!到'安澜'讲理去!"遂由双方当事人出面,约请一位街坊上的头面人物担任仲裁,等茶博士把茶叶一发起,双方当事人就分别陈述事情经过,然后由仲裁人评判是非曲直。如果哪家理亏,茶钱就由哪家开了。正所谓:一张桌子四只脚,说得脱来走得脱。

——刘振尧[1]

这是一个老成都人关于西御街安澜茶馆的回忆,记叙了这个茶馆作为社区中心的角色。在本章中,我们可以看到人们经常将茶馆作为解决争端和纠纷之地,称"吃讲茶"或"茶馆讲理",不需要政府或官员的介入,反映了强烈的社会自治的观念和广泛的实践。这个传统产生于中华帝国时期,那时国家权力很少深入到地方社区和邻里。"吃讲茶"成为一个普遍的工具,给地方精英一个极好的机会在地方社区建立他们的影响和主导权。考察"吃讲茶"为我们提供了了解地方社区成员间怎样处理冲突的一个极好的角度。袍哥是茶馆的常客,他们甚至把茶馆作为公口,

"吃讲茶"的活动经常有他们的参与。如果说在传统成都,国家承认社会自治,对这种民间"民事法庭"采取不干涉的态度,那么现代国家机器则宣布这种活动为非法,这成为国家权力深入社会底层和限制社区自治的重要措施之一。

国家权力深入社会底层,不可避免地会遭到各种抵制和反抗,袍哥便是与国家对抗的主要社会势力之一。在成都,作为公共空间的茶馆成为袍哥的码头或公口。从一定意义上讲,袍哥促进了茶馆的繁荣,因为他们不仅自己开办了不少茶馆,而且还为很多茶馆提供保护,再加上他们以茶馆为据点,在那里联络、聚集和开会,给茶馆带来可观的客源。虽然人们知道袍哥是一个非法组织,但大多数茶客并不在意。那些需要袍哥保护的普通人,通过堂倌或其他茶客,在茶馆里很容易便能与袍哥建立联系。因此茶馆也使袍哥的社会影响得到扩展,茶馆成为袍哥社会网络的一个重要部分。学者习惯于称袍哥为"秘密会社",但实际上这个组织在相当长时期,特别是在民国后期,在四川几乎都是公开活动的,其势力已扩张到政府完全不能控制的程度。

袍哥在茶馆里活动形成了独特的语言和行为,"摆茶碗阵"便是他们经常使用的联络方法,本章将对他们的这种秘密语言进行考察。这种秘密语言是一种非常有效地把本组织成员与他人区别开来的工具,与此同时也促进了袍哥成员的身份认同。当一个袍哥进入另一公口势力范围时,必须拜码头,那么"摆茶碗阵"便是拜码头的必要仪式。这个仪式中的"阵"显然来自古代战场上军队的阵势,借用这个字显示了当袍哥在茶桌上用茶碗进行对话时,犹如战场上的厮杀,是生死的力量角逐。袍哥把秘密社会的活动带到这样的公共空间,使茶馆的社会角色更为复杂。但对一般民众来说，茶馆是一个令人充满好奇的地方，他们的活动也为人们增加不少话题，添了几分兴奋，使日常生活多了一些色彩。

当然，"摆茶碗阵"和"茶馆讲理"的活动，也出现在中国其他地区，正因为如此，对茶馆中这些活动的研究才为我们深刻理解中国地方社会、日常生活空间和地方政治空间的关系，提供了一个极好的窗口。在传统和近代早期，国家对社区生活的影响甚微，从而为地方精英参与地方事务留下了很大的空间。当然，茶馆作为地方政治空间可以表现在很多方面，如各种社团在茶馆的活动、政府对茶馆的控制、地方精英对茶馆的改造等，不过，"吃讲茶"仍然是最为典型和最具代表性的活动。如果说茶馆是我们研究那个大社会的"微观世界"，那么探讨"吃讲茶"的社会功能和影响，则可以成为我们进入这个微观世界的切入点。

袍哥大爷

哥老会在四川称袍哥，社会动乱给了这个秘密社会组织扩大势力和影响以极好的机会。[2]虽然袍哥在清代即被禁止，但他们在茶馆、烟馆、饭馆以及戏园等公共场所都很活跃。晚清制定的《清查窝赌、烧香结盟、传习邪教规则》称：警察如果发现任何三五成群、着怪服、表情凶恶、有暴力倾向者，必须截住盘查。[3]这种描述告诉我们当局是如何辨别袍哥成员的。辛亥革命中袍哥与四川保路同志会及保路同志军合作，得以公开活动，但革命后又成为非法组织。不过，尽管政府进行控制和打击，但他们的势力仍继续扩大。[4]在成都地区特别是成都附近的小场镇，袍哥控制了地方社会，经常以开办茶铺、酒馆、旅店作为其活动的公口，这些地方亦成为地方社区非官方的权力中心。这些组织也从事非法交易，诸如鸦片走私、赌博等。

作为一个秘密社会组织，人们可能会以为袍哥情愿选择比较隐秘的地方进行活动，但实际上恰恰相反。大多数袍哥把码头设在熙熙攘攘的茶馆里，甚至不少茶馆就是袍哥所开办，他们把茶馆作为一个理想的活动场所。人们经常可见茶馆外挂有牌子或灯笼，上书"某某社"或"某某公口"，这必是一个袍哥码头无疑。袍哥在茶馆或其他地方建立公口，各公口都有自己的势力范围，视某地段为自己的"码头"，并承担维持那一地区公共安定、化解冲突以及保护经济利益等职责。

为什么袍哥喜欢以茶馆为基地呢？第一，政府从来就没有能力对茶馆进行全面控制，即使制定了不少禁止袍哥的规则，也未能认真执行。第二，茶馆是袍哥聚会和社会交往最方便的地方。第三，只要袍哥不给当局惹麻烦，政府和警察实际上对袍哥活动采取睁只眼闭只眼的态度。第四，虽然茶馆是公共场所，但热闹的气氛、三教九流的混杂可能更有利于秘密活动，在一个拥挤的茶馆里，袍哥的接头反而不大引人注意，他们更觉得安全。第五，在公共空间联系同党，策划各种秘密行动，如果事情暴露，也不容易使家人受到牵连。

袍哥组织是非法的，而且也经常从事非法活动。例如，袍哥在安乐寺茶社走私黄金、白银、美元、香烟等，在正娱花园及白玫瑰、紫罗兰等茶馆进行金条交易，枪支、弹药、鸦片走私则在品香、槐荫、宜园、魏家祠、葛园等茶馆进行。[5]地方当局意识到茶馆作为袍哥活动中心的重要性，不时采取措施，试图割断茶馆与袍哥的联系。[6]民国初年，警察要求各茶馆签署具结，保证

第 8 章 讲茶——超越国家的控制

不与哥老会及土匪来往。据档案记录,共有二百多家茶馆签署,以下是仿随园的具结书:"具切结,民何仿随,今于台前为切结事,缘民在会场开设仿随园,并无容留哥匪秘密集合栽培弟兄申登上复情事,如违甘究,中间不虚,切结是实。中华民国三年三月×日虔民仿随园。"[7](见插图8-1)

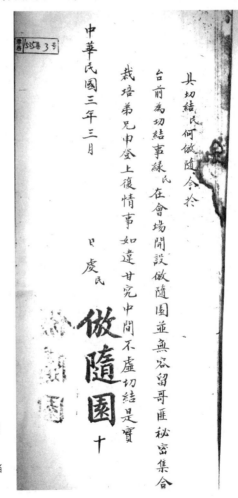

插图 8-1　仿随园关于不容留哥老会的具结书

资料来源:《成都省会警察局档案》:93-6-1525。

严酷的政治和社会环境使袍哥发展了自己独特的动作和语言，当任何一个袍哥成员进入茶馆时，堂倌从其动作、端茶的姿势很快便能辨认其身份。在江湖上的袍哥都持有"红飞黑片"，即他们的身份证明。袍哥在茶馆中的联系又称为"亮底"。如果是紧急重要的信件，上面打洞，还贴有一片鸡毛。[8]

老茶客李英说，成都郊区的茶馆几乎都是袍哥的码头，这可能有些夸张，但也反映了茶馆与袍哥关系密切的社会现实。袍哥利用茶馆开展各种活动，袍哥的"龙头大爷"在茶馆召开会议、举行仪式、欢迎访客、惩罚违规的成员等，在中元节、团圆会、关帝会等都有庆祝活动。此外，有的公口每三五天召集成员在茶馆议事，由于提供免费茶水，因此参加者踊跃，此活动称为"茶哨"。据一个老茶客的描述，第一泉是袍哥一个支部的公口，每天从早到晚总是顾客盈门，烟雾缭绕。每当一个重要人物进入，大家都向他点头哈腰打招呼，一边向堂倌大叫为他付茶钱，有时还为此争执起来。不过，堂倌知道应该收谁的钱，不会得罪任何人，一切都会很快回复原样，咳嗽、聊天、叫茶的声音，与瓜子、花生、香烟等小贩的叫卖声，此起彼伏，响成一片。[9]

作为小本生意者，茶馆经理人经常成为地痞流氓和其他地方恶势力欺辱的对象，他们或不付茶钱，或"借"桌椅不还，或损坏器具，扰乱生意，甚至导致茶馆关门。因此，茶馆力图寻求保护，不论是官员、警察、军人还是袍哥，都可以是他们依附的对象。在民国时期，袍哥成为茶馆最常见的保护伞。除那些由袍哥开办的茶馆，大多数茶馆主人加入袍哥以求得安宁。作为回报，他们不断宴请保护人并送礼、提供免费茶水等。例如华华茶厅为袍哥和特务专拨一笔费用，以免受他们以及地痞和小偷的骚扰。

不过，有的茶馆不会有这样的麻烦，因为它们有权势人物的背景，如那些在春熙路的大茶馆多是由军官、政客、特务所开办的。[10]

1940年代，袍哥的影响达到最高峰，其势力扩展到政府、警察甚至军队里，以至于地方当局有时也得让他们三分，与其建立互助的关系。一个调查显示，在已知地址的119个袍哥公口中，有36个明确是在茶馆里，其他只是注明在某某街，可能大多也以茶馆为总部。同期另一个资料显示，1949年成都有176个袍哥总社和支社，其中许多公口没有明确的地址，但已知有地址者，72个在茶馆。在各大街小巷的茶馆里，到处可见他们的公口，一般认为90%的袍哥以茶馆为码头。[11]有时，一个茶馆可以作为几个袍哥支社的公口。例如，新南门外的一家茶馆是群益总社第四和第五支社的公口。四支社有一百多个军人，以杨森部下的一个团长为头目，而五支社则有上百个特务。[12]

茶馆里的暴力经常与袍哥有关。1949年，两股袍哥由于欠债问题，在八宝街的锦江茶社，以棍棒做武器斗殴。参与斗殴者人数众多，警察到达也未能阻止，一个警官见局势失控，朝天开了两枪。警察最后逮捕5名斗殴者和5名嫌疑犯。这次冲突造成8人受伤。一队宪兵奉命前来维持秩序，疏导交通。这次暴力事件给茶馆造成很大损失，茶馆主人在随后请求赔偿的报告中，对事件过程进行了详细描述，起因是吴姓和刘姓在茶馆"吃讲茶"，引起斗殴。那时茶馆主人的家属正在后院，当顾客往外拥时，他怀孕的妻子和3岁的孩子被撞倒受伤，后被送到医院。[13]

由于警察密切监督茶馆，他们的报告记录了袍哥活动的一些细节，政府也鼓励民众密报任何可疑活动。其中一个报告由长顺街的店主所写,称桐荫茶旅店是走私鸦片和枪支的据点,有许多"恶痞流氓",为"耍枪弄刀"之人,他们在那里"呼朋引类,开立码头",从事非法活动。不过政府接到店主的密信后,并没有采取任何行动。后来袍哥王品三买下了这家茶馆,情况变得更糟。密报指控王在战争中"乘国难时"非法聚敛"数千万家产"。王在简阳县建立总部,有上万追随者。地方士绅都慑于他的淫威,普通民众则受他的欺凌。他的茶馆成为同党活动和聚会之地。他还贿赂官员,以施加对政府的影响。他宣称得到许多省市政府要员的支持,因此有恃无恐。这些店主指出,按照市政府规则,营业许可只能本人使用,茶馆易手后,前陈姓店主没有将执照退还政府,因此王经营该茶馆属于非法。政府令王上缴执照,但是王用钱打通政府关节,茶馆仍然营业,没人敢干预。最让邻里担心的是每月中旬"开立码头"时期,地痞流氓、犯罪分子聚集于茶馆。店主和商人担心这样会影响他们的生意,但又不敢公开提出异议,只好密告政府。他们请求政府关闭茶馆,将王遣送回乡,严加看管,并要求政府收回执照,惩办接受贿赂者。[14]

这个案例揭示,袍哥由于其非法活动,有时与邻里关系非常紧张。附近店主尽量避免与他们直接冲突,而到政府那里寻求支持。当然,这仅仅是一种情况,正如前面所提到的,许多商铺实际上也得到袍哥的保护。当时一篇关于帮会的文章即指出:"因为许多善良的公民靠政府不着,而法律又不能保障他们的自由与安全,他们又觉得必须有一种力量能够帮助自己、保障自己,于是他们不得不顺水推舟加入帮会,让帮会以他们的组织与法律,去代替一切。"[15]一方面,袍哥向政府的权威进行挑战,从事许多非法活动;但另一方面,由于袍哥有着广泛的社会网络,其势力可以深入社区和邻里,进入社会底层,因此地方政府试图依靠这个网络,以维持社会秩序。

袍哥的公开活动和影响引起一些精英的不安,虽然他们表示"对于任何帮会的正规活动"并不干涉,因为"我们是拥护结社结会自由的",但担心现在"帮会的活动已经达到极点了"。成都的社会"哪一街莫有码头?哪一个茶铺里莫有袍哥?现在的地方自治人员,不通袍的究有几人?甚至在机关里,在议会里,也有不少人以什么公社社员的姿态出现"。他们指出帮会之所以如此活跃,是由于"政治低能、法律失效、社会秩序紊乱所引起的",支持政府"重申前令",加强控制,不准学生加入帮会,凡参加者予以开除,校长亦须受管教不严的处分。[16]虽然政府也的确采取措施限制袍哥活动,但收效甚微,直到共产党1949年年末接管成都前,地方政府始终未能阻止袍哥势力的扩张。

摆茶碗阵

严酷的政治和社会环境使袍哥形成一套独特的规则和行为方式,这对其生存和发展都至关重要。创造他们自己的黑话,以及一整套秘密联络的方式,便是其组织扩张的重要手段。在19世纪,W. 斯坦通(William Stanton)调查并记录了秘密会社成员间拜见和盘问的具体方式:"有时盘问使用律诗,但经常并不把诗吟全,仅一两个字,便会其意。"斯坦通还描绘了各式各样的盘查方法,例如"放置、递交茶杯、烟杆、鸦片烟枪等,互相观察其动作"。[17]"摆茶碗阵"便是袍哥在茶馆中沟通的一个主要形式。

如果一个袍哥成员同当地袍哥首领在一家茶馆会面,他进入茶馆后,找一张空桌坐下。茶端上来后,他并不着急喝,而是把茶盖斜放在茶托上,不吭一声地坐着,表示等着什么人。从其姿势,堂倌知道他可能是袍哥成员,便装着不经意地问道:"从远方来?"于是造访者报出姓名、公口,而"熟悉袍哥这种程序"的茶馆老板则报告给管事,管事出来"向那位避难者盘问各种问题,回答必须恰当,用词准确。如果他证明他冒犯了政府法令(即哥老会同道),管事便将收留他,或给他提供盘缠、衣物等,使他能够到达另一目的地"。[18] 晚清反满运动兴起,也为袍哥扩展实力提供了新的机会。在此过程中,各公口间的交往日益增多。对于袍哥来说,特殊联系方式对他们的活动特别是反清活动,变得十分重要。

有关"茶碗阵"的许多诗都表达了反清复明的意识,从清初其组织成立到辛亥革命爆发这个长期的历史阶段,这种意识和目标始终存在于这个组织之中。[19] 即使是辛亥革命之后,虽然清廷已经覆没,但那些"摆茶碗阵"的反清诗句,仍然被沿袭下来。加入袍哥的帮会成员,必须从他们的经典文献《海底》中,熟悉这一整套程序。"茶碗阵"千变万化,许多是用于联络和判断来者身份及资历的。主人可以把茶碗摆成各种阵式,而来访者则必须有能力进行回应,并以暗语或吟诗作答(见插图8-2)。如果主人想测试来人的身份,他先来个"木杨阵":茶杯两只,一在盘内,一在盘外。饮者必须将盘外之茶移入盘内,再捧杯相请,并吟诗曰:"木杨城里是乾坤,结义全凭一点洪。今日义兄来考问,莫把洪英当外人。"[20] 他也可能摆一个"双龙阵",即两杯相对,来者则诵道:"双龙戏水喜洋洋,好比韩信访张良。今日兄

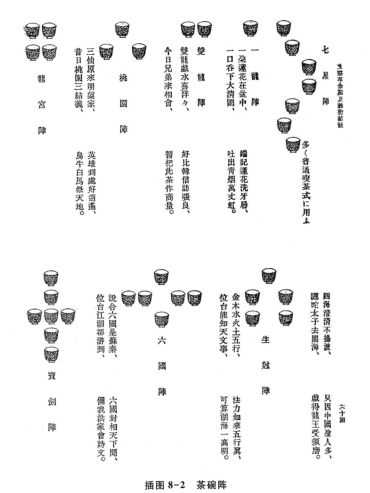

插图 8-2 茶碗阵

资料来源：平山周『"支那"革命党及秘密结社』第 64 页。

弟来相会，暂把此茶作商量。"如果一个袍哥到异地寻求援助，他会摆一个"单鞭阵"，即一茶杯对一茶壶，能助一臂之力，主人则饮其茶，反之则把茶倒掉，再倾茶饮之。其诗云："单刀独马走天涯，受尽尘埃到此来。变化金龙逢太古，保土登基坐禅台。"[21]

"摆茶碗阵"、吟诵相对应的诗,表达了袍哥的思想、价值观、信仰和道德准则。他们的许多思想来自流行小说、地方戏、传奇故事等。例如"双龙阵"所提到的帮助汉高祖刘邦打天下的韩信和张良的故事,便家喻户晓。还有不少诗涉及龙,袍哥用龙来表达其力量和政治抱负,这也反映了他们与传统文化的关系,把自己视为龙的传人。[22]袍哥认为他们是汉的遗族,自然便同龙联系在一起。在中国,龙代表一种征服的力量和精神,能彰扬正义,铲除邪恶,这与袍哥的信仰相符,或许有助于使他们的反清大业正统化。袍哥中地位最高的决策者,也称为"龙头"或"龙头大爷"。[23]

特殊的生存环境和社会地位,以及与国家力量长期腥风血雨的搏斗,使袍哥形成了崇拜暴力的倾向,迷信通过暴力可以解决问题。因此他们的语言和诗中有许多与暴力有关。例如"宝剑阵"称:"七星宝剑摆当中,铁面无情逞英雄。传斩英雄千千万,不妨洪家半毫分。"他们还相信超自然力,因此大众宗教在他们的沟通仪式中也扮演了重要角色。他们的信仰往往无一定之规,经常是佛道杂陈,如"生克阵"宣称:"金木水火土五行,法力如来五行真。位台能知天文事,可算湖海一高明。"五行概念来自道家,而如来却是佛主。从根本上来讲,袍哥力图吸收各种对他们有用的东西,包括各种宗教。他们也经常借用历史来为自己的事业服务。"六国阵"便是依据战国时代苏秦游说六国联合抗秦的历史:"说合六国是苏秦,六国封相天下闻。位台江湖都游到,你我洪家会诗文。"[24]袍哥把苏秦视为英雄,因为他合纵各国的能力,是他们所求之不得的。

这些诗更多的是表达"反清复明"的思想。在所谓的"忠心义气茶"中,有三个茶杯,一满一半一干,来访者应将那半杯喝掉,并吟诵:"我亦不就干,我亦不就满。我本心中汉,持起饮杯盏。"虽然这里的"满"表面上是说茶水,却暗指"满清"。在"五魁茶"的诗中,阐明了类似的思想:"反斗穷原盖旧时,清人强占我京畿。复回天下尊师顺,明月中兴起义人。"每句诗的第一个字连在一起,便是袍哥长期的"反清复明"的宗旨。还有"转清明茶",茶摆好后,若要饮,则需说"复明灭清",诗曰:"江山开基本是洪,五湖四海共一宗。杀绝满洲西鞑子,洪家兄弟保真龙。"在"一龙阵"的诗中,表达了同样的宗旨:"一朵莲花在盆中,端记莲花洗牙唇。一口吞下大清国,吐出青烟万丈虹。"[25]

同时,袍哥也在酒店、饭馆中举行类似的仪式,也伴随吟诗的过程,酒杯和饭碗取代了茶碗。如果一个袍哥在酒席上,见一只筷子放在碗面上,他可用三个手指拿起筷子,然后吟道:"单手使金枪,手执是双锏。打破你城池,救出我真主。"如果见五碗菜摆成梅花形,中间一碗被盖住,他便吟诗曰:"四方疆土尽归明,唯有中央未灭清。未必忠良分疆土,兄弟齐心尽反清。"如果一个袍哥请来者抽烟,他把烟筒扔给客人,客人用双手接住后诵诗:"双手抱住一条龙,如今到来扶明公。莫说此枪无用处,反清复明第一功。"[26]虽然推翻清王朝是袍哥自清初建立以来一贯的宗旨,但直到辛亥革命其才有机会施展抱负,他们在这场革命中扮演了重要角色。

除了"摆茶碗阵"和吟诗外,袍哥也用手势,即使"对面不相识、不相交一言之人,赖一举手之微,即知其为自己弟兄,而发生'生死与共'之义气"。据称手势是"百千万变",不像隐语可以写出,而"必须亲为传授,亲为指点"。例如关于"五行"

是如此表示的：两脚并拢，双手在头顶相交，代表"金"字；站立，双手在腹部交叉，代表"木"字；蹲下，双手放在膝盖上，代表"土"字；马步，双手举至耳，手心向上，代表"火"字；马步，双手叉在腰部，代表"水"字（见插图8-3）。[27] 如果说隐语受标准语言和行业语言影响，那么肢体语言则是由秘密社会自行发明的，充分反映了其采用各种手段进行沟通联络、生存以及开展各种活动的能力。

插图 8-3　用手势表示金、木、土、火、水

资料来源：李子峰编《海底》，第 269 页。

语言学家把隐语定义为"由某些特定的行业或秘密社会"所使用的方言，这种语言"不为外人所理解"，但它又"区别于其他'私语'、行话以及'俚语'"。因此，隐语"产生于一种特别的次文化，这种次文化在社会中是被边缘化了的"，而且它"成了交流和生存的主要工具"。在语言学家看来，一般而论，隐语的使用是为了保护本集团的利益，逃避公众注意，稳定组织和成员。秘密语言没有标准语稳定，一旦为外界所知，新的词汇便会取而代之。[28]

但是，袍哥的情况与这种通行的模式似乎并不相同。袍哥在四川广为散布,却没有一个众望所归的中心,各分支自立山头,各自为政。因此,即使某些黑话已为人所知,新语也已出现,但旧词继续为其成员所使用。随着袍哥势力的扩张,特别是辛亥革命后袍哥以半公开的形式活动,外部所知道的"袍哥话"越来越多,与此相应,新词汇和说法也不断出现。虽然1949年后袍哥被共产党彻底摧毁,但从一个特定的语言角度看,其遗产仍然存在于人们的日常生活和大众文化之中。在今天的四川,虽然我们已无法再见"摆茶碗阵"的奇妙场景,但袍哥的许多词语却存活在人们的日常用语中。[29]

通过研究袍哥的秘密语言,我们可以把其大概归纳为三种类型。第一类反映了强烈的政治倾向,在使用中总是潜藏着诸如"明""清"之类字和词。第二种则多与这个集团的仪式有关,诸如"龙""木杨城""桃园"等。第三种为最多,即袍哥平时在合法和非法活动时所使用的词汇,许多涉及抢、杀、绑架等。这些词的运用,不仅反映出这个组织有着政治的雄心,也暴露出其种种非法行为。这些违法行为的存在并不奇怪,在世界上分布各地的类似组织,都存在政治上的宏大目标与实际生存中"痞子""流氓"或"黑社会"行为间的矛盾。当然,我们还应该估计到,由于袍哥是边缘化的人群或社会集团,他们的所谓不法行为是由国家来定义的,经常可能被掌握着话语霸权的精英和国家政权所扭曲或夸大,以为压制这些"危险的"社会集团提供依据。这个组织希望他们的反清思想广为散布,从这个角度看,袍哥的秘密语言的广泛流传,也未尝不具有积极意义。这样,他们的黑话和暗号从秘密到公开,在茶馆等公共场所为人们所闻所见。通过与同盟会这样的革命组织结成联盟，袍哥也极大地改善了自身的形象。不过，许多参加这个组织的下层民众对于其政治理想并不清楚或理解，他们加入的目的只是寻求保护或为生计的一种选择。

茶馆讲理

在成都，人们相互间有了冲突，一般不是上法庭，而是到茶馆评理和调解，称为"吃讲茶"，或"茶馆讲理"，茶馆便成为一个解决纠纷之地。袍哥在"吃讲茶"活动中扮演了重要角色。袍哥经常被请去做调解人，茶馆也被用作解决他们内部纠纷之地。一般程序是：冲突双方邀请一位在地方有声望的中人进行调解，双方陈述理由，中人进行裁判，错方付茶钱，并向对方道歉。这说明精英以茶馆作为介入社会的空间，这些茶馆也成为社区的中心。因此茶馆不仅是一个经济中心，而且也促进了社区联系和邻里认同。"吃讲茶"活动能够长期广泛地在地方实施，是由于裁判是在公众监视下进行的，调解人试图尽量主持公正，否则其声誉和公信力将受到损害。而且，如果调解不成功，在公众的眼皮底下，暴力事件也难以发生；即使发生暴力冲突，也容易被公众所制止。"吃讲茶"的活动显示了人们对官方权力的不信任，而愿意把自己的命运掌握在自己人手中。这个活动实际上是无视官方的司法权威，当然不会得到政府的支持。

从20世纪初开始，当现代化的精英描述这个活动时，在西方和官方话语的影响下，多持讽刺或批评的口吻。如在李劼人的笔下,"吃讲茶"是谁人多势众,谁就能赢,大家争吵一番,调解人"两面敷衍",一般判势弱一方为输,而输者甚至也不用赔礼道歉,不过得付全部的茶钱,有时可能十几桌。但是:

> 如其两方势均力敌,而都不愿认输,则中间人便也不说话,让你们吵,吵到不能下台,让你们打,打的武器,先之以茶碗,继之以板凳,必待见了血,必待惊动了街坊怕打出人命,受拖累,而后街差啦,总爷啦,保正啦,才跑了来,才恨住吃亏的一方,先赔茶铺损失。这于是堂倌便忙了,架在楼上的破板凳,也赶快偷搬下来了,藏在柜房桶里的陈年破烂茶碗,也赶快偷拿出来了,如数照赔。所以差不多的茶铺,很高兴常有人来评理,可惜自从警察兴办以来,茶铺少了这项日常收入……这就是首任警察局总办周善培这人最初与人以不方便,而最初被骂为周秃子的第一件事。[30]

李劼人的这个描述固然很生动,也的确反映了有时吃讲茶的紧张气氛和混乱局面,但称茶馆希望发生打斗事件,以便乘机索取赔偿,未免言过其实。正如下面我们将看到的,斗殴经常造成茶馆损失惨重,甚至可能因此歇业。所谓索赔不仅是一个漫长过程,而且经常根本不可能得到任何补偿。虽然茶馆喜欢有人来"吃讲茶",这样可以得到额外的生意,但任何暴力行为都是他们难以承受的。李劼人作为一个新知识分子,相信现代的国家和司法权,对这些民间的自我调解嗤之以鼻,因此以这种口吻进行描述也并不奇怪。

既然是一项民间活动,"吃讲茶"会引发斗殴也是难以避免的。例如1914年在大观茶园由于"吃讲茶"失败,一场打斗发生,茶馆立刻陷入一片混乱。警察来后,竟然被暴徒打退。一些顾客受伤,一些藏匿,一些边跑边喊救命,一些被吓得呆若木鸡,茶碗、桌椅及其他物品损失甚多。[31]1929年一个厨子在一家茶馆的二楼"吃讲茶",双方都带来一大群人,谈判进行得不顺利,先是叫嚷,然后吵架。厨子一方开始出手,瞬间茶碗桌椅飞舞,斗殴造成房梁折断,多人和家具掉到楼下,十余人受伤。1941年一个工厂工人欠一个店主的钱,在泗泉茶社解决纠纷。当茶馆掌柜见那个工人叫了上百人到茶馆时,赶快报了警。但那工人的同伙狂殴对手,还伤了几个警察,一个警察甚至被带到工厂暴打一顿。地方报纸称这些事件为"演武剧"。[32]虽然这三个事件发生在不同的历史时期,从军阀混战到抗战时期国民党的严密控制下,但暴力发生的形式却相当类似。抗战结束以后此类活动仍然很普遍,1946年7月悦来剧团与永乐剧团的伶人因纠纷在茶馆"吃讲茶",讲理过程中"悦来之武生,以讲理需时兼以彼此言语未加检点,争执不下,彼此均系武生,遂大演武全行,一时桌椅齐飞,打烂茶碗无数,满座茶客均惊"。茶园经理"虽多方制止,但终于无果而终"。后肇事者被送往该管区警察分驻所,"请予依法办理"。直到国民政府崩溃前夕,此类事件还不时发生,如1948年8月,纸烟商人徐某向同业张某处订购了一箱火柴,由于运输问题,张没能按时出货,造成纠纷。他们在苣泉街的东亚茶社"吃讲茶",争执演变成打架,警察逮捕了若干参与者。[33]

甚至军人也在茶馆里"吃讲茶",由此引起的暴力事件地方政府和警察也都无可奈何。如1947年二十几个士兵在益华茶社

第 8 章 讲茶——超越国家的控制

与一个年轻人"吃讲茶",结果发生打斗,打碎了二十几套茶碗和其他器物。茶馆老板要求他们赔偿,他们答应第二天赔。但是第二天上午,一百多名士兵出现在该茶馆,老板反复告诉他们不知道那年轻人在哪里,但这些士兵将茶馆器具全部捣毁,包括64 套茶碗、十多张桌子、四十多把竹椅、2 张木板、5 个凳子、5 个灯泡,外加门窗损坏,共计损失 64 万元。事发之后,保甲长和邻里都作为证人进行了记录,警察确认了指控。但似乎警察并无权处理,仅将事件上报,要求这些肇事者所属二十八军和绥靖主任公署"申述处理"。[34]

袍哥在"吃讲茶"的暴力活动中扮演了主要角色。1946 年的一个下午,袍哥大爷杨竞陆带两百多人到龙友茶馆吃茶讲理,但谈判破裂,杨及其喽啰开始攻击对方,杀死两人,接着洗劫了这家茶馆,造成巨大的财产损失。1947 年,袍哥吴吉成欠唐炳南 1 万元,唐也是一个袍哥。一天下午,唐到吴家索取,结果引起一场争斗。两边立即召集各自的同党到一心桥的时代茶社"吃讲茶"。唐带来三十多个士兵,吴带来十余位士兵。中人一看情况不好,竭力使两家心平气和,另择日解决纠纷。虽然暴力事件避免了,但茶和香烟钱花去了 9.6 万元。这个事件促使警察制定严厉措施防止暴力事件,因为当局认为袍哥与军人的勾结是十分危险的。[35]

1949 年,德荣茶社老板谢振东由于被袍哥头子欺辱,向政府控诉,而事情便是由"吃讲茶"引起。根据谢的申述,他是一个"开贸茶社为业,性本朴良,毫无不法"的茶社主人,而欺凌他的夏仲康,系保长兼"自卫保队长及哥老会首领","统率党羽痞徒较多"。夏以为"自己有权有势，舍保长应尽职务，不仁不义，不与保民息事宁人，反与保民加害，失去安宁自由"。冲突开始于前几个星期，夏在该茶馆调解一场纠纷，从早上到下午5点还没有结果，夏离开茶馆，没有留下任何话。由于晚上茶馆要讲评书，谢于是收拾了桌子。然而，夏喝酒后回到茶馆，发现茶碗已经收走，十分愤怒，打伤了一个茶馆雇工。之后，夏和二三十个团防每天到茶馆喝茶，却不付茶钱，他们还砸桌子，扔椅子，扰乱生意。夏甚至"借事陷害"，试图使谢被捕。谢呼吁政府调查，为他正名，主持公道。[36]这个冲突发生之时，正是国民党政权崩溃的前夜，而"吃讲茶"仍然十分流行。"吃讲茶"的目的是解决纠纷，但这个事例却造成调解人与茶馆老板的冲突。夏被请来为一个家庭做调解（这也表明"吃讲茶"不仅处理外部矛盾，也解决家庭的内部纠纷），其身份是保长、团防首领、袍哥头子，是社区的显要人物，这也提供了关于谁做中人的进一步信息。当茶馆老板（如这个案例中的谢）得罪了这样一个重要人物时，他很难保护自己的利益，茶馆生意也将受到损失。

虽然"吃讲茶"是一个被广泛接受的习俗，但它也不可能完全公平地处理各种纠纷，除了会造成暴力事件，也有一些不公正的判决，这经常是由调解人的偏见和偏袒所造成的，反映了"吃讲茶"的局限。而且有的中人的判决是基于权力大小、人数多寡等因素作出的，李劼人所描述的"把势弱的一方数说一阵，就算他的理输了"的所谓判决，也是存在的。海粟曾见过一个"吃讲茶"案例，一个店主强奸了邻居的女儿，女孩父母在茶馆与店主"吃讲茶"，由于店主人多势众，中人居然裁决受害一方有错，怪父母没有管教好自己女儿，还要付茶钱。[37]当然，这应该不是一个有代表性的裁决，如果大多数中人都这样滥用权力的话，这个活动肯定不可能长期存在下去。

晚清以来，地方政府便禁止"吃讲茶"，认为其容易造成公共场所的暴力。1914年，警察重新发布禁令，但这影响到茶馆的生意。茶社帮（茶社业公会的前身）指出，如果有几个人在茶馆喝茶，突然发生争吵，可能"自外面观之，颇与茶铺讲理相似"，这种混淆可能造成政府对茶馆的惩罚。为避免这种情况，茶社帮请求警察区分正常聚集喝茶与"吃讲茶"之不同。尽管被不断禁止，但是"吃讲茶"从来没有消失过，所以在1946年，政府再次发告示，禁止在茶馆聚众"吃讲茶"和扰乱公共秩序。政府禁止这个活动并不成功，因为成都市民将"吃讲茶"视为"民事法庭"，纠纷在变成法律诉讼之前，尽量在茶馆得到解决，反映了地方社区的自我控制能力和自治，虽然这种自我控制和自治在晚清以来被不断地削弱。[38]

政府也竭力说服人们不要去茶馆讲理，称"茶馆不是评理处"，要人们在发生纠纷后，"由保甲调解"，禁止"串通兵痞诈压平民"，因为发现"本市市民每因小故发生口角争执之事，竟有勾结盗兵流痞强迫对方至茶社讲理，被害者往往损失烟茶费七八万元之巨"。这说明过去由袍哥所包揽的活动，现在则卷入了更强大和危险的势力。当然，政府竭力强调茶馆讲理的弊病，是为了达到其控制之目的。1946年3月成都市参议会致函当局，对"吃讲茶"请"废予制止"。市政府和省警察局即拟定了"取缔办法"，包括三条：一是"市民如有纠纷，应请当地保甲，在保办公处解决";二是"市民如遇纠纷而串通滥兵、流痞诈压平民者,准其密报治安当局从严究办";三是如果工商团体在茶社解决纠纷,必须事先得到政府同意,"非其同意不得参加"。[39]

其实,这项活动所引发的问题被严重夸大,使其对社会的稳定作用掩而不彰。但是为什么资料中很少有"吃讲茶"成功调解的记录,反而从档案和地方报纸上经常看到由于"吃讲茶"导致更严重的纠纷甚至暴力?合乎逻辑的解释是,成功地在茶馆解决纠纷是一个常态,不成其为新闻,所以从地方报道中我们所看到的都是这个活动所引发的事件。媒体关于"吃讲茶"的报道可能会误导读者,以为这些活动大多数是失败的。其实,大多数失败的调解,也没有引发暴力行为,经常是重新议定时间,再进行下一轮"讲茶"。我们可以想象,如果一个自发的社会调解不但不能解决问题,反而造成更多的麻烦,怎么可能经久不衰呢?

国家权力之外的社会力量

茶馆讲理这个实践显示了市民的相对自治状态,他们试图在没有官方介入的情况下解决冲突,说明一种国家之外的社会力量的存在,这种力量是基于调解人的社会声望。当然,中人一般都是精英,有影响力,经常是袍哥大爷或保甲团防首领。发表在地方报纸上的一篇文章称,茶馆是"最民主的民众法庭",那些陷入纠纷的人会说"口子上吃茶",其意思即是到茶馆解决争执。据有人称:"输的一方,总是心悦诚服,而且还要付茶资,当众向对方赔款、赔礼。"这个说法可能有些夸张,但显示了裁判还是有相当权威的,即使有人不服,但"决不开黄腔",也即是说一定会按判定执行。因此,文章的结论是:"成都的'口子上喝茶',真是最民主化的表现。"[40]作者反复强调"民主"这个词,反映了普通民众认为茶馆讲理比官方法庭判决更公正,虽然作者也可能并未准确理解"民主"的真意。

从晚期帝国时期以来,社会的许多领域中政府权威的缺失,为地方精英留下了巨大的权力真空,其活动成为社会稳定的基础。茶馆讲理为人们所接受的原因之一是,在一个公共场所处理争端,实际上是在公众的密切注意之下,使判决者或调解者必须尽量"公平"行事,否则,民众的舆论会对调解人的声誉不利,这也就是"吃讲茶"成为社会调解的同义词的由来。另外,即使调解不成功,暴力也不是那么容易发生,人们一般在这样的公共场合还是要尽量保持理性,即使发生斗殴事件,有众人的劝解,也可以在一定限度上避免事情发展到不可收拾的地步。

我们还应该看到,社会调解不仅仅是帮助人们解决争端、处理矛盾,这种活动还具有更深刻的意义,因为它表明,在中国社会非官方力量始终存在,并在日常生活中扮演着极其重要的角色,虽然这种非官方力量从来没有发展到与官方对立或直接挑战的程度,但是它的存在及其对社会的影响,都使官方的"司法权"在社会的基层被分化。遇到争端,居民大多喜欢选择茶馆讲理,而不是到地方衙门告状,这一情况不仅表明人们不信任国家权力,而且也反映出地方非官方力量的扩张。一些研究中国历史的学者,如冉枚烁和罗威廉,曾经强调精英活动——灾荒赈济、常平仓、慈善事业、地方修建和其他管理活动——在19世纪中期之后的极大发展,以及其对社会的深刻影响,但他们的分析并未将茶馆讲理这种社会调解包括在内。尽管冉枚烁、罗威廉和全大伟采用"公共领域"的概念来分析社会变迁,但黄宗智认为,司法系统在国家和社会之间,存在一个半制度化的(semi-institutionalized)"第三领域"(third realm)。

但是,我认为,精英参与"吃讲茶",表现了精英活动的另一个侧面,那就是精英如何处理个人之间以及个人与社会之间的冲突。这也是观察基层社区如何维持社会稳定、民间秩序如何存在于官方司法系统之外的一个窗口。人们把公平、正义和自己的命运尽量掌握在自己手中,至少是自己认可的人的手中。当然我们可以指出这种所谓调解是很有限的,也没有一种力量保证其公正,更何况政府对此加以控制和取缔,在国家权力之下,这种社会力量显得是那么脆弱。的确,可能这种怀疑态度便是我们经常忽视和低估中国民间社会力量的原因之一。如果我们认真考察这种活动的存在及其环境,便不得不惊叹其韧性和深厚的社会土壤。许多事物在政治经济的变迁中,在国家的控制和打击下,在各种思想文化浪潮的冲刷下,一个一个地消失了,但茶馆讲理却顽强地生存了下来。

茶馆讲理出现的问题,经常被政府放大,并借此压制这种自发的调解活动。现代国家机器一个最大的特点,便是试图瓦解民间存在的任何能够与其抗衡的力量。其实这种民间的调解活动,无论从哪个方面来看,都不足以形成西方那种与国家权力抗衡的"资产阶级的公共领域",但国家仍然竭力压制这类活动,试图将一切掌控在自己的权力之下。不过,政府并不能彻底控制这类活动。从晚清到民国,"吃讲茶"一直都在进行,在人们的日常生活中扮演着重要角色,其存在及其社会影响从一定程度上削弱了官权。成都居民成功地保卫自己的利益,社区邻里仍然可以利用茶馆作为"民事法庭"。虽然政府颁布了不少规章,各种社会组织仍然利用茶馆进行活动,而且有愈演愈烈之势。国家权力竭力深入社会基层,其目的是加强对社会的控制,然而从实际结果看,国家不但不能填补社会自治被削弱后留下的真空,而且这种真空的日益扩大反而不利于社会的稳定,这是与其初衷相违背的。在整个民国时期,便充分显示了社会动乱对人们日常生活和茶馆生活的巨大影响。本书的第9章将全面探讨这个问题。

注释

[1] 刘振尧:《"安澜"茶馆忆往》,冯至诚编《市民记忆中的老成都》,第147—148页;秋池:《成都的茶馆》,《新新新闻》1942年8月7—8日。

[2] 关于四川袍哥的研究,见 Liu Ch'eng-yun, "Kuo-lu: A Sworn Brotherhood Organization in Szechwan." *Late Imperial China* vol. 6, no. 1 (1985): 56-82; 王笛《跨出封闭的世界——长江上游区域社会研究, 1644—1911》,第8章; Stapleton, "Urban Politics in an Age of 'Secret Societies': The Cases of Shanghai and Chengdu." *Republican China* vol. 22, no. 1 (1996): 23-63; McIsaac, "'Righteous Fraternities' and Honorable Men: Sworn Brotherhoods in Wartime Chongqing." *American Historical Review* vol. 105, no. 5 (2000): 1641-1655。其他地方哥老会的研究,见 Cai Shaoqing. "On the Origin of the Gelaohui." *Modern China* vol. 10, no. 4 (October 1984): 481-508; Murray, *The Origins of the Tiandihui: The Chinese Triads in Legend and History*; Ownby, *Sworn Brotherhoods and Secret Societies in Early and Mid-Qing China: The Formation of a Tradition*; Martin, *The Shanghai Green Gang: Politics and Organized Crime, 1919-1937*。

[3]《四川通省警察章程》(1903),《巡警部档案》:1501-179。

[4] 王笛:《跨出封闭的世界——长江上游区域社会研究,1644—1911》,第545页;Liao T'ai-ch'u, "The Ko Lao Hui in Szechuan." *Pacific Affairs*, XX (June 1947):162。

[5] 陈茂昭:《成都的茶馆》,《成都文史资料选辑》第4辑,1983年,第192页。

[6] 秋池:《成都的茶馆》,《新新新闻》1942年8月7—8日。

[7]《成都省会警察局档案》:93-6-1525。

[8] 作者采访熊卓云,2000年8月9日于熊家。

[9] 李英:《旧成都的茶馆》,《成都晚报》2002年4月7日;海粟:《茶铺众生相》,冯至诚编《市民记忆中的老成都》,第142页;王庆源:《成都平原乡村茶馆》,《风土什志》1944年第1期(总第4期),第29—38页。

[10] 陈茂昭:《成都的茶馆》,《成都文史资料选辑》第4辑,1983年,第186页。

[11]《成都市袍哥的一个镜头》(1949—1950)、《成都市袍哥组织调查表》(1949—1950),成都市公安局档案。

[12] 陈茂昭:《成都的茶馆》,《成都文史资料选辑》第4辑,1983年,第186页。

[13]《成都省会警察局档案》:93-3-1322。

[14]《成都市政府工商档案》:38-11-1466。

[15] 小铁椎:《谈帮会》,《新新新闻》1946年8月16日。

[16] 小铁椎:《谈帮会》,《新新新闻》1946年8月16日。

[17] Stanton, *The Triad Society or Heaven and Earth Association*, pp. 97-98.

[18] Liao T'ai-ch'u, "The Ko Lao Hui in Szechuan." *Pacific Affairs* XX (June 1947):164.

[19]《海底》记录了许多这样的"茶碗阵"。(李子峰编《海底》,第210—236页) W. 斯坦顿在19世纪考察中国秘密社会时,对此也有较详细

记录。(*The Triad Society or Heaven and Earth Association*) 关于袍哥的《海底》的研究，见 Wang, "Mysterious Communication: The Secret Language of the Gowned Brotherhood in Nineteenth-Century Sichuan." *Late Imperial China* vol. 29. no. 1（June 2008）: 77-103。

[20] 这里的"洪"指洪门，袍哥（哥老会）与洪门同源。见秦宝琦、孟超《哥老会起源考》，《学术月刊》2000 年第 4 期。

[21] Stanton, *The Triad Society or Heaven and Earth Association*, p. 99；李子峰编：《海底》，第 210 页。

[22] 关于中国龙文化见庞进《八千年中国龙文化》。

[23] 仅次于"龙头"的是"香长"，掌管公口日常事务。见刘师亮《汉留全史》，第 31—32 页。

[24] 平山周『「支那」革命党及秘密结社』、『日本及日本人』第 69 号、第 64—65 页；李子峰编：《海底》，第 220、227 页。

[25] 李子峰编：《海底》，第 210、213、218 页。

[26] 李子峰编：《海底》，第 275—278 页。

[27] 李子峰编：《海底》，第 269 页。

[28] Leslau, *Ethiopian Argots*, p. 7；Kaplan, Kämpe, and Farfán, "Argots as a Code-Switching Process: A Case Study of the Sociolinguistic Aspects of Drug Subcultures." in Jacobson ed., *Codeswitching as a Worldwide Phenomenon*, pp. 143-144, 146.

[29] 如"落马"原是指袍哥遇难，现在指官员因贪污或其他原因下台；"拉稀"原指不负责任，现指在发生冲突时的胆小行为；"抽底火"原指秘密暴露，现指暗中损害他人利益；"落教"原指做事按规则办，现指实现对朋友的承诺。有些表达则完全沿袭旧意，如"打滚龙"指落难，"扎起"指冲突时相助，"下㞎（音：pā）蛋"指关键或危险时刻临阵脱逃，"关火"指有决定权，"乘火"指勇于承担责任。（傅崇矩：《成都通览》下册，第 48—50 页；平山周：『「支那」革命党及秘密结社』、『日本及日本人』第 69 号、第 63 页；王纯五：《袍哥探

秘》,第61—65页)这个现象并非中国所独有,在关于美国和加拿大的有关研究中,D. W. 马尔(David W. Maurer)指出:"今天黑话的许多词被主流文化所熟悉,这是由于非法的次文化以及在小说和电影中的表现逐渐地渗入,不知不觉地进入到日常语言的使用"。见 Maurer, *Language of the Underworld*, p. 37。

[30]李劼人:《暴风雨前》,《李劼人选集》第1卷,第338页。

[31]《国民公报》1914年4月7日。

[32]《国民公报》1929年6月18日;《华西晚报》1941年6月5日。

[33]《新新新闻》1946年7月24日;《成都晚报》1948年8月13日。

[34]《成都省会警察局档案》:93-2-2780。

[35]《成都省会警察局档案》:93-2-1012,93-2-1011。

[36]《成都市政府工商档案》:38-11-544。

[37]海粟:《茶铺众生相》,冯至诚编《市民记忆中的老成都》,第143页。

[38]《国民公报》1914年7月8日;《成都市商会档案》:104-1397;Wang, "The Idle and the Busy: Teahouses and Public Life in Early Twentieth-Century Chengdu." *Journal of Urban History* vol. 26, no. 4 (2000): 411-437。"茶馆讲理"是一种全国现象,关于东部地区的这类活动,见铃木智夫「清末江浙の茶館について」『歴史における民眾と文化——酒井忠夫先生古稀祝賀紀念論集』,第529—540页。

[39]《新新新闻》1946年3月8日。

[40]此君:《成都的茶馆》,《华西晚报》1942年1月28—29日。

第9章 混 乱
——日常生活的冲突

春熙南路东方茶楼房主杨芬如打死茶堂倌唐洪兴……记者以事关人命，向各方面详细调查，兹将所获情形，再为披露如次。缘有簇桥丝商杨芬如，数年来暴发，家资数万金。昔年与张本兴合资建筑东方茶楼、寅春茶楼铺房。前年游康成租佃东方茶楼营业，每日纳房租银五元，至今两年余，生意萧条，先后共欠房租五十四元。阴历本月初十日，杨索欠租，曾出手打游之管事夏某，经坐座中啜茗之许某劝解，杨复恃富逞凶，反将许姓所带之表打碎，并咒骂不休。声称我打死他，有我抵命，与你何干？游康成恐生意外，竭力向杨敷衍，乞杨缓期一周付清。殊至十七日满限，游之欠款，尚未办齐，只付洋十五元。次日晨即初十八日，杨到东方茶楼索欠租，时值堂倌唐洪兴开铺板，杨言若不把款付清，不准开铺营业，堂倌据理力争，触杨盛怒，随即拳足交加……（游康成）只见堂倌已毙命在地，及时派人通知堂倌家属。唐洪兴，中江人，现住鼓楼三倒拐，家中有一老母一妻一子，并无弟兄，全赖堂倌供养家口。（游）亲赴各段，东南西北四段，投报团务首人及区团正。众首人抱息事宁人主义,同往会杨,拟劝杨略出烧埋费了事。殊杨吝啬成性,宣告伊无请首人调处之必要,令首人勿得多言,各自回去。移时游康成与尸亲将杨芬如拉至地方法院,并恳验尸……

——《国民公报》[1]

这是报纸对1929年影响甚大的"东方茶楼命案"的报道。一场债务纠纷,涉及房主、茶馆掌柜、堂倌,导致堂倌的死亡。这个在公共场所殴人致死的事件,引起公众极大的关注,地方媒体如《国民公报》系列报道了这个案件的进展。值得注意的是,这个事件先由"团务首人及区团正"插手,而非交警察处理。显然,社区领袖试图不通过警察解决这个案子,要求殴人致命者杨芬如支付丧葬费用,但杨拒绝。这个处理方法显示,民国时期社会调解在邻里和社区生活中仍然扮演着重要角色。但令人吃惊的是,过去我们知道这类调解大多涉及民事纠纷,一件命案竟然也试图通过这个方式解决,可见这种社会实践的流行程度。这起杀人案,显然应该报告警察,但社区领袖仍然竭力避免官方的介入。如果杨接受了上面的条件,这个案件可能永远也不会引起公众的注意。人们为杨的态度所激怒,导致这起案件的大曝光。

据地方报纸的系列报道,法院听证那天,上千愤怒的民众聚集在法院外面,验尸完毕后由于没有公开报伤,"观众大哗不服"。在检察官宣布唐系伤害致命后,"群中更肆喧嚷……打打之声不绝于耳,秩序因而紊乱"。茶社业工人的组织成都茗工会在法院正式审理之前,"特函请各报社届时观审",亦即试图用舆论监督来保证审判公正。而受害者的朋友也四处活动,争取社区邻里支持。如他们"请走马街、东大街首人及邻居数十人在卧龙桥川北会馆宴会,请其证明受害之事"。经过十多天的侦查,地方检查处"认定被诉人杨芬如伤害致死之所为实",决定"提起诉讼"。[2]

如果这个命案发生在其他地方,不是在公众的眼皮下,或许不会受到如此的关注。人们的激愤可能是出于如下原因:他们同情无权无势但为顾客尽心竭力服务的堂倌,他们惊于殴人致死的残酷和杀人者的肆无忌惮,他们担心法庭可能会为富人和有权势者说话而正义得不到伸张,等等。由于茶馆是一个公共场所,在那里发生的事件媒体一般会有稍微详细的报道,这为研究公共空间的冲突提供了非常有用的资料。这个案件本身便暴露了堂倌、茶馆、房主、地方社区间的复杂关系。

当然,茶馆中人们的关系和交往,和平共处和矛盾冲突两者都是普遍存在的。不过在本章中,主要讨论各种类型和各个层次上的纠纷、争端、斗争甚至集体暴力。三教九流都在茶馆活动,他们各有目的和背景,因此摩擦不可避免。冲突可以发生在顾客之间、顾客和茶馆之间、茶馆和地方政府之间,但最经常发生在顾客或茶馆工人和地痞流氓之间。冲突的发生可以有不同的形式、纷繁的原因、各样的结局。茶馆作为对公众开放的公共空间,意外事件时有发生。另外,大多数茶馆地方狭窄,人们拥挤一堂,如果爆发冲突,有时很难有可以缓冲的"隔离带",甚至伤及无辜。而且,人们经常到茶馆"吃讲茶",有时调解没有处理好,斗殴便有可能发生。[3]

本章指出,虽然茶馆主要是人们休闲、做生意、公共生活之地，它们也成为谋生的搏斗场。茶馆是成都的一个微观世界，在那里发生的一切，也是大社会的反映。从某种意义上讲，茶馆里的冲突是社会问题和矛盾的反映。人们发现很难解决生计问题，难以在这个社会中生存，对所面临的不公平无能为力，遭受饥饿、惶恐、战争威胁等，冲突便经常发生在人们不满和绝望之时。另一方面，冲突一般反映了政治动乱、经济恶化、社会无序的现状，地痞流氓骚扰、无法无天的军人横行、官方滥用权力等种种乱象，皆在茶馆中表现出来。不过也应该看到，大多数争执是民事纠纷，并非暴力冲突。考察各种冲突和解决这些冲突的过程，为我们提供了一个特殊的视角去理解社会及社会问题。

日常纠纷

在清末，地方报纸便经常有关于茶馆冲突的报道，到民国时期则更为普遍。一些冲突的发生不过是因为细枝末节之事，像散布风言风语、传播他人隐私等，有恶意中伤，也有无意得罪他人。饶舌满足了人们的好奇心，给茶馆生活带来了活力，饶舌者成为闲聊的中心也满足了他们的虚荣心，但有时闲言碎语会引起争执甚至打斗。一些社会学家认为"互相认识的人才能够在一起说三道四"，虽然这些人不一定是朋友，但"他们应该相互很熟悉，中间没有社会隔阂"，因为如果是陌生人之间飞短流长，可能会引起"不满或误解，可能造成社会关系进一步发展的困难"。[4]不过，从成都茶馆来看，却并不能套入这个模式，那里陌生人之间也经常说三道四，议论他人。如果所议论的对象或其亲戚朋友恰好在场,便可能引起矛盾。1910年《通俗日报》上一篇题为《吃茶冲突》的文章报道,十来个人在方政街的一家茶馆里说闲话,引起斗殴,警察出面弹压。[5]

即使很小的事也有可能演化成暴力事件。如悦来茶园由于过于拥挤,顾客为争位子打架,地方报纸讽刺道:"有人因争座位用武力起来,台上又有锣鼓助战,实茶园第一回之险竞争剧也。"类似争端也发生在大观茶园演戏之时,一个迟到的客人端着凳子,想穿过拥挤的看客,引起争执,吵架演变成打架,有人受伤,有人被捕。斗雀赌博也是茶馆里的经常活动,因语言、行为、赌注等所引起的纠纷甚至斗殴在所难免。即使是好奇心也可能引起麻烦,例如一个扮小旦的演员没有卸装,便在宜春楼吃茶,"一群无知识之人"从窗外围观,把人行道堵住了,引来警察驱赶。《通俗日报》报道此事时用了一个很煽情的题目——《粉脸吃茶》,称"吃茶的固然不要脸,看他的亦是不要脸"。[6]显然,精英借这个事件来批评人们的公共行为,但不懂得正是由于禁止演员的公开亮相,才引起人们的无限好奇心,与所谓道德问题似乎没有直接关系(见插图9-1)。

1913年,一位学法律的吴姓学生写信给四川省城警察厅,申述他在品香茶园受到警察的不公正对待,提供了关于顾客、戏园和警察关系的有趣的信息。在信的开始,吴写道:"戏曲一端,乃补助社会教育之不逮,实开导愚顽一条觉路。其意义本善,但应取缔。警察以受法律之支配,恐影响社会,反与正俗本旨不相侔也。"然后他讲述了事情经过:一天晚上,他和朋友到品香茶园看戏,落座以后,发现有人在楼厢向他们吐口水,吴丁是找上

插图 9-1　醉汉坠楼

这幅漫画描述了一个醉汉在劝业场的宜春茶楼里大呼小叫要茶和点心，在和警察吵架的过程中从楼梯上摔了下来，引起观者哄堂大笑。

资料来源：《通俗画报》1909 年第 6 号。

楼去，发现有六个女人在楼厢里。吴责问维持秩序的警察，晚上仅对男宾开放，为什么让妇女进戏园。警察否认有女宾，但吴坚持要该警察进行调查。他们到了楼厢，那些妇女仍然在那里。吴要警察提供他所在分署和警号，但警察和茶园经理称吴作为学生没有权力索要这些信息，并要吴出示戏票。吴认为这太不公平，不仅不调查违规者，反而故意与他为难。后来，吴到警察分署呈交申述，但分署称那些妇女都是股东的家属，不是一般观众。然后，"署员"要吴找保人，吴十分惊讶，反问自己不是违规者，为什么要保人。吴写道："似此无知无觉之署员，不识共和之真相，侵犯人民自由……破坏民国法律，良非浅鲜，长此因循，警政何堪？"他的确不愧为学法律的，把这个问题提到警政的高度，而且敢于指责署员。吴指出警察应该遵守法令，晚上禁止妇女进入，即使是股东家属也不允许，而戏园只关心利润，"该园主人利心熏腾，热度膨胀，不顾风化之攸关，只求生财之有道，混淆黑白，泾渭不分。蔑视警令，违抗法权。似此超越法律范围外之营业，何可任其自由，若不严加取缔，停止营业，不可收后效。此区区戏团，如是他区，焉得不步后尘。全城戏园如是，危害社会何可深（胜）言。警员通同，不加取缔，任其干犯法纪，总厅当有制裁"。[7]有趣的是警察不严格执行规章，因而受到一个青年学生的挑战。在辛亥革命之后不久，有一段时间允许男女在不同时段入场看戏。警察没有执行这个规则，还认为是吴姓学生添乱。有可能该警察与这个茶馆有特殊关系，或接受了茶馆的好处。吴姓学生挑战警察的动机不是很清楚，可能有三点：一是怀疑这些女人向他吐了口水，想通过警察把她们赶出场，但警察并不采取任何行动,引起他不满;二是他可能是一个保守的学生,认为女宾不应该与男宾同场;三是作为一个学法律的学生,他认为任何规章都应该认真执行。无论该学生出于什么动机,这个事例都暴露了警察并没有严格执行这些规章。

有时一些小事都有可能引起茶馆与顾客的冲突。一次一个顾客谩骂和殴打堂倌,其原因不过是茶水不够烫,老板赶紧出来解劝。茶馆涨价也有可能引起与顾客的冲突。如1948年12月5日,各茶馆涨价,花茶每碗卖2角,是日刚好是星期天,"各机关学校公教人员到茶馆品茗者甚多",因茶价"而与堂倌发生口角,已有数起"。又如在东大街华华茶厅,有一顾客向堂倌询问为何"未奉准政府令即自动提价",该堂倌曰:"白米由十几元一斗涨至廿几元一斗,如何未经政府允许,却自动涨价?"因而双方发生争执,"众茶客诉责该堂倌不该如此出言始告了息"。据报道,其他地方如中山公园各茶社"闻亦有同样事件发生"。报道称茶馆涨价,"影响秩序"。地方报纸因而评论道:"茶价自由涨,到处有风波。"[8]这倒是揭示了一个有趣的现象:政府对茶价的控制程度(或能力)似乎超过米价,茶馆难免对此颇有怨言;而且似乎茶价上涨,更容易引起社会关注,政府也可能由于担心"到处有风波",故对茶价更加严格控制。

茶馆与顾客的矛盾也可能因为顾客搬动桌椅而引起。例如1946年,绿荫阁茶社要求市政府颁布公告,规定茶馆营业只能限于自己范围,以避免纠纷。绿荫茶社的经理说,茶馆租少城公园(当时称中正公园)多年,相安无事。最近一些顾客把桌椅搬到茶馆外面,桌椅经常损坏,茶碗丢失。堂倌请顾客不要移动桌椅，但经常被顾客辱骂甚至殴打。顾客似乎只关心自己是否舒服，而不管茶馆损失和因此会受政府责难。作为回应，市政府颁布公告，重申不准将桌椅搬到茶馆之外的禁令：

> 公园内附茶社原为便利游人，用作暂时休息之所。其营业地址早有一定限制。凡属未经搭棚设座之地，均不得擅自移桌椅，有碍游人。兹值暑天酷热之际，尤应特别注意遵守，以重卫生……凡属公园内各茶社指定营业地点，以外地区，均不准设座售茶，更不得自移桌椅，随处摆设。倘有故违，定予依法取缔。[9]

不过该公告所强调的是茶馆占用公共地带，而非绿荫茶社所担心的冲突和财产损失。这个例子应该说是比较独特的，正如第5章所提供的资料证明，大多数茶馆并不希望政府限制他们使用公园空地。

工人和学生这样的社会群体也经常在茶馆制造事端。成都的大工厂不多，虽然工人不像大多数其他成都人那样时间比较自由，但在下班后、周末或节假日仍然经常去坐茶馆。他们也以茶馆为聚会和社交之处，有时会在茶馆发生冲突。1941年1月，东园茶社主人向茶社业公会报告一伙工厂工人损坏茶馆财产：某天下午，附近一个工厂的几百个工人涌进茶馆，叫了365碗茶。不知什么原因，一次争吵演变成一场混战，工人扔茶碗、砸椅子，然后一哄而散。茶馆损失巨大。茶社主人希望公会出面，要求肇事人员赔偿损失。[10]

学生也给茶馆带来麻烦。1946年12月，四川大学的几十个学生，用茶馆经理的话说是"暴徒"，捣毁了棠园茶社。经理给出的损坏财物清单,由正副保长和其他六个邻居签字认证,要求法庭判学生赔偿。四川省会警察局令分局"切实从旁妥为调解,务使学生与商民住户,不再发生类似冲突案件,以维治安"。[11]另一个事件涉及一个大学生在紫罗兰茶社见两帮学生争吵,表示对"如此学风,感叹不已",不想被学生听见,当他离开茶馆时,一些学生追出群殴,打伤他的脸,撕烂他的衬衣,抢去他的金戒指。随后警察逮捕了打人者,地方报纸以《叹学风日下,出茶馆挨打》为题报道这一事件。[12]学生被认为受过良好教育,但是这些事件说明他们并不像人们所期望的那样平和,不但自己内部发生纠纷,也与其他集团发生冲突。在1940年代末,因政局的不稳、对内战的不满,有组织的学生示威此起彼伏。学生中共产党的影响日益扩大,政治上日趋左倾。政府对学生的活动分外关注。在棠园茶社事件后,警察局表示:"学生与商民偶生龃龉,事所恒有。每因调处不善,遂致扩大纠纷。嗣后该分局倘遇类似事件发生,务须妥为调解,勿使世态扩大为要。"[13]警察在这里没有半点对学生的批评。

因为成都各公共场所及茶馆酒肆,"常有聚赌情事",而赌博经常引起暴力冲突,虽然警察局有"查禁法令",但被"视若未闻"。1948年5月,宪、军、警察局联合行动,在"公共场所,禁止聚赌",共同会商决定对"赌博行为务须严厉禁止"。各公共场所"凡有聚赌及抽头者,决拿获依法究查"。提督街三义庙近圣茶社内,时常有人"作买空卖空生意",其实是进行赌博,赌客"各据一桌面",进行押牌九、掷骰子、打纸牌等活动,"顿使茶园变成大赌博场"。警察局在得报后,派警员前往检查,逮捕九人。但这次抓捕后,赌客"仍未作撤退打算",依然是"袖里乾坤",警察再次逮捕三人,包括一名妇女。警察称这是"肃清金苍蝇"。[14] 茶馆赌博有很长的历史,形式多样,从晚清以来便被禁止,但政府措施时松时紧,并未取得明显的效果。

1949年10月,国民党在成都的政权已经风雨飘摇,但以"海派"作风"吹擂"的凯歌音乐茶座却在"几经风雨"后,终于揭幕了。事前该茶座即大卖预票,并发出请柬,"以致在开唱前二百多座位,竟无虚席"。谁知演出的节目使观众"大失所望",早有所不满,到唱所谓"时代歌声"时,又出了大岔子,结果"听众一齐推翻茶桌,一哄而散。两百多套茶碗,皆成粉碎"。可笑的是,警察局在得报后,反而以该茶座"以色情号召"来"麻痹人心",而且不顾"座位多少,尽情出卖预售,秩序乱到极点",却又不请治安人员"前往弹压",所以酿成事端,"下令传讯该茶座主持人",说是要"依法惩治"。其实所谓"以色情号召",不过是宣传请了"香港小姐",耍耍噱头而已。不过这倒给了当局一个严加整治的借口。[15]

为生计而挣扎

茶馆中发生的许多问题都与人们的生计有关,许多人在茶馆谋生活,从掌柜、经理人到男女茶房、挑水夫等。茶馆主人鼓励小贩、理发匠、掏耳朵匠、擦鞋匠、算命先生、艺人等在那里讨生活,茶馆不仅能够从他们那里收到押金以供开办之资,而且可以得到这些人提供的茶馆所需要的其他服务。由于茶馆经常把空间提供给这些人谋生,因此有限的空间造成激烈的竞争。茶馆中的许多冲突,都是那些谋生人之间、小贩和茶馆经理人之间、茶馆和居民之间、茶馆与其他机构之间以及茶馆之间的冲突。生意的纠纷经常在茶馆之间发生,特别是在那些茶馆密度大的地区,由顾客、资产、公共空间而引起的竞争很激烈。例如鹤鸣茶社同浓荫茶社打官司,起因是后者借前者一个瓮子房不还,两家茶馆都在少城公园内,相互是邻居。鹤鸣最后赢了官司,两个茶馆在中间画白线一道,以明界线,防止纠纷。[16]

当人们为生存而挣扎时,茶馆里的偷窃活动也随之增加。小偷经常偷茶碗和其他用具,以出手换钱。上档次的茶馆一般都用景德镇的茶碗,瓷器精美,可卖个好价钱。铜做的茶船也是小偷的目标,因为收荒匠乐意把它们当废铜来收购。1947年,茶社业公会向警察报告,由于偷窃,茶馆损失巨大,请求警察将那些在茶馆行窃的人送去做苦工。当然,偷窃的增多与经济的恶化有关,茶馆的环境可能也给小偷造成许多机会。例如,电灯的使用是茶馆中的新事物,但供电不稳,经常停电,当晚上停电时,小偷便乘机活动。更有奇者,据报道,还有人在"茶座中施放麻药",把顾客的"金圈金戒"皆偷去。1949年,华华茶厅要求政府对小偷采取措施,以减少茶馆损失。[17]

茶馆自己也采取各种手段防范小偷,包括派雇员严加看守财产,但仍然没有多大成效,有的茶馆则采取一些更独特的办法。如1948年,惠风茶社成为银元市场,小偷闻风而至,茶馆训练了一只鹦鹉,不断提醒顾客,"逮到撬狗儿!逮到撬狗儿!"(成都土话称小偷为"撬狗儿"。)据说这一招很见效,吓跑了许多梁上君子。1949年，一些高档茶馆开始使用烧刻有茶馆名字的茶碗，并在地方报纸上登广告，如果发现任何人卖刻有茶馆名字的茶碗，请报告警察。公会也向各有关部门，包括法庭、市政府、警备部、宪兵、商会等，要求支持这项措施，发布公告宣布任何人和任何茶馆不得购买烧有字样的茶碗、茶盖，并向警察报告持有这些茶具的人。[18]

如果茶馆抓住小偷，将进行惩罚，包括体罚、公开羞辱、勒令赔偿和报告警察等。他们有的被绑在茶馆的柱子上，被茶馆工人和顾客辱骂。当然，也有例外的情况，一次大安街新茶园的经理抓到一个小偷，他偷了二十多套茶具。令人意外的是，经理不但没有惩罚他，还请他抽烟吃饭，感动了这个小偷。他不仅向茶馆道歉，愿意受罚，还退回他以前所偷的三十余套茶碗。当地报纸赞赏茶馆这个行为是"以善化恶"。[19]这个茶馆经理是个聪明人。大多数小偷是穷人，由于饥寒交迫而铤而走险。他的这个善行也无意中为茶馆赢得了好名声。

茶馆经常由于管理、利益分配、竞争等问题产生内部纠纷。个人如果想开办茶馆，便通过各种途径集资，因此茶馆老板和投资人之间也会发生矛盾。[20]茶馆把空间租给小贩使用，也会因此发生关于租金、租期、合同等方面的争执。1928年发生在东门外苣泉街风云亭茶社的事件便是一个很好的例子。吴陈氏是茶馆主人，指控马少清偷茶碗。马称这是诬陷，不过是找借口收回他在茶馆做水烟生意的口岸，以便高价转租给另一个水烟贩。吴陈氏把这个纠纷报告给街团，还指控马的介绍人晋华章帮助销赃，苣泉街的团防把晋抓去，"竟用庙内撞钟木棒将晋乱打，并用铁链脚镣,将晋锁押",勒令晋赔偿茶碗。当马看到他的介绍人受到牵连,"受伤被押,恐酿出命案,只得承认赔碗五十套,营救晋命"。晋随后控告吴陈氏诬告和团防非法羁押、殴打无辜。警察即令团防惩办打人者,但团首拒不执行,这引起了晋华章所在团练的"公愤"。他们要求地方当局主持公道。[21]

今天我们无法得知马少清是否偷了茶碗,吴陈氏是否有意陷害马,但这一事件显示了在茶馆谋生活的人们的竞争和勾心斗角,以及一些茶馆生意的传统习惯。马称他付租金给茶馆以在那里卖水烟,但另一个水烟贩忌妒这个好口岸,便怂恿吴陈氏收回口岸重租。马以自己按时付租金为由予以拒绝,因不能任意撕毁合约,吴陈氏对他加以陷害。虽然目前已不可能知道真相,但很清楚马少清付了吴陈氏租金,以利用茶馆做水烟生意。我们还知道这个生意还有竞争者,当发现这里口岸好时,另一个人便会想方设法挤进来。但是,一个惯例是只要茶馆老板与小贩达成协议,承租者按时交租金,主人便不得收回承诺。在茶馆卖水烟,还必须有人担保,担保人必须为被担保人的行为负责。这个习惯在传统中国城市帮助商铺建立一个相互连接的安全系统,从而使公会和当局的控制都容易得多。在这个纠纷中,我们还知道妇女可以开办茶馆,而且当纠纷发生时,在保护自己利益问题上,她并没有由于是女性而处于不利地位。恰恰相反,在这个案例中,吴陈氏一直是主动进攻的姿态。

团防卷入社区事务是这个案例的一个关键点,说明不同街区的团练可能为本区利益而与其他集团发生冲突。这个冲突引起了社会关注,甚至《国民公报》在报道这起纠纷时,用了《风云亭茶社失碗，两分区团练失和》这样的题目，该报显然认为两个团练"失和"比茶馆失窃或诬陷更为严重。除了这个事件所显示的关于茶馆生意的一些惯行，我们也看到街区团防组织的信息，以及它们在社区的角色和怎样处理邻里间出现的问题。这些组织可以为邻里提供安全感，但它们也随着政治状况的变化而变化。在传统成都，地方安全经常是由精英主导的街道和邻里组织来负责的。在民初，随着国家权力深入到地方社会，这些组织的影响力有所下降，但在地方事务中仍然发挥作用，特别是在社会动乱时期。地方政府与自治组织的关系十分复杂，政府缺乏维持地方安全的资源，因此市民不得不组织起来以集体防卫，并得到了政府的认可。但是，当政治和社会状况趋于稳定时，政府又力图削弱甚至取消这类团体。[22] 从这个案例中，我们发现在1928年3月风云亭茶社事件发生时，这些组织仍然发挥作用，而仅几个月之后，即是年9月，市政府便在成都第一次建立，而且很快接管了社区安全职责。虽然成都居民有着很强的城市认同，但如果需要时，他们仍然追求继续保卫自己街道和邻里的利益，这也是为什么晋华章的命运会造成两个团练"失和"。

"借刀杀人"

茶馆之间存在激烈的冲突，除了经理人试图在经营上占上风外，也会暗中打击竞争者，特别是同一个街区对自己生意有直接影响者。其中最常见的手法便是"借刀杀人"，即向政府告密，指责某茶馆违反政策，或"非法开办"，或进行"违法"活动等。

正如我们在第6章所讨论过的,地方政府严格控制茶馆的数量,对茶馆的新开、转手、搬迁等都有烦琐的审批手续,如果某茶馆在任何一方面有不周到之处,便很有可能被街邻同行告发,表明了小业主所面临的严峻的生存竞争。下面金泉茶园、三槐茶园、大北茶厅三个案例,几乎都涉及同行排斥问题,而且都采取了告密手段,利用国家力量来打击对手。这些案例还显示了地方政府怎样以及在多大程度上控制了小商业,也透露了茶馆与国家之间的复杂关系。

金泉茶园开办于民国初年,1943年2月其业主邱叔宜把茶馆(包括两间屋和茶馆用具)租给邓金廷,并未签约。邱宣称当时口头约定他随时可以停租。但是出租茶馆后不久,邱便试图收回,多次与邓交涉,均被邓拒绝。于是邱"具状检举",指控邓拒绝登记,无视政府法令,有恃无恐,要求政府关闭该茶馆。[23]1946年10月市府以无照经营关闭茶园。据警察报告,邓"目不识丁,为人愚直,见其茶铺被封,全家生计断绝",导致精神失常。街坊的保长显然想帮助邓,一方面要邓的家属照看好邓,以免发生意外,一方面上呈申述。11月第十区警察公所要求市府暂缓执行对金泉茶园的强行关闭,体谅邓与其妻由于茶馆被关闭的打击而卧床不起的困境,以避免发生悲剧,影响社会秩序。申述再次强调邓"确系乡愚,不知法令手续"。延缓关闭茶馆,邓可以有时间用完其所存茶叶、煤炭和其他原料,减少损失。政府命令金泉茶园在一周内关闭,但据负责此事的官员报告,茶馆实际上继续开了两星期。最终关闭茶馆是由于其四方面违规:首先,茶馆没有向政府登记;其次,政府禁止新开茶馆;

再次，邓没有登记而非法开茶馆若干年；最后，邓有意违反政府一周内关闭茶馆的命令。因此，该官员认为，按照《茶馆业取缔办法》第二款，该茶馆应该停业。如果允许延缓，与规则不合。不过他并没有具体指出对这个案例应该怎样处理，而是把案子上呈成都市长。根据档案记载，市长拒绝了暂缓执行的要求。[24]可见，地方社区头面人物的同情也未能挽救邓的命运。

三槐茶园的纠纷提供了商人如何与政府合作以排斥竞争者的另一案例。1946年1月5日，一些所谓"成都市依法经营商民"给市长写匿名信，宣称："抗战八年，现顺利结束，最后胜利，正走上建国之路。成都为四川省会，市政应从新改格（革），非法组织营业贸易，应从速取消，以利建设。"该匿名信报告，长顺街的三槐树茶旅馆的老板，系原某县某乡长，现为袍哥大爷，"老板身为公务员，敢违法经营业务，实有伤法规，请速查明，应予停业，以重法规"。[25]政府随后派员调查，发现三槐树茶旅馆的前身为桐荫茶社，由陈骥云经营。陈将该茶馆"出顶"给王炳三，王试图把该茶馆改名为三槐茶园，但政府以不合有关茶馆条例而拒绝，并令其停止营业。1946年2月，原桐荫茶社经理李启义请求继续使用旧名，但是官方指出茶馆转手违反法规，应令停业，并令李限期交出执照。市长还颁布告示，宣布执照在3月10日作废。这个案例说明，政府所关心的主要问题是对茶馆所有权的限制。有意思的是，那封匿名信的作者强调王的袍哥背景，但政府对此并没有显示特别的兴趣。[26]可能由于当时许多茶馆经理人都是这个组织的成员，政府对此已见惯不惊。

1949年6月，有人密告地处新商场的大北茶厅为金银交易黑市,市府立即派员调查,宣布收回执照,关闭茶馆。茶社业公会代表大北茶厅进行申述,称该茶馆开办经年,顾客都是经营烟酒、谷物、干菜、肥皂、机器以及纸张等商品的"合法商人",该茶馆是这些商人定期"茶会"的地方,从不允许非法金银交易活动。[27]公会请求政府允许茶馆重开,保证合法经营。不过市长指责大北茶厅"随时招聚非法商人",进行"黑市交易,扰乱金融,妨害社会",而且多次令其停止非法活动,但其"均未遵照"。1949年6月28日,公会再次请求允许大北重开,声称根据公会的调查,大北茶厅并不允许黑市交易,一旦发现,即行制止,个别商人暗中从事非法交易,非茶馆所能控制。各业商人需要该茶馆进行贸易,吁请准许营业。经过反复交涉,政府最后让步,允许茶馆重开,但经理人必须签署具结,如果再有任何黑市交易,茶馆将被查封。从大北的案例看,显然政府对有影响的大茶馆与无权无势的小茶社采取不同的态度,大北与前述金泉茶园的不同命运,便说明了这个问题。同时,政府令其他各茶馆也必须签署具结,这成为控制茶馆的一个策略。茶社业公会要求其他17个茶馆签了"切结书",表示"自愿遵守政府法令,对于在社内进行非法交易之奸商给予劝导,拒绝并密告附近警察机关,或用电话呈报钧府,以凭拿办……如有违反情事,甘受严重处分"。[28]

这些案例暴露了茶馆业主的内部纷争,他们不能团结一致,以与国家力量抗争,却经常设法利用国家力量搞垮竞争对手。有的茶馆正是因为密告而被政府处理。茶馆业主相互间"借刀杀人",试图以国家之力打击竞争对手,这无异于与虎谋皮,说不定哪天政府会清算到自己的头上。

茶馆与邻里的矛盾

虽然茶馆与附近居民互相依靠，建立了密切的关系，但仍然有可能因各种问题发生摩擦或纠纷。1937年，宁夏街的几个居民因担心发生火灾，向市政府报告本街的一家茶馆违规，这家茶馆位于一所学校和公馆之间，狭小拥挤，墙的材料是易燃的篾片，而且每天早晚，桌椅摆到街沿甚至道路上，阻碍交通。居民担心，夏天如果发生火灾，人们很难及时疏散，后果将不堪设想。他们还抱怨茶馆里"来往行人，良莠难别"，窃贼可以从茶馆进入学校或公馆，要求政府对该茶馆严加规范。类似例子并不鲜见。1949年一名妇女指控近圣茶园"暗中进行非法交易"，包括走私黄金等，还有许多人在那里打麻将赌博，经常发生纠纷，要求政府调查，禁止这些人的活动。这封信署的是真名，还盖了章，说明性别问题没有成为她揭发的障碍。这两个事例显示附近居民担心他们可能受到茶馆里不当活动的影响。1940年代，茶社业公会因为建码头与一所小学校发生纠纷。该学校向市政府抱怨，复兴桥下的空地属于学校，这个码头不仅占了学校地产，而且违背了市政府关于不得在这个交通要道运水的禁令。[29]

一些著名的茶馆，如悦来茶园有时与附近居民也关系紧张。1945年5月，一封署名为"街民等"的密告信送到市政府，详细描述悦来茶园的"种种不法"活动，包括设立"秘密烟馆"和"秘密赌场"等。这封信宣称在悦来工作的几个工人吸鸦片成瘾，经理冷远峰设有一个秘密的地方供吸食鸦片。悦来的雇员、戏迷、地痞等日夜赌博，悦来从中抽成。赌徒的香烟还引起过一次火灾，幸好救火队及时到达，否则后果不堪设想。他们担心这个地区商铺密集，如果发生火灾损失将十分重大。由于茶楼年久失修，一旦火灾发生，可能会倒塌，而人们从狭窄的通道难以脱逃。告密者还指责悦来"爱金钱如至宝，贪图厚利，不顾一切"。另一个指控是逃税，"以多报少，蒙蔽税收"。信称悦来的生意"较成都市其他娱乐场所见好在百分之七十以上"，但是严重少报利润。最后，告密信要求政府"依法严办，以儆奸宄"。政府派员若干进行了"明秘调查"，但没有发现赌博和吸鸦片的证据。除此之外，保长和邻居还写有证词，说茶园从未发生过火灾。悦来经理签署了一个具结，表示如果这个指控属实的话，他甘愿受罚。调查员清查了茶园1—4月的全部账目，没有发现逃税的证据。不过，调查者的确发现茶园建筑修建于光绪年间，结构已出现问题，如楼厢状况很差，有倒塌的危险。而且，茶园外面唯一进出口的巷子狭长而曲折，两边还有小贩，交通不畅。报告建议其改建维修。[30]

为什么这些居民对悦来有这么严重的指控？从现存的档案资料很难判断真相，不过，这至少提供了关于茶园和附近居民关系紧张的一个例子。如果这不是有意陷害，也可能是那些居民真正担心安全问题，或者听信了道听途说。如果这个匿名指控不实，那么这封信暴露了有人竭力置悦来于死地，因为其中好几项指控都是很严重的。这些人有可能是生意上的对手，或试图罗织莫须有的罪名以报私仇，也可能是出于对茶园成功的忌妒。信中的语言透露了忌妒的可能性，例如他们要求对茶园严惩，以打击其"骄矜自满，目空一切"之气。作为最有名的茶馆戏园，悦来很容易被认为"骄矜自满"，这当然会得罪不少人。我们不知道实际有多少人参与了炮制这封信，虽然该信署名是"街民等"，但也可能不过是一个居民的虚张声势。我们也不知道悦来是否给了调查员贿赂，使他们为茶园开脱。

保甲长也会给茶馆的水夫带来麻烦。1940年，25个挑水夫报告他们被保长欺压。从三年前复兴门开通后，他们便从建国南街的桥下取水。但是从这年开始，保长兼袍哥大爷赵策勋强迫每车过城门时交钱3分，32辆车每天通过10次，那么赵共勒索9.60元。40天后，水夫联合起来拒付买路钱。赵非常恼怒，向政府报称水夫阻碍交通，损坏路面，导致政府令水夫到大南海庙街前面的河段取水，路程比原来的地点远了10倍，而且街道狭窄，水夫挡住了行人。水夫揭发赵滥用权力，请求政府准许回原地取水。工会调查后确认了水夫的说法，常务理事凌国正要求政府惩办赵。市政府调查后，确认在三个月时间里，赵共收取了40—50元，但他用这个钱修了路和维护河岸。有意思的是，政府在报告中严厉指责工会："经多方侦讯，该茶社佣工（职）业工会，现尚未健全组织，至于所称'经本会派员调查，该赵策勋籍公贪赃，剥削劳工，各情况完全属实'……该工会言语荒谬，呈报上峰，又侦得该联名二十五人中，刘玉全、杨先华称，告赵保长，本人概不知道，不知何人盗名，妄自告发。此举系二三人有意从中煽动无疑矣！"[31] 我们不知道赵是否挪用了所收的钱，但水夫必须付买路钱则是肯定的，如果他们拒绝付这笔钱，就必须到更远的地方取水。从报告中可见，调查者显然站在赵一边，并没有解决水夫取水的问题。当然这个问题并不是孤立的，茶馆与周围居民在使用公共空间问题上，不时发生这样那样的矛盾。

茶馆与地方当局特别是警察经常会发生争端。警察竭力从茶馆收税作为经费，外加"保护费""弹压费"等各种名目，这引起了不满和抵制。[32]茶馆还有其他各种负担，包括为警察提供免费戏票，如果稍有照顾不周，麻烦就会接踵而来。如悦来茶园演出一个流行剧目，其中有个妓女演唱20世纪30年代红影星周璇在电影中所唱的一首歌。警察局每天派人到茶园取票，一次茶园未能满足警察局所要的票数，警察于是在演出中到园强行停止演出，借口是妓女角色有伤风化。此时女演员已经在舞台上，观众急切等待开唱，戏园经理只好到舞台上向观众解释演出已经被警察禁止，并向观众拱手致歉，但几个警察跳到舞台上暴打经理，全场遂一片混乱。[33]1943年5月，茶社业公会和工会就警察滥用职权问题联合向成都市政府提交报告，其起因是某天下午，干树荣挑着一担水通过老东门城门时，城门的守卫按"惯例"强迫他用桶里的水洒街，干请求警察让他通过，因为茶馆急等用水，守卫大怒，不仅打了他两耳光，还把他弄到警局拘留了四个小时。据这个联合报告，老东门的守卫警察每天都强迫茶馆的水夫为他们洒街防尘，浪费了大量时间，影响了茶馆生意。公会和工会常为此收到请愿，希望政府体恤民情。[34]从这个案例可见水夫所处的任人欺凌的可怜境地。

暴力阴影下的茶馆生活

在整个民国时期，地痞流氓、袍哥、烂兵在茶馆横行霸道，经常干扰茶馆的正常生活。他们或者吃茶不付钱，或者损坏茶馆财产。艺人、堂倌、掌柜等也不断受到欺辱，在地方报纸和档案记录中，我们可以看到很多此类事件。正如本章开始所引述的东方茶楼命案，茶馆有时甚至成为杀人案的现场，反映了社会的混乱局面，揭示了社会的危险和政治的险恶。政治的动乱削弱了政府稳定公共秩序的能力，这使茶馆中的非法活动增加。地痞、流氓、军人经常聚集在戏园茶馆，引起许多冲突，从为女人争风吃醋到拿枪耀武扬威，有时造成非常严重的后果（见插图9-2）。

茶馆汇集了三教九流，"坏人"也有可能混迹其间，地痞总是茶馆疲于应付的对象。地痞以茶馆为据点，进行赌博、贩卖鸦片等活动。地痞流氓的胡作非为亦是地方报纸乐此不倦的报道主题，如警察密探发现四个罪犯在同春阁喝茶，派了六七十个警察前去抓捕，三个罪犯被捕，但另一个乘乱脱逃；新南门外的一家茶馆雇一名歌女演唱，那里经常有"流氓烂兵争风斗吵"，影响治安，因此警察令茶馆停止演出；品香茶园以上演"新剧"而著名，一天晚上，一个绰号魏瞎子的地痞带领四个喽啰到茶馆，告知门房要带小旦李翠香出去喝酒，门房拒绝他们进入，引起争吵，演员闻声而来，随后发生斗殴，有人受伤。有趣的是第二天，剧团编了一个"新剧"，以"形容其痞状"，地方报纸还以《新剧社之新剧》为题做了报道。[35]

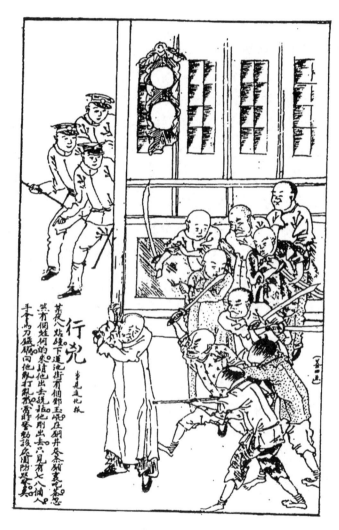

插图 9-2 行凶

题图曰:"某夜八点钟,下莲池街有个邓玉崐,在铜井巷茶铺里吃茶。忽然有个姓何的来,请他出去说话。他刚出去,只见有七八个人,手拿马刀铁铜,向他乱打乱戮。当时警[惊]动该处团防巡警矣。"

资料来源:《通俗画报》1912年第29号。

有的事件则带来更严重的后果。1920年代末1930年代初正是四川军阀统治时期,在茶馆里所谓"仇杀"事件时有发生。一天晚上,府城隍庙内一家茶馆人头攒动,有人突然向另一人胸部刺了一刀,致其死亡,凶手逃之夭夭。在另一事件中,有人跑进拐枣街角的茶馆枪击一名茶客,后又追上连发两枪,将对方杀死,鲜血四溅,惨不忍睹。[36]这两件事都发生在拥挤的茶馆里,在众目睽睽之下行凶杀人。从事件发生的过程看,这两个案子都不是意外突发事件,而是有目标有预谋的行动。显然,杀人者并不担心他们是在公共场所行凶,不但在公众的眼皮底下,而且还可能伤及其他人。报纸没有提供他们行凶的动机,而是以"仇杀"概而论之。

堂倌经常是茶馆暴力的直接受害者。1943年8月的一天,几个"流痞"在不二茶楼点了茶,告诉堂倌吕清荣一会儿付账,但吃完茶他们便溜走了。第二天,这几个人如法炮制,吕追出去要钱。但这几个人称吕使他们在公众前丢了面子,不仅不付钱,还将吕身上打得青一块紫一块,当路人试图阻止他们的暴行时,其中一人竟然朝天开枪进行恐吓。那些认识吕的人都说他"素行本仆,深得主人信仰(任),以致工作数年,毫未与雇(顾)客生过纠纷"。工会向市政府请求主持公正。地痞称吕先抢了他们的子弹和钱,工会反驳道:"吕清荣乃一茶堂倌,何敢在众目睽睽之下"进行抢劫?显然是"托词欺诈"。在调查之后,工会确认事件是由地痞造成的,"身藏枪械,合同流痞,持枪威吓本会职员",要求警察立即验伤,起诉行凶者。市政府对这个请愿反应很快,市长令"查此案以向法院起诉"。[37]这个事件也揭示了堂倌的艰难处境,如果他们设法保护自己利益,就可能要冒着被伤害甚至丢命的危险。

集体暴力有时也在茶馆发生。1946年,北门红石街口茶社"发生纠纷械斗",双方"彼此水火,打成一团,大演其全武行,一时椅飞碗舞,情势非常紧张",以致"围观街民惶恐万分",甚至出面调解的保长也受了伤。后军警将"肇祸行凶"之十余人逮捕,"解送警备部法办"。[38] 1948年4月,茶社业公会请求市政府惩办严重损坏大北茶厅财产的地痞流氓,并要求他们赔偿。据公会报告,一天晚上有几十个无赖冲进茶馆,挥舞手枪和手榴弹,他们把前后门守住,不准任何人进出,殴打无辜者。后来,大批警察到来,逮捕了肇事者。公会指出,"茶社系公共聚会场所",而"一切秩序均赖治安当局之维持"。"若再遭受意外滋扰,前途何堪设想?"因此,公会要求政府保护,否则他们的生意难以维持。[39]

1946年3月,一家茶馆的老板与一个居民因欠款发生激烈冲突。我们知道的有两种不同的文本。徐绍棋称北东街的岁寒茶社老板刘甫建欠他6200元,两人经常为此发生争吵。一天,刘请徐到他茶馆去取钱,刘在茶馆聚集了上百个"烂兵"和流氓,不但殴打徐,还抢了徐56000元钱。徐立即报警,称"该茶社主人竟敢集众行凶,并夺人现金,实属目无法纪"。警察立即羁押了刘,关闭了他的茶馆。在这个关键时刻,社业公会介入。在给政府的申述信中,公会理事长王秀山提供了不同的故事文本:根据公会调查,刘、徐及徐的一个朋友在一家酒馆喝酒,相安无事。席间大家同意刘将尽快付清债务。当他们一起离开酒馆时,徐的朋友突然称，他是实际上的债主，要刘立即还钱，但刘当时没有那么多钱。这导致刘与徐及徐朋友的混战，路人干涉才把他们分开。公会还反驳所谓刘在茶馆里聚众的指控，指出他们打架的地方离茶馆有相当的距离。而且，茶馆非常小，不可能集结这么多人，如果刘有预谋，怎会与他们去酒馆喝酒呢？公会还肯定刘没有抢徐的钱，据邻居报告，事件发生后，人们看见刘在家，看见他与朋友出去采购茶馆用品，而非逃离犯罪现场。公会还抨击警察逮捕刘并关闭他的茶馆，使其一家及其雇员失去了生计。公会要求市政府令警察允许茶馆开门营业，如果没有收入，刘更不可能付清债款。[40] 目前很难知道事情真相，该事件处理的结果也不得而知，但是这个事件至少揭示了茶馆及其主人经常面临的困境。从这个事件我们还可以看到，显然公会能比个人发出更大的声音，在茶馆遭受困难的时候，能够提供帮助，至少提交给政府的调查和解释对茶馆主人更为有利。

军人和战时混乱

在辛亥革命中，清兵劫掠了成都，烧毁了这个城市的商业繁荣区，从这时开始，军人便成为城市安全最大的威胁。在军阀混战时期，军人造成的灾难接踵而来（参见第10章）。成都人称失控的军人为"烂兵"或"丘八"，他们使人民生活在恐惧之中。[41] 1928年国民党统一全国（但四川并未纳入中央政府控制之下）和该年成都首次建立市政府后，虽然情况稍有好转，但是茶馆和茶馆生活从来没有摆脱过军人的暴力，甚至地方政府和警察对他们也是敬而远之。尽管地方政府、警察和茶馆给他们以特别关照，但也并未能防止他们在茶馆制造事端。[42]

在茶馆里，军人经常与市民混杂在一起，有时会为一些鸡毛蒜皮的小事发生冲突。一次，鞠某与朋友在悦来茶园下棋，两个士兵在一旁观战，还不断出主意。鞠某输了棋，怪两个士兵出了馊主意，从口角演变成斗殴。第二天，士兵到茶馆报复，把一个也姓鞠的人暴打一顿才发现弄错了人，而那个被冤枉的人是团防头目的儿子。虽然报纸没有提到事件的结局，但估计那个团防头目不会善罢甘休。地方报纸对此事件的报道用了颇具幽默色彩的标题：《鞠某下棋惹倒兵，害得同姓犯灾星》。[43]这个案例也揭示了一个习俗，人们喜欢在茶馆围观下棋，还爱出主意，而不论是否认识，什么社会身份。今天成都人仍然保持着这个习惯，人们很容易在街头和公园里看到同样的景观，而且仍然会因下棋多嘴而引发纠纷。

军人之间以及他们与其他社会团体之间在茶馆里的冲突，经常造成严重后果。如 1930 年某天下午，"流氓伙同放假士兵"，在茶馆斗殴，桌椅皆被用作武器，当宪兵到达时，这些肇事者一哄而散。[44]"烂兵"还骚扰妇女，在茶馆里争风吃醋或仇杀。如 1932 年的一个下午便在中山公园内发生了"风流惨案"。下级军官何某与"丘八数人"在中山公园追逐一少妇，她跑进一家茶馆躲避，但何等追进茶馆，坐在她旁边，进行骚扰。一个男人跑出茶馆求救，须臾一个便衣带着几个军人到达，抓住何和他的同党，但何挣扎脱逃，那便衣从茶馆后门追出，三枪将何打死，便衣随即跑出公园，跳上一辆黄包车，消失得无影无踪。公园里的人们吓得四处逃窜，警察到后进行搜索，也无功而返。[45]这个事件遂成为一个谜，枪击者身份不清，是警察或宪兵的特工，还是与何有仇，或是伸张正义的好汉，或是那妇女的亲戚朋友，我们都不得而知。无论这个事件真相如何，但事件本身清楚显示了茶馆暴力的存在及其对人们日常生活的干扰。

战时军人如潮水般涌进成都，造成了社会混乱，警察也无力控制。当国家依靠军人在前方与日寇浴血奋战时，一些在后方的军人则利用他们在战时的特殊地位，欺压民众，横行霸道。1938年5月22日，成都书院南街平民剧院发生了"惊人大惨剧"。据《成都快报》报道，几个士兵从剧院的楼厢上向舞台扔了两颗手榴弹，现场顿时血肉横飞，炸死八个坐在前排者，炸伤三四十人，正如该报所说：这样的事件是"近数年来之罕见之奇闻。"据调查，惨案的发生不过是因守门者与士兵的争执。由于四个士兵只有三张票，他们要强行进入剧院，守门者试图阻止，遂起争执。后宪兵介入，两个士兵被羁押，跑掉的两人很快带来八九十个士兵，此时演出正在进行，他们殴打维持秩序的宪兵，夺走他们的武器。剧场一片混乱，人们夺路而逃，这时士兵竟然向舞台扔手榴弹。地方政府逮捕了肇事者，但也指责剧场经理处理不当。据第二天发布的报告称，当四个士兵在门口出示三张票，告诉守门者他们是"出征将士"，要求特殊照顾时，守门者不仅粗暴拒绝，而且还打伤一名士兵。[46]这个报告的真实性值得怀疑，因为很难想象在当时的情况下，地位卑微的守门者胆敢出手打军人。当时抗战刚开始，虽然政府许诺严惩肇事者，但显然并不想因此损害军人的形象，因为还得依靠他们上前线打仗。政府也可能希望向所有戏园传递一个信息：在任何情况下，都不要激怒士兵，否则自己遭殃不说，处理这些问题对政府而言也十分棘手。

抗战胜利后，情况并没有任何改观，随后的内战给人们的日常生活继续添加无限的痛苦和烦恼。大量士兵进入成都，甚至强占茶馆为营地。1946年，茶社业公会理事长王秀山向政府致函，抱怨士兵强占茶馆，造成茶馆生意大幅度下降。据他的陈述，全成都623家茶馆，有523家进驻了军队，特别是那些在郊区的茶馆，被士兵所占者更多，茶馆损失巨大，要求政府救济。那些驻扎了军队的茶馆生意大受损害，有的被迫停业。各茶馆还得承担军人所用水电、灯油、燃料等开销，士兵还经常损坏或者偷窃桌椅、茶碗、茶壶等。整个行业损失达3560万元。王秀山指出：日本投降后，内战爆发，人民非但没能休养生息，而且迭遭苦难。公会"固知大劫所至，国战攸关，岂敢尤怨。不过受害较他业特大，未敢黔默不言，使五百二十三家同业，冤沉海底，只得据实报呈，请求设法救济，并严令尚驻东外市区各茶社之营威壮丁，速迁郊外，以恤商艰"。[47]由此可见，茶馆中日益增多的混乱局面，是与当时大的社会环境分不开的，也是长期战乱所带来的后果。

公共生活的末日？

本章显示了茶馆作为小公共空间，是各种冲突发生的一个所在，从纠纷、争吵、偷盗，到打架、暴力乃至杀人。这些冲突反映了重大的社会问题，从顾客之间的矛盾、邻里关系的紧张，到为生计的争夺、小商业间的竞争等，冲突经常发生在社会的最底层，揭示了社会群体、阶级、行业之间为使用公共场所谋生以及使用这些空间的权利所发生的争夺。看起来似乎茶馆比其他地方更容易发生冲突，这是由于茶馆是一个受人关注的公共空间，各种人物聚集在那里，无论是一般市民，还是地痞流氓、黑社会成员、武装的士兵等，无论是合法的还是非法的，都在那里活动。即使大多数茶馆并不欢迎非法活动，但经理人并没有权力或能力去阻止从事非法活动的人，还不得不非常仔细应付他们，以避免招惹麻烦。

争执和冲突反映了当时政治、经济、社会、文化的状况，反映了人们怎样生活在动乱和战争的阴影之下。最严重的威胁来自地痞流氓和军人，他们在茶馆骚扰和欺辱顾客，影响营业，甚至实施集体暴力。大多数茶馆都是小本生意，在正常情况下的生存亦很困难，这类事件经常使他们破产关门。辛亥革命之后，军人干政成为常态，对国家和地方政治皆影响甚巨。结果是军人在城市中的数量剧增，他们有不同的政治背景，对政治的影响也十分复杂。地方政府和警察经常对军人退避三舍，军人在茶馆中的所作所为，成为大的政治环境的一个风向标。

虽然政府试图维持公共秩序，但是其控制暴力的能力有限。在茶馆中，无论是欺凌弱者还是杀人致死，无论是个人动作还是集体行为，国家的权威虽然并没有完全缺席，但也经常受到挑战。不过，暴力的危险并不能阻止人们到茶馆去，茶客们也有了对付混乱局面的经验，既然身处乱世，冲突已司空见惯。茶馆就像一个舞台，各种人物都在这个舞台上表演，扮演着各种角色，你方唱罢我登场，无论善良的还是邪恶的，都是茶馆生活的一部分。尽管不时遭受财产的损失，茶馆仍然坚持经营，从晚清到国民政府崩溃，成都总是有500—800家茶馆。

　　需要指出的是，本章所讨论的争执、冲突、暴力、杀人等案件，揭示的是茶馆"黑暗"的一面，我并不试图称茶馆是危险和罪恶的温床。这些案例是从20世纪前50年的资料中选出的，把长时期茶馆冲突的资料集中在一起，可能会给人们造成茶馆里总是混乱不堪的错觉。虽然这一个个案例都是真实的，但把这些很多年积存的案例放在一起进行总体的概括，很容易失真。这犹如把一个微生物放到显微镜下进行观察，这个肉眼看不见的小东西被放大了很多倍，成了狰狞可怖的怪物。另外，按照西方新闻界的一句口头禅"没有消息便是好消息"，报纸的报道和档案资料记录了发生的非常事件。在整个20世纪上半叶，即使茶馆不断发生恶性事件，茶馆生活一般来讲仍然是正常进行的，其基调仍然是平和的。无论从空间还是从时间来看，正常的茶馆生活仍然是主流。也即是说，茶馆仍然是当时相对安全和稳定的日常生活空间。本章展示了公共生活中黑暗的那一面，但成都茶馆的公共生活并没有走到它的末日。

注释

[1]《国民公报》1929年7月27日。

[2]《国民公报》1929年7月27、29日。关于这一事件更详细的报道，见《国民公报》1929年8月1、18日，9月15、16日，1930年5月29日。

［3］关于"吃讲茶"所引起的冲突见第 8 章。

［4］Yerkovich, "Gossiping as a Way of Speaking." *Journal of Communication* vol. 27, no. 1（1977）：192-193。A. 赫勒尔认为饶舌是日常生活的重要部分，"在我们的日常生活中总是扮演一个重要角色，从议论他人开始进行闲聊，而闲聊是日常消息传播的最古老的方法"。见 Heller, *Everyday Life*, p. 223。

［5］《通俗日报》1910 年 5 月 15 日。这个事件可能支持赫勒尔的观点："日常生活人们接触中的摩擦一般通过口角的形式"。见 Heller, *Everyday Life*, p. 247。

［6］《通俗日报》1909 年 10 月 21 日、12 月 21 日，1911 年 7 月 31 日；《国民公报》1914 年 3 月 26 日。

［7］《成都省会警察局档案》：93-6-2723。

［8］《国民公报》1916 年 8 月 4 日；《新新新闻》1948 年 12 月 6 日。

［9］《成都市政府工商档案》：38-11-1530。

［10］《成都市商会档案》：104-1397。

［11］《成都省会警察局档案》：93-2-3282。

［12］《成都晚报》1948 年 9 月 19 日。

［13］《成都省会警察局档案》：93-2-3282。

［14］《新新新闻》1948 年 5 月 9 日、8 月 4 日，1949 年 8 月 10 日。

［15］《新新新闻》1949 年 10 月 29 日。

［16］作者采访熊卓云，2000 年 8 月 9 日于熊家。

［17］作者采访熊卓云，2000 年 8 月 9 日于熊家。《成都市商会档案》：104-1397；《成都市政府工商档案》：38-11-544；《新新新闻》1946 年 2 月 21 日。

［18］李英：《旧成都的茶馆》，《成都晚报》2002 年 4 月 7 日；《成都市商会档案》：104-1397；《成都市政府工商档案》：38-11-544。

［19］《成都快报》1932 年 3 月 28 日。

［20］一些例子可见《通俗日报》1909 年 5 月 3 日、8 月 29 日；《成都省会

警察局档案》：93-6-2723。

[21]《国民公报》1928年3月28、29日。

[22] Wang, *Street Culture in Chengdu: Public Space, Urban Commoners, and Local Politics in Chengdu, 1870-1930*, chap. 7.

[23]《成都市政府工商档案》：38-11-1530。

[24]《成都市政府工商档案》：38-11-1530。

[25]《成都市政府工商档案》：38-11-1466。

[26]《成都市政府工商档案》：38-11-1466。在档案中留存一份"侦讯笔录"，被讯人是李启义的代表吴培惠。"问：你今天来是代表李启义，你能负责吗？答：当然负责。问：你来文请求继续营业桐荫茶社是你原因（原文如此）。答：因未（为）陈姓的房子卖了，原桐荫茶社定期三年未满，收执照，作赔偿损失，故声（申）请继续营业，以资弥补。问：现在桐荫茶社执照存在吗？答：执照存在并曾经王炳三堂姐遗失……问：陈姓出卖桐荫茶旅社……李启义到场没有？答：当时立约，房子三百万，家具三百万，我们到场盖章。问：桐荫茶旅社是否你承顶价格若干？答：是我承顶，连同生财器具等，顶共为三百贰拾万元。"《成都市政府工商档案》：38-11-1466）这里"百万"是法币单位，其比价参考表22《1909—1948年茶与米价的比较》注3。

[27] 以下是他们的解释：由于黑市交易有碍正常贸易，公会曾于1948年12月要求政府派警员维持秩序，但没有得到警察的响应。在那段时间，为了保护自身利益和合法贸易，他们曾向分署反复密报有关情况。6月21日，政府突然检查茶馆，抓获非法商人。见《成都市政府工商档案》：38-11-1440。

[28]《成都市政府工商档案》：38-11-1440。

[29]《成都市政府工商档案》：38-11-534、544、1539。

[30]《成都市政府工商档案》：38-11-444。也的确有茶馆房屋老旧造成事故的，如红桥亭街灵官庙侧的茶楼由于"年久失修"，而且店主在上面还囤有"食米二石"，难以负重而塌，茶客受伤。见《新新新闻》

1947 年 7 月 3 日。

[31]《成都市政府工商档案》：38-11-758。

[32] 例如 1913 年 5 月警察报告品香茶园借口生意不好，拖欠每天 13.2 元的"保护费"，共 40 天，计 528 元。见《成都省会警察局档案》：93-6-2723。

[33] 王泽华、王鹤：《民国时期的老成都》，第 133—134 页。

[34] 从档案中我发现一个简短的批文："警局酌办。"但最后具体是怎么解决的并不清楚。见《成都市政府工商档案》，38-11-1466。

[35]《成都省会警察局档案》：93-2-3282；《国民公报》1914 年 8 月 30 日；《国民公报》1915 年 1 月 27 日。

[36]《国民公报》1928 年 7 月 17 日、1930 年 9 月 24 日。

[37]《成都市政府工商档案》：38-11-984。

[38]《新新新闻》1946 年 1 月 13 日。

[39] 该茶馆称有 3000 万（法币）的损失，包括损坏 326 个茶碗、335 个茶盖、17 张木桌和 34 把竹椅等。在市政府把这个案子转到警察方面后，肇事者被捕。见《成都市政府工商档案》：38-11-1535。

[40]《成都市政府工商档案》：38-11-1465。钱币仍然是法币。

[41] 关于民国初年四川和成都的政治动乱，见 Kapp, *Szechwan and the Chinese Republic: Provincial Militarism and Central Power, 1911-1938*; Wang, *Street Culture in Chengdu: Public Space, Urban Commoners, and Local Politics in Chengdu, 1870-1930*, chap. 7。

[42] 民初，警察规定穿军服的军人在茶园看戏只付 50 文，茶馆也力图讨好官员，以便得其保护。悦来茶园还曾经给军人安排了一天演专场。见《国民公报》1913 年 12 月 30 日、1916 年 12 月 26 日。

[43]《国民公报》1929 年 5 月 21 日。

[44]《成都快报》1930 年 9 月 23 日。仅 1930 年 8 月和 9 月《国民公报》便报道了四起暴力事件。第一起是 8 月 5 日报道几个"流氓"和妓女在少城公园同春茶社吃茶，引起一伙"烂丘八"的"眼热"，他们企

图坐在妓女旁边,遂引起争执。这些士兵用茶碗砸"流氓",造成一个小孩的头部受伤。第二起是 6 日报道,发生在少城公园的射德会茶社,几个士兵强迫一家饭馆的掌柜向一个少妇下跪,起因不过是这个军官太太在他的饭馆买了一份菜,堂倌用的是一个粗瓷碗,她认为这是在侮辱她,其丈夫以此作为报复。同月 17 日报道,宪兵派了两个班到涌泉居茶社,逮捕了鼓动集体暴力的 4 个流痞、2 个士兵。9 月 24 日《国民公报》在《成平街发生仇杀案——一个茗客饮弹殒命》标题下报道,十几个士兵冲进拥挤的高茶楼,向一个汉子开枪,那人胸部中弹,士兵又在他身上补了几枪,以确信他被击毙,无人知道事件的起因。见《国民公报》1930 年 8 月 5、6、17 日,9 月 24 日。

[45]《成都快报》1932 年 3 月 14 日。
[46]《成都快报》1938 年 5 月 23、24 日。
[47]《成都市政府工商档案》:38-11-1465。

第10章 秩 序
——公共空间的政治

晚风吹来天气燥,

东街茶馆真热闹,

楼上楼下满座啦,

茶房开水叫声高。

杯子、碟子叮叮当当、叮叮当当响呀,

瓜子壳儿劈里啪啦,劈里啪啦满地抛。

有的谈天有的吵呀,

有的苦恼有的笑。

有的在谈国事,

有的在发牢骚。

只有那茶馆老板胆子小,

走上前来细声细语,细声细语说得妙:

"诸位先生,生意承关照,

国事的意见千万少发表。

谈起了国事就容易发牢骚呀,

惹起了麻烦你我都糟糕。

说不定一个命令你的差事就撤掉,

> 我这小小的茶馆也贴上大封条。
> 撤了你的差事不要紧啊,
> 还要请你坐监牢。
> 最好是'今天天气……哈哈哈哈',
> 喝完了茶来回家去睡一个闷头觉"。
> "哈哈哈哈,哈哈哈哈……"满座大笑,
> "老板说话太蹊跷。
> 闷头觉,睡够了,
> 越睡越苦恼。
> 倒不如,干脆!大家痛痛快快讲清楚,
> 把那些压迫我们、剥削我们、不让我们自由讲话的混蛋,
> 从根铲掉,
> 把那些压迫我们、剥削我们、不让我们自由讲话的混蛋,
> 从根铲掉。"
>
> ——闻一多[1]

1946年,左翼作家闻一多在昆明的一次公共集会上,严厉谴责国民党专制统治后被暗杀身死。几年前,当他在西南联大任教时,写了这首脍炙人口的《茶馆小调》。虽然这首小调可能并非以成都茶馆为依据,但他所揭示的茶馆政治却具有相当的代表性。闻一多选择茶馆作为表达政治理念的背景并非偶然,因为茶馆是当时最具影响的公共空间,而国民党在那里压制言论自由,最能暴露专制政府的恶行,因此,对其进行抨击也最能引起人们的共鸣。另外,虽然这首小调有着强烈的政治倾向,但其中仍洋

溢着对茶馆生活的生动描述：门窗大开，凉风徐徐吹进，那里顾客拥挤，人声鼎沸，从堂倌的吆喝声到茶碗茶托的碰撞声，不绝于耳。一些人在敞怀大笑，另一些人在摇头叹息，还有人愤愤地发泄对世道的不满。茶馆老板则为此提心吊胆，担心便衣警察此时可能就混迹人群之中，监视言论。人们可能因言获罪，茶馆也难免受到牵连。

本章讨论茶馆怎样成为一个政治舞台，揭示精英、民众以及国家怎样利用茶馆以达到各自的政治目的。[2]我们可以看到，国家政权在茶馆这个微小的公共空间中扮演着日益重要的角色，这种对人们日常生活愈渐加强的控制，反映了中央、省以及城市政治的演变。成都作为四川的省会，几乎经历了从晚清改良到共产党胜利整个历史时期内中国政治、经济、社会、文化变迁的全部过程。我把四川，尤其是成都的变化过程大致分为四个时期，即"从改良到革命"（1900—1916）、"军阀统治"（1917—1936）、"抵抗的政治"（1937—1945）和"一个时代的结束"（1945—1950）。每个时期各具特点，并对茶馆发生了不同的影响。

20世纪上半叶，虽然成都不可避免地受到国家政治和经济的冲击，但仍然保留着其独特性。[3]传统成都社会生活是由地方精英来组织的，然而在1902年警察建立后，这种控制模式开始变化。[4]1910年，成华议事会成立，其成员通过选举认定，成为当时自治运动的一个组成部分。警察和议事会尔后都成为建立成都市政机构的基础，不过警察扮演了更为重要的角色。清廷的倾覆没有给成都的城市管理带来根本性变化，反而带来了更剧烈的动乱。1913年，根据中央政府指示，组成新市议会负责城市公共事务。1922年，全国各地纷纷组建市政府，四川省府批准成立成都市政公所，1928年改组为成都市政府，成都第一次出现了市政管理的专门机构。从1920年代到1940年代，市议会与市政府共存。1949年12月底，共产党政府成立，成都市政进入了一个完全不同的政治和管理系统。[5]这些行政机构的演变，不可避免地影响到茶馆的发展、管理以及文化。

由于茶馆面向公众，许多冲突和难以预料的事件都有可能在那里发生。另外，茶馆作为成都最常使用的公共空间，经常代表着这个城市的形象。因此，地方政府十分关心茶馆秩序并试图加以控制。自晚清以来，政府以维持公共秩序为借口，颁发各种禁令和规章，加强了对茶馆的控制，限制对茶馆这种公共空间的使用，或把这些空间置于国家的监视之下。这些规章无疑使国家的权力进一步介入城市社会生活，也引起民众不断的抵制。从晚清到民国时期地方政府制定了许多规章，仅目前我所掌握的便有15个之多，其中制定于辛亥革命之前的1个，民初3个，20年代1个，1930年代2个，抗战时期4个，1948年4个（见附表24《1900—1950年间颁布的关于茶馆的规章》）。[6]这些规章涉及茶馆的各个方面，包括登记注册、禁止赌博、控制帮会、演出娱乐、营业时间、警察监督等。其中一些包罗万象，一些仅针对某一方面。在这15个规章中，9个为综合性的，2个涉及公共卫生，3个是关于茶馆戏园和表演的，1个规定茶馆数量和限制营业时间。虽然这些规章在不同时期发布，但从对茶馆的总体政策来看，并无大的差异，表明了地方政府对茶馆控制政策的持续性。不过，我们可以看到在1940年代末，政府十分明显地加强了对茶馆的控制，1948年国民党政权已危机四伏，却仍然颁布了4个规章，可见控制茶馆对当局来说是多么的重要（见插图10-1）。

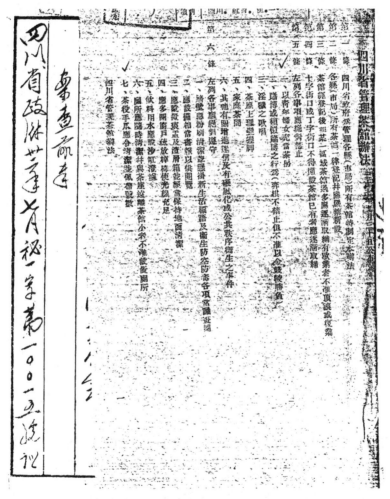

插图 10-1 《四川省管理茶馆办法》（1948 年 9 月）
资料来源：《成都市政府工商档案》：38-11-298。

无疑，茶馆中充满政治，从阶级冲突、对社会现状的批评，到对国家政策的讨论，以及政府为控制人们思想而进行的宣传，可以说茶馆见证了20世纪上半叶中国政治的发展和演变。人们在那里讨论社会改良、保路运动、辛亥革命、军阀混战、国共相争、喋血抗战以及国民政府的崩溃。那些茶馆中流传的风言风语，也在相当程度上反映了社会、经济和政治的大动荡。[7]正如我们从闻一多的诗中所看到的，茶馆成为人们发泄社会不满的地方。当然，茶馆政治也经常表现在精英与民众、精英与国家政权、国家政权与民众之间，以及这些集团内部各方面和各层次上的权力争夺。这些争夺经常是为个人、集团、阶级的利益而战。虽然茶馆总是人们休闲、做生意、公共生活之地，但也经常成为政治斗争的场所，被迫纳入国家和地方政治的轨道。由此观之，茶馆可被视为一个政治舞台，在不断上演的政治"戏剧"中，形形色色的人物都扮演着各自的角色。

在抗战时期，民族危机给了国民党政府一个极好的机会，它把触角深入茶馆这个最基层的公共生活空间，并把其转化为政治宣传之工具。[8]而且，茶馆还孕育了所谓的"茶馆政治家"，他们的言论和行为成为国家政治变化的一个重要风向标。因此，公共空间、休闲娱乐活动与政治联系在一起，并与经济、社会不公、政治运动密切相关，各种政治势力在茶馆中角逐。国家试图压制任何可能危及国民党统治的政治意识和活动。正如我们从闻一多的《茶馆小调》中所看到的，茶馆老板竭力远离政治，但经常不可避免地被政府和茶馆的顾客拖入政治旋涡之中。

从改良到革命（1900—1916）——重新打造茶馆

在清政府倡导、地方政府推动、地方精英积极参与的新政运动中，20世纪最初的10年出现了一个城市改良的热潮，城市成为工商业、教育以及社会改良的中心。在这一时期，地方精英在国家权力的支持下，积极参与改良，扩展他们对民众的影响，确立其社会声望。[9]这些活动显示了精英对大众文化所持的态度，以及国家对待茶馆生活的一贯政策。在晚清以来日益流行的崇尚西方价值观的影响下，茶馆经常作为"惰性"或"落后"生活方式的典型而受到批评。[10]在正式或非正式的官方文献中，茶馆总是被指责为各种社会弊病的萌生地，诸如糟糕的卫生条件、散布流言蜚语、赌博、下流表演等，不一而足。因此，茶馆不断成为社会改良者所针对的目标，他们运用政府力量对茶馆进行严格控制，作为国家权力深入社会并对社会全方位操纵的重要一步。虽然一些改良精英肯定茶馆的积极因素，承认茶馆在社会生活中的中心角色，但许多西化的地方精英配合国家观念，对茶馆持否定态度，为政府限制、控制、攻击茶馆文化的正当性提供了根据。这些措施有的缓和有的严厉，视当时政治、经济、社会的状况和趋势而定。

在反大众文化的大趋势下，成都警察成立伊始，便在1903年制定了《茶馆规则》，作为城市改良的一个组成部分，这反映了政府从一开始便对茶馆问题十分重视。该规则要求所有茶馆必须向警察登记，不得设赌、斗雀，不允许秘密会社摆码头；说书人应向警察禀告，不得"演说淫邪妄诞之事"，违反者"则逐之"；茶馆桌椅不得摆放太密，不得放在檐外，以"侵占官街"；如果有人利用茶馆"评论是非"（即第8章中所讨论的"茶馆讲理"），须立即报告警察；各茶馆必须在二更（即晚9—11点）打烊，警察可随时进入茶馆盘查，但不得饮茶，"有强买者可扭禀总局，私卖者同罚"；任何茶馆违反规则，轻则罚款，重则勒令关门停业。[11]警察总是对茶馆和茶客密切注意。如清末颁发的《省垣警区章程》中的《了望巡回通守之细则》，便把茶馆作为"最宜留心"的对象之一。如果有茶馆在半夜1点还未熄灯，警察将"极宜加意注察"。[12]不过晚清对营业时间之限制不像以后那么严格，而民国年间有若干时期要求茶馆必须在晚上9点前关门。

1911—1916年间，作为革命之中心地带，成都经历了剧烈的政治动乱。许多民众加入保路运动，反对铁路国有。1911年12月，四川宣布独立，成立"大汉四川军政府"。[13]1913年，都督尹昌衡被袁世凯的亲信胡景伊所取代。同年，一些革命党人参加孙中山的二次革命，但运动很快失败。1915年和1916年间，四川成为护国战争的主战场，虽然这场反袁运动以胜利结束，但是滇军和黔军的进入却对四川贻害无穷（见插图10-2、10-3）。[14]

茶馆总是人们谈论政治的地方，各种社会集团试图利用它们为其服务。在那里，国家竭力实施社会控制，精英传播改良思想，普通民众谈论政府政策，发泄对现实的不满等。茶馆本身也难免经常卷入政治活动，如反对增税、抗议对茶馆的限制、参加

第 10 章 秩序——公共空间的政治 449

插图10-2 皇城里的群众

照片摄于1911年11月27日大汉四川军政府成立之日,背景是皇城的明远楼,上书"旁求俊义"四字。如今皇城已经不复存在,这张照片使我们能清楚地看到皇城的内部景观。

资料来源:当时任教于四川高等学堂的美国人那爱德所摄。照片由来约翰先生提供,使用得到来约翰先生授权。

插图10-3 皇城里的群众集会

照片摄于1911年11月27日大汉四川军政府成立之日,背景是皇城的城门洞前。从城门洞望去,可以看到远处刻有康熙御笔"为国求贤"四字的巨大石牌坊。

资料来源:当时任教于四川高等学堂的美国人那爱德所摄。照片由来约翰先生提供,使用得到来约翰先生授权。

各种慈善救灾等。在1911年的保路运动中，茶馆更成为政治中心，人们每天聚集在那里，议论运动最新进展。正如李劼人所描述的：人们"都一样兴高采烈地蹲在茶铺的板凳上，大声武气说：'……他妈的，这一晌他们做官的人也歪透了，也把我们压制狠了！……'"韩素音在所撰的家史中写道：1911年5月底"是不安的、焦急的、渴望的，在公园的茶馆里和在街头，充满着躁动。一个不安的城市，正面临着骚乱"。茶馆不再只是人们闲聊的地方，而且充满着政治辩论和政治活动，"'来碗茶'的吆喝，即是激动人心演讲的开始，吸引了三教九流。一小撮变成了一大群，一些人甚至站着听人们辩论，人们关心铁路国有化和对外贷款的问题。这场散了，他们又到另一个茶馆听辩论"。[15]

一些茶馆抓住时机，参加更多的公益事务，以提高其社会声誉。例如，它们参加全国和地区性的赈灾活动。1909年可园邀请著名演员演戏，将两天收入捐给甘肃赈灾。次年，悦来茶园组织湖南赈灾义演，票价1元，1400多人购票看戏。1912年，万春茶园宣布将两天的演戏收入献作"国民捐"，并动员人们踊跃购票。虽然茶馆的目的是以慈善活动来为其演出做宣传、提高知名度并招徕生意，但这些活动也使它们同国家和地方政治联系在一起。[16]

军阀统治（1917—1936）——政治动乱中的茶馆

1917—1936年，成都经历了战争、破坏、重建、战争这样循环往复的过程。在这一时期，省政府几乎所有要职都被军阀占据,他们互相争权夺位。成都自然成为各种军事势力的争夺对象。1917年成都市民经历了一场噩梦,先是川军与滇军之间的巷战,然后又是川军与黔军之间的夺城之役。许多无辜市民死伤,相当大一部分城市被毁,无数民居被夷为平地,成千上万的人沦为难民。[17]巷战期间,受惊的居民藏匿在家里,店铺关门,百业停顿,但茶馆总是最后关门最先开门之地。吴虞在日记中写道,"闻街上茶铺已开,渐有人行,乃出门访傅朋九",而是日"各街铺户仍未开也"。因此,从一定意义上来说,成都居民视茶馆的开闭为这个城市是否安全的某种标志。在动荡时期,警察以茶馆有奸细搜集情报或散布谣言、容易引发动乱为由,令各茶馆一旦发现有外省口音者议论军情,或者其言行看起来像"敌人侦探"者,必须立即报告。如果嫌疑犯被确认是奸细,告密人将得10个银元的奖赏。[18]实际上,警察经常以"奸细"的罪名压制任何敢于向其权威挑战的人。

1921年,四川省在急剧发展的联省自治运动中宣布独立。到1926年,在"川人治川"的口号下,四川军阀方得以驱逐滇黔军出川。1924年军阀杨森任四川省长,他立即发动了大规模的成都城市改造计划,开辟新商业区,拓宽道路,极大地改变了城市面貌。[19]1928—1936年间,虽然中国大部分地区在国民党的管辖之下,但四川实际上仍处于自治状态,为军阀势力所控制。1928年成都市政府建立。这个时期中央政府几乎无法控制四川,在所谓的"防区制"下,五个最有势力的军阀是你方唱罢我登场。[20]1932—1933年,红军进入四川,在川北建立革命根据地,军阀遂把矛头指向共产党,被迫向蒋介石寻求支持。直至1935—

1937年间，中央政府才终于将其控制扩展到四川。[21]

这个时期变化莫测的政治在茶馆生活中清楚地表现出来，特别是表现在人们在茶馆的日常交谈中。虽然人们总是在茶馆里谈论各种话题，我们对此却知之甚少，因为对人们的这个日常行为，几乎没有多少文字记录下来。不过，仍然有一些人描绘了他们在茶馆中的所见所闻。有些话题虽然看起来与政治没有直接联系，却暗含着对当时政治的批评。下面是1917年某日两人在茶馆的对话：

> 甲乙二人于茶社闲谈。甲曰："中国数千年以来，皆尚贞洁。朝廷特为贞洁表扬，故贞洁坊无处不有。自民国以后，置贞洁于不顾，此于风俗人心实多妨害。"乙曰："非也。吾国以前尚节，今则重籍。如民国元二年间，各印刷公司所印之名片无非四川籍。三年时，所印之名片无非外省籍。五年共和再造后，所印者不多四川籍？今更改印外省籍矣！然则士大夫所尚者，岂非籍耶？不过字不同耳。"甲曰："一人之籍，叠次变更，则非真籍可知。诚如君言，则今日之士大夫，其有真籍者乎？不真之人，吾国数千年所不取者也。"[22]

这里表面上讨论的是籍贯问题，但言下之意是批评政客的势利和虚伪。民国初年，川人在政治舞台的角色经常变化。当川人在国家和地方政治中得势时，人们争相宣称自己是四川人；失势时，则又非川人了。批评者认为这是道德沦丧的表现，人们不再看重"贞洁"。在传统中国社会，妇女不守贞被认为是"堕落"；在这个对谈中，政客被认为"失贞"，因为他们成了无耻的说谎者。

从这个谈话中我们还可以得到更为重要的信息，即人们在政治斗争和权势转移中，失去文化认同的焦虑感。过去籍贯对人们来说十分重要，因为它实际上涉及社会、经济、政治的各个方面，与人们的文化之根紧密联系。这个共同的根基可以帮助人们在陌生的环境中求生存，并与其他文化进行对抗。在清廷覆没之后，政客和精英发现籍贯可以用作政治斗争的工具。不过，籍贯问题虽依然重要，但观念已开始发生变化，人们不再珍视和忠诚于籍贯，而无非将其用作争权夺利之工具。这段在茶馆的关于籍贯的谈话，揭示了人们对民国初年动乱和政治不确定性的困惑和失望。

有些关于茶馆闲聊的只言片语，透露了人们的政治关怀。哪怕是信口胡言，也潜藏着深切的政治批评：

> 某茶园有三四个人吃茶，甲曰："我昨日看报，见《报纸法》宣布矣！"乙曰："这一下就好了。"丙曰："《报纸法》宣布是钳制舆论，有那（哪）些好处？"乙曰："《炮子法》宣布，他们二天就不乱打，免得胡胡（糊糊）涂涂死些人，岂不好吗？"甲曰："我在说报纸，你就扯在炮子去了。"乙曰："省城这回，只有炮子厉害，振（整）得人莫法。我听你说《炮子法》宣布，所以不禁叫好。"大家为之一笑。[23]

这段对话，令人忍俊不禁，但也反映了人们的无可奈何。茶馆中这类的误会经常发生，特别是在谈论政治问题时。"报纸"与"炮子"的发音相似，特别是四川口音，容易搞混。这个混淆揭示了人们对当下政治的看法。对甲来说，《报纸法》剥夺了人们的言论自由,把媒体变成思想控制的工具,但对乙来说,更严重的是生命保障问题,军阀造成了社会动乱和日常生活缺乏安全感。

人们在茶馆中不仅就生活琐事闲聊,打听小道消息或飞短流长,从报纸上偶尔透露的信息中,我们还可以看到茶客们在茶馆里抱怨生活的艰辛,表达对政客争权夺利、政治腐败、国家动乱的愤怒,以及对局势的担忧。如1922年某天,两个老人在茶馆闲聊,一个说:"近来世界新、潮流新、学说新、名词新,我们不会跟倒新。又有笑无旧可守,只好听他罢!"另一个回答:"我看近来说得天花乱坠,足以迷人睛,眩人目,惑一些血气未定的青年。稍明事体的,都知道是壳子话,骗人术,你这么大的岁数,还不了然吗?辛亥年耳内的幸福,到而今你享足没有?还有不上粮的主张,你记得不,如今却不去上粮,预征几年就是了。又有种种的自由,你乡下大屋不住,搬到省来,就不敢回去,究竟自由不?热闹话我听伤了,如今再说得莲花现,我都不听。"[24]

这里有必要考察一下这个对话的背景。此时正是新文化运动期间,新思想、新文化流行,西化和保守的精英也针锋相对。对话中的两个老人,可能属于厌新的守旧派。从这段对话,我们发现他们反对"新"是由于他们的经历,因为"新"仅仅是许诺,并没有兑现。辛亥革命后的动乱和艰辛,使他们备感失望,革命的许诺没有成为现实,而且人们日益缺乏安全感。人们生活的世界更危险,更缺乏自由,赋税负担更重。因此,人们难免不把账算到"新"的头上。他们一方面抵制"新",但另一方面又失去了所依恃的"旧"(传统),革命和新文化运动正摧枯拉朽般地改变旧的生活和思维方式。尽管处于弱势一方,但他们表达了对崇新者的不屑，强调自己的社会经验。这倒是很类似鲁迅小说《阿Q正传》中阿Q的精神胜利法。[25]

军阀政府力图对茶馆进行控制，发布了若干关于茶馆戏园及其表演的规章（见第3章），1932年制定了关于茶馆的综合条例，成都市府发布5条茶馆管理办法，特别强调卫生和赌博问题。1935年，地方政府以"革除社会有害民众之事"，制定规章，只允许每个公园开一家茶馆；茶馆密集地方，酌情取缔；茶馆只能在早晚营业共6个小时。[26]这些新规章反映了政府激进的、日益增长的对茶馆及茶馆文化的关注和采取的限制政策。不过没有资料证实这些新规定得到了认真的实施，否则大量从业者将失去生计。茶馆的营业时间也并未大幅度缩短，一般仍然有十五六个小时。另外，从附表5的统计看，成都茶馆的数量在1936年不仅没有减少，反而从599增加到640个。这些规章未能得到很好实施说明了地方习惯和茶馆文化的坚韧性，其在相当程度上仍然能够抵制国家的打击。

抵抗的政治（1937—1945）——"吃茶与国运"

抗日战争将茶馆政治和茶馆政治文化推到了史无前例的高度。国民政府迁都重庆对成都亦有着深刻影响，川省与中央之关系也发生了变化。[27]许多中央和地方政府机构、社会和文化组织、学校、工厂等迁移成都，大量移民涌入这个城市，随之也引进了新的文化因素。[28]抗战把抵抗的政治也带入到茶馆之中，各社会集团和政府官员以茶馆作为宣传爱国和抗日之地，在那里贴标语、海报、告示,并监督演出和公众集会。茶馆实际成了一个"救国"的舞台。如1938年9月1日是"记者节",春熙舞台表演三天京戏和川戏,称"记者献金游艺大会",邀请许多著名男女艺人出演,这个活动得到著名戏班子支持,名角也积极参与,"名票名角会串,珠联璧合",上演他们的"拿手剧目"。据称节目都是宣扬"忠勇爱国意识"。据报道,人们购票踊跃,反映了他们的"爱国热忱"。[29] 茶馆中谈论的话题也多与战争有关,关于前线的消息更引人注目。顾客就英勇的抵抗、日军的残暴、战争的严酷等发表意见。虽然人们仍然到茶馆里去度时光,并为此遭到精英和政府的批评,但是他们已很难逃出战争的阴影,不可避免地被推到政治舞台上。

在一封给友人的信中,周文描述了他1930年代末在成都的所见所闻。当时救亡运动达到了高潮,他看到学生在茶馆里举着旗子,站在椅子上充满激情地演讲,客人们认真聆听。然而周也很快发现,战争对人们日常生活的影响是有限的。在到成都几天之后,他便看到有人敲着鼓穿过大街,为演出做广告,而各戏园仍然爆满。[30] 其实茶馆中的悠闲不过是成都社会的表面,实际上战争已不可避免地改变了人们日常生活的各个方面。虽然人们仍到茶馆戏园看戏,但所看节目与以前已大不相同。犹如《新成都》的编撰者所说:"过去成都说评书者,他们用的词本,大都词令秽亵,情节荒诞,徒知一时兴奋,无形中腐化了无数民众思想和行为。"但抗战爆发后,"虽采的书本仍系不外旧的词本,但中间加添些与抗战有关激起人民爱国思潮的话语,虽属娱乐,对国家社会,影响殊大"。[31]

其实，卢沟桥事变一爆发，成都人民便投入到轰轰烈烈的抗日运动中，正如地方杂志上一篇文章标题所表述的那样——《炮火，惊醒了成都青年》：学生们到春熙大舞台进行宣传，"一个小个子宣传员站上了舞台，几千双惊奇的眼盯着他"。他在台上问道："同胞们，日本人的野心既是这样的凶，我们该怎么办？我们还是起来抵抗它呢？还是让中国慢慢地被它消亡下去？"观众们回答："亡（王）八乌龟才说不抵抗！"他的宣传得到热烈响应，"一片掌声像雷吼着，他下了台，胜利的容光浮在他的脸上。"那时的成都，"在热闹的街头，在人群会聚的茶楼和公园里，在电影院和游艺场所里都充满了洪（宏）大的宣传呼声……一群人围着一个演讲员，大家都尖着耳朵地听"。[32]1937年10月，一位作者写了《城东茶社啜茗读江南捷报》："豆架成荫野菜香，满园茶客说荒唐。喜看战报新消息，半接灯光半月光。"[33]在熙熙攘攘的茶馆中，作者读到了江南的捷报。战争无疑是茶馆议论的主题，人们既对国运担忧，亦能在茶馆中得到鼓舞，如1945年5月，"随着欧洲战场胜利消息的传来，大成都气象一新"。市民们"喜形于色、奔走相告"，可能是人们急于向朋友传达好消息，也可能是希望与他人共享喜悦吧，结果马上"茶馆生意兴隆，尤其是少城公园和郊外第一公园内的茶馆随时都告人满"。[34]

但是，也有人对成都的描述是另外一番景象："成都是中国的一个城，然而成都是例外的。""从遥远的异国跑回来"，刘盛亚写道："怀着热烈的愿望来看视十年前自己所居住过的古城。最初我以为这个城市该有一点不同了，该进步一点了，然而我失了望。时间尽管不停的跑走,而这个城市是被时代所抛弃了。"他看到成都"一小部分的人还没有醒过来……他们仍然像平时一样怎么去讲求饮食和服装,怎样才可以不费体力和脑力来消磨去一天又一天——甚至一辈子的时间"。[35]应该说他这是有感而发,也反映了当时成都的另一面,而且这种观感也并非他所独有。

1941年,一篇文章谴责所谓"成都现象":春熙路、总府街等热闹地区,有十余所茶馆,而且从早到晚顾客盈门。作者批评一些"白相的人",坐在茶馆里无所事事,发现"成都茶馆变成了很不平凡的场合,女茶房与茶客公开打情骂俏,有特别的房间小费,有时甚至超过茶资四五倍"。另一篇文章也指责,当物价飞涨之时,娱乐业则生意兴隆。当战时人们应该节约之时,却把时间和金钱浪费在消遣上。[36]1942年,一篇题为《闲话蓉城》的文章指出,从这个城市的日常生活看,好像国家并非在战时,到处是装饰华丽的商店、拥挤的娱乐场所、熙熙攘攘的茶馆。人口的增加使这些服务业"如雨后春笋",难以想象国家正面临着危机。另一篇文章更借用蒋介石的话称:"假使坐茶馆的人,把时间用在革命事业上,则中国革命早就成功了。"[37]1943年一篇题为《显微镜下之成都市》的文章,批评成都市民在民族危亡、与日寇浴血奋战之时,仍然在茶馆和戏园悠闲地消磨时光,文章指责成都是一个"光怪陆离的社会"。[38]

直到1945年,虽然抗战艰苦卓绝,虽然批评之声不绝于耳,人们还是照常过他们的茶馆生活,有人指出:"烟、酒、牌、茶,都很令人生趣,但却无益,社会上一般人都把它们认为是应酬必备。"现在是"抗战进入最后阶段,胜利在望,竟有人过着纸醉金迷的生活，令人痛心"。其批评在大后方的人，"几乎十之八九忘乎其形了。家国存亡与他们的生活不曾有着关系"，战时需要节约，"何苦把光阴消耗在茶楼酒肆呢？"《新成都》一书描述人们在茶馆中"谈古论今，议论社会，下棋赌赛，议评人物，刺探阴私，妄谈闺阁"。作者不禁问道："天下竟有如许闲人，化（花）了金钱，来干此闲事？"[39]

正如本书第1部所讨论的，茶馆具有多种功能，这些批评经常是攻其一点，不及其余，只看到人们的休闲，认为这是与爱国背道而驰的，却忽视茶馆对政治、社会、经济的其他作用。在这个时期，国家力图规范战时生活，从而引起了关于"吃茶与国运"的讨论，把坐茶馆与国家命运联系在一起，这样光顾茶馆便被定义为不爱国、不关心国家命运。[40]这种把"吃茶"与"国运"联系在一起的批评，既是一种时髦，亦代表了政府和改良精英对茶馆的一贯态度。许多精英认为茶馆反映了人们的"惰性"，在茶馆中消磨时光，浪费生命。"吃茶"与"国运"本来并不相干的两回事，便如此地在国家的话语霸权下被连接起来。

其实，当政府和精英竭力控制大众娱乐、试图改变战时人们的观念时，也寻求用茶馆来进行战时教育。他们认为"必须对各方民众，施以启发，施以宣传，使人人能明了本身责任，时代要求，当前之危机，将来之希望"。这实际成为从中央到地方的战时国策。蒋介石便在1942年4月3日的日记中写道，"茶馆、酒肆、戏院公共场所之宣传应作有计划与专人负责实施"，并提出要在茶馆中实行"消息舆论之采访"。《服务月刊》还发表了题为《茶馆宣传之理论与实际》，对"茶馆宣传之价值与抗建之关系"

进行了系统阐述，指出，以"四川而论，茶馆极多"，如果可以"有计划有步骤"地"巡回利用"，那么不出一年，"宣传工作定可活跃"。文章认为利用茶馆进行宣传的好处是，可以在民众"休闲之余，交易之余"，收到"宣传效果，公私两便"。按照文章的提议，要成立讲习会，对不同茶馆、不同听众采用不同的宣传方法。在宣传方式上，要避免"枯燥无味"，不玩弄"术语名词"和"艰深口气"，而要"富于情趣"和"浅显明白"，要尽量运用图片、漫画等资料、各种曲艺形式等，甚至对宣传员的态度、衣着等都有考虑，如"服装不宜奢华，力求俭朴"。[41]

精英参与了茶馆宣传活动，包括改造评书、提供新书报、在墙上贴宣传图片和标语、提倡新娱乐等。战争爆发后，虽然旧戏曲仍可上演，但政府要求必须包括爱国和抗日内容。[42]还建立了"中国国民党成都市人民团体临时指导委员会"，负责审查剧本。部分被审剧本目前还可从档案中看到，提供了政治如何影响大众娱乐的第一手资料。我所看到的12个剧本，全部都与抗日有关：一些回顾日本侵华历史，一些赞扬抗日运动，一些歌颂战场上牺牲的英雄，一些表达失去家园的痛苦，一些历数日本军队在华犯下的暴行，一些哀叹国家的不幸，等等。这些演出形式多样，其内容和语言对唤醒和动员民众都有着强烈的感染力。[43]

例如，《还我河山》描述了祖国的壮丽山河、悠久历史和丰富文化。宋代抗金英雄岳飞手书的这四个大字，在全国许多地方都可以看到，广为人们所知。以这四字为题可以打动人心。[44]《汉奸题名》则谴责日本侵略的罪恶，把8个汉奸的名字公之于众，全民共讨之，并揭露这些人如何成了汉奸。另一题为《汉奸的下场》的本子内容大同小异,警告"当汉奸捉了身首异处",他们的家庭将受到牵连,不仅财产被没收,而且名声扫地,下场可悲。[45]这些本子都以韵文写成,但无论从形式还是从内容看,都与传统大众娱乐相去甚远,适应了政府宣传的需要,成为战时政治文化的组成部分。毫无疑问,在发动民众参加救亡运动方面,茶馆扮演了十分重要的角色。

当然,这些爱国剧目演出的背后也有利益的驱使。茶馆和艺人都知道应付政府的生存之道。1939年,民间艺人汪青云申请在惠风茶园表演许可时,宣称在"国难当前,抗战期间,补充宣传工作";[46]许诺不会演出任何"淫词",将为"唤醒民众"和"全国动员"效力;表示"最后胜利必属于我们,并且涌(拥)护最高领袖蒋委员长,抗战到底"。1941年,三个来自"南京国剧书场"的江苏人请求允许演出"国剧",希望推动"高尚娱乐"和"俾移风俗"。他们表示亲眼看见日寇入侵,屠杀人民,有血气的国人都将与侵略者战斗,收复失地,并保证他们的演出将激励后方人民的爱国热情。政府还专门制定规章来管理该茶馆的演出。[47]

1941年,地方政府令各茶馆悬挂孙中山和其他国民党领袖画像,设置讲台,配备黑板、国民党党旗、国旗等。茶社业公会规定了必须购置这些东西的期限,"以免市府以后调查,少生麻烦"。[48]军队也介入了战时的宣传,四川省成茂师管区司令部监督其驻地皇城附近6条街的11家茶馆,发现所有茶馆都没有购置上述"宣传设备",遂通过市长令茶社业公会敦促各茶馆落实这些要求。[49]国民党四川省党部还制定了《茶馆宣传实施计划》,

由成都市长颁发，把茶馆作为重要宣传阵地。根据这个计划，成都600多家茶馆被划分为三等，每等分别被要求购置不同的宣传设备。[50]

政府甚至决定茶馆里黑板上所写的内容，设立"省动员委员会"，每周发布"时事简述"。例如，1941年6月20日的"时事简述"有三条新闻：第一条只有两行，关于欧洲战事；第二条稍长，关于在两湖战场中国的胜利，报告多少日军死伤；最后一条关于外交，中国与英国签订了500万英镑贷款的协议，以及美国拒绝与日本签署互不侵犯条约所引起的外交问题。[51]由此我们看到，政府力图通过发布这些新闻，让人民对战争保持积极乐观的态度。

官方还要求每个警区负责设立一个"样板"茶馆，这些茶馆有一个宣讲台，墙上有壁报，配备有收音机、留声机、四川地图、世界地图等。官方还发布了标语口号，共九方面内容，包括除奸、兵役、驿运、防空、节约储蓄、募捐、精神总动员、新生活运动以及《国民公约》。在"除奸"项下，政府要人民遵守国家法令，执行军令，反对汪精卫伪政权。通过宣传，官方力图使人民支持兵役，希望人民意识到"逃避兵役是最可耻的行为"；相信"人人当兵，抗战必胜"；入伍和给予军属特殊待遇是"国民的天职"。[52]通过颁布标语口号，政府为人民制定了行为准则。

当官方动员民众时，也力图以国家利益之名，控制人民思想，发动了所谓"精神总动员"，推行"国家至上，民族至上"的观念，反对"醉生梦死"，力图"纠正分歧错误的思想"，"革除苟且偷生的习惯"。如果说"精神总动员"的实质在于思想控制,那么"新生活运动"则着重行为规范。它以儒家教条来教育民众,宣称:"礼是严严整整的纪律,义是慷慷慨慨的牺牲,廉是切切实实的节约,耻是轰轰烈烈的奋斗。"[53]就这样,政府运用传统观念,把人们的日常生活与国家命运联系在一起。作为战时宣传的一部分,政府要求各茶馆张贴《国民公约》。《国民公约》共12条,要求不违背三民主义,不违背政府法令,不违背国家民族的利益,不做汉奸和敌国的顺民,不参加汉奸组织,不做敌人和汉奸的官兵,不替敌人和汉奸带路,不替敌人和汉奸探听消息,不替敌人和汉奸做工,不用敌人和汉奸银行的钞票,不买敌人的货物,不卖粮食和一切物品给敌人和汉奸。[54]另外,官方还要求茶馆提供政府指定的书籍和报纸。这些书报内容广泛,诸如歌颂抗日英雄、谴责汉奸、动员民众、鼓吹国民党意识以及宣传反共思想等。[55]

战时茶馆也被政府用作公关的场所。1945年抗战胜利前夕,成都市长和警察局长"假座华兴正街悦来茶园,招待新闻记者公会及外勤记者俱乐部全体会员观剧",邀请"全市各角均各上演杰作"。因为有外国记者参加,所以"戏单并备中英文两种,由新民报及战地服务团捐印"。甚至外国组织也意识到茶馆对传播信息的重要作用。1945年7月,美国新闻处成都分处致函成都市政府社会处,称该处的成立宗旨是为"传播新闻,灌输民众现代战争新知识"。他们注意到"成都茶馆林立,是为民众聚息之所",计划将一些关于教育和娱乐的图片、标语和宣传画张贴到茶馆,要求提供全部茶馆的名称和地址,以便"按时寄赠"。[56]

当时战争成为人们关注的焦点,而国民党政府则以国家权力压制对政府不满的言论和其他活动。例如，1940年，地方政府要求茶社业公会"严加防范"，密切注意来到成都和重庆的陕北抗大120名学生的动向。[57]共产党建立抗大以培养革命干部，因此地方政府对这些学生的到来十分担忧，试图监视和限制他们的活动。在这种政治环境下，茶馆不得不配合警察维持地方"秩序"。1940年6月，警察称一些汉奸和流氓在茶馆活动，要茶社业公会提供"密报"。其实，政府对所谓"汉奸"并无严格定义，而且经常用来打击那些批评政府的人士。例如，任何"破坏政府法令"的人，都被称为"汉奸"，企图"肃清奸徒，巩固后防"。[58]

　　国家对茶馆的严密控制引起了极大的不满。1942年，《华西晚报》发表居格的文章《理想的茶馆》，以讥讽的口吻提出在城中心建一个"市茶馆"，设馆长、副馆长之职，茶客都必须"听从馆长之指挥，不得违抗"。茶馆中只能用"国茶"，而且"定量分配"，每客一杯，每杯茶叶量绿茶不得超过2克，红茶不得超过5克，菊花茶以3朵为限。虽然每客冲开水次数不限，但总量不得超过半升。不过如果体重在60公斤以上者，或茶客到茶馆前在烈日下走了两公里以上者，总水量可达3/4升。茶馆开放时间规定在早晨6—7点，中午12点至下午1点，下午4—5点，晚上9—10点。在茶馆饮茶时间每天平均不得超过两小时，"违者以旷时费业论（处）"。茶客还必须申请"饮茶证"，上有两寸半身照片，其资格必须年满20岁，"有正当职务者"，而且还必须证明是"家屋窄隘或眷属不在住所，确无在家饮茶之便利者"，或"其他确有饮茶之必需，呈准有案者"。住茶馆内，"不准看报下棋",如果需要了解时事要闻、市场消息,则以无线电收音机"转放中央广播电台之特定节目"。茶客饮茶时还必须"衣冠整齐,正襟危坐,不得奇装异服,袒胸露臂。应沉默无语,徐徐品味,不得交头接耳,尤不得高谈阔论"。另外,还要求茶客"准时入座",不得"迟到早退"。饮茶前还要"全体肃立",然后才"各就各位"。饮毕,"全体肃立,鱼贯出茶馆"。[59]作者有意将茶馆规章绝对化,诸如饮水量视体重而定、饮前肃立、鱼贯而出等,使所谓的"理想的茶馆"看起来荒谬不堪,更像一个严密控制的军营,表达了人们对国家日益增长的对日常空间和日常生活控制的极大不满。

政府如此大规模的政治宣传,可谓史无前例,显示了其高度组织化和控制力。在茶馆里,顾客所看到和听到的是官方希望他们看到和听到的。我们可以想象那些新剧、贴在墙上的领袖头像、标语、公约等,营造了怎样一种浓厚的政治气氛和新政治文化。这样,国民党通过战时的宣传,成功地扩张了对公共空间和公共生活的政治控制。因此从表面上看,茶馆生活仍在继续,但是在相当大程度上,由于民族危机和政治导向,这种生活不可避免地改变了。[60]

抗战胜利前夕,1945年3月省政府颁发《四川省管理茶馆办法》,包括所有茶馆一律登记,"非因确有需要",一般不得新开;茶馆登记后,如"某一区域茶馆过多,应逐渐取缔",而且茶馆"不准顶让";十字路口或丁字路口等要道不得开设茶馆,"如违反者逐渐取缔";下列是"绝对禁止"的各项:以青年妇女当茶房、赌博、淫秽歌唱、茶座上理发捏脚、"家庭茶座"、其他"有碍风化"及公共秩序和卫生之事；以下是必须"绝对遵守"的事项：墙壁应清洁，并挂《国民公约》和"新生活运动"标语，挂卫生、防空、防毒等画报，准备书报以供阅读，乞丐不准进茶馆；有交易违禁物品或"非法聚会"者，茶馆经理人应"立即密报宪警或主管官员"，主管官署将随时派员"到各茶馆检查"，违者视"情形轻重，分别处以处罚或令停业"。另外，该章程还有各项卫生的规定（见第5章，这里不详述）。[61]

从"休谈国事"到"茶馆政治家"

茶馆的吸引人之处在于人们的自由交谈，但闲聊也受到国家的干涉，以压制人们表达不同的政治观点、批评政府的声音。在茶馆里讨论政治是要冒风险的。警察和政府可以以任何借口对参与者进行指控，一些人还因此遭受牢狱之灾。警察经常派便衣到茶馆偷听，那些敢于在公共场所尖锐批评政府的人，成为他们打击的主要目标，茶馆也会因此受牵连，甚至被查封，人们也可能因此噤若寒蝉。那便是为什么本章开篇闻一多的《茶馆小调》中，老板哀求顾客不要谈论敏感话题。

根据于戏1943年《茶馆政治家》一文，我们知道："过去，许多茶馆里，总有'休谈国事'这样一张告白。"[62]一幅1936年关于成都茶馆生活漫画的说明也称"休谈国事，但吸香烟"（参见插图2-7），提供了这个告白的图像资料。我们很难确定这个告白最早出现于何时，李劼人在关于晚清成都的小说中，对茶馆的描述多有细节，但从未提到这类告白。于戏的文章发表于1943年，但他提到这个告白时用的是"过去",至少表明了这个告白当时在茶馆中已不再流行(见插图 10-4)。

但此君在 1942 年所写的文章中,回忆原来某茶馆贴有一首诗,"传颂一时",不过"时间已久,前段记不清楚了,只有后面两句,现在还记得起,就是:'旁人若问其中意,国事休谈且吃茶。'"作者称,茶馆中"休谈国事"的纸条,"直到七七炮火响了,才被撕毁。首先是一些做民运工作的,时常在茶馆宣传演讲,贴标语,散传单,一般饮者都关心国家大事,再也不能缄口。现在,看不见'休谈国事'的纸条,这纸条被党国旗、总理、

插图 10-4　成都附近小镇上的一家茶馆

茶馆柱子上还贴有"休谈国事"的告示,据那里的茶客说是前段时间为在这里拍一部沙汀的四川方言电视连续剧而布置的。

资料来源:作者摄于 2003 年 7 月。

主席、总裁的相片代替了"。[63]这清楚地说明了这个告白消失的前因后果。

1945年3月,当抗战即将结束时,白渝华发表了一篇题为《谈谈"休谈国事"》的文章,根据作者的说法,"在乡镇和街道背静一点的茶馆和酒店里,一进去就得看见,用红纸写的什么'休谈国事'和其他等等,不同字句的张贴,使人看见,大大的注目,真是莫名其妙"。这暗示在成都那些僻静茶馆,这类告白仍然存在。作者接着评论道:

> 这种表现是退化的,并不是进步的表现,一个强大的民主国家不应有这种腐败的缺点,尤其是在国家存亡的战争中更不应有,人民对国家的政治、军事、经济的关心可以说能对国家抗战发生巨大的效力和帮助,当然,国家的政治、军事、经济,并不是读几本书的大纲或原理就可以成功的,但是,只有一定的限度,就可以的,为什么不可以谈呢?脑筋富有封建制度的同胞们,不要再过分的固执了吧。这里我希望有关当局能容纳下面三个条件:关于这样关系国家存亡之战争,对于时局的过程上,国家存亡的抗战,只要有政府领导我们,明示我们,国家大事有什么不可以谈呢?[64]

即使他并没有对国家压制言论的行为进行批评,但也就此表达了对国家控制的不满。不过,作者在这里并不打算争取真正的言论自由,只是要求谈论抗战的权利。

"休谈国事"的告白被视为成都普通民众服从权威和没有勇气公开表达政见的一个证据,但这个看法有失公允。在老舍的著名话剧《茶馆》中,也有相似的告白"莫谈国事"贴在清末民初北京茶馆的墙上。虽然各地用词稍异（"休谈""莫谈""勿谈"等），但其意思完全相同。在成都，有茶馆甚至把这个告白变成了幽默讥讽的对联，如前面提到的"旁人若问其中意，国事休谈且吃茶"。[65]其实，从某种意义上讲，这个告白贴在茶馆，本身就是对专制、对限制言论自由的一种无声的控诉，犹如现代许多政治示威中人们用胶带把自己的嘴封住，来抗议当局对自由发表政见的压制。

这种告白在抗战中消失了，取而代之的是宣传所用的讲台、标语口号、传单、新闻布告、领袖像、《国民公约》、党旗、国旗等。因此，抗战是茶馆政治乃至政治文化的一个转折点，人们不可避免地谈论国事，政治从一个忌讳的话题成为一个热点。那些喜欢在茶馆谈论政治的茶客，在成都被谑称为"茶馆政治家"。一篇题为《茶馆政治家》的文章便指出：自从战争爆发后，人们对政治的关心是前所未有的。但是作者似乎也不赞成在茶馆里讨论政治，他写道："对于国家大事，似乎用不着尔等劳心。"他宣称自己这样说并不是因为对政治的冷漠，而是看不惯那些每天在茶馆里自称"重视国家""具有政治头脑"的人，他们高声与人辩论政治，不是赞美"某某真伟大"就是指责"某某用心叵测"。那些"自己认为其有政治眼光"的人，经常故作神秘地透露一两条"重要新闻"，立即又申明这些新闻绝对不会在报纸上报道。在这个作者看来，某些所谓"茶馆政治家"真是浅薄得很。[66]

其实，大多数所谓"茶馆政治家"还不至于如此浅薄。他们一般都应该是每天读报、关心政治的人。他们经常在茶馆待很长时间，其所见所闻便成为谈资和话题。虽然一些"茶馆政治家"

颇有社会声望，但他们中许多也自以为是，自认为比一般人更懂政治，总是希望自己成为茶馆闲聊的中心。他们一般嗓门比较大，不喜欢不同意见，因此也不时成为人们调笑的对象。他们经常在茶馆里长篇大论，口若悬河，犹如戏台上的演员。不过在某种程度上，他们能影响公众舆论。即使人们一般并不认真对待茶馆议论，但茶馆给人们提供了一个非正式讲台，人们在那里表达政治观点，国家则以暴力压制那些不喜欢的言论。事实上，对国事的谈论每天在茶馆进行着，茶馆老板很难阻止。"休谈国事"的告白，恐怕也是茶馆逃避政府追究的一个极好策略。因为有言在先，自然"言者自负"。但事实上，政府追究下来，茶馆经常难脱干系。

如果认真读这篇文章，我们还可以从字里行间发现一些有趣的东西，亦可以有不同解读。可能作者不喜欢"茶馆政治家"，是因为不满意国家对爱国人士的态度，特别是不满政府迫害那些敢于表达不同政见的人士。从作者的观点看，既然在茶馆谈政治有风险，"茶馆政治家"是自讨苦吃，真是愚不可及；也可能作者对"茶馆政治家"对于政治不负责的议论不满，愤恨他们执迷不悟；也可能作者像许多精英一样，认为只有他们自己才配谈政治，当看到一些他们瞧不起的人竟然也敢侈谈政治时，非常不舒服，甚至感到失落或威胁；还有可能作者不希望这些人在茶馆中成为引人注目的中心，为那些不愿在公共场合表达政治的人受到冷落而愤愤不平。实际上，尽管茶馆里的政治讨论有时显得幼稚或不合时宜，但这些讨论对许多人来说，是他们政治表达的唯一途径。一些人可能对他们所讨论的东西不甚了了，一知半解，因而被他人嘲弄。甚至那些不懂政治的人,也利用茶馆来发出他们的声音,同时在那里寻找知音和共鸣。

一个时代的结束(1945—1950)——严密控制茶馆

抗日战争结束后,随着内战的爆发、经济的恶化、争民主反专制运动的兴起,政治再次成为忌讳,国民党竭力压制任何批评的声音。在内战后期,随着国民党政府腐败、通货膨胀、社会混乱的日趋严重,茶馆成为普通人发泄对现实不满的地方。当人们变得愤怒,声音越来越高时,茶馆老板会赶紧过去,"小心!墙壁有耳",意思是警告可能有便衣警察在偷听。[67]国民党竭力镇压争民主运动,但也难以扭转颓势。1949年12月27日,即中华人民共和国成立不到三个月之后,解放军进入了成都。[68]

政治动乱不仅影响到茶馆的生意,而且造成了新的茶馆政治和政治文化。抗战结束后不久,成都三个主要权力机构,即成都警备司令部、宪兵、成都市府联合发表五条命令:"一、严禁军人暨非法团体在旅店茶社聚众开会。二、严禁不肖之徒在旅店茶社挟娼或赌博。三、严禁非法分子聚众讲理吃茶,扰乱公共秩序。四、凡有损毁旅店茶社什物者,应照价赔偿。五、凡违犯上列各项者,决予从严究办。"[69]像晚清和民国时期颁布的其他许多规章一样,这个布告反映了地方权威特别关注的两个方面:政治集会与公共秩序。关于政治集会,政府力图限制人们的政治权利,无论是军人还是共产党及其追随者,禁止任何政府认为可能对其造成政治威胁的公共聚集。至于公共秩序,国家似乎是从公共安全出发，但经常以所谓"不肖之徒""非法分子"等似是而非的话语，来打击政治对手，而并非真正出于公共安全的考虑。

政府十分警惕人们在茶馆中议论政治，对茶馆中举行的公共聚会更是分外关注。警察经常派便衣监视茶馆中的任何这类活动，试图把一切"危险"因素扼杀于萌芽状态。正如前面已经提到的，地方权威试图控制人们在茶馆中所读、所看、所听，这种控制在抗战中极为严密。但战后国家不但没有松弛这种控制，反而有所强化。例如，1946年，原军校同学在枕流茶楼聚会，警察派便衣到那里探听。据探听者的秘密报告，与会者不过讨论了当所在部队编制被撤销后，那些曾在前线浴血奋战的军校同学将如何维持生计的问题。他们决定成立同学会，并选举了会长，向政府申请救济，要求政府在各地为牺牲同学建立纪念碑。[70]同年，地方政府发布告示，禁止这类集会："查近来本市旅店茶社，常有军人擅自组团体，聚众开会。经绥署治安会报决议，亟应从严查禁，以遏乱源。仰该同业公会立即转知各该同业，如有军人在旅店或茶社内开会，应由该业负责人迅速密报警备部办理，否则从重议处。"[71]由于担心军人可能造成比其他人群更大的危害，国民政府对军人的公共集会十分敏感，不仅颁布了许多规章，而且要求茶社业公会和各茶馆一旦发现他们聚会，都必须报告。从现有资料看，此类聚会大多是以社交而非政治为目的。但政府认为，任何公共聚会都存在潜在威胁，因此必须禁止。政府的过度反应，也暴露了内战爆发后民主运动的兴起以及国民政府所面临的深刻的统治危机。

抗战胜利以后，政府对茶馆的控制反而日渐升级。1946年2

月,四川省政府主席在"新生活运动"纪念会上致词时,指责"成都人坐茶馆风气甚盛,茶馆不但消磨吾人宝贵之光阴,且为万恶之渊薮",认为现今社会上各种"诲淫诲盗之现象,皆由茶馆内所滋生",要求"欲革除不良习性,必须先从不坐茶馆做起"。成都市政府立即作出反应,要"秉承"该主席"意旨",决定"纠正此种不良习俗,将蓉市茶馆逐渐予以减少"。市政府先是派员分赴各区调查,"切实取缔",其取缔原则是在茶馆密度大的地方进行合并,将空间小、卫生设备差的茶社关闭。虽然我们知道如此激进的措施总是虎头蛇尾,但也反映了政府对茶馆的敌视态度。社会生活的日趋警察化,引起人们日益强烈的不满,如《新新新闻》上的一篇文章称,作者在茶馆碰见熟人,"开始寒暄",熟人说从报上看到"惊人的消息,说是政府要实行警察区制,理由是外国行之已久而成绩昭著";又说市政府对茶馆进行严密管制,理由是"游手好闲的流氓把社会弄混乱了"。文章讽刺说,人们将"在警察先生的管理下过你的民主生活"。[72]

政府竭力控制茶馆的另一个重要理由是,在国家面临危机之时,必须改变所谓"落后"的社会习俗。1948年,四川省政府"为纠正人民赌博及闲坐茶馆等陋习"而发布训令,宣称"现值动员戡乱建国时期",因为"全民责任之艰巨",而采取这些措施。[73]但是由于"社会痼习,依然如故",特别是"赌风之猖炽,茶馆之林立",因此"其影响心理建设、地方秩序及国民经济,均极剧烈",必须"严密取缔,彻底纠正,以遏颓风"。根据这个训令,各地茶馆,由于男女聚集,"积垢丛污",不但容易滋生传染病,而且"公然演唱淫词邪剧","增进迷信",甚至"捕风捉影,造谣生事",因此是"贻害无穷"之地。省府要求各地,"详拟管理改善办法",利用茶馆等场所,"实施民教社教,化无用为有用",使那些"怠忽及不规则分子,均获启导机会",而且可以乘机"改善市容,用昭整齐"。这个规则还要求"从严禁止"新设茶馆。省府认为这些措施"事关移风易俗及动员戡乱建国,至为重大",因此要求各级官员认真对待,"万勿视同具文",而且将"随时派员考察执行"。[74]（见插图10-5）

插图10-5 女学生坐茶馆

资料来源:该照片由李约瑟摄于1943—1946年,英国剑桥大学李约瑟研究所提供。

同时，四川省会警察局也发布《四川省会警察局管理茶社业暂行办法》，更具体地规定了茶馆控制措施。[75]接着，成都市政府也制定了《成都市茶馆业取缔办法》，增加了新的限制：不准任何新茶馆开办；那些影响公共卫生和阻碍交通的茶馆必须迁移或关闭；除非由于拓宽道路等公共计划的影响，任何茶馆不得搬迁；没有政府批准，茶馆不得易手；茶馆停业三个月以上者不得再开业，执照作废；所有违规者将受到严惩。[76]这些规定反映出省府、警察、市府全部出动，来势凶猛地对茶馆发动的攻势。其中警察所颁布者最为详细具体，其打击政治聚会的目的也最为明确。从晚清到民国末期所颁布的规则看，其不仅反映了国家对茶馆日益增强的严密控制，也表明国家需要不断地重申措施，否则就难以得到认真的贯彻，从一个侧面反映出茶馆及其文化的抗争及其韧性。

千变万化的政治万花筒

在城市中，政府总是对公共场所比对其他地方进行更多的规范。从晚清新政开始，在成都像在中国其他城市一样，当局和改良精英发动了一场场运动，以重新建构城市外表和景观来改善城市的形象，通过规范公共空间来施展他们的规划。作为城市中最重要的公共空间，茶馆成为改良的一个主要目标。政府对公共空间的控制日益严密，当然也遭到茶馆经理人的抵制。当一个新规定颁布时，开始可能会严格实行，但不久就会松弛，一段时间以后，政府又周而复始地开始新一轮的努力。在整个民国时期，政府发布了关于茶馆安全和秩序的许多禁令,扩展了其社会控制,使国家权力渗透到社会的各个方面。虽然人们之间的冲突和暴力以及增长的国家控制,造成茶馆生活的暂时困难,但是它们不能摧毁茶馆生活和日常文化,茶馆文化证明了其顽强性。抗战爆发后,民族危机给国家以机会,犹如中央政府最后进入四川一样,使其最后将权力伸入茶馆。

茶馆是一个政治舞台,在那里人们很难与政治保持距离。精英和地方官僚对茶馆和茶馆生活的批评之声不绝于耳,其动机也千变万化。有时为了改善城市形象,有时为了"启蒙",有时为了批评"落后"的生活方式,有时为了维持社会"秩序"和"稳定",有时则为了其阶级或集团的利益和诉求……一些人认为茶馆对社会有消极影响,人们在那里浪费时间,散布谣言,百弊丛生。那些对茶馆怀有偏见的精英,积极支持政府对茶馆的限制,认为这种政策是十分必要的。也有一些精英虽然认为茶馆存在问题,应该进行改良,但同时也相信茶馆对城市社会和文化生活、对经济发展的重要性。这种不同意见反映出他们对大众文化的不同态度。那些对茶馆持否定态度的精英,支持政府的规范,相信对茶馆业和茶馆生活的控制是十分必要的;但另外一些精英,即使认为茶馆存在各种问题,仍承认茶馆在城市社会中的重要地位,以及对文化和经济的贡献。

茶馆还扮演着政治中心的角色,在这个时期茶馆是人们信息的主要来源地,人们利用茶馆进行政治活动。不过,政治在茶馆的渗透也通过其他方式进行。我们看到,人们喜欢在茶馆里谈论政治,无论他们是否能清楚地表达自己的观点,或是否对当前政治有足够理解，或是否具有明显的政治倾向，人们对政治的讨论都将会对他人产生影响。"茶馆政治家"无论多么幼稚，至少能够不时发出与官方不和谐的声音。政府力图控制茶馆闲谈，要求茶馆老板报告任何批评政府及其政策的言论。"休谈国事"的告白贴在每个茶馆里这个事实本身，便可以说是一种无声的抗议，表明了言论自由的被剥夺。茶馆在相当程度上也是一个政治的风向标，人们在茶馆里交谈的内容和自由表达政治观点的程度，是随着政治状况的变化而改变的。虽然大多数顾客避免谈论敏感的政治话题，以免惹祸，但是仍然有人，特别是像闻一多这样的左翼知识分子，号召人们站起来，为言论自由而抗争。闻一多本人也为此付出了生命的代价。[77]

　　茶馆文化虽然是顽强的，但在地方和国家政治的影响下，不可避免地发生了变化。一方面，在所讨论的全部四个时期中，茶馆政治的某些方面始终如一，例如人们甘冒风险在茶馆中谈论各种政治话题，政府强制实施各种规章，地方权威压制和批评不同政见，争论和冲突时有发生，社会集团和组织利用茶馆进行政治活动等。但另一方面，茶馆政治时有不同表现，从晚清到民初，政府注重戏曲和大众文化改良，而民众以茶馆为表达政治主张之地。在1910年代末和1920年代初的新文化运动中，茶馆交谈则更多地表现出对文化问题的关心，诸如认同、传统、新旧及中西文化冲突等。抗战期间，茶馆政治达到了高潮，成为战时国家宣传机器的一部分。政府试图通过利用茶馆达到发动民众抗战，激发爱国热情，压制挑战当局的思想和活动，以及树立战时绝对权威的目的。通过标语口号和《国民公约》，政府企图利用茶馆发动民众参与官方的"除奸"、兵役、运输、防空、节约储蓄、募捐、新生活等运动。政府最重要的打击目标之一是"汉奸",这个罪名也经常被用来指控那些对政府法令不满和不遵守的人,政府以此为借口镇压任何敢于挑战其权威者。在内战爆发后,随着争民主运动的高涨和经济状况的恶化,政治聚会成为一种危险,政治话题更成为一种忌讳。

从本章的研究中,我们发现在茶馆里实际上存在三种不同的政治:对一般大众来讲的平民政治、改良者所推行的精英政治,以及对政府而言的国家政治。这样,茶馆中呈现出多元、多层次的复杂的政治表现。在茶馆里,民众力图表达他们的政治声音,进行政治参与,但又被精英和国家的话语霸权和国家机器的暴力所压制。精英则试图按照他们的政治意图,对茶馆进行改造,通过改良来施加他们对公共政治的影响。他们摇摆于民众和国家之间,时而依附国家权力,实施针对民众的茶馆改造;时而代表民众,发泄对国家过多控制的不满。而国家在茶馆中扮演的角色也是综合性的,它对民众政治总是打击和压制,而对精英政治的态度则取决于其是否与国家政治相吻合。这三种政治共存,相互影响,此消彼长,从而使茶馆这个政治万花筒的变化更加丰富多彩,奇妙多端。

注释

[1] 闻一多:《茶馆小调》,筠连县政协文史资料研究委员会编《文史资料选辑》第3辑,1985年,第61—62页。

[2] 以茶馆作为背景进行政治表达并非仅见于成都,鲁迅和老舍都是以小

说描述茶馆政治的高手。在鲁迅的《药》中,主角华老栓便是一个开茶铺的,另一个角色驼背五少爷也是茶馆的常客:"每天总是在茶馆里过日,来得最早,去得最迟。"人们在茶馆里议论"乱党"。见《药》,《鲁迅全集》第1卷,第298—310页。老舍的《茶馆》从百日维新、军阀混战写到抗日战争,从文学角度用茶馆来反映政治变迁。见《茶馆》,《老舍剧作选》,第73—144页。

[3] 在中国历史上有一个有名的说法:"天下未乱蜀先乱,天下已治蜀未治。"强调了四川的特别及其在国家政治中的战略地位,也显示了治理四川的困难。自19世纪以来,四川一直都是中国的第一人口大省,直至重庆1997年从四川分出成为直辖市。

[4] Wang, *Street Culture in Chengdu: Public Space, Urban Commoners, and Local Politics in Chengdu, 1870-1930*, chap. 2.

[5] 关于成都城市管理的演变,见 Stapleton, *Civilizing Chengdu: Chinese Urban Reform, 1875-1937*;王笛《跨出封闭的世界——长江上游区域社会研究,1644—1911》,第401—402页;Wang, *Street Culture in Chengdu: Public Space, Urban Commoners, and Local Politics in Chengdu, 1870-1930*, chaps. 2, 4, 5;乔曾希、李参化、白兆渝《成都市政沿革概述》,《成都文史资料选辑》第5辑,1983年,第1—22页;何一民主编《变革与发展——中国内陆城市成都现代化研究》,第3章。

[6]《四川通省警察章程》(1903),《巡警部档案》:1501-179;《成都省会警察局档案》:93-6-2718;《国民公报》1916年12月16、26日;《成都市市政年鉴》(1927),第510—512页;《成都快报》1932年4月2日;《新新新闻》1945年3月16日;贾大泉、陈一石:《四川茶业史》,第369页;《成都市商会档案》:104-1388,104-1406;《成都市政府工商档案》:38-11-298;《四川省政府社会处档案》:186-1431;《成都省会警察局档案》:93-2-2559。那些涉及各服务行业、并不专门针对茶馆的或没有实行的规章没有包括在内。实际有关茶馆的规章应该比这里所讨论的要多。

[7] Wang, *Street Culture in Chengdu: Public Space, Urban Commoners, and Local Politics in Chengdu, 1870-1930*, chap. 7.

[8] 我在关于街头文化的研究中讨论了这个问题。见 Wang, *Street Culture in Chengdu: Public Space, Urban Commoners, and Local Politics in Chengdu, 1870-1930*, chap. 6。关于江南地区茶馆冲突的研究，见 Shao, "Tempest over Teapots: The Vilification of Teahouse Culture in Early Republican China." *Journal of Asian Studies* vol. 57 no. 4 (1998): 1021-1030。

[9] 关于成都城市改良的更详细的讨论，见 Stapleton, *Civilizing Chengdu: Chinese Urban Reform, 1875-1937*; Wang, *Street Culture in Chengdu: Public Space, Urban Commoners, and Local Politics in Chengdu, 1870-1930*, chaps. 4, 5。

[10] 邵勤讨论了南通改良精英认为茶馆是"落后"的，因此必须改造的问题。我自己的研究则分析成都茶馆怎样成为城市改良的目标。见 Shao, "Tempest over Teapots: The Vilification of Teahouse Culture in Early Republican China." *Journal of Asian Studies* vol. 57, no. 4 (1998): 1009-1041; Wang, "The Idle and the Busy: Teahouses and Public Life in Early Twentieth-Century Chengdu." *Journal of Urban History* vol. 26 no. 4 (2000): 411-437; Wang, *Street Culture in Chengdu: Public Space, Urban Commoners, and Local Politics in Chengdu, 1870-1930*, chap. 5。

[11]《四川通省警察章程》(1903),《巡警部档案》: 1501-179。

[12]《省垣警区章程》,《四川警务章程》卷2, 第27、30页。

[13] 关于这个运动见 Wang, *Street Culture in Chengdu: Public Space, Urban Commoners, and Local Politics in Chengdu, 1870-1930*, chap. 7。立宪运动和保路运动的领袖蒲殿俊和罗纶等与护督赵尔丰谈判，达成协议，蒲被推为都督。但1911年12月清兵骚乱、抢劫藩库和成都商业区，蒲和其他新政府官员逃之夭夭。骚乱被平定后，赵被尹昌衡为

首的新军和革命党人处死。1911 年 12 月 10 日四川军政府成立，尹为都督。见隗瀛涛《四川保路运动史》，第 4—5 章；Stapleton, *Civilizing Chengdu: Chinese Urban Reform, 1875-1937*, chaps. 3, 5；Wang, *Street Culture in Chengdu: Public Space, Urban Commoners, and Local Politics in Chengdu, 1870-1930*, chaps. 5, 7。

[14] Wang, *Street Culture in Chengdu: Public Space, Urban Commoners, and Local Politics in Chengdu, 1870-1930*, pp. 228-230；Stapleton, *Civilizing Chengdu: Chinese Urban Reform, 1875-1937*, chap. 7；Kapp, *Szechwan and the Chinese Republic: Provincial Militarism and Central Power, 1911-1938*, chaps. 1, 2。

[15] 李劼人：《大波》，《李劼人选集》第 2 卷，第 788 页；Han Suyin, *The Crippled Tree: China, Biography, History, Autobiography*, pp. 228-229。

[16]《通俗日报》1909 年 8 月 6 日、1910 年 5 月 25 日；《国民公报》1912 年 6 月 14 日。这类活动在以后军阀时期也经常可以看到，如茶馆常被用于举行政治庆祝活动，如 1929 年 10 月，一一茶园雇成都最好的木偶戏班，以庆祝双十节。见《国民公报》1927 年 10 月 7 日。在抗战时期则更为普遍（见后）。

[17]《国民公报》1917 年 5 月 5 日、7 月 29 日。

[18]《国民公报》1916 年 7 月 1 日、1917 年 8 月 20 日；《吴虞日记》上册，第 265—266 页。

[19] Wang, *Street Culture in Chengdu: Public Space, Urban Commoners, and Local Politics in Chengdu, 1870-1930*, pp. 228-230；Stapleton, *Civilizing Chengdu: Chinese Urban Reform, 1875-1937*, chap. 7；Kapp, *Szechwan and the Chinese Republic: Provincial Militarism and Central Power, 1911-1938*, chaps. 1, 2。

[20] 这五个军阀是刘湘、刘文辉、邓锡侯、田颂尧、杨森。这一时期，成都前后也有五任市长，都是这些军阀下属将军。这时期的四川被人们

认为是中国最混乱的地区，但实际上在这个权力结构下，这几年的成都还相对安定。见 Kapp, *Szechwan and the Chinese Republic: Provincial Militarism and Central Power, 1911-1938*, chap. 3。但 1932 年，刘湘和刘文辉开战，次年又是邓锡侯与刘湘间的战争，都以成都街头为战场，造成自 1917 年以来的又一场大灾难。这些军阀疯狂征税，走私鸦片，控制经济。沉重的赋税负担、经济的不稳定，再加上土匪横行，使许多人变卖了田产到成都居住，从而为成都茶馆增加了新的客源。

[21] Kapp, *Szechwan and the Chinese Republic: Provincial Militarism and Central Power, 1911-1938*, chaps. 3, 4, 5；乔曾希、李参化、白兆渝：《成都市政沿革概述》，《成都文史资料选辑》第 5 辑，1983 年，第 15 页；张学君、张莉红：《成都城市史》，第 296 页；何一民主编：《变革与发展——中国内陆城市成都现代化研究》，第 345—346 页。

[22]《国民公报》1917 年 4 月 9 日。

[23]《国民公报》1917 年 5 月 10 日。

[24]《国民公报》1922 年 2 月 10 日。

[25] 鲁迅：《阿 Q 正传》，《鲁迅全集》第 1 卷，第 359—416 页。

[26]《成都快报》1932 年 4 月 2 日；贾大泉、陈一石：《四川茶业史》，第 369 页。

[27] 为了直接控制川省，蒋介石本人兼任四川省长，我在档案中看到一些关于茶馆的文献甚至由"蒋中正"亲自签署。

[28] 1940 年，成都遭受严重的粮食短缺，并造成米骚乱。为解决这个问题，并躲避日本的飞机轰炸，政府令市民疏散到郊区。人们生活在战争的阴影下，1938—1941 年，"跑警报"成为日常生活的一部分。1941 年和 1942 年间，由于受太平洋战争的牵制，日军停止了轰炸，人们才陆续回到城内。从 1938 年 10 月到 1941 年 8 月，共有 13 次轰炸，损失最严重者为 1939 年 6 月 11 日、1940 年 10 月 27 日、1941 年 7 月 27 日的三次轰炸，几千人伤亡，无数人无家可归，许多街区沦为

瓦砾场。见刘西源《跑警报》，成都市群众艺术馆编《成都掌故》第 2 辑，第 148—151 页。

[29]《成都快报》1938 年 8 月 25、27 日，9 月 1 日。

[30] 周文：《成都的印象》，曾智中、尤德彦编《文化人视野中的老成都》，第 229 页；《新新新闻》1938 年 4 月 9 日。

[31] 周止颖：《新成都》，第 224 页；《成都快报》1938 年 8 月 25、27 日。

[32] 野峰：《炮火，惊醒了成都青年——卢沟桥事件成都市内宣传记》，《图存》第 2 期，1937 年 7 月 16 日，第 5 页。

[33]《中华》第 1 卷第 3 期，1937 年 10 月 1 日，第 20 页。

[34]《新新新闻》1945 年 5 月 13 日。

[35] 刘盛亚：《成都是"例外"吗？》，《文化长城》第 3 期，1938 年 6 月 21 日，第 32 页。

[36]《华西晚报》1941 年 6 月 16 日、11 月 23 日。

[37] 健夫：《闲话蓉城》，《华西晚报》1942 年 6 月 17 日；秋池：《成都的茶馆》，《新新新闻》1942 年 8 月 7—8 日。

[38]《新民报晚刊》1943 年 10 月 27 日。

[39]《新新新闻》1945 年 5 月 16 日；周止颖：《新成都》，第 246 页。

[40]《新民报晚刊》1943 年 10 月 27 日。

[41]《蒋介石日记》1942 年 4 月 3 日；博行：《茶馆宣传的理论与实际》，《服务月刊》第 6 期，1941 年 5 月 1 日，第 7—10 页。

[42] 王庆源：《成都平原乡村茶馆》，《风土什志》第 1 卷第 4 期，1944 年，第 37—38 页；周止颖：《新成都》，第 224 页。

[43]《成都市政府工商档案》：38-11-1103。这些脚本的题目包括《还我河山》《汉奸题名》《汉奸的下场》《倭寇侵华图》《抗日调》《故乡曲》《吊姚营长》《国情恨》《五更叹国情》《英勇抗日》《阎锡山枪决李服膺》《新四川》等。见《成都市政府工商档案》：38-11-1103。

[44] 这个故事揭露日本由于缺乏自然资源和市场，企图霸占中国领土的野心。日本入侵东北，建立溥仪傀儡政权；然后占领华北，摧残中国的

教育，强迫中国人学日语。在日本占领区，人民遭受极大苦难，年轻人被迫为日军服务。日军摧毁和焚烧房屋财产，并把赃物运回国内。日军杀了无数人民，许多人被活埋，妇女被强奸，人们妻离子散。这个脚本呼吁人民组织起来保家卫国，有钱出钱，有力出力，"奋斗到底一条路，收复失地凭血肉。愿作壮烈牺牲鬼，不作偷生亡国奴"。关于岳飞的历史记忆，见黄东兰《岳飞庙：创造公共记忆的"场"》，孙江主编《事件、记忆、叙述》，第158—177页。

[45]《成都市政府工商档案》：38-11-1103。

[46] 在其申述中，他说自己36岁，一家6口，自幼学唱曲，别无他长；曾在军队服役，但1932年以后全家皆卖艺为生。

[47] 虽然我没有发现上述两个请求的结果，但至少知道1939年市长批准了颐和园书场的类似请求。见《成都市政府工商档案》：38-11-950、951。

[48] 茶社业公会特别组织了一个"讲台委员会"，每个区3—5个成员，共19人。见《成都市商会档案》：104-1401。

[49]《成都市政府工商档案》：38-11-952。

[50] 甲等茶馆要求配置国民党党旗和国旗、国父孙中山画像、国民党总裁和政府主席像（主席像在左、总裁像在右），还要准备一块黑板、一个讲台、杂志和报纸、图片和标语等。乙等和丙等茶馆也要准备除讲台之外的其他全部物品。那些在规定日期没有准备好的茶馆将被罚款，拒绝执行命令的茶馆将被查封。市长还要求茶社业公会报告成都所有茶馆的名字、地址和所有从业人员名单。见《成都市商会档案》：104-1384。政府还发布了"茶馆之布置"，根据茶馆的经济能力、规模和等级，对布置做了具体的要求：甲等茶馆要张贴漫画、标语、图表、图片、书报，以及用于宣传的黑板；乙等茶馆要求相近，但图片和书籍由茶馆自行决定，黑板尺寸可以小一些；丙等茶馆必须配备漫画、标语、图表，但不要求图片、报纸和黑板。见《成都市商会档案》：104-1388。

[51]《成都市商会档案》：104-1390。

[52]《成都市商会档案》：104-1388。标语口号包括如下内容，关于除奸："统一政令贯彻军令！""消灭汪逆伪组织！""破坏政府法令便是汉奸！""肃清奸徒，巩固后防！"关于兵役："逃避兵役是最可耻的行为！""优待军人家属！""当兵是国民的天职！""人人当兵抗战必胜！"关于驿运："发展驿运，接济前方军需！""后方运输等于前方作战！""驿运是抗战致胜的关键！""驿运是发动人力兽力的运输！"关于防空："无空防即无国防！""努力防空建设！""建设空防，巩固国防""人人出力，献机杀敌！"关于节约储蓄："力行节约，争先储蓄！""节约储蓄，是为子孙造基业！""利己利国，最好购买储蓄券！""厉行节约储蓄，增强抗战力量！"关于募捐："有钱出钱，理所当然！""出钱劳军，鼓励士气！""踊跃献谷献金！"等等。

[53]《成都市商会档案》：104-1388。

[54]《成都市商会档案》：104-1388。

[55] 这些书包括：赞扬抗战和古代的英雄，如《戎马集》《王铭章将军》《英勇事迹》《岳飞》；以反对共产党为主题，如《中共不法行为》《解散新四军与整饬军纪》；抨击汉奸，如《汪精卫》《汪精卫卖国密约》《天罗地网》；鼓吹国民党意识形态，如《三民主义大众读本》《建国方略》《建国大纲阐释》《三民主义的体系及实施程序》《国民参政会》《中山先生故事集》；发动民众抗日，如《总裁告川省同胞书》《悲壮的藤县之役》《从伪满边来》《抗战与兵役》《国民精神总动员纲领及实施办法》《中国抗战与世界和平》《革命救国言论集》；关于社会改良的大众读物，如《四川地理》《新生活故事集》《中央日报》《扫荡报》《新新新闻》《大公报》《三民主义周刊》《时代精神半月刊》；等等。见《成都市商会档案》：104-1388。

[56]《新新新闻》1945年6月28日；《成都市政府工商档案》：38-11-1465。

[57]《成都市商会档案》：104-1401。

[58]《成都市商会档案》：104-1388、1401。

[59]居格：《理想的茶馆》，《华西晚报》1942年10月17日。

[60]战后国民党政府继续使用这个策略。1948年，四川省政府颁布《四川省管理茶馆办法》，要求各茶馆张贴"新生活运动"的标语和图片，制定了关于卫生、防空、防毒等措施，还要求茶馆配备图书和报纸。见《成都市政府工商档案》：38-11-298。

[61]《新新新闻》1945年3月16日。这个章程也见《成都市政府工商档案》：38-11-1465。

[62]于戏：《茶馆政治家》，《华西晚报》1943年1月15日。

[63]此君：《成都的茶馆》，《华西晚报》1942年1月28—29日。

[64]白渝华：《谈谈"休谈国事"》，《新新新闻》1945年3月18日。

[65]此君：《成都的茶馆》，《华西晚报》1942年1月28—29日；老舍：《茶馆》，《老舍剧作选》，第78、92、113页。

[66]于戏：《茶馆政治家》，《华西晚报》1943年1月15日。

[67]此君：《成都的茶馆》，《华西晚报》1942年1月28—29日；张珍健：《南门有座"疏散桥"》，冯至诚编《市民记忆中的老成都》，第321—322页。战后人们特别关注局势发展，例如1946年2月"东北问题"成为茶馆的"谈话资料"，因为"东北苏军逾期尚无撤军迹象，且又向我提出新要求，呈欲使东北特殊化"。见《新新新闻》1946年2月22日。

[68]乔曾希、李参化、白兆渝：《成都市政沿革概述》，《成都文史资料选辑》第5辑，1983年，第9—11页；何一民主编：《变革与发展——中国内陆城市成都现代化研究》，第347、585—586页；Kapp, *Szechwan and the Chinese Republic: Provincial Militarism and Central Power, 1911-1938*, chap. 8；李文孚：《抗日中期成都"抢米"事件》，成都市群众艺术馆编《成都掌故》第2辑，第66—80页。1949年12月初，35名共产党员在十二桥被杀害。见廖俊义《我参加十二桥大屠杀的回忆》、唐体尧《我是十二桥惨案的执刑刽子手》，以上两文皆见成都市群众

艺术馆编《成都掌故》第 2 辑，第 84—94 页。

[69]《成都市商会档案》：104-1397。

[70]《成都省会警察局档案》：93-2-759。有一个类似的例子：1946 年 7 月，当警察得知有军人在芙蓉茶社聚会时，派密探去侦察，发现他们正在讨论请求中央政府给予复员军人以生活保障。见《成都省会警察局档案》：93-2-3101。

[71]《成都市商会档案》：104-1388。

[72]《新新新闻》1946 年 2 月 21 日；陈善英：《茶馆赞》，《新新新闻》1946 年 6 月 19 日。

[73] 关于茶馆中的赌博，见铃木智夫「清末江浙の茶館について」『歴史における民衆と文化——酒井忠夫先生古稀祝賀紀念論集』，第 534 页；Wang, Street Culture in Chengdu: Public Space, Urban Commoners, and Local Politics in Chengdu, 1870-1930, chap. 6。

[74]《成都省会警察局档案》：93-2-2559。

[75]《成都省会警察局档案》：93-2-2559。

[76]《成都市商会档案》：104-1388。

[77] 共产党也经常用茶馆作为他们开会和碰头的地方。据说他们经常在走马街、青石桥、春熙路、少城公园、东城根街、长顺街等地的茶馆活动。马识途的话剧《三战华园》，便是关于共产党和国民党特务在华华茶厅斗争的故事：地下党在茶馆接头，而国民党特务则试图由此破获共产党的地下组织，双方将茶馆作为了政治斗争的舞台。见《马识途文集》第 6 集，第 169—222 页。据枕流茶社老板回忆，共产党人经常在其茶馆里举行秘密会议，这个茶馆是高中生喜欢聚集的地方，特务不大注意。虽然茶馆老板知道他们的身份，但也假装不知。见王世安、朱之彦：《漫话少城公园内几家各具特色的茶馆——回忆我经营枕流茶社的一段经历》，《少城文史资料》第 2 辑，1989 年，第 156 页。可惜我还没有发现更具体的资料以考察共产党在茶馆里的活动。

第 11 章 结 论
——地方文化与国家权力

本书主要研究三方面的问题。第一，这个研究对茶馆生活进行综合分析，显示人们怎样利用茶馆作为休闲、会友、娱乐的场所，各种社会集团诸如学生、劳工、社会组织等怎样利用茶馆开展活动。妇女也竭力争取使用这个公共场所的权利。第二，揭示茶馆的经营和管理，观察茶馆的兴旺发达是怎样与其独特的文化联系在一起，考察茶馆怎样运用各种手段以求生存。我们也看到在经济恶化、社会动乱、政治不稳定之时，茶馆所遭遇的困难。在处理与国家关系的问题上，成都茶社业公会在政府和茶馆行业之间扮演了积极的角色，成为政府和各茶馆之间的中介。本书还探索了茶馆中的劳动力、工作条件、雇佣、工作场所等问题。第三，本书探索了茶馆在地方和国家政治中的角色，讨论社会冲突和政府控制的问题，分析茶馆和公共政治的联系，揭示茶馆怎样成为一个政治舞台，以及大众、精英和国家怎样利用这个舞台，使其在革命、改良和战争中发挥着重大的作用。

在成都，改良和控制茶馆的过程，是城市现代化和寻求身份认同的一部分，也是近代中国许多其他城市的共同经历。正如周锡瑞所指出的："尽管现代城市类型多有不同，但中国城市改良者的现代城市规划则十分相似。"[1]那些在成都茶馆中推行的改良措施——娱乐、公共秩序和安全、卫生、经营管理、公共行为、道德、引进电灯和自来水来改进城市公共设施、提倡爱国爱乡等,也都在其他城市实施,即使这些措施在其他城市的实施并非针对茶馆。由此看来,茶馆是一个微观世界,显示了现代城市改良的理论和实践的几乎每一个方面。[2]

成都与全国的经济、文化、政治的变化紧密相关,也在社会、传统生活方式等方面与国家文化发生冲突,使成都市民认真审视自己的身份认同,这在关于茶馆生活问题上的争论中得到了充分体现。现代化使成都文化的独特性逐渐衰弱,如周锡瑞所说的"地方文化相异性的缩小"。抗日战争时期,当国民政府迁移到重庆,大量人口涌入内地城市之时,这个过程加速了。不过,这个研究还显示了地方文化特别是茶馆所保持的活力。虽然现代化的浪潮在全国范围内改变了城市日常生活,但成都日常文化的核心或多或少地幸存下来。

关于茶馆的研究不仅为我们提供了对日常文化、小商业、公共政治的进一步理解,而且拓宽了我们对地方文化与国家文化之间关系的知识,引导我们去思考中西方之间在公共生活上的异同,以及20世纪上半叶中国社会和文化的变化和延续性。当许多传统的商业在西方冲击下衰落,并由此造成经济、政治、文化的转型时,茶馆不仅继续生存下去,而且生意兴隆,因为根植于地方文化的小商业生存策略,使茶馆能够保持活力,这个公共空间从来没有割断与顾客的联系。直到1950年,茶馆仍然是成都小商业和地方文化最有力的代表。

第11章 结论——地方文化与国家权力

一个微观世界

在本书中,我指出茶馆是发生各种社会、经济和文化活动的多功能的公共空间。茶馆是一个社区的社会中心,因为那些有着同样政治观点、生活方式、职业背景的人们,或那些来自同一个地方或有同样兴趣的人们,能够建立有用的社会联系。茶馆里什么事都可能发生,各种人物——从学者、官员、商人,到小贩、苦力、乞丐、堂倌、理发匠、讲评书者、算命先生、艺人等——都在那里活动。在其他店铺里,顾客与商店发生关系的时间比较短暂,一般只是店主或店员与顾客的关系。但茶馆不同,顾客在那里一般要待好几个小时,甚至一整天,基本上是顾客间的相互作用。人们在那里进行各种活动:闲谈、传播小道消息、谈生意、解决纠纷、走私、斗鸟赌博、下棋打牌、找工作或招募劳工、收集信息、抱怨社会和生活的不公、发泄对政府和政治的不满、召集各种会议、争论甚至打斗,等等。茶馆的复杂性还反映在其结构和生意的运作方式上。茶馆老板可能是政府官员,或名声在外的商人,或著名学者,或袍哥首领,或居城地主,但也可能是仅可糊口的劳工,或乡间来的农民,或破落户,或小贩,或低级士兵,可以是成都居民或外来移民,城市老油条或纯朴的"乡愚",彪悍的男人或柔弱的女人……他们在教育程度、籍贯、职业、家庭背景等方面各有不同,这也影响到他们的经营方式和风格、茶的味道以及对顾客的态度。

茶馆反映了经济、政治、文化、社会的变化。每碗茶的价格总是与通货膨胀同步变化的，原材料上涨，茶价便升高；如有经济衰退或自然灾害发生，茶馆里乞丐数量便增加。同样，政治的变化也很快在茶馆里呈现。每天清早，茶馆里的闲谈主题便是最近的新闻。如果从一个较长的时段来观察，茶馆聊天总是与地方和全国政治发展相联系。晚清人们讨论铁路国有化，民国初年议论军阀混战，1920年代关心西化问题，1930—1940年代集中在日寇侵略，1940年代末抱怨政治腐败、通货膨胀、内战残酷……虽然政府颁布的关于茶馆的规章多集中在卫生、公共秩序、符合道德规范的演出等方面，但根据时代不同其强调的重点亦时有变化。例如，晚清政府主要控制"淫荡""暴力"的节目，抗战时期则竭力推动爱国主义和谴责汉奸的演出。

研究社会最基本的单位、进入城市的内部不会妨碍历史学家考察更宏观和意义重大的事件，反而有助于更深刻地理解这样的问题。一方面，关于茶馆这样的社会机构的研究可以引导我们进入城市的最底层，观察到那些我们至今仍然忽视的社会现象；另一方面，对有意义的大事件的探索，将促进我们对国家政治、社会演变与地方社会日常生活关系的深刻理解。由于中国地理和社会的复杂，地区间的相同和不同都应该在我们的考虑范围之内。因此，本书在讨论成都茶馆时，不可避免地把地方问题放到全国的大舞台上。例如，如果我们讨论女茶房的兴起，就必须考虑战争难民问题，是他们将沿海较开放的风气带到了成都。又如分析成都的小商业时，也必须将其纳入当时中国经济的大环境中，特别是小商业在现代经济中究竟扮演了怎样的角色。这样的综合研究保证我们在研究微观问题的时候，仍然能持有宏观的眼光。

把茶馆作为一个"微观世界"来分析，便涉及若干相关问题：微观世界能否反映大的社会，微观世界的个案能否说明外面更大的世界？另外，根据小的个案得出的结论是否可以推而广之到更大的范围？研究中国的人类学家经常以一个小社区为基地，力图为理解大社会提供一个认知模式，也经常为类似的问题所困扰。一个小社区是大社会不可分割的一部分，然而又不能完全代表那个大社会，因此仅仅是一个"地方性知识"，或者说是"地方经验"。尽管有这样的限制，但地方知识至少提供了对大社会的部分认知。本书并不企求建立一个普遍的模式，或者确立一个中国城市公共生活的典型代表，而是提供一个样本和一种经历，以丰富我们对整个历史、社会和文化的理解。总而言之，微观历史的意义在于为理解城市史的普遍规律提供个案，不仅深化我们对成都的认识，而且有助于理解其他中国城市。

现代化的过程使具有丰富地域文化的地方趋向国家文化的同一性。成都像许多内陆城市一样有着特殊的社会转型过程。沿海城市在19世纪便受到西方强烈的影响，与之相比，这个过程在成都要晚得多和缓慢得多。通过对茶馆和日常文化的研究，我们可以发现地方文化对试图改变它的外部力量的抵制是非常明显的。在强大的西化的诸如"文明""爱国"等文化话语的影响之下，那些主张保持地方文化独特性的人的声音被淹没。然而，地方文化及其生活方式仍然保持着潜在的活力，虽然成都无法阻止现代化同一性的冲击，但在相当大程度上还是保留了自己的文化。现代化和国家文化的同一模式扩张势头遭遇了地方文化的顽强抵制，这成为现代性和传统文化关系的一个主题。与这条线同时并存的，是20世纪上半叶在公共空间和公共生活中国家权力的大力扩张。

日益增强的国家干预

政府总是把注意力更多地放在城市的公共场所，对这些地方进行严密管理和控制。随着晚清新政的实施，成都与中国其他城市一样，地方当局和改良精英发动了改变城市形象的运动，不断进行城市重建和外观改造。作为城市最重要的公共空间，茶馆成为改良的主要目标。整个民国时期，政府发布了许多关于茶馆的规章，包括卫生、公共秩序、娱乐、营业登记、营业许可等。有证据显示，这些政策的制定都是基于茶馆、茶馆生活、娱乐对社会有害这样一个观念的。政府无法完全将这个许多人赖以为生的行业消灭，但是在整个民国时期，它能够而且的确对茶馆的数量进行了有效的控制。如果任何茶馆需要迁移或转卖，都必须经过复杂的手续，甚至还有被政府关闭的危险。虽然在政策具体实施的过程中政府也会有一定的灵活性，也会作一些让步，但仍然有着足够的权威推行这些控制政策。

政府认为戏曲对民众有着深刻的影响，因此把相当的注意力放在对茶馆戏园的改造上，竭力把国家意识灌输到大众娱乐之中，把大众文化引导到政治舞台上。[3] 政府控制也影响到国家与社会、精英与民众、精英文化与大众文化的关系。在这个过程中，规章的制定经常显示国家对社会、精英对民众、精英文化对大众文化、国家文化对地方文化的优势地位。我们必须意识到，政府经常夸大茶馆中的消极现象，以为其控制提供借口。例如，政府使用诸如"淫荡""暴力"等词汇来形容那些与现代国家意识不符的传统戏曲，以此来阻止那些关于性爱、鬼神、传奇等主题的演出，反映了文化歧视以及实施文化霸权的意图。[4]

这些规章有不同的效果，有的得到了实施，有的只在短期内有作用，有的部分得到贯彻；一些开始时有效，但随后变得松弛。其原因多种多样。首先，政府缺乏持续性，当国家或地方政治发生变化时，例如地方政府或警察头目变更等原因，都可能影响规章的实施，尤其是辛亥革命到内战期间那种不稳定的政治局势更促进了这种不确定性。其次，茶馆经营者通过各种方式应付规章，政府缺乏资源进行始终如一的监视，再次证明了国家权力深入社会底层的困难。从一定意义上讲，政府不得不依靠茶社业公会和茶馆本身来贯彻规章。在限制茶馆数量上，公会与政府配合紧密。另外，我们还可以发现许多茶馆因竞争而密报同行的"违法行为"，从表面上看，那些告密者支持规章的执行，但实际上不过是利用这些规章来打击竞争者而已。

从对各种规章的研究中，我们看到从晚清到国民党政权崩溃，关于茶馆的基本政策并没有多大改变，集中在公共秩序、卫生、"健康"的娱乐等方面。当然，政府的规章经常遭到抵制，特别是当这些政策影响到普通人生计之时。茶馆主人总是有其特殊的办法应付政府及其规章，并得以生存。各茶馆为自己的利益抗争，而茶社业公会则代表行业利益奔走呼号。另外，精英、社会改良者、国家三种力量都分别有着自己的政治议题，在对待茶馆的问题上因此存在着分歧，这种分歧也会对茶馆的控制产生不同的影响。[5]

比较视野中的公共领域与公私关系

从某种角度看，中国茶馆与西方的酒馆（tavern）、咖啡馆（coffeehouse）、餐厅（café）特别是酒吧（saloon）有着类似的功能。[6]当然，茶馆与这些西方设施之间的差异也是十分明显的。近年研究西方历史的学者越来越多地关注公共生活，提供了新的角度考察城市史和地方政治的演变。例如，在美国史方面，研究各种酒吧、酗酒问题和戒酒运动；而欧洲史方面则揭示小酒馆、咖啡馆等的复杂社会关系。现有的研究给我们提供了一个参考框架，从中可以看到不同地区的人们怎样从事公共生活，怎样使用他们所建立的公共空间。[7]

讨论"公共"问题，不可避免地要涉及哈贝马斯"公共领域"（public sphere）的概念。这里，我所关心的并非这个概念是否可以用来分析近代中国社会，研究中国的学者对这个问题已经进行了长期的辩论，我所要考察的是物质空间怎样演变成为一个社会空间，并被赋予政治的重要意义。[8]哈贝马斯意识到，新饮料的出现改变了人们的生活方式。17世纪中叶，茶、巧克力、咖啡日益流行，特别是被上层社会所广泛接受。在18世纪早期的伦敦，有三千多家咖啡馆，而且"都有自己固定的铁杆顾客"。这些咖啡馆给人们的活动提供了一个从私人领域到公共领域的场所。资产阶级的公共领域非常依靠像咖啡馆、酒吧等这样的公共空间，哈贝马斯相信，在这些地方"公共领域仍然在很大程度上存在于关闭的房间内"。事实上，哈贝马斯的"公共领域"并非总是一个社会和政治空间，其实有时便是指实实在在的物质空间。按他的说法，"私人领域和公共领域的界限直接从家里延伸。私人的个体从他们隐秘的住房跨出，进入沙龙的公共领域"。作为公共领域的沙龙事实上便坐落在私人之地，"在那里资产阶级的户主和他们的妻子进行社交活动"。人们聚集在那里，"走出家族的、夫妻间的、封闭的传统的私人生活方式"。与沙龙不同，咖啡馆是对公众开放的，在这些地方人们追求自由，因此被视为"政治骚动的温床"。[9]

从"物质"的"公共领域"这个角度看，中国茶馆在公共生活中，扮演了与欧洲咖啡馆和美国酒吧类似的角色，中国茶馆也是人们传播交流信息和表达意见的一个空间。研究西方酒馆、酒吧、咖啡馆的学者发现，这些地方不仅仅是一个喝酒或喝咖啡的地方，而且是具有多功能的设施。在所有权形式、提供的服务、社会功能方面，茶馆与它们并无本质的不同。像茶馆一样，美国的酒吧也是一个复杂的公共空间，"涉及城市生活的各个方面"。[10]酒吧不仅提供酒和食品，而且提供住宿，帮助找工作，甚至作为政治集会之地，这些都是茶馆所具有的。[11]茶馆与咖啡馆也有诸多相同之处，正如社会学家 R. 森纳特（Richard Sennett）所指出的，咖啡馆是"讨论各种话题的地方"，在那里"社会分层暂时消弭"，每个人都"有权利给另一个人讲话"，并"参加任何讨论"，无论他们是陌生人还是朋友。[12]

小酒馆、咖啡馆、餐厅、酒吧以及茶馆，都提供了一个非常理想的观察公私关系的实体。在18世纪的欧洲城市,咖啡馆是主要的城市设施,人们在那里自由表达各种意见。18世纪中期,餐厅兴起,那里成为陌生人聚集的地方。正如成都人在茶馆这个"舞台"上演出的"社会戏剧"中扮演着一个角色一样,森纳特所定义的"公众人"(public man)在欧洲的公共空间也是"作为一个演员"。[13]例如在18世纪的巴黎,像小酒馆这样的饮酒场所"处于公共和私有、工作和休闲的结合点"。[14]的确,只要一个人进入公共场所,无论是茶馆还是酒吧,他既观察别人,也被别人观察。另外,在晚清和民国时期,中国政府力图控制人们的公共活动,这也并非中国的独有现象。在美国城市,改良者也试图控制酒吧,通过颁发各种禁令来维持秩序,甚至设法关闭所有饮酒场所,但这些努力经常反映了阶级的歧视。[15]

一个私人的住家在成都可以变为一个茶馆,在芝加哥或波士顿可变为一个酒吧,在那些地方顾客可以经常观察店主一家的生活,包括饮食、习惯以及婚姻状况。在茶馆,公与私的空间经常难以划分,例如茶客可以很容易一瞥茶馆主人卧室内的风光。按照中国传统,家里的年轻女人应该尽量避免与陌生男人接触,但是茶馆主人及其家庭成员几乎没有隐私可言,他们的家庭生活就暴露在茶客的眼皮底下,其私事成为茶客饶舌的谈资。在这样一个茶馆中,当私人空间转变为半公共或公共空间时,个体的人成了一个"公众之人"(public men)。另外,在茶馆中,一些顾客的私人事务总是引起其他一些人的兴趣,成为"大家议论"的话题。犹如酒吧"作为一个流言中心"的重要角色一样,茶馆也是一个人们谈论邻里的场所,哪家成员、亲戚或朋友发生什么事,

第 11 章　结论——地方文化与国家权力　499

都在议论之中。[16]在大多数情况下,茶客们不十分在意别人谈论隐私,但有时饶舌也可以引发冲突。

我们应该意识到,公的领域和私的领域并不是截然划分的,在茶馆和餐馆都可以找到适当的例子。在中国,茶馆经常与餐馆相提并论,它们的生意也多有关联之处。但是,餐馆在西方扮演什么角色?正如我们所提到的杜伊斯便把酒吧视为一个私人所有而为公众服务的空间,我在本书中也讨论过私人的居住空间与公共的茶座不过是一个帘子的间隔,主人和其家属进进出出,私人生活暴露在茶客面前,便把公私界限弄得更加模糊。在巴黎的餐馆(restaurant)中,公私关系也是不断转化的。R. 斯潘(Rebecca Spang)对作为"18 世纪公共生活的新场所"的餐馆进行过研究,认为餐馆是"一个公共的私有空间",既为那些"想在公共空间进餐"亦为那些"想在私人空间吃饭"的人服务。因此,"公"和"私"这两个词都适用于餐馆,如她所归纳的,餐馆"提供了具有隐私的个人现身公共空间的可能性"。餐馆经常是"一些私人餐桌(或房间)上有一个公共屋顶",如果说餐馆的门对大家开放,那么"雅座和指定的桌子及座位却不再面对每一个人"。结果,一个人可以进入餐馆,但是"一旦坐在桌子旁,这个人便只面对他自己的世界"。斯潘指出:"公共空间的现代发展并非必然是与公共领域的扩张一致:城市的空间和政治卷入从来都不是很吻合的。"[17]这里斯潘提供了一个很好的分析框架,在餐馆中公和私的界限是一个变量。当房间是公共的、为大家所分享时,桌子却是隐私的、为个人所利用。

与巴黎餐馆相较,茶馆有着不同的公私关系模式,其整个空间和桌子都是公共的。在茶馆里桌椅都是可以移动的,可以分别组合。桌子对茶客来说没有提供任何隐私,他们可以倾听或加入旁边另一桌人的谈话,而不会被认为侵犯了他人的隐私。还有,在巴黎的餐馆里,一旦一张桌子有人使用,哪怕只有一个人,也不会再安排其他顾客就座,也即表明那个顾客已经划定了自己隐私的范围。但在茶馆,桌旁的每个座位都要填满,而不论他们是否互相认识,每个顾客可以只占有方桌的一边,甚至一角。在拥挤的茶馆里,一张方桌可供4—6个顾客使用,而且他们经常互不相干。茶客们并不会因此感到不舒服,大家很自然地一起聊天。反而,如果在一个茶馆里,一个顾客独坐则会引起其他茶客的注意,觉得这个人好生奇怪。在茶馆里,如果一个人被其他人视为"不合群",那么也就被划入了异类,往往这种茶客迟早会脱离这个茶馆,而寻求另一个他更容易社会化的新场所。

虽然茶馆与西方的咖啡馆、餐厅、酒吧等类似,都是地方政治的一个舞台,但它们的表现也不尽相同。在美国城市,酒吧是一个展示"街沿政治"(sidewalk-level politics)的场所。[18]酒吧像茶馆一样与政治联系在一起,如 P. 杜伊斯所指出的,"在吧台后面的男人象征着美国城市政治的时代",用杜伊斯的话说他们是"酒吧主政治家"(saloonkeeper-politician),同"茶馆政治家"真有异曲同工之妙。酒吧还作为打听各种闲话和政治新闻的"一个天然的场所",酒吧老板成为"沟通的中心"。[19]早期近代伦敦和巴黎的咖啡馆被认为是"信息中心"(information centers),而法国的酒馆成了"一个地方政治的论坛"。在美国,酒吧经理人积极参与地方政治,有的成为城市议会议员,不少工匠和小业主在市政管理中扮演角色，这显示当时美国社会支持一般市民对城市事务的介入。早期工会寻找聚会的地方有困难，酒吧经常给工会提供活动场所，有的甚至成为"工会正式的大本营"。作为一种社会设施，酒吧帮助弥合"由于族群分野造成的劳工运动内部的分离"。一些酒吧经营者在社区政治中变得非常活跃，甚至把他们的酒吧免费提供给社会组织集会。工人们可以使用街邻酒吧组成政治俱乐部，组织政治活动。当罢工发生时，酒吧可以被用作总指挥部。在19世纪的巴黎，餐厅帮助工人运动发展，其经营者在工人组织发展过程中扮演了"关键的角色"。[20]如果说美国城市的酒吧和巴黎的餐厅的店主积极参与了地方政治，那么正如第10章中所介绍的例子，茶馆老板尽量远离政治，这从另外一个角度反映出中西方公共空间所扮演的相同和不同的角色。

时空转换中的公共生活

彭慕兰（Kenneth Pomeranz）在他的《大分流》(*The Great Divergence*)中指出，东（江南）西（英格兰）方经济中的"大分流"至迟发生在18世纪末。在此之前，它们的经济特点十分接近。罗威廉在关于清中叶精英意识的研究中，发现那些杰出的儒官，与欧洲启蒙时期的思想家有许多相通之处。他认为，由于18世纪亚洲和西方"日益联系一起"，而且都"面对更多的本土变化过程"，因此"如果两个社会的精英意识没有形成某种共同之处，倒是真的奇怪了"。[21]当然彭慕兰和罗威廉这里揭示的是中国和西方某些经济和思想的共同基点，而经济和思想的共同之处可能导致城市社会文化生活的类似也是毋庸置疑的。

除了茶馆与西方的咖啡馆、餐厅、酒吧等在公共领域与公共政治上的相似外，我们还可以在公共生活的其他许多方面发现它们的共同点，无论是经营，或是对顾客的服务，还是顾客在公共空间的各种活动等。随着空间（中国和西方）和时间（不同的时代）的改变，这种共同点也发生转移。中西方的公共生活也无疑存在各种差异，考察各种异同可以帮助我们加深对中国茶馆的认识。

在19世纪的美国城市里，各个族群都有自己的社会生活空间，酒吧"对许多住在附近的人来说本质上犹如教堂"，对某些社会群体和族群来讲则是文化和经济背景相同的人的聚集地，酒吧里存在职业、族群、邻里等联系。从这个方面来看，酒吧与那些由同乡会、同业公会、袍哥所开办的茶馆非常相似。同乡会的茶馆为相同籍贯的移民服务，那些同业公会的茶馆则为本业服务，那些邻里的街头茶馆则为住在附近的居民服务，当然它们一般也并不排斥其他顾客。正如茶馆成为这种社会组织的活动中心，美国的酒吧也是群体和社团的聚集场所，甚至作为它们活动的总部。[22]

酒吧为邻里生活也提供了必要的设施，扮演着与茶馆类似的角色。在18世纪和19世纪的美国城市，缺乏清洁的饮水，厕所也难找，于是提供啤酒和厕所的酒吧吸引了不少顾客，在冬天还提供了温暖。酒吧还有许多附加服务，如卖食物、兑现支票、提供报纸，那些没有固定地址的工人甚至可以在那里"取邮件，听关于地方政治的闲聊，或得到本业的有关信息"。酒吧使人们的生活更方便，所以人们乐意在那里聚会。像茶馆一样，酒吧还提供娱乐，如演唱、讲笑话、讲故事等，当然也有赌博、黑市酒、斗鸡等。美国城市的许多男人还把酒吧作为找工作之地，因此酒吧像茶馆一样成为一个"劳动力市场"。那些待雇的人等候在特定的酒吧，一般是在需要雇人工作的场所附近，雇主也很清楚到哪个酒吧去找雇工。[23]

美国城市的酒吧提供了各种活动，人们喜欢在那里拳击、打台球、下棋，正如有人在18世纪写道："我们见面、交谈、欢笑、聊天、抽烟、争论、寻找知音、探索道理、夸夸其谈、胡诌八扯、唱歌、跳舞、拉琴，各式各样的活动都有，实际上像一个俱乐部。"M. 鲍威尔斯（Madelon Powers）仔细考察了酒吧里的各类谈话，诸如"随意交谈"和"说粗话"等，他认为酒吧可以像是"工人的学校"。[24]这些美国城市史学者的描述，我们很容易在成都茶馆找到类似之处，只不过某些玩法不一样而已，如美国工人在酒吧里打台球、跳舞，成都市民在茶馆里斗鸟、打围鼓。像茶馆是社会组织的活动中心一样，美国城市中的酒吧被视为"自发协会"（voluntary associations），因为这些酒吧俱乐部与社区生活的关系比其他组织更为密切。[25]这些功能还可以从19世纪巴黎的餐厅（café）看到："餐厅多种功能的性质从餐厅和其他社会空间的各种关系中显示出来。"餐厅"可以比作住家、沙龙、剧院、教堂、下水道、街道、股票交易、议会和庆祝，可以想象得到的在天堂和地狱间的一切空间"。[26]因此我们所看到的是，这些公共场所无论在中国还是在西方，在城市中都扮演着类似的角色。

本书第 5 章揭示了开办一个茶馆并不需要很多资金，这与在法国巴黎开一间酒馆或在美国芝加哥、波士顿开一个酒吧很相像。在 18 世纪的巴黎只要"在屋顶之下有一张桌子和若干椅子"，一家酒馆便可开张。[27] 在 19 世纪的美国城市，一个人如果"资本有限"，那么经营酒吧是"世界上最容易的生意"。[28] 像茶馆一样，法国许多餐厅是家庭所有，"在柜台后面的许多妇女的价值并不仅是漂亮的脸蛋儿，在一个夫妻店里，妻子充当的是理财、收款和会计的角色"。在美国城市，这样的酒吧"成本最为低廉"，因为不用付工资，"无非就是将家稍加扩张"，客厅便拿来开业，妻子和孩子都是帮手。在经济萧条之时，许多小商铺关门歇业，但酒吧却是"邻里中最稳定的生意之一"。[29] 因此，从经营的角度看，茶馆和美国的酒吧、法国的餐厅非常接近，都为一般家庭做"小本生意"提供了机会。

在成都的许多移民把茶馆作为他们的"半个家"，美国城市的移民流动性大，所以他们也经常把酒吧作为固定的收信地址。茶馆消费对成都一般市民来说是最普通、最便宜的消费，即使美国人比成都人的选择多得多，酒吧的生意稳定也主要是因为"没有其他场所可以取代它"。酒吧的生意很灵活，可以白天为找工作的流动人口服务，晚上的客人则多是附近的住户。[30] 茶馆欢迎来自社会各阶层的顾客，但主要为普通人服务，美国的酒吧也是这样，酒吧的兴起是由于缩短工作时间、提高工资等生存状况改善的结果，因而成为"工人阶级社会生活的中心"和"商业性娱乐"的场所。[31]

美国的酒吧与中国的茶馆一样，存在着性别和族群的歧视。[32] 19世纪末的美国城市，妇女开始进入舞厅、餐馆以及其他公共场所，她们可以买酒，与男人共饮、跳舞，不过这也引起社会改良者的担心。[33] 但是19世纪北美的酒吧基本上还是一个男人的世界，也颁布了限制妇女的规章，因为"男人把酒馆限定为既是公共空间，但又不受妇女在场拘束的场所"。[34] 即使大多数男性工人认为酒吧是"男性的空间"，有的工人阶级妇女也去酒吧。一些男人去酒吧"就是为了躲避妻子"，虽然"有的也把妻子带到酒吧"。[35] 芝加哥市议会在1897年颁发了禁止女工进入酒吧的禁令。所以R. 罗森兹维格写道："酒吧作为休闲空间的逐渐出现，很明显地与家分离开来，这样工人有一个更舒服和有吸引力的地方度过他们的空闲时间。"不过，大多数劳动妇女"并没有享受到这个工人生活的适当改进"。[36] 20世纪初的成都妇女与早期近代的美国妇女有类似经历，当然，美国城市的妇女争取她们在公共空间的权利比成都妇女要早得多。成都到了1920年代，男人独享的世界才开始动摇，妇女开始追求公共生活的平等待遇。

不过，巴黎的情况有所不同，工人阶级妇女可以经常光顾餐厅（cafés），甚至"她们可以单独去"，那里成为"男女交往的主要地方之一"。1789年法国革命"把妇女带进餐厅达到史无前例的程度"。妇女越来越多地参加政治运动，在餐厅生活中扮演一个角色，巴黎公社标志着"妇女参加餐厅政治（café politics）的高潮"。[37] 不过在法国，酒馆（tavern）的情况与餐厅不同，那里基本上是男人的领域，公开的饮酒活动，使男人形成了"一个基本的共同体"，在那里人们"创造了他们的团结和重申他们的价值"。酒馆特别为工人阶级所青睐,因为那里"出售空间和自由"。与美国的酒吧一样,酒馆也"给男人逃避妻子"和工作之余的"休闲和娱乐"提供场所,是一个他们会友、寻乐、放松的地方,"在朋友、同事、竞争对手以及同伙的各种网络中,男人们聚在一起"。[38]

虽然东西方的公共空间和公共生活存在许多相同之处,但毕竟由于生态、环境、地理、经济、文化、政治的不同背景,因此也有诸多相异之处。例如,中国饮茶文化的发展与英国不同,在茶被介绍到英国之前,中产阶级家庭一般在家以酒招待客人和朋友,但是随后茶逐渐在这类场合取代了酒。[39]然而英国和其他西方国家的饮茶都没有发展出像饮酒的酒吧和喝咖啡的咖啡馆那样的公共场所。西方城市的居民较之中国人在娱乐方面有更多的选择,诸如经营花园、打保龄球、跳舞、散步、溜冰、玩弹子球、出席音乐会、听演讲、参加读书会等。[40]而在成都,市民缺乏其他公共生活的空间,相比西方人与餐厅、酒吧、咖啡馆的关系,成都人对茶馆有更强的依赖性。

中国的妇女比西方妇女在公共场所受到更多的限制。在西方,男人到酒吧,而"女工到剧场看演唱则非常流行"。在19世纪末,随着电影的兴起,"女观众也蜂拥而至"。在美国,酒吧吸引许多小孩,因此酒成为对城市小孩"最大的威胁之一"。[41]小孩经常出现在成都茶馆里,听评书,看曲艺和地方戏,虽然也有人抱怨影响了小孩的学习,但这从来没有成为一个令人头痛的社会问题。中国的公共空间对妇女的限制更严于对小孩的限制,这恰好与西方相反。在美国,女招待亦有很长的历史,虽然"这不

第 11 章 结论——地方文化与国家权力

一定总是妇女最主要的行业",但在 1900 年,10 万个餐馆端盘子的服务员中,1/3 是妇女。[42]

在这些公共空间的中心人物——吧台酒师和茶馆堂倌,在中西方是不同的。吧台酒师一般在酒柜前为顾客服务,他可以一边工作,一边与顾客交谈。但堂倌必须在茶馆里不断地走动,为顾客掺茶,因此不能停留在一个地方与顾客聊天。正如第 7 章所描述的,茶博士一般向刚进门的顾客打招呼,客套几句,献上茶后便很快离开为其他顾客服务。由于他们的工作性质要求节奏快,因此堂倌可以是一个掺茶好手,但很难是一个好的听众。而且,吧台酒师和茶馆堂倌的社会地位也不同。对前者来说,加入顾客的谈话是很自然随意的,针对不同顾客的需要和心境,他们还经常扮演同情者、安慰者、开导者、支持者、批评者等不同的角色;而对后者来说,虽然顾客并不在意他对大家正谈论的问题作几句评论,但并不期望他真正参加大家的讨论或提供对这个问题的看法。

当然,西方的小酒馆、咖啡馆、餐厅、酒吧也各不相同,取决于地方和时代的不同,不同国家和时期有很大区别。虽然它们是茶馆在西方的对应者,但也并非千篇一律。本书并非做比较研究,并不试图将茶馆分别与这些公共空间进行系统比较。但是,上述在中国史和西方史不同语境的简短对比,可以使我们对茶馆和茶馆生活有更深刻的了解。我指出中西方公共生活的许多相似之处,想强调的不过是:中西间的区别也许并非我们想象的那么巨大,特别是在公共生活方面。关于中国与西方不同之处的研究和论述汗牛充栋,我们也应该仔细考察它们的相似之处。毫无疑问，美国工人阶级的酒吧文化（saloon culture）在20世纪经历了一个"长期、缓慢的死亡"过程，[43]但茶馆文化却坚韧得多。在整个20世纪，面对日益强化的政治、经济的挑战和现代国家机器的不断打击，茶馆在成都不仅幸存下来，而且在这个世纪的最后30年，出现了史无前例的繁荣。[44]

茶与酒的对话

　　茶与中国文化、与中国人的日常生活密切联系在一起。在中国，茶和酒都有很悠久的历史和文化，它们对中华文明都有极大的贡献。当我们讨论茶和酒对中国社会的影响时，必须提出下面的问题：在中国，饮茶和饮酒存在什么关系？在中国饮酒与西方有何不同？在中国饮茶和喝酒所引起的社会问题与西方有什么不同？人类学家指出，在中国文明早期，饮酒是"中国人生活的一个基本部分，特别是举行宗教仪式时"。虽然喝茶最早出现在中国，但并不及饮酒那么重要，不过最终茶取代酒成为中国的"国饮"，对私人和公共生活都有着极大的影响。J. 伊万斯指出："茶是世界上非常古老的饮料，像大多数中国人的发明一样，其出现的时间太久远了，已经不能追溯到它的起源。"他发现"茶是人们之间的桥梁，还经常被称作中华文化的润滑剂。的确，与茶相关的'社交'是中国为世界留下的最大一份遗产"。因此，"在任何一家茶馆里，在任何时候，关于茶的问题都是一件严肃的事情"，马虎不得。[45]

　　在中国茶和酒的关系与西方咖啡和啤酒关系是相对应的，它

第 11 章 结论——地方文化与国家权力

们都与公共生活和文化联系在一起。茶和酒都是世界上非常流行的饮料,但它们对人们日常生活的作用和影响是不同的。在早期近代,茶叶随着国际贸易扩展到整个世界,英国与中国的贸易也因此剧烈增长。到 1750 年代,伦敦和巴黎的咖啡消费都有所下降,有相当一部分原因是由于茶叶的进口,茶叶贸易在其经济中日益重要。不列颠东印度公司与中国和印度的贸易的扩张,"是以茶叶为中心的,饮茶成了时尚"。[46]饮茶特别被上层和中产阶级所接受,这甚至导致英国人对有关中国的一切感兴趣,包括国画、建筑、瓷器、丝绸、家具等。在伦敦,卖茶叶成为一桩大买卖。如 1784 年,伦敦有 432 家以卖茶为主的店铺,其中 257 家为杂货茶叶店,59 家专卖茶叶。[47]茶叶的流行还在于当时人们便相信:"茶对我们的头脑和心脏有益,可治百病,可使我们更年轻,可温暖我们冰冷的身体。"在伦敦和其他地方,茶的消费量猛增,18 世纪中期,英国合法和非法进口的茶叶平均每人每年 1.1 磅。[48]到 1800 年,英格兰的人均年茶叶消费量为 1 磅,1814 年为 1.4 磅,由于价格下降,1880 年达到 5 磅。[49]

  茶叶在近代英国经济增长中扮演了重要角色,推动了与茶有关用品的制造,包括茶叶盒、茶几、茶点,以及盘子、椅子、屏风等。结果有关行业"在 18 世纪 30—40 年代生意兴隆,工匠们大展宏图,还有杂货店、品茶师、拍卖行等都搭了顺风车",并因此影响了英国人的文化生活,中国风味的异国情调成为时尚。[50]19 世纪,饮茶从中上层扩展到一般人家,甚至喝茶也成了"最穷的人们日常生活之一部分"。人们的生活与饮茶日益相关,改变了"英国人日常生活的节奏和饮食的性质"。[51]不过,尽管喝茶在英国变得如此普及，但从来没有发展出像中国茶馆这类的人们社交的公共空间，相反，在西方，饮酒却有着同茶馆类似的公共生活场所——酒吧，因此，西方人在20世纪初到成都时，把茶馆说成是"茶吧"（tea-drinking saloon），从一个侧面反映了两者的相通之处。[52]这也反映了一个有趣的现象：如果说饮茶在英国基本上是个人或家庭活动，那么在中国却发展成为公共行为。[53]

A. 麦克法兰（Alan Macfarlane）和 I. 麦克法兰（Iris Macfarlane）总结了茶叶"征服世界"的令人叹为观止的故事：

> 一千多年前，成千上万的中国人便开始饮茶；五百多年前，世界上有超过一半的人以饮茶来解渴。之后的五百年，饮茶遍及全世界。到1930年代，世界上平均每人每年喝至少200杯茶。现今世界，喝茶的普及程度，远远超过除饮水之外的任何食品和饮料，每天消费亿万杯茶。例如在英国，每天饮1.65亿杯茶，平均每人超过3杯，意思是说英国人全部饮料的40%是茶。茶在世界上的消费相当于全部其他生产的饮料的总和，包括咖啡、巧克力、可可、汽水和各种酒类等。[54]

毫无疑问，茶是世界上最普遍的饮料。这里我想指出的是，如果说在19世纪中叶中国被英国用武力打败，我们或许可以说中国早在18世纪便以茶叶在文化意义上"征服"过英国；如果说英国以现代制造业改变了中国经济、政治和文化，那么中国则用茶在近代早期也达到了类似的效果（只不过是在较小的程度上而已）。

当我们说茶馆与酒吧有相通之处时,同样作为饮料的茶与酒也可以进行对比。虽然茶和酒都成功地扩展到整个世界,但茶却是世界上最流行的饮料,这是由其性质所决定的。正如上引麦克法兰夫妇的研究,世界茶的消费大大超过全部其他人造饮料的总和,但人们从来没有过度饮用的担心。酒的过量消费则有可能导致社会和健康问题。而且,在西方近代历史上,酒精消费不断受到控制,人们却对茶大开绿灯。中国政府发布关于茶馆的规章,都是控制饮茶的公共空间,而非茶叶本身。尽管中国政府不断试图限制茶馆发展,但也从未针对喝茶发动一场像19世纪美国戒酒(Temperance Movement)那样的社会运动。从很多方面看,去茶馆与去酒吧是不一样的。酒精很容易使人上瘾,一个人可以不吃饭而先去"临近的酒吧"。对于美国工人阶级来说,虽然饮酒可以暂时使人们"从痛苦的现实中得到解脱",但这也给他们带来了经济和社会问题。[55] 饮茶却几乎不会产生类似的后果,即使有不少人喝茶成习,但茶并非一种诱人成瘾的饮料,其对人体的影响也是不能与酒精同日而语的。如果一定要说喝茶"成瘾"的话,对许多人来说,茶馆的气氛比茶本身更具有吸引力。

人们喝酒过度损害健康、破坏家庭、影响工作,有时变得狂暴,变得难以自控,甚至导致犯罪。相反,在公共场所喝茶无非是社交的方式,喝茶不会影响人们的情绪,不会导致暴力行为,是温和、平静和理智的。另外,在酒吧喝酒虽然并不很贵,可以说比大多数其他休闲娱乐形式更便宜,但仍然花费不菲,因为酒客必须花钱买每一杯啤酒。而在茶馆喝茶则便宜得多,只要顾客买了一碗茶,他就可以加无数次开水。饮酒使酒精在体内越积越多,但喝茶一般不会产生类似的问题。不管他在茶馆里呆多久,茶客的大脑和身体不会受影响,这使得一个人可以很容易在茶馆里耗上一整天。但对一个酒吧客来说,即使他有钱买酒,其身体也很难容许他在那里从早喝到晚。

在中国,酒和茶一直有着复杂的关系,在不同时期或地区,人们对它们的态度是不一样的,但大多数情况下,两者可以互为补充。例如,成都人经常在酒馆或饭馆喝酒后,便去坐茶馆。如果一件商品完全可以被另一件代替,那么它们的功能一定十分相似。虽然酒和茶都是饮料,但它们对身体的作用是不一样的,在社会中的功能也相异,因此它们不可能相互取代。在古代中国,茶酒的关系便在敦煌遗书王敷的《茶酒论》中有生动的描述。作者把酒和茶拟人化,让它们就自己的优点进行辩论。根据这篇文章,回答"茶与酒,两个谁有功勋"是很困难的。酒可以使人感到振奋,变得勇敢,当"三军告醉",则英勇难当。酒使人富有想象力,可以"和死定生,神明歆气",使人进入一种飘飘然的境界。但酒也会使人喝醉,失掉理智。还有,喝酒花费更多,因此有"茶贱酒贵"的说法。因此茶对酒曰:"我之茗草,万木之心。或白如玉,或似黄金。名僧大德,幽隐禅林,饮之语话,能去昏沉。供养弥勒,奉献观音,千劫万劫,诸佛相钦。酒能破家散宅,广坐邪淫;打却三盏已后,令人只是罪深。"不过,茶虽然尊贵为"百草之首,万木之花",却不能在重要典礼和祭祀活动中使用,也不能给人们以振奋。文章在最后指出,茶和酒是相互依赖的,应该是"酒店发富,茶房不穷。长为兄弟,须得始终"。[56]正如我们从成都所看到的,酒馆和茶馆从来没有成为竞争对手,而是相辅相成,这可能也算是《茶酒论》在实践中的完美诠释和表达吧。

小商业和日常文化的凯旋

茶馆在城市改良、国家打击、经济衰退、现代化浪潮的冲刷中幸存,随机应变地对付与其他行业、普通民众、精英、社会、国家之间的复杂关系。这种灵活性帮助茶馆在经济、政治以及其他危机中生存,并随时调整供需关系。茶馆与一些小商业特别是小商小贩建立了联盟关系,他们给茶客提供了极大的方便。茶馆实际上就是传统小商业的一个前哨,在那里每个人都面临现代性的威胁,没有充足资金、没有政府做后台的小商铺显得很脆弱。当得到政府支持的强大的新企业面对这些小商铺以及它们的同盟军时,这些现代企业似乎不再有在沿海地区那样的威力了。小商业成功地铸造了防止现代性进攻的"万里长城"。

茶馆业非常具有柔韧性,根据经济以及其他状况随时调整,为各种人服务,无论他们贫富强弱。小商业不得不有自己的策略,以应对竞争,吸引顾客,维持盈利。茶馆生意能够长盛不衰,部分在于其不需大量资本,经营也相对容易,加之拥有各行各业、三教九流的固定客源。茶馆为各种活动提供场地,无论是娱乐,还是做交易,或者是社交,甚至政治聚会,不管目的正当与否,合法还是非法。虽然 1900—1950 年间社会和政治发生了剧烈的变化,但是茶馆业的规模和经营方式几乎没有改变。一些茶馆紧跟物质文化的新趋向,如晚清时安装电灯、使用蒸馏水、提供报纸，民国初年和1920年代安装电话、安置桌球，1930年代和1940年代雇用女茶房、播放留声机、卖咖啡及点心等。当社会逐渐开化时，茶馆接待妇女；当政府企图利用茶馆做宣传时，茶馆立刻根据政府要求提供方便，并尽量利用政府的政治议程，上演政治节目，由此也可以借机披上"爱国"的外衣，进行一定程度的自我保护。

茶馆最重要的特点是随机应变和广泛服务。即使在茶馆里我们可以发现阶级畛域，但仍有许多不同等级和不同风格的茶馆，服务于不同的社会集团和阶级。也有同一个茶馆可以为不同阶层服务，例如"雅座"便是为有钱有地位的客人而设的，"普通座"则为一般客人服务。茶馆对于穷人特别重要，许多人依靠茶馆谋生活，如卖食品、日常用品，提供理发、修脚之类的服务。而对不少穷人来说，茶馆是他们唯一消费得起的室内娱乐之处，听评书或观看其他表演是一天辛勤劳作后对自己最好的犒劳。即使是那些连一碗茶都买不起的穷人，也可以到茶馆里喝别人剩下的"加班茶"；茶馆如果有演唱，他们也可以站在外面免费观看。

称茶馆为"社会和公共生活"的灵魂，恐怕并不夸张。茶馆把人们聚集在一起，是深受人们欢迎的基本设施。茶馆与附近居民、社会团体、组织等发展了相互依赖的关系，提供其他设施所不能提供的服务。茶馆是一个公共空间，人们在那里有被接纳的感觉，茶馆主人与堂倌以及茶客自己，也有意创造一种宾至如归的气氛。这样，茶馆在其经营过程中，成功地营造了一种独特的商业文化。其他服务行业如小商铺、饭馆、理发馆、公共浴室等，也有类似的风格，但茶馆与之不同之处在于，它们可同时作

第 11 章 结论——地方文化与国家权力

为办公、市场、娱乐之地,这是其他公共空间所不能及的。在成都,每个社会团体都有自己聚会的茶馆。这些社会集团基于其成员的社会地位、利害关系、政治倾向、网络纽带、籍贯出身以及其他等等因素而聚集。茶馆里人们谈论各种话题,他们相互了解,经常交换关于工作、家庭、邻里等信息,甚至打听隐私。如果有人需要帮助,恐怕首先想到的是茶友,至少可以向他们寻求信息或征求建议。虽然这些社会集团是很松散的,但仍然有着相当的社会力量。茶客们也和陌生人交谈,有些也因此成为熟人。上层社会的人们,诸如政府官员、富裕商人、知名学者等,也都喜欢到茶馆,茶馆生活也是他们日常生活的一部分。虽然精英不断批评茶馆藏污纳垢,但他们中很多人相信茶馆是必不可少的,也频繁造访同类喜欢聚会的茶馆。也许他们所谈论的话题与下层民众不同,但他们所观看的表演与下层则可能别无二致,都是宣扬中国传统的价值观。新精英谴责所谓异端的表演,特别是那些涉及爱情、超自然、神鬼的节目。他们难以控制在茶馆里的公共生活的每一方面,但竭力散布改良思想,不可避免地导致茶馆文化的改变。

政府总是攻击茶馆,因为其认为茶馆是滋生弊病、歹徒藏身之地。与地方精英不同,政府很少考虑茶馆的社会角色和普通人对它的依赖,关心的是控制公共空间,按照其意愿改变茶馆,这就不可避免地威胁到茶馆经营者以及靠茶馆为生者的利益。因此,茶馆老板经常对政府控制进行抵制,首先是"消极抵抗",即不公开反对新政策,但也并不积极执行。其次是通过集体行动,特别是在茶价和征税问题上与政府抗争,在本书中,我们看到茶社业公会组织和领导的抵抗的许多例子。第三是茶馆自己的抗争，有时也能达到目的。不过，茶馆作为一个小商业，很难与国家权力抗衡，它们经常遭遇被迫关门的命运。但毫无疑问，茶馆作为成都社会的最基本设施，也展示了其坚韧和旺盛的生命力。无论限制多么严格，经济状况多么恶化，国家打击多么沉重，茶馆总能够找到生存之道。正如我们所看到的，尽管政府不断地颁发禁令，赋税日渐增加，地痞流氓和一些军人在茶馆里横行霸道，影响茶馆的生意、但茶馆不断克服这些困难，适应严酷的社会和经济环境，以自己独特的灵活性和坚韧性求得生存。

不过，茶馆生活也的确被改变了。例如，在晚清和民国初年，袍哥只能在茶馆偷偷地活动，但在民国末期，他们大张旗鼓地在茶馆里建立公口，警察和政府也睁只眼闭只眼，视而不见。另外，茶馆从一个男人的世界，到接受妇女，特别是1930年代以后，妇女可以成为茶馆常客，甚至成为女茶房，茶馆里出现了新气象。茶馆文化最剧烈的变化是在政治方面，茶馆中的闲聊随着国家和地方政治的变化而变化。政府日益加强控制，颁布关于卫生、营业登记、价格、营业时间、开业位置、公共秩序等的严厉措施。更为重要的是，政府利用茶馆进行政治宣传，如要求悬挂国旗党旗、政治标语、国民公约、领袖画像，摆放经过审查的报纸图书和进行表演等，这些都是茶馆文化的新现象。另外，茶客可能由于自由表达思想而受到惩罚，警告人们休谈国事的告白贴在墙上，时刻提醒人们政治话题可能会惹麻烦。这些因素使茶馆、茶馆文化、茶馆生活都极大地被改变了。

然而，在20世纪上半叶，茶馆的许多方面仍然一如既往，

第 11 章 结论——地方文化与国家权力

考察这种延续性给我们机会更深入了解中国小商业、公共生活、茶馆文化的性质。我们看到，茶馆在经营方法、竞争、雇佣等方面，没有实质性的改变。在这个时期，即使成都人口有了显著增长，成都茶馆业的规模并没有大的发展。茶馆为公共生活提供了场所，而茶客则为茶馆提供了不间断的生意。政治、经济、生活的变化没有能改变茶馆的基本功能。当1949年共产党胜利之时，茶馆仍然是城市居民寻求休闲和娱乐的场地、商人做买卖的交易所、小商小贩卖商品的市场、自由劳动力寻找工作的职业介绍所、社会集团和组织聚会的中心。茶馆老板仍然使用传统的办法筹集资金、租场地，购买同样的用具，装饰相似风格的茶馆。即使在战时，他们仍然尽量早开门，晚关门，通过延长营业时间来增加收入。除了战时短期有女茶房进入茶馆谋生，茶馆里的雇佣模式仍然没有大的变化，堂倌为顾客端茶送水，瓮子匠在灶房里忙活。许多茶馆仍然不过是一个家庭在经营，并不雇用任何工薪工人。虽然茶价持续上涨，但大抵是与通货膨胀一致的，茶与大米的价格比也几乎没有大的变化，对大多数人来说，茶仍然是人们承受得起的消费。茶社业公会从晚清到国民党政府崩溃，仍然主宰着这个行业，在国家和茶馆之间扮演着联络的角色，并在行业登记、价格、税务等方面与政府进行交涉。许多人竭力进入该行业，但公会和政府都试图将茶馆业维持在一定的规模，故它们一直在这方面合作以控制成都茶馆的数量。

直到1949年年末，尽管经过改良与革命、军阀混战、八年抗战、五年解放战争，茶馆业依然长盛不衰。半个世纪的动乱、经济恶化、剧烈的通货膨胀、政治风云变幻，使许多行业一蹶不振，但茶馆却相对稳定。1949年成都仍然有659家茶馆,是1935年以来的最高峰。[57]只要有城市生活,茶馆就可以找到忠实的顾客。在20世纪中期,当历史进入它的转折点,成都的茶馆仍然扮演着市民公共生活中心的角色。

注释

[1] Esherick ed., *Remaking the Chinese City: Modernity and National Identity, 1900-1950*, p. 7.

[2] 关于这些改革最近的研究,见 Esherick ed., *Remaking the Chinese City: Modernity and National Identity, 1900-1950*。

[3] 这个现象并非仅仅出现在成都,同一时期这成为一个全国性的倾向,按魏斐德的定义是"得到许可的娱乐"(licensing of leisure)。见 Wakeman, "Licensing Leisure: The Chinese Nationalists' Attempt to Regulate Shanghai, 1927-1949." *Journal of Asian Studies* vol. 54 no. 1 (1995): 19-42。

[4] Wang, *Street Culture in Chengdu: Public Space, Urban Commoners, and Local Politics in Chengdu, 1870-1930*, chap. 7.

[5] 各个国家的政府都寻求对喝饮料的公共场所的控制,如美国对酒吧,法国对餐厅(café,关于法国的餐厅定义,见本章注6),中国对茶馆。在19世纪末的美国城市,"全部这些反酒吧的努力尽管有若干小的成功,但最终都失败了",因为这些酒吧对穷人来说十分重要。在法国,餐厅的老板抵制那些禁令,"但与警察对抗时,餐厅老板提出'商业自由'或'私有财产',宣称警察没有权力进入他们的地盘"。见 Duis, *The Saloon: Public Drinking in Chicago and Boston, 1880-1920*, p. 113; Haine, *The World of the Paris Café: Sociability among the French Working Class, 1789-1914*, p. 190。

[6] 法国的 café 很难翻译成中文，因为它既非完全的酒馆或咖啡馆，亦非完全的餐馆，它既卖咖啡，也卖酒，还卖三明治之类的快餐。这里翻译为"餐厅"，以与饭馆（restaurant）区别。R. 斯潘把巴黎的饭馆（restaurant）与餐厅（café）进行了比较，称一个餐厅能够同时为 500 个顾客服务，提供大众午餐、饮料、报纸或其他读物。但是一个饭馆很难为超过 200 人服务，一般地方不大，服务的客人不多。因此，饭馆服务的"特点不是普通服务，而是个别服务"。如果说餐厅的顾客读报纸，"思考他们周围的世界"，那么饭馆的顾客读菜单，"想的是他们自己的生理需要"。见 Spang, *The Invention of the Restaurant: Paris and Modern Gastronomic Culture*, p. 79。作为小生意和公共空间，茶馆与餐馆的关系很像西方的餐厅与饭馆。不过，根据 S. 赫纳（Scott Haine）的研究，在 18 世纪和 19 世纪，"巴黎的公共空间变得更少面向公众开放"，但餐厅像教堂和戏院一样，为"最基本的公共空间，人们在那里度过工作和家庭生活之外的时间"。有意思的是，赫纳把餐厅与教堂相比较，他相信餐厅较少公共性，因为顾客必须在那里买东西，但是餐厅更有包容性，"因为它们提供各种饮料，而教堂不会"。见 Haine, *The World of the Paris Café: Sociability among the French Working Class, 1789-1914*, pp. 3-4, 153。

而 saloon 虽然一般可以翻译为"酒吧"，但主要是指 19 世纪和 20 世纪初美国城市的下层酒吧。"Saloon"这个词最早使用是在 1841 年，1870 年代便很流行了，意思是"法国沙龙"（French salon）或者"在邮船上的大客舱"。酒吧的兴起"同样是因为工人阶级低微的地位，他们缺乏在工作场所的自由，自由时间和收入有限，居住条件也很差"。见 Rosenzweig, *Eight Hours for What We Will: Workers and Leisure in an Industrial City, 1870-1920*, pp. 48-49。到 1850 年代末，saloon 这个词出现在城市地名录中，"表明其基本功能是卖酒的零售设施"。P. R. 杜伊斯把 saloon 定义为一个半公共空间（semi-public space），因为其是私人所有，为公众服务，即是"半公共营业"（semi-public business）。

见 Duis, *The Saloon: Public Drinking in Chicago and Boston, 1880-1920*, pp. 5, 10, 14。

[7] 见 Pittman and Snyder eds., *Society, Culture and Drinking Patterns*; Austin, *Alcohol in Western Society from Antiquity to 1800: A Chronological History*; Duis, *The Saloon: Public Drinking in Chicago and Boston, 1880-1920*; Rosenzweig, *Eight Hours for What We Will: Workers and Leisure in an Industrial City, 1870-1920*; Peiss, *Cheap Amusements: Working Women and Leisure in Turn-of-the-Century New York*; Murdock, *Domesticating Drink: Women, Men, and Alcohol in America, 1870-1940*; Parsons, *Manhood Lost: Fallen Drunkards and Redeeming Women in the Nineteenth-Century United States*。关于欧洲、特别是法国的饮酒问题,见 Prestwich, *Drink and the Politics of Social Reform: Antialcoholism in France since 1870*; Brennan, *Public Drinking and Popular Culture in Eighteenth-Century Paris*; Haine, *The World of the Paris Café: Sociability among the French Working Class, 1789-1914*。其他地区的饮酒问题,关于威尔士见 Lambert, *Drink and Sobriety in Victorian Wales, c. 1820-c. 1895*; 加拿大见 Warsh ed., *Drink in Canada: Historical Essays* 和 Campbell, *Sit Down and Drink Your Beer: Regulating Vancouver's Beer Parlours, 1925-1954*; 非洲见 Akyeampong, *Drink, Power, and Cultural Change: A Social History of Alcohol in Ghana, c. 1800 to Recent Times*。中国茶馆的密度与美国的酒吧、法国的餐厅相比要小。从 1880 年代到 20 世纪初,巴黎有 4 万多家公众饮酒和喝咖啡的地方以及餐厅。在 1909 年,伦敦有 5860 家这类地方,纽约有 10821 家。这即是说,在伦敦每 1000 人便有 1 个公共饮酒处,纽约 3.15 处,巴黎 11.25 处。见 Haine, *The World of the Paris Café: Sociability among the French Working Class, 1789-1914*, pp. 3-4, 153。同时期成都是中国茶馆密度最高的城市,大约平均每千人有 1.5 个茶馆 (35 万居民共有 518 个茶馆,见本书第 5 章)。

[8] 关于中国"公共领域"的争论，见 Rowe, *Hankow: Conflict and Community in a Chinese City, 1796-1895* 和 "The Public Sphere in Modern China." *Modern China* vol. 16 no. 3 (July 1990): 309-329; Rankin, *Elite Activism and Political Transformation in China: Zhejiang Province, 1865-1911*; Strand, *Rickshaw Beijing: City People and Politics in the 1920s*; Huang, "'Public Sphere' / 'Civil Society' in China? The Third Realm between State and Society." *Modern China* vol. 19 no. 2 (April 1993): 216-240; Wakeman, "The Civil Society and Public Sphere Debate: Western Reflections on Chinese Political Culture." *Modern China* vol. 19 no. 2 (April 1993): 108-138。

[9] Habermas, *The Structural Transformation of the Public Sphere: An Inquiry into a Category of Bourgeois' Society*, pp. 32, 35, 45-46, 59. 最近关于咖啡馆的研究，见 Cowan, *The Social Life of Coffee: The Emergence of the British Coffeehouse*。

[10] Duis, *The Saloon: Public Drinking in Chicago and Boston, 1880-1920*, p. 1.

[11] Campbell, *Sit Down and Drink Your Beer: Regulating Vancouver's Beer Parlours, 1925-1954*, p. 4.

[12] Sennett, *The Fall of Public Man: On the Social Psychology of Capitalism*, p. 81.

[13] Sennett, *The Fall of Public Man: On the Social Psychology of Capitalism*, pp. 80, 107.

[14] Brennan, *Public Drinking and Popular Culture in Eighteenth-Century Paris*, p. 12.

[15] Rosenzweig, *Eight Hours for What We Will: Workers and Leisure in an Industrial City, 1870-1920*, p. 117; Duis, *The Saloon: Public Drinking in Chicago and Boston, 1880-1920*, p. 116.

[16] Duis, *The Saloon: Public Drinking in Chicago and Boston, 1880-1920*,

p. 141.

[17] Spang, *The Invention of the Restaurant: Paris and Modern Gastronomic Culture*, pp. 85-87.

[18] Jones, *Workers at Play: A Social and Economic History of Leisure, 1918-1939*, p. 164; Duis, *The Saloon: Public Drinking in Chicago and Boston, 1880-1920*, p. 127.

[19] Duis, *The Saloon: Public Drinking in Chicago and Boston, 1880-1920*, pp. 126, 141-142.

[20] Sennett, *The Fall of Public Man: On the Social Psychology of Capitalism*, p. 81; Brennan, *Public Drinking and Popular Culture in Eighteenth-Century Paris*, p. 8; Duis, *The Saloon: Public Drinking in Chicago and Boston, 1880-1920*, pp. 136, 178-179; Powers, *Faces along the Bar: Lore and Order in the Workingman's Saloon, 1870-1920*, p. 65; Haine, *The World of the Paris Café: Sociability among the French Working Class, 1789-1914*, p. 215.

[21] Pomeranz, *The Great Divergence: Europe, China, and the Making of the Modern World Economy*; Rowe, *Saving the World: Chen Hongmou and Elite Consciousness in Eighteenth-Century China*, p. 456.

[22] Rosenzweig, *Eight Hours for What We Will: Workers and Leisure in an Industrial City, 1870-1920*, p. 58; Duis, *The Saloon: Public Drinking in Chicago and Boston, 1880-1920*, pp. 87, 102, 145. 关于相同之处的更多例子可以从其他研究中看到, 如 M. 鲍威尔斯指出酒吧成为"百万工人日常生活"的社会俱乐部, 这些工人把酒吧视为"穷人的俱乐部"(Powers, *Faces along the Bar: Lore and Order in the Workingman's Saloon, 1870-1920*). 其他学者也有类似的定义, 如 R. 坎姆贝尔(Robert Campbell) 也注意到酒吧在19世纪末北美的角色是"穷人的俱乐部"(the poor man's club), 指出酒吧是工人阶级文化的一个关键部分, "男人社交的中心"(Campbell, *Sit Down and Drink Your Beer:*

Regulating Vancouver's Beer Parlours, 1925-1954, p. 4）。在德国，虽然酒不论在工作场所还是在家庭，无论在公共生活还是私人生活中，都"渗透到城市工人阶级生活的各个方面"，"但是没有一个新的商业休闲形式只是单独为工人阶级，或是单独为其他任何社会集团"所有的。工人还到电影院、体育场、商品会等场所，"那里各个阶级、宗教、性别的人混合在一起"。因此，"在休闲中社会和谐在某种意义上成功了"。(Abrams, *Workers' Culture in Imperial Germany: Leisure and Recreation in the Rhineland and Westphalia*, pp. 66, 183) 在美国匹兹堡（Pittsburgh），剧院成为"庶民文化"（plebeian culture）的一部分，工人在那里观看根据当地故事编的喜剧和情节剧。见 Couvares, "The Triumph of Commerce: Class Culture and Mass Culture in Pittsburgh," in Frisch and Walkowitz ed., *Working-Class America: Essays on Labor, Community, and American Society*, p. 142。19 世纪巴黎的餐厅（café）也经历了类似过程，工人阶级顾客"创造了一种独特的次文化"。对于工人来说，他们比其他社会集团更把"餐厅视为他们的家"。S. 赫纳认为法国餐厅实际上是"工场和工厂的附属"，也是政治舞台，经常被用来组织罢工和游行。P. 杜伊斯指出，在美国，酒吧老板有自己的组织，如"卖酒者协会"（liquor dealers' associations），"犹如兄弟会，提供保险、聚会以及其他社会活动"。见 Haine, *The World of the Paris Café: Sociability among the French Working Class, 1789-1914*, pp. 2, 59, 79-87; Duis, *The Saloon: Public Drinking in Chicago and Boston, 1880-1920*, p. 83。

[23] Duis, *The Saloon: Public Drinking in Chicago and Boston, 1880-1920*, pp. 112, 180; Rosenzweig, *Eight Hours for What We Will: Workers and Leisure in an Industrial City, 1870-1920*, pp. 53-55.

[24] Powers, *Faces along the Bar: Lore and Order in the Workingman's Saloon, 1870-1920*, pp. 138, 164-69, 178.

[25] Powers, *Faces along the Bar: Lore and Order in the Workingman's Sa-

loon, *1870-1920*, p. 233.

[26] Haine, *The World of the Paris Café: Sociability among the French Working Class, 1789-1914*, p. 2.

[27] Brennan, *Public Drinking and Popular Culture in Eighteenth-Century Paris*, p. 8.

[28] 据芝加哥的一位酒吧店主回忆，一个酒吧全部所需要的不过是"开门的钥匙"。在他付了第一个月的房租后，"便拿着租房的合同和收据"，去酿酒商那里，从他们堆货的地方得到其他用品（Duis, *The Saloon: Public Drinking in Chicago and Boston, 1880-1920*, p. 47）。有学者研究了酒吧、餐厅、酒馆的管理、资本、竞争等问题，如 P. 杜伊斯认为酒吧"缺乏生意经"，这导致了其衰落，因而把酒吧视为"功能的失败"。在美国城市里，无执照的酒吧称"厨吧"（kitchen barrooms），其顾客是"光顾这家人的厨房的真正的朋友或亲戚"。见 Duis, *The Saloon: Public Drinking in Chicago and Boston, 1880-1920*, pp. 46, 61。

[29] Haine, *The World of the Paris Café: Sociability among the French Working Class, 1789-1914*, pp. 184-185; Duis, *The Saloon: Public Drinking in Chicago and Boston, 1880-1920*, p. 49.

[30] Duis, *The Saloon: Public Drinking in Chicago and Boston, 1880-1920*, pp. 49, 120-21. 像中国的茶馆一样，美国的酒吧业也竞争激烈，例如一些酒吧甚至提供免费午饭以吸引顾客，但是"过度的开销经常造成酒吧破产"。见 Duis, *The Saloon: Public Drinking in Chicago and Boston, 1880-1920*, p. 55。

[31] Rosenzweig, *Eight Hours for What We Will: Workers and Leisure in an Industrial City, 1870-1920*, p. 36; Duis, *The Saloon: Public Drinking in Chicago and Boston, 1880-1920*, p. 49.

[32] 19 世纪末 20 世纪初，世界上许多国家禁止妇女在公共场所饮酒，关于美国酒吧的性别问题，见 Powers, *Faces along the Bar: Lore and Order in the Workingman's Saloon, 1870-1920*, chap. 2; Murdock, *Do-*

mesticating Drink: Women, Men, and Alcohol in America, 1870-1940, chap. 1; Parsons, *Manhood Lost: Fallen Drunkards and Redeeming Women in the Nineteenth-Century United States*, chap. 2。关于美国城市妇女在公共场所饮酒的问题,见 MacAndrew and Edgerton, *Drunken Comportment: A Social Explanation*; Douglas ed., *Constructive Drinking: Perspectives on Drink from Anthropology*; Blocker Jr., "*Give to the Wind Thy Fears*": *The Women's Temperance Crusade, 1873 – 1874*; Peiss, *Cheap Amusements: Working Women and Leisure in Turn-of-the-Century New York*, chap. 1; Rosenzweig, *Eight Hours for What We Will: Workers and Leisure in an Industrial City, 1870-1920*, chap. 2。关于非洲(加纳)公开饮酒的性别问题,见 Akyeampon, *Drink, Power, and Cultural Change: A Social History of Alcohol in Ghana, c. 1800 to Recent Times*, chap. 3, pp. 149-153。在英格兰,妇女在酿酒业工作有很长的历史。见 Bennett, *Ale, Beer, and Brewsters in England: Women's Work in a Changing World, 1300-1600*。关于美国城市妇女参加禁酒运动,见 Dannenbaum, *Drink and Disorder: Temperance Reform in Cincinnati from the Washingtonian Revival to the WCTU*。

[33] Murdock, *Domesticating Drink: Women, Men, and Alcohol in America, 1870-1940*, p. 77.

[34] Murdock, *Domesticating Drink: Women, Men, and Alcohol in America, 1870-1940*, p. 8; Erenberg, *Steppin' Out: New York Nightlife and the Transformation of American Culture, 1890 – 1930*, p. 5; Campbell, *Sit Down and Drink Your Beer: Regulating Vancouver's Beer Parlours, 1925-1954*, pp. 5, 7, 129.

[35] Powers, *Faces along the Bar: Lore and Order in the Workingman's Saloon, 1870-1920*, pp. 46-47.

[36] Rosenzweig, *Eight Hours for What We Will: Workers and Leisure in an Industrial City, 1870 – 1920*, pp. 36, 45; Duis, *The Saloon: Public*

Drinking in Chicago and Boston, 1880-1920, p. 49. 在餐厅里，一些妓女利用"男女混杂"的环境做皮肉生意。见 Haine, *The World of the Paris Café: Sociability among the French Working Class, 1789-1914*, p. 190。

[37] Haine, *The World of the Paris Café: Sociability among the French Working Class, 1789-1914*, pp. 179, 200.

[38] Brennan, *Public Drinking and Popular Culture in Eighteenth-Century Paris*, pp. 7-8.

[39] Walvin, *Fruits of Empire: Exotic Produce and British Taste, 1660-1800*, pp. 11-12; Macfarlane and Macfarlane, *The Empire of Tea: The Remarkable History of the Plant That Took Over the World*, p. 82.

[40] Rosenzweig, *Eight Hours for What We Will: Workers and Leisure in an Industrial City, 1870-1920*, p. 56. 尽管有许多选择，"作为工人阶级的社会中心，可能只有教堂和家可以与酒吧抗争"。但是 R. 罗森兹维格指出，"对许多人来说，喝酒是他们日益增加的、虽然仍然是有限的休闲生活的重要部分。毫不奇怪，像喝酒解闷是过去工作时间的重要部分，现在却在休闲时间扮演主角了"。见 Rosenzweig, *Eight Hours for What We Will: Workers and Leisure in an Industrial City, 1870-1920*, pp. 40, 56。

[41] Peiss, *Cheap Amusements: Working Women and Leisure in Turn-of-the-Century New York*, pp. 140, 142; Duis, *The Saloon: Public Drinking in Chicago and Boston, 1880-1920*, p. 101.

[42] Cobble, *Dishing It Out: Waitresses and Their Unions in the Twentieth Century*, pp. 2-3.

[43] Duis, *The Saloon: Public Drinking in Chicago and Boston, 1880-1920*, p. 274.

[44] 虽然成都茶馆在 1950—1970 年代由于政治原因，经历了一个衰落时代，但随着改革开放，茶馆很快复苏。我将在关于成都茶馆的第 2 卷

中讨论这个问题。

[45] Schafer, "T'ang." in Chang ed., *Food in Chinese Culture: Anthropological and Historical Perspectives*, p. 119; Evans, *Tea in China: The History of China's National Drink*, pp. 1, 57, 64.

[46] Sennett, *The Fall of Public Man: On the Social Psychology of Capitalism*, p. 82.

[47] Porter, "Monstrous Beauty: Eighteenth-Century Fashion and the Aesthetics of the Chinese Taste." *Eighteenth-Century Studies* vol. 35 no. 3 (2002): 395-411; Mui and Mui, *Shops and Shopkeeping in Eighteenth-Century England*, pp. 176-177.

[48] Walvin, *Fruits of Empire: Exotic Produce and British Taste, 1660-1800*, pp. 11-12, 17. 甚至有学者提出古代中国和日本的人口增长与饮茶有关，因为茶促进了人们的健康，见 McNeill, "The Historical Significance of Tea." in Varley and Isao eds., *Tea in Japan: Essays on the History of Chanoyu*, pp. 259-261。

[49] Pomeranz, *The Great Divergence: Europe, China, and the Making of the Modern World Economy*, p. 117.

[50] Macfarlane and Macfarlane, *The Empire of Tea: The Remarkable History of the Plant That Took Over the World*, p. 92; Porter, "Monstrous Beauty: Eighteenth-Century Fashion and the Aesthetics of the Chinese Taste." *Eighteenth-Century Studies* vol. 35 no. 3 (2002): 395-411.

[51] Walvin, *Fruits of Empire: Exotic Produce and British Taste, 1660-1800*, p. 22; Macfarlane and Macfarlane, *The Empire of Tea: The Remarkable History of the Plant That Took Over the World*, p. 93.

[52] Davidson and Mason, *Life in West China: Described By Two Residents in the Province of Sz-chwan*, p. 86.

[53] 同英国相比较，茶对 19 世纪的美国影响小得多。J. 丹纳班姆（Jed Dannenbaum）发现，"1830 年以前，咖啡和茶是很贵的奢侈品，许多

美国人只喝带酒的饮料"。见 Dannenbaum, *Drink and Disorder: Temperance Reform in Cincinnati from the Washingtonian Revival to the WCTU*, p. 2。

[54] Macfarlane and Macfarlane, *The Empire of Tea: The Remarkable History of the Plant That Took Over the World*, p. 32.

[55] Duis, *The Saloon: Public Drinking in Chicago and Boston, 1880-1920*, pp. 88-89。关于酗酒和醉汉的研究，可见 Brennan, *Public Drinking and Popular Culture in Eighteenth-Century Paris*, chap. 4; Crowley ed., *Drunkard's Progress: Narratives of Addiction, Despair, and Recovery*; Parsons, *Manhood Lost: Fallen Drunkards and Redeeming Women in the Nineteenth-Century United States*。

[56] 王敷：《茶酒论》，郭孟良编《中国茶典》，第 261—263 页。

[57] 见附表 5《1909—1951 年成都茶馆数量统计》。

尾 声
——寻梦

1949年12月31日,农历己丑年十一月十二日,冬至刚刚过去不久。在这个时节,茶馆当然是最好的去处了,温暖的茶馆可以说是人们唯一坐得住的地方。在这年的最后一天报纸的头条消息是:《胡宗南匪部全部解决,成都宣告解放》,人们这时开始知道过去几天城外发生的战事,"成都地区的外围之战,国民党反动派残留在大陆上的最后一支主力胡宗南部已于二十七日被我全部解决"。在茶馆里,人们反复谈论报纸上的报道,津津乐道解放军第二和第四野战军,从东西南三面逼进成都时,胡宗南所辖三个兵团沿川康公路向雅安、西昌方向突围,而他自己却逃之夭夭,飞往台北……三四天以前,市民尽管听见了城外的隆隆炮响,还有密集的枪声,但12月27日解放军兵不血刃地进入了成都,人们担惊受怕的恶战并没有在成都城内打响,使市民们大大地松了一口气。进城的大军不扰民,茶馆照常开业,人们依然到茶馆喝茶,日常生活好像没有大的变化。他们中的大多数可能也没有注意到,本年最后这一天,成都市军事管制委员会文教接管委员会成立,而这个组织将立即对他们的茶馆生活直接发生影响。

人们急欲得到关于战事的消息，最方便的当然是到茶馆这个信息中心。这一年的最后一天，茶馆特别忙，从上午便开始的"打涌堂"，到午后也不见清静，客人川流不息，而且经常是座无虚席，堂倌也乐呵呵地赶紧给来客加座，清桌面，沏茶上水，这时是来不及清扫地下的花生瓜子壳、香烟叶子烟灰了。如果50年前那个早晨注意到成都茶馆只是一个男人世界的外来人，刚好在半个世纪后再次造访成都，那么他会在茶馆里发现不少女人，这会使他蓦然意识到，世纪已经悄悄地转过了半轮，这个城市和茶馆毕竟不再是原来的模样了。在这几天的茶馆里，人们议论的中心当然是解放军入城的事，猜测共产党和新政府将如何动作，稳定局势，大多数人们憧憬着未来。连年内战，物价飞涨，一党专制独裁，市民对国民政府已非常厌倦，他们对这主义那主义弄不清楚，可能也并不关心，对他们来说，虽然迎接新政权有前途未卜的感觉，但如果能改变他们不幸的命运，也未尝不是一件好事。

入夜，茶馆里更是拥挤不堪，不过关于解放军进城的话题终于要告一段落，因为评书就要开场。讲评书者不会这么快改变他们所讲的故事，可能也并不打算作任何改动，当他们的醒木在桌子上敲响之时，聚精会神的人们便进入《封神》《三国》或者《说岳》的另一个世界。这个世界与50年前基本没有什么两样。在这另一个世界里，听众暂时得到解脱，忘掉了种种不快，忘掉了明天可能还不知在哪里挣钱，养活一家老小；忘掉了他们负债累累，不知何时能偿清……伴随着说书人高超的描述能力和讲演艺术，他们在人间和鬼神的世界驰骋往返，在英雄和小人之间感受离合悲欢，在正义和卑劣之间体会丑恶真善……

讲评书一般在二更时结束，茶馆里的观众便开始陆续散去，只留下那些最铁杆的茶客，他们多是不把那竹椅坐穿、不把那茶喝成白开水不罢休的主儿，并不着急回家睡觉，因为白天恐怕已经在竹椅上打过若干次盹了，晚上头脑可能正清醒着呢。更何况这时茶馆也并不准备关门，因为那些从附近商铺，特别是各餐馆酒馆下班的学徒和师傅们，也要到茶馆喝喝热茶，暖暖身子，放松放松。在回家之前，他们正好利用茶馆的热水，洗洗脸，烫烫脚。直到堂倌开始上门板，嘴里不断吆喝"明天请早！明天请早！"其实也就是客气地下逐客令了，他们才懒洋洋地站起来，很不情愿地慢慢拖着脚步，畏首畏尾地跨过门槛，走上路灯灰暗的寒冷街头。当他们离开茶馆的时候，可能不会想到这是一年的最后一天，对他们来说，一年又一年，又有多大的不同呢？根据他们祖祖辈辈传下的箴言，管他天翻地覆，小民还不是要喝茶吃饭？当明天他们再来到这里的时候，已经是另外一年了。

当堂倌上好最后一块门板，已经是午夜之后，喧闹了整整半个世纪的茶馆又一次安静下来，这不过是它日常周期的一个短暂喘息，历史已不知不觉地溜进了1950年，即多灾多难但又丰富多彩的20世纪的中点。不过对那些日出前即作、日落还不息的堂倌们，好像也并没有什么特别的意义。这时的瓮子匠，也正忙着用炭灰把炉火盖住，以便明天清晨把火捅开，即可开堂烧水。待一切收拾停当，堂倌把汽灯最后捻灭，已经使用电灯的茶馆，则只需要一拉灯索，茶馆顿时像外面的天空一样，变得漆黑。

劳累了一整天的堂倌和瓮子匠们，倒头便进入了梦乡，这是他们一天的黄金时间,只有他们才体会得到身体放松那一刻的快感。他们只有几个小时可以睡觉,然后又得挣扎着从热被窝里爬出来,开始一天漫长的营生。虽然他们大多数不会胆敢梦想有朝一日会锦衣玉食,但会在梦中祈求一家人粗茶淡饭,平安度日。他们甚至可能梦见,当世道平安之时,或许能积攒几个辛苦钱,有朝一日也能在街面上开一间小茶铺,虽然是小本生意,但也可确保一家人衣食有着。对那些没有当小老板野心的堂倌们来说,至少在这个晚上可以睡一个安稳觉,因为根据他们祖祖辈辈的经验,不管谁当政,茶馆还不是要照开?只要有茶馆,他们就有生计。

在他们的梦中,可能还有茶馆中熙熙攘攘座无虚席的盛况,可爱可恨又可笑的芸芸众生,或这么多年所经过的无数酸甜苦辣……这50年的岁月,不论是发生在茶馆里,还是其他任何地方,或是发生在他们妻子儿女或朋友熟人身上,可能就像戏园里的舞台,一旦开场,无论平淡无奇的日常生活,还是大起大落的悲欢离合,或者荒诞不经的神仙鬼怪,都会在他们的脑海里一一上演。他们还可能会梦到,第二天仍然会像50年前世纪的第一天他们的先辈那样开门大吉,向那些从黑暗幽静的街面上过来的、穿过冬日薄雾、头上顶着冷霜的喝早茶的茶客打招呼。

似乎历史又把他们带回到1900年1月1日本书开篇的那个黑暗的早晨,历史好像又回到了原处,但历史不可能再回到原处。这50年里,茶馆内外,许许多多的事情已经物是人非,逝去的历史就永远不复返了,成都也不再是原来的成都。这个城市不再是一个自治的城市,传统社会和社会组织在很大程度上被破坏，市面上不仅有许多警察维持治安，更有市政府以及庞大的官僚机构，人们生活在国家机器的日益严密控制之下。

如果设想20世纪第一天那个清晨坐在茶馆的某个茶客，不知什么原因陷入了长睡，突然在50年后即1950年1月1日凌晨醒来，冬夜还是那么寒冷，他像夜游神一样走出家门。他不晓得大清已经不在了几十年，不知道什么军阀混战和国民政府，以及不久前发生的政权更迭。我们或许要为他感到庆幸，躲过了成都和成都人经过的那么多磨难。他沿街而行，发现街道较以前平整而宽阔，路旁还竖起了电线杆，有灰暗的路灯引路，使他不用像50年前那个去茶馆的早晨一样深一脚浅一脚地挪步。他还发现各街两头的栅栏也已不在，倒为他的漫游减少了障碍。

沿城走了一圈，他发现儿时能在上面放风筝和狂奔的城墙，虽然还在，但已是千疮百孔。除了增加3个城门外，墙体上到处是崩塌或是人为挖开的大窟窿，城门也通宵不关。少城的胡同似乎还是那个样子，但看起来房子比以前增加了不少，不过，他再也找不到把大城和少城隔开的城墙了。皇城仍然伫立在城市中央，但比原来破败不少，环绕皇城的御河水也发出一阵臭味。穿过熟识的东大街，他看到了一条从来没有见过的漂亮街道，两旁都是店铺，借着不太亮的路灯，他看到街边立了一个牌子，上面写着"春熙路"3个字。走进春熙路，他发现好几家茶馆，春熙第一楼、三益公、漱泉等，其门面之堂皇，也使他啧啧称奇。可惜时辰还早，茶馆里还没有一丝光亮，否则这个老茶客一定会进去暖和一下，喝口热茶。他还发现，春熙路中间，一尊铜铸的上唇留胡子老头的坐像，身着长衫，目光炯炯，凝神深思，虽然他不知道这是何方尊神，但看其气宇不凡，倒生出几分敬畏。再往前行，他又发现了一条盖有顶棚的街，前面是一个大牌坊，上书"商业场"三字，在那里他又看到不少茶馆。但给他印象最深的，是出商业场不远，富丽堂皇写着"悦来茶园"的大门面。成都似乎还是他记忆中的成都，但又有了许多的不同，这个城市毕竟又老了50岁，难免留下了岁月的痕迹。

在50年前那个早晨出生的婴儿，如果能够在这个动荡年代幸存的话，现在也已年过半百，他可能也正在某个茶馆里讨生活，或者成都的生活方式和文化已经把他陶冶成地地道道的茶客。他出生后的50年，风风雨雨，不堪回首，一切恍如过眼烟云。世纪之交的那一年，义和拳起，八国联军进京，不过倒没有伤着成都毫发；但辛亥年政权更迭，乱兵焚烧和抢劫成都的经济中心，然后又是惨烈的1917年和1932年内城巷战。不过那个世纪婴儿应该感到幸运，持续多年艰苦抗战，成都逃过了日寇铁蹄的践踏，除了那巷战的短暂时间里，在大多数年代中，人们仍然可以继续他们的茶馆生活。茶馆业在半个世纪的惊涛骇浪中，居然安然无恙。无论这个世界发生了什么，无论他们的命运是多么凄苦和难以预测，茶馆给了他们安慰，给了他们寄托。

无论是昨晚最后离开茶馆的茶客，或者那个本世纪第一天凌晨呱呱坠地的世纪婴儿，以及正在做梦的堂倌，他们不会知道，又隔了50多年后，一位在成都出生长大但客居他乡的历史学者，会给他们撰写历史。这位历史学者有时也会突发奇想：如果世界上真有时间机器，把这位不知天高地厚的后辈同乡送回到那1949年最后一天晚上，乘着浓浓的夜幕，降落到成都一家街角的小茶馆，告诉那些围坐在小木桌旁喝夜茶的茶客或正忙着的堂倌，他要给茶馆和茶客撰写历史，一定会引起他们的哄堂大笑，觉得这个人一定是在说疯话。他们可能会用典型的成都土话把他嘲笑一番："你莫得事做，还不如去洗煤炭……"的确，他们天天在茶馆里听讲评书的说历史，人们津津乐道的"二十四史"、汗牛充栋的其他官方记录，哪里不是帝王将相、英雄人物的历史？小民百姓是不会有一席之地的，说是要给他们写历史，不是"忽悠"他们，那又是什么？

他们不会想到，在这位小同乡的眼中，他们就是历史舞台上的主角。在过去的50年里，他们所光顾的茶馆，他们视为理所当然的坐茶馆的生活习惯，竟一直是国家权力与地方社会、文化的同一性和独特性较量的"战场"。他们每天到茶馆吃茶，竟然就是他们拿起"弱者的武器"所进行的"弱者的反抗"。这也即是说，弱小而手无寸铁的茶馆经理人、堂倌和茶客们，在这50年的反复鏖战中，任凭茶碗中波澜翻滚，茶桌上风云变幻，他们犹如冲锋陷阵的勇士，为茶馆和日常文化的最终胜利，立下了汗马功劳。如果他们知道自己在捍卫地方文化中所扮演的关键角色，就不会嘲笑这位通过时间机器突然降临、要为他们撰写历史的小同乡了。

虽然我们不可能进入那些正在沉睡的堂倌们的脑海，发现他们真正梦见的到底是什么，可是我们知道，他们无论如何也梦不到，他们赖以为生的茶馆业，已经好景不长了。就在不远的将来，他们将眼睁睁地看着一家家茶馆从成都的街头巷尾消失，他们也不得不离开记不得已经过了多少年生活的地方。眼前所熟悉的、活生生的茶馆和茶馆生活的衰落,很快就要成为不可改变的现实。几个小时以后,他们尽管仍然会像 50 年前世纪开始的第一天那样,把茶馆的门板一块块卸下,但他们不知道,他们和这个城市一起,已经踏入虽然轰轰烈烈但是已不再属于茶馆和茶客们的另一个完全不同的时代。熙熙攘攘的日常生活空间将不复存在,人们到哪里去寻回老成都和老茶馆的旧梦?

附　表

附表 1　1910—1949 年成都人口统计

年份	户数	人口数	年份	户数	人口数
1910	67764	345867	1942	97479	456536
1926	68453	302895	1943	100891	441023
1934	82177	438995	1944	109970	538668
1936	78664	488563	1945	239631	742188
1937	81081	463145	1946	234145	726026
1938	82656	466295	1947	241404	747793
1939	67607	303104	1948	125603	647877
1940	77855	355326	1949	126247	656920
1941	88088	377938			

资料来源：施居父：《四川人口数字研究之新资料》；《新新新闻》1934 年 4 月 5 日、1935 年 11 月 25 日；《成都快报》1938 年 11 月 29 日；《成都省会警察局档案》，93-1-900；何一民主编：《变革与发展——中国内陆城市成都现代化研究》，第 574、578、581—582 页；张学君、张莉红：《成都城市史》，第 229—230 页；乔曾希、李参化、白兆渝：《成都市政沿革概述》，《成都文史资料选辑》第 5 辑，1983 年，第 12 页。

附表2 悦来茶园雇佣登记表（1950年）

姓名	年龄	性别	职别	有何嗜好	籍贯	文化程度	入园工作时间	入园工作之前职业	家庭人口	是否参加任何党派团体	是否兼他业
傅俊成	44	男	售票	无	成都县	旧私塾	1945	行商	9	无	无
冯季友	69	男	验票	无	成都	旧学七年	1948	小本生意	1	无	无
陈孔荣	38	男	售票	无	成都	旧学六年	1931	店铺学徒	5	无	无
刘建五	50	男	账务	酒	成都	旧学七年	1922	经商	3	无	无
冷阡阡	33	男	人事管理	无	华阳县	私学二年	1938	务农	4	无	无
蔡祖荣	23	男	售票	无	成都县	能识字	1942	做生意	1	无	小纸烟店
刘德辉	34	男	售票	无	华阳	私学四年	1942	经营小生意	8	无	无
周三兴	60	男	验票	无	华阳	旧学三年	1945	成衣	3	无	无
余秀澄	58	男	户籍	无	成都	旧学	1941	当兵	5	无	无
林先德	34	男	制票	无	彭县	小学	1945	当兵	5	无	无
彭少舟	58	男	交际	无	不知	小学	1945	店铺工作	3	无	无
张明煊	53	男	验票	无	温江	旧学八年	1935	在家赋闲	7	无	无
王德三	39	男	售票	无	成都	初中半年	1931	学徒	2	相哥	无
陈照和	58	男	写戏牌	无	成都	旧学七年	1925	做生意	4	无	无
夏丹宝	38	男	联络	叶烟	重庆	初小	1939	护士	3	相哥	无
冷仲康	27	男	制票	无	华阳	小学毕业	1936	学徒	5	相哥	无
张福隆	43	男	联络	叶烟	营山	私塾四年	1939	小生意	4	相哥	种蔬菜

(续表)

姓名	年龄	性别	职别	有何嗜好	籍贯	文化程度	入园工作时间	入园工作之前职业	家庭人口	是否参加任何党派团体	是否兼他业
吴建仁	25	男	联络员	无	雅安	初中肄业	1949	警察训练	5	无	无
谭开建	56	男	联络	叶烟	华阳	私塾三年	1933	警察	4	袍哥	修自行车
白俊辉	24	男	司乐	纸烟	西充	私塾二年	1946	戏班子	3	袍哥	无
唐云峰	23	男	演员	无	成都	小学	1941	学戏	3	三庆会	无
荣廷配	16	男	演员	无	壁山	初中	1946	学生	10	三庆会	无
剪国祥	19	男	演员	无	大邑	小学	1942	学戏	4	三庆会	无
刘子云	32	男	演员	纸烟	简阳	私塾四年	1940	学戏	4	袍哥	无
李友堂	23	男	灯光	无	华阳	文盲	1949	务农	2	无	无
张素英	43	女	女演员	无	仁寿	私塾三年	1949	演员	2	三庆会	无
曾玉珊	36	男	演员	华阳	华阳	私塾二年	1944	学戏	5	三庆会	无
李玉堂	28	男	演员	无	简阳	不详	1938	学戏	2	三庆会	无
李光远	21	男	演员	成都	成都	初小	1938	学戏	3	三庆会	无
李青平	29	男	演员	纸烟	不详	不详	1931	学戏	1	袍哥	无
钟吉祥	28	男	演员	华阳	华阳	私塾三年	1935	学戏	3	袍哥	无
周企何	40	男	小丑副会长	成都	成都	私学六年	1926	学戏	5	三庆会	无

注：我从126张表中，按顺序选择了前32张制成这表。

资料来源：《成都市文化局档案》：124-2-1。

540 茶馆：成都的公共生活和微观世界，1900—1950

附表 3　1920 年万春茶园演戏售票统计

日　期	座位类别	白天售票数	税（文）	夜场售票数	税（文）
6 月 14 日	特殊	141	2820		
	附加	75	1500		
	普通	408	4080		
	计	624	8400		
6 月 15 日	特殊	123	2460		
	附加	70	1400		
	普通	418	4180		
	计	611	8040		
6 月 18 日	特殊	129	2580		
	附加	65	1300		
	普通	394	3940		
	计	588	7820		
6 月 19 日	特殊	114	2280	158	3160
	附加	44	880	75	1500
	普通	356	3560	329	3290
	计	514	6720	562	7950
6 月 21 日	特殊	150	3000	123	2460
	附加	81	1620	76	1520
	普通	639	6390	515	5150
	计	870	11010	714	9130

资料来源：《成都省会警察局档案》：93-6-964。

附表 4　1940 年代成都甲等茶馆统计

茶馆	地点	资本（元）	经理人	茶馆	地点	资本（元）	经理人
森园 三益公	梓潼桥正街 春熙北段	2000	吴义侯	忙里闲 西歧	贡院街 南新街		

（续表）

茶馆	地点	资本（元）	经理人	茶馆	地点	资本（元）	经理人
漱泉	春熙北段	2000	黄汉承	观德	少城公园	500	王秀山
益园	春熙北段	500	陈子华	枕流	少城公园	2000	王永贵
正娱	总府街			鹤鸣	少城公园	2500	罗铭钟
新世界	总府街			绿荫	少城公园	500	张衡之
一品	悦来场			永聚	少城公园	1500	闵次元
朗轩	悦来场			文化	少城公园		
桃园	商业场	2000	叶合年	颐和园	祠堂街		
宜园	昌福馆	1000	王植三	桐荫	长顺上街		
二泉	商业场	800	张二泉	竟成园	临江路		
惠风	中山公园	500	刘云英	江上村	临江路		
中城	中山公园	500	刘明藻	吟啸楼	贡院街	400	马道宏
中和	中山公园			复兴	建国南街		
丽春	学署街			寿棚	建国南街		
益智	春熙南段	500	萧智僧	品雪	临江路		
百老汇	东御街						

注：原档案无时间，估计是 1944—1949 年间。资本和经理资料为 1940 年 5 月。
资料来源：《成都市政府工商档案》：38-11-1539、1821。

附表 5 1909—1951 年成都茶馆数量统计

年份	茶馆数量	年份	茶馆数量
1909—1910	518[1]	1936	640
1914	681	1940	610[5]
1921	1000[2]	1941	649[6]
1929	641	1942	614
1931	620	1946	623

542 茶馆：成都的公共生活和微观世界，1900—1950

（续表）

年份	茶馆数量	年份	茶馆数量
1932	600[3]	1949	659[7]
1934	748[4]	1951	541
1935	599		

注：[1] 这个数字来自 1909 年的警察调查，但《成都通览》称仅有 454 家（傅崇矩：《成都通览》下册，第 253 页）。[2] 原资料说是"一千多"。[3] 原资料称为"六百多"。[4] 另一资料显示为 747 家（《四川经济月刊》1934 年第 3 期）。[5] 秋池 1942 年的文章称成都 1940 年有 611 家茶馆（秋池：《成都的茶馆》，《新新新闻》1942 年 8 月 7—8 日）。[6] 39 家甲等，399 家乙等，211 家丙等。陈茂昭引用的市政府数字为 614 家（陈茂昭：《成都的茶馆》，《成都文史资料选辑》第 4 辑，1983 年，第 178 页）。[7] 其他资料显示 1949 年，成都有 598 家茶馆（高枢年、汪用中：《成都市场大观》，第 110 页；杨忠义：《成都茶馆》，《农业考古》1992 年第 4 期［中国茶文化专号］，第 116 页）。

资料来源：1909—1910 年，《四川官报》1910 年第 2 号；1914 年，《成都省会警察局档案》：93-6-2635；1921 年，来也乙：《成都市茶社之今昔》，《新新新闻》1932 年 4 月 27 日；1929 年，《成都省会警察局档案》：93-5-1046；1931 年，《国民公报》1931 年 1 月 15 日；1932 年，来也乙：《成都市茶社之今昔》，《新新新闻》1932 年 4 月 27 日；1934 年，成都市地方志编纂委员会编《成都市志——工商行政管理志》，第 42 页；1935 年，《新新新闻》1935 年 1 月 11 日；1936 年，《警务旬刊》第 3 期（1936 年 8 月）；1940 年，《成都市政府工商档案》：38-11-1539；1941 年，《成都市商会档案》：104-1388；1942 年，《成都市商会档案》：104-1406；1946 年，《成都市政府工商档案》：38-11-1465；1949 年，《成都市政府工商档案》：38-11-97；1951 年，《成都市各行各业同业公会档案》：52-128-2。

附表 6　1914 年成都茶馆分布

分区	有茶馆的街道数量	茶馆数量	茶桌数量
1	58	148	2519
2	70	111	1967
3	47	106	1384
4	76	140	1742

（续表）

分区	有茶馆的街道数量	茶馆数量	茶桌数量
5	15	65	975
6	45	111	1371
总计	311	681	9958

资料来源:《成都省会警察局档案》: 93-6-2635。

附表7 1914年成都茶馆分区详细统计

区和分所	有茶馆的街道数	茶馆数	茶桌数	税（文/天）	税（文/月）
1 正所	10	22	378	1892	56760
1—1	14	30	690	3519	105570
1—2	4	10	124	637	19250
1—3	12	26	531	2421	72630
1—4	10	17	313	1568	47025
1—5	6	25	301	1401	42030
1—6	2	18	182	9067	272010
小计	58	148	2519	20505	615275
2 正所	17	23	600	3652	109560
2—1	11	23	348	1640	49200
2—2	14	19	349	1750	52500
2—3	15	21	268	1345	40350
2—4	13	25	402	2378	71340
小计	70	111	1967	10765	322950
3 正所	10	35	476	2583	77490
3—1	11	21	355	1764	53070
3—2	9	16	224	1094	32820
3—3	9	18	135	667	20010
3—4	8	16	194	890	26700
小计	47	106	1384	6998	210090

544 茶馆：成都的公共生活和微观世界，1900—1950

（续表）

区和分所	有茶馆的街道数	茶馆数	茶桌数	税（文/天）	税（文/月）
4 正所	9	14	142	713	21390
4—1	14	16	176	849	25470
4—2	14	23	181	1393	41790
4—3	14	27	431	2134	64020
4—4	13	20	296	1518	45540
4—5	4	23	268	1345	40350
4—6	8	17	248	1167	35010
小计	76	140	1742	9119	273570
5 正所	7	31	569	2845	85350
5—1	3	7	92	450	13500
5—2	2	6	72	360	10800
5—3	2	10	107	555	16650
5—4	1	11	135	574	17220
小计	15	65	975	4784	143520
6 正所	10	21	304	1520	45600
6—1	4	23	315	2875	25995
6—2	13	29	396	1950	58500
6—3	13	26	213	1161	34830
6—4	5	12	143	625	18750
小计	45	111	1371	8131	183675
总计	311	681	9958	60302	1749080

注：[1] 1914 年成都是按警区来分区，共分 6 区，下分"分所"（或"驻所"），每区都有一个"正所"和几个"分所"。表中第一个数字是"区"，第二个数字是分区。如一区一分所表示为：1-1。[2] 在 6-1 分所，各茶馆仅在赶场天付税，即每旬的四、七、十日。[3] 一些茶馆除有通常的方桌外，还有"条桌"和"餐桌"，不过这类桌子数量不大，因此我将它们全都按方桌算，这对统计表的准确性应该没有什么明显的影响。

资料来源：《成都省会警察局档案》：93-6-2635。

附 表　545

附表 8　1929 年成都茶馆的分区统计

区	有茶馆的街道数	茶馆数	区	有茶馆的街道数	茶馆数
1	78	128	4	83	136
2	73	133	5	58	137
3	44	107	总计	336	641

资料来源:《成都省会警察局档案》: 93-5-1046。

附表 9　1929 年成都茶馆按街道分布的统计

茶馆数	有茶馆的街道数	茶馆总数	茶馆数	有茶馆的街道数	茶馆总数
1	180	180	7	4	28
2	91	182	8	3	24
3	30	90	9	0	0
4	11	44	10	1	10
5	13	65			
6	3	18	总计	336	641

资料来源:《成都省会警察局档案》: 93-5-1046。

附表 10　1920 年代末成都的街道、茶馆和人均统计

分区	有茶馆的街道数	茶馆数	人口数	每千人拥有茶馆数
1（东区）	78	128	65525	1.95
2（南区）	73	133	75739	1.76
3（西区）	44	107	46195	2.32
4（北区）	83	136	74177	1.83
5（外东区）	58	137	41259	3.32
总计	336	641	302895	2.12

注: 区的划分民国时期时有变化, 有时按数字（如第一区）, 有时按方位（如东区）, 有时按警区（如一署）。1929 年调查茶馆时, 是按警区, 但表中人口数为 1926—1927 年的, 当时成都是按方位划区（即东西南北外东五区）。不过, 这两个系统对区的划分大致重合, 例如一署大致相当于东区, 五署大致相当于外东区。

资料来源: 街道和茶馆数（1929 年）:《成都省会警察局档案》: 93-5-1046; 人口（1926—1927 年）:《成都市市政年鉴》（1927 年）, 第 711 页。

546 茶馆：成都的公共生活和微观世界，1900—1950

附表 11 1935 年成都服务行业统计

行业	东区	南区	西区	北区	外东区	总计
茶馆	108	122	112	125	132	599
糖果	40	31	47	41	23	182
餐馆	477	509	495	602	315	2398
肉商	106	117	92	102	73	490[1]
屠宰	0	16	6	16	14	52
浴室	7	4	2	6	2	21
理发店	108	127	98	131	65	529
旅店	50	29	32	27	87	225
售店	201	207	183	197	122	910[2]
□所[3]	238	248	194	275	254	1209
总计	1335	1410	1261	1522	1087	6615

注：[1] 原表中的数字是 489，与总数不符，我重新计算修订。[2] 原表中的数字是 902，与总数不符，我重新计算修订。[3] 原文第一个字不清楚，第二个字显然是"所"字，第一个字看起来像"厕"字，所以有可能是"厕所"，但是这个时期"厕所"是否被视为一个行业并不清楚。不过好像没有其他含有"所"字的普通行业（其数量比茶馆多但比餐馆少）。据 1927 年的《成都市市政年鉴》，该年成都有 1259 个公厕，与这个数字很接近。

资料来源：《新新新闻》1935 年 1 月 11 日。

附表 12 1940 年成都茶馆资本统计

资本量（元）	茶馆数	资本总计（元）	资本量（元）	茶馆数	资本总计（元）
300	450	135000	1000	4	4000
400	45	18000	1200	1	1200
500	86	43000	1500	1	1500
600	7	4200	2000	5	10000
700	2	1400	2500	1	2500
800	8	6400	总 计	610	227200

资料来源：《成都市政府工商档案》：38-11-1539。

附 表 547

附表 13　1942 年四家茶馆的每日收入和支出统计

茶馆	正娱花园	二泉茶厅	德园茶厅	掬春茶楼
收入（单位：元）				
销售	900	800	300	600
其他	150	100	20	30
计	1050	900	320	630
支出（单位：元）				
茶叶	300	300	100	100
燃料	400	300	100	200
工资	300	300	100	100
房租和电费	130	100	30	200
税	30	30	10	20
其他	100	50	20	50
计	1260	1080	360	670

注：在资料原件中，几乎所有数字为近似数（如"九百多元"等），因此各栏数字加在一起与总计不符，这里的总数为我重新计算。

资料来源：《成都市政府工商档案》：38-11-650。

附表 14　1945 年甲等茶馆收支统计（按每卖 500 碗茶计算）

	原来价格（元）	占收支的%	现在价格（元）	占收支的%	注
收入					
茶	7500	87	12500	88	[1]
脸帕	150	2	250	2	[2]
热水	1000	11	1500	10	[3]
计	8650	100	14250	100	
支出					
茶叶	2400	18	4800	24	[4]
煤	5250	40	7500	38	[5]
木炭	2000	15	2500	13	[6]

548　茶馆：成都的公共生活和微观世界，1900—1950

（续表）

	原来价格（元）	占收支的%	现在价格（元）	占收支的%	注
电	250	2	300	2	
房租	300	2	500	2	[7]
税	260	2	482	2	[8]
伙食	1000	7	1300	7	[9]
工资	1150	9	1461	8	[10]
茶具损耗	300	2	500	2	[11]
捐献	100	1	200	1	[12]
利息	200	2	200	1	[13]
计	13210	100	19743	100	

注：[1] 价格从每碗茶 15 元涨到 25 元。[2] 每 100 碗租金 30 元涨到 50 元（茶馆按卖茶碗数收取脸帕经营者租金）。[3] 每天平均使用。[4] 从每斤 600 元涨到 1200 元。每天 4 斤，每斤分 100 碗茶。[5] 平均每天用 1.5 挑。价格从每挑 3500 元涨到 5000 元。[6] 平均每天 50 斤。价格从每斤 40 元涨到 50 元。[7] 每天平均使用。[8] 每天平均支付。[9] 按 8 人计算，每人每天 1 斗米。[10] 1 个灶房、2 个挑水夫、2 个堂倌、2 个帮手、1 个经理。[11] 每天平均支付。[12] 每天平均使用。[13] 按本金 10 万元算，月息 6%。

资料来源：《成都市商会档案》，104-1390。

附表 15　1947 年每售 500 碗茶的收支统计

	现在（元）	涨价后（元）	注
收入			
茶	22500	30000	[1]
脸帕	500	750	[2]
开水和热水	3000	5000	
计	26000	35750	
支出			
茶叶	8000	12600	[3]
煤	14400	16500	[4]

附　表　549

（续表）

	现在（元）	涨价后（元）	注
木炭	4200	4800	[5]
电或灯油	2000	4000	
租金	800	2000	
税	780	1072	
伙食	2000	3000	[6]
工资	4100	6400	[7]
茶具损耗	1000	2000	
各种捐款	200	400	
还利息	270	270	
总计	37750	53042	

注：[1] 甲等茶馆每碗 45 元调到 60 元。[2] 各家租金不同，每碗原 1 元，现 1.5 元。[3] 原 1200—2000 元，现 1600—4800 元，平均 3200 元。[4] 原 9600 元/挑，现 21000/挑，每日平均用 1.5 挑。[5] 原 70 元/斤，现 80 元/斤，每天平均用 60 斤。[6] 按 8 人算，每人每天吃米 1 斗。[7] 按 8 人算。

资料来源：《成都市政府工商档案》：38-11-807。

附表 16　1948 年 12 月茶馆必需品价格比较统计

	之前（茶价 0.2 元/碗）	现在（茶价 0.3 元/碗）
和园（1948 年 12 月）		
煤	25 元/挑	45 元/挑
木炭	100 元/车	240 元/车
茶叶	3—4 元/斤	12—13 元/斤
怀园（1948 年 12 月 20 日）		
煤	25 元/挑	50 元/挑
木炭	100 元/车	240 元/车
电	0.8 元/度	4.5 元/度
灯油	1.6 元/斤	2.4 元/斤

550　茶馆：成都的公共生活和微观世界，1900—1950

（续表）

	之前（茶价 0.2 元/碗）	现在（茶价 0.3 元/碗）
河水	3 元/车	6 元/车
茶叶（一级）	4.8 元/斤	8.8—20.8 元/斤
雷正银茶铺（1948 年 12 月）		
煤	25 元/挑	48 元/挑
木炭	100 元/车	240 元/车
茶叶	3—4 元/斤	12 元/斤
凌渊阁（1948 年 12 月 22 日）		
煤	25 元/挑	50 元/挑
木炭	100 元/车	240 元/车
电	0.8 元/度	4.5 元/度
灯油	1.6 元/斤	2.4 元/斤
河水	3 元/车	6 元/车
茶叶（一级）	4.8 元/斤	8.8—20.8 元/斤

注：[1] 凡有准确日期者注明准确日期，无准确日期者则只注明月份。[2] 表中的单位"车"是人拉的板车，一车具体有多少斤不详。

资料来源：《成都市商会档案》：104-1391。

附表 17　1924 年东区茶馆税务统计

分所	茶馆数	旧捐（文）	新捐（文）	增长比例（%）	平均每个茶馆增税后的负税量（文）
东正所	21	2710	4735	75	225
东一所	14	2610	4770	83	341
东二所	16	2813	4890	74	306
东三所	23		8835		384
东四所	31	13655	24805	82	800
东五所	12		2975		248
共计	117		51010		389

资料来源：《成都省会警察局档案》：93-6-739-1。

附表 18　1924 年东正所茶馆税务统计

所在街道	茶馆	茶桌数	价格（文/碗）	税（文）
如是庵	宜宾社	8	30—40	120
如是庵	文怀阁	9	30—40	135
藩署	崇兴社	9	30—40	180
书院正街	紫茸楼	8	30—40	200
棉花街	仙乐园	10	20	150
棉花街	吉祥园	30	30—40	350
棉花街	聚洮园	14	20	240
北纱帽街	吉星楼	12	20	200
书院东街	状元楼	24	30—40	550
书院东街	沄记	20	20	280
书院东街	天福茶社	14	30—40	280
福字街	华山居	12	20	330
福字街	道乐园	8	30—40	195
福字街	都园	10	20	130
天涯石南街	天福楼	9	30—40	180
天涯石南街	合记	10	30—40	135
天涯石南街	瑞记	12	30—40	180
水东门	碧澄	9	30—40	210
水东门	和记	10	30—40	240
水东门	以文阁	17	30—40	400
天涯石东街	义和园	10	30—40	150
计	21	265		4835

注：茶馆一般使用小木方桌，征税以方桌为单位，其他各类桌子也换算成方桌征税，表中的桌数也是我换算的结果。一般靠墙桌按 3/4 个方桌算，小圆桌按 1/2 方桌算。

资料来源：《成都省会警察局档案》：93-6-739-1。

552 茶馆：成都的公共生活和微观世界，1900—1950

附表 19　1924 年东四所茶馆及税额统计

街名	茶馆	茶桌				桌子总数	茶价（文/碗）	税额（文）
		方桌	半桌	连二	饭桌			
悦来商场	陆庐	30	20				20—50	1400
商业场	宜春	16	9	12			20—50	1495
商业场	谭天处	14	25	3			20—50	1175
新集商场	市骏台	18	40	4			20—50	1650
昌福馆	双龙池	22	13				20—50	975
昌福馆	腋风		21				20—50	415
锦华馆	养园	23	18		4		80	3200
上北打金	大茗	5	10				20—50	230
下北打金	香泉	26	7				20—50	1045
大科甲	鹤野	26	3				20—50	550
大科甲	青莲	15	13	3			20—50	585
正科甲	临青	7	6	3	6		20—50	770
正科甲	瑞香	15	6				20—50	540
小科甲	金华	4	7				20	150
下华兴	金丽	22	2				20—50	690
上华兴	醉羽	23	34				20—50	1200
上华兴	天台	19	13		1		20—50	660
署袜北三	掬春	9	4	4			20	360
署袜北二	惠春	20					20—50	700
署袜北二	大兴	21					20	420
中新	三层楼	23	2	4			20—50	790
中新	德盛	20	5				20—50	675
北新	天全	12	2	2			20—50	510
总府	聚生	12	8				20—50	480

附 表　553

（续表）

街名	茶馆	茶桌				桌子总数	茶价（文/碗）	税额（文）
		方桌	半桌	连二	饭桌			
总府	松记	11	21		8		20—50	1245
总府	品泉	6	9				20—50	315
总府	七碗	17	2	8			20—50	1220
总府	岷江	21	8				20—50	600
总府	福太	3	10	2			20	240
总府	桂芳	12	4				20—50	420
总计	30	472	322	45	19	719		24705

注：［1］养园还有 8 张大圆桌、20 张小圆桌。［2］换算：322 张半桌等于 161
张方桌，45 张连二桌等于 67 张方桌（1 张连二桌等于 1.5 张方桌）。但饭桌换算方
桌的方法不详，这里我按与方桌相同算，因此 472+161+67+19＝719。

资料来源：《成都省会警察局档案》：93-6-739-1。

附表 20　1924 年东大街茶馆及付税统计

茶馆	茶桌数量		税额（文/天）	茶馆	茶桌数量		税额（文/天）
	大	小			大	小	
清涛	38		760	青莲	14	12	600
多福	12	10	380	万森	10	21	675
化益	23		690	汰液	10	10	450
明盛	10	15	260	吉祥	4	20	450
润胰	20		600	瑞草	15	10	500
蜀东	10		300	华一	13		390
文全	25		490	总计 14	229	98	7045
青云	25		500				

资料来源：《成都省会警察局档案》：93-6-739-1。

554 茶馆：成都的公共生活和微观世界，1900—1950

附表 21　1940 年茶社业公会理事会成员资本统计

资本（元）	茶馆数	资本合计	资本（元）	茶馆数	资本合计
300	14	4200	1000	1	1000
400	4	1600	1500	1	1500
500	5	2500	2000	1	2000
600	2	1200	2500	1	2500
800	1	800	总计	30	17300

资料来源：《成都市政府工商档案》：38-11-1539。

附表 22　1909—1948 年茶与米价的比较

时间	茶价/碗	米价/石	每 100 碗茶价钱可购米（石）
1909—1910	4 文	7400 文	0.054
1924	20 文	11.2 元	0.071
1925	70 文	20.8 元	0.08
1937	2 分	26.8 元	0.075
1940—8	10 分	141 元	0.071
1941—1	15 分	311 元	0.048
1941—2	20 分	329 元	0.061
1941—3	25 分	309 元	0.081
1941—11	30 分	567 元	0.053
1942—1	15 分	664 元	0.023
1942—4	40 分	933 元	0.043
1942—5	50 分	990 元	0.051
1942—7	70 分	890 元	0.079
1942—9	60 分	1077 元	0.056
1943—5	1.2 元	3260 元	0.037
1945—3	12 元	27162 元	0.044
1946—4	45 元	44100 元	0.1
1946—8	60 元	48727 元	0.12

（续表）

时间	茶价/碗	米价/石	每100碗茶价钱可购米（石）
1947—9	600 元	500000 元	0.121
1947—11	800 元	1670909 元	0.048
1947—12	1000 元	1982222 元	0.05
1948—1	1800 元	3154283 元	0.057
1948—8	2 分	40 元	0.05
1948—9	6 分	131 元	0.046
1948—12	20 元	677 元	0.03

注：[1] 缺乏从晚清到民国时期成都米价的完整记录，本表关于米的价格来自仅离成都西门外数里的郫县，两地的米价不会有太大的差距。[2] 表中每碗茶的价格为最大众化的普通茶。[3] 晚清民国时期货币系统发生过若干次变化。本表中，1909—1910 年的货币为铜元；1924—1925 年的货币为铜元（茶）和银元（米），1924 年 1 银元约等于 2500—3000 文；1925 年，约等于 4000 文；1935—1948 年的货币为法币；1948 年 8 月后的货币为金圆券。1948 年 7 月，300 万法币兑换 1 金圆券。[4] 过去度量衡混乱，每石米的重量各地相差甚大。在江南，1 石为 140—160 斤，两湖的石较江南为大，而四川的石又大于两湖。在晚清成都，1 石约 280—300 斤；1940 年代，大约 280 斤。参见傅崇矩《成都通览》下册，第 103 页；李竹溪、曾德久、黄为虎编《近代四川物价史料》，第 377 页。

资料来源：茶价，傅崇矩：《成都通览》下册，第 252 页；《成都省会警察局档案》：93-6-739-1；《成都省会警察局档案》：93-6-735-1；《成都市商会档案》：104—1401、1390、1400、1309、1391；《成都市政府工商档案》：38-11-807、32、1535；舒新城：《蜀游心影》，第 144—145 页。米价，李竹溪、曾德久、黄为虎编《近代四川物价史料》，第 365—372 页。

附表 23　1951 年成都茶馆雇工统计

分区	茶馆数	合伙人		学徒		雇工		其他	总人数
		男	女	男	女	男	女		
东 1	24	22	3	0	0	48	1	76	150
东 2	24	24	0	0	0	63	2	90	179
东 3	24	32	5	0	0	89	1	63	190

556 茶馆：成都的公共生活和微观世界，1900—1950

（续表）

分区	茶馆数	合伙人		学徒		雇工		其他	总人数
		男	女	男	女	男	女		
东 4	24	21	3	8	0	80	1	80	193
东 5	14	14	3	0	0	66	0	27	110
小计	110	113	14	8	0	346	5	336	822
南 1	24	21	13	0	0	57	2	80	173
南 2	24	25	5	0	0	68	1	89	188
南 3	24	25	3	0	0	58	3	90	179
南 4	24	26	3	0	0	88	8	62	187
南 5	24	24	2	0	0	48	3	97	174
南 6	20	25	4	0	0	50	5	49	133
小计	140	146	30	0	0	369	22	467	1034
西 1	24	20	4	1	0	34	0	65	124
西 2	24	20	4	0	0	36	0	50	110
西 3	24	23	2	0	0	44	0	85	154
西 4	24	45	2	0	0	57	1	61	166
西 5	11	13	2	0	0	17	0	34	66
小计	107	121	14	1	0	188	1	295	620
北 1	24	25	5	0	0	76	1	105	212
北 2	24	20	10	0	0	64	0	91	185
北 3	24	25	7	0	0	56	4	83	175
北 4	24	19	5	0	0	46	0	62	132
北 5	22	33	4	0	0	75	0	61	173
小计	118	122	31	0	0	317	5	402	877
外东 1	24	26	1	0	0	39	0	83	149
外东 2	24	22	6	0	0	38	2	76	144
外东 3	24	21	4	0	0	49	0	76	150
外东 4	16	14	3	1	0	22	1	48	89

（续表）

分区	茶馆数	合伙人		学徒		雇工		其他	总人数
		男	女	男	女	男	女		
小计	88	83	14	1	0	148	3	283	532
总计	563	585	103	10	0	1368	36	1783	3885

资料来源：《成都市工商局档案》：119-2-167。

附表24 1900—1950年间颁布的关于茶馆的规章

年份	规章名称	主要内容
1903	茶馆规则	注册、卫生、赌博、斗鸟、秘密社会、讲评书、桌椅占道、纠纷、营业时间、警察督察等
1913	四川内务司拟定戏曲取缔规则	地方戏、曲艺等表演
1916	取缔各戏班应守规则	剧本审查、演员、戏园秩序等
1916	警厅取缔戏园法	戏园、座位、观众、买票、价格、公共秩序
1926	成都市取缔茶铺规则	卫生
1932	市府取缔茶馆规则五条	饮水质量、厕所、赌博等
1935	成都取缔各茶社规则	茶馆数量、营业时间等
1942	成都市饮食店及茶社清洁检查办法	卫生
1943	成都市茶馆业取缔办法	限制新开、搬迁、转手等
1944	茶馆之弊害及其取缔办法	茶馆数量、顾客数量、地点、营业时间限制等
1945	四川省管理茶馆办法	登记、茶馆数量、卫生、乞丐、堂倌、女堂倌限制等
1948	四川省政府训令：为纠正人民赌博及闲坐茶馆等陋习通饬遵照执行	赌博、闲坐、卫生、迷信、谣言等
1948	四川省管理茶馆办法	与1945年的《四川省管理茶馆办法》相同

558 茶馆：成都的公共生活和微观世界，1900—1950

（续表）

年份	规章名称	主要内容
1948	成都市茶馆业取缔办法	茶馆数量、地点、卫生、转手、执照等
1948	四川省会警察局管理茶社业暂行办法	登记、营业时间、讲评书、卫生、布置、男女堂倌、公共行为、赌博、走私等

注：1948 年的《四川省管理茶馆办法》只是 1945 年办法的重新颁布，没有任何改变。

资料来源：《四川通省警察章程》（1903 年），《巡警部档案》：1501－179；《成都省会警察局档案》：93－6－2718；《国民公报》1916 年 12 月 16、26 日；《成都市市政年鉴》（1927 年），第 510—512 页；《成都快报》1932 年 4 月 2 日；贾大泉、陈一石：《四川茶业史》，第 369 页；《成都市商会档案》：104－1406；《四川省政府社会处档案》：186－1431；《新新新闻》1945 年 3 月 16 日；《成都市政府工商档案》：38－11－298；《成都省会警察局档案》：93－2－2559；《成都市商会档案》：104－1388。

征引资料

中文档案和报刊资料

《成都快报》，1929—1949 年

《成都晚报》，1948 年

《成都市各行各业同业公会档案》，民国时期，成都市档案馆藏，全宗 52

《成都市工商局档案》，成都市档案馆藏，全宗 119

《成都市工商行政登记档案》，成都市档案馆藏，全宗 40

《成都省会警察局档案》，民国时期，成都市档案馆藏，全宗 93

《成都市商会档案》，民国时期，成都市档案馆藏，全宗 104

《成都市市政公报》，1930—1932 年

《成都市市政年鉴》，1927 年

《成都市文化局档案》，成都市档案馆藏，全宗 124

《成都市政府工商档案》，民国时期，成都市档案馆藏，全宗 38

《成都市政府周报》，1939 年

《服务月刊》，1941 年

《国民公报》，1912—1949 年

《华西日报》，1947 年

《华西晚报》，1934—1949 年

《警务旬刊》，1936 年

《四川官报》，1903—1911 年

560 茶馆：成都的公共生活和微观世界，1900—1950

《四川经济月刊》，1934 年

《四川省政府社会处档案》，民国时期，四川省档案馆藏，全宗 186

《四川月报》，1933 年

《通俗日报》，1909—1911 年

《图存》，1937 年

《新民报晚刊》，1943—1944 年

《新新新闻》，1930—1950 年

《中华》，1937 年

其他中文资料

巴波：《坐茶馆》，彭国梁编《百人闲说：茶之趣》，珠海出版社，2003，第
　　294—298 页

白渝华：《谈谈"休谈国事"》，《新新新闻》1945 年 3 月 18 日

病非：《消费小统计》，《新新新闻》1933 年 10 月 29 日

博行：《茶馆宣传的理论与实际》，《服务月刊》第 6 期，1941 年 5 月 1 日，
　　第 5—10 页

柴与言：《话说尿水胡豆》，冯至诚编《市民记忆中的老成都》，四川文艺出
　　版社，1999，第 105—107 页

车辐：《贾树三》，任一民主编《四川近现代人物传》第 1 辑，四川省社会
　　科学出版社，1985，第 268—270 页

车辐：《周连长茶馆与李月秋》，《龙门阵》1995 年第 2 期（总第 86 期），第
　　1—6 页

车辐：《锦城旧事》，四川文艺出版社，2003

陈稻心、刘少匆：《司徒惠聪》，任一民主编《四川近现代人物传》第 3 辑，
　　四川人民出版社，1987

陈浩东、张思勇主编：《成都民间文学集成》，四川人民出版社，1991

陈锦：《四川茶铺》，四川人民出版社，1992

陈孔昭：《叶子烟杆（儿）、水烟袋与习俗》，冯至诚编《市民记忆中的老成都》，四川文艺出版社，1999，第125—127页

陈茂昭：《成都的茶馆》，《成都文史资料选辑》第4辑，1983年，第178—193页

陈善英：《茶馆赞》，《新新新闻》1946年6月19日

陈世松：《天下四川人》，四川人民出版社，1999

陈香白：《中国茶文化》，山西人民出版社，1998

《成都市茶馆业概况》，《新新新闻》1947年7月21日

《成都市袍哥的一个镜头》（1949—1950年），成都市公安局档案

《成都市袍哥组织调查表》（1949—1950年），成都市公安局档案

成都市地方志编纂委员会编：《成都市志——工商行政管理志》，四川辞书出版社，2000

成都市群众艺术馆编：《成都掌故》第1辑，成都出版社，1996

成都市群众艺术馆编：《成都掌故》第2辑，四川大学出版社，1998

此君：《成都的茶馆》，《华西晚报》1942年1月28—29日

崔显昌：《旧蓉城茶馆素描》，《龙门阵》1982年第6期（总第12期），第92—102页

戴建兵：《白银与近代中国经济，1890—1935》，复旦大学出版社，2005

迪凡：《成都之洋琴》，《四川文献》1966年第5期（总第45期），第22—23页

定晋岩樵叟：《成都竹枝词》，林孔翼编《成都竹枝词》，四川人民出版社，1986，第59—69页

费著：《岁华纪丽谱》，《墨海金壶》第3函，台北，台湾艺文印书馆重印（无日期）

冯筱才：《中国大陆最近之会馆史研究》，《近代中国史研究通讯》第30期，2000

冯至诚编：《市民记忆中的老成都》，四川文艺出版社，1999

傅崇矩：《成都通览》8卷，成都通俗报社印，1909—1910；巴蜀书社1987

年重印，为上下两册。本书所用插图取自 1909—1910 年版，文字引自 1987 年版

冈夫：《茶文化》，中国经济出版社，1995

高焕儒：《从万里桥到望江楼》，冯至诚编《市民记忆中的老成都》，四川文艺出版社，1999，第 22—24 页

高枢年、汪用中：《成都市场大观》，中国展望出版社，1985

谷莺编：《锦诚诗粹》，四川人民出版社，1987

郭汉鸣、孟光宇：《四川租佃问题》，商务印书馆，1944

海粟：《茶铺众生相》，冯至诚编《市民记忆中的老成都》，四川文艺出版社，1999，第 139—146 页

浩耕、梅重编：《爱茶者说》，浙江人民出版社，2001

郝志诚：《父亲的故事》，《龙门阵》1997 年第 1 期（总第 97 期），第 37—44 页

何承朴：《成都夜话》，四川人民出版社，1986

何满子：《五杂侃》，成都出版社，1994

何满子：《何满子学术论文集》下卷，福建人民出版社，2002

何一民主编《变革与发展——中国内陆城市成都现代化研究》，四川大学出版社，2002

胡天：《成都导游》，蜀文印书社，1938

黄东兰：《岳飞庙：创造公共记忆的"场"》，孙江主编《事件、记忆、叙述》，浙江人民出版社，2004，第 158—177 页

黄裳：《茶馆》，彭国梁编《百人闲说：茶之趣》，珠海出版社，2003，第 299—301 页

黄尚军：《四川方言与民俗》，四川人民出版社，2002

尖兵：《茶与肉》，《新新新闻》1948 年 4 月 21 日

健夫：《闲话蓉城》，《华西晚报》1942 年 6 月 17 日

贾大泉、陈一石：《四川茶业史》，巴蜀书社，1988

《蒋介石日记》，原件藏美国斯坦福大学胡佛研究所东亚图书馆

蒋兆成：《明清杭嘉湖社会经济史研究》，杭州大学出版社，1994

景朝阳：《鱼满府南河》，冯至诚编《市民记忆中的老成都》，四川文艺出版社，1999，第 25—27 页

景朝阳：《旧电影院逸闻》，冯至诚编《市民记忆中的老成都》，四川文艺出版社，1999，第 167—169 页

居格：《理想的茶馆》，《华西晚报》1942 年 10 月 17 日

楷元：《吃茶 ABC》，《新民报晚刊》1943 年 9 月 20 日

来也乙：《成都市茶社之今昔》，《新新新闻》1932 年 4 月 27 日

蓝羽：《茶客》，《新新新闻》1948 年 1 月 16 日

老舌：《茶馆观丐》，《新民报晚刊》1944 年 1 月 9 日

老舍：《茶馆》，《老舍剧作选》，人民文学出版社，1978，第 73—144 页

老乡：《谈成都人吃茶》，《华西晚报》1942 年 12 月 26—28 日

李长莉：《晚清上海的社会变迁——生活与伦理的近代化》，天津人民出版社，2002

李德英：《公园里的社会冲突——以近代成都城市公园为例》，《史林》2003 年第 1 期，第 1—11 页

李德英：《同业公会与城市政府关系初探——以民国时期成都为例》，《城市史研究》第 22 辑，天津社会科学院出版社，2004，第 223—242 页

李德英：《国家法令与民间习惯——成都平原租佃制度新探》，中国社会科学出版社，2006

李劼人：《暴风雨前》，《李劼人选集》第 1 卷，四川人民出版社，1980，第 275—662 页

李劼人：《大波》，《李劼人选集》第 2 卷，上、中、下 3 册，四川人民出版社，1980，第 3—1631 页

李思桢、马延森：《锦春楼"三绝"——贾瞎子、周麻子、司胖子》，成都市群众艺术馆编《成都掌故》第 1 辑，成都出版社，1996，第 378—383 页

李文孚：《抗日中期成都"抢米"事件》，成都市群众艺术馆编《成都掌故》

第 2 辑，四川大学出版社，1998，第 66—80 页

李英：《旧成都的茶馆》，《成都晚报》2002 年 4 月 7 日

李竹溪、曾德久、黄为虎编：《近代四川物价史料》，四川科学技术出版社，1987

李子聪：《四川扬琴"堂派"的由来和发展》，成都市群众艺术馆编《成都掌故》第 2 辑，四川大学出版社，1998，第 574—578 页

李子峰编《海底》，上海书店根据 1940 年版影印，《民国丛书》第 1 编第 16 辑

梁德曼、黄尚军：《成都方言词典》，江苏教育出版社，1998

廖俊义：《我参加十二桥大屠杀的回忆》，成都市群众艺术馆编《成都掌故》第 2 辑，四川大学出版社，1998，第 84—90 页

林孔翼编：《成都竹枝词》，四川人民出版社，1986

林文洵：《成都人》，浙江人民出版社，1995

林治：《中国茶道》，中华工商联合出版社，2000

刘凤云：《明清城市空间的文化探析》，中央民族大学出版社，2000

刘盛亚：《成都是"例外"吗?》，《文化长城》第 3 期，1938 年 6 月 21 日，第 32 页

刘师亮：《汉留全史》，古亭书屋印，1939

刘西源：《跑警报》，成都市群众艺术馆编《成都掌故》第 2 辑，四川大学出版社，1998

刘振尧：《"安澜"茶馆忆往》，冯至诚编《市民记忆中的老成都》，四川文艺出版社，1999，第 147—149 页

龙在天：《华华茶厅》，成都市群众艺术馆编《成都掌故》第 1 辑，成都出版社，1996，第 526—528 页

林洪德：《老成都食俗画》，四川科学技术出版社，2004

林孔翼编：《成都竹枝词》，四川人民出版社，1986

鲁迅：《药》，《鲁迅全集》第 1 卷，人民出版社，1973，第 289—310 页

鲁迅：《阿 Q 正传》，《鲁迅全集》第 1 卷，人民出版社，1973，第 359—

416 页

陆隐:《闲话女茶房》,《华西晚报》1942 年 2 月 25—28 日

罗子齐、蒋守文:《评书艺人钟晓凡趣闻》,《龙门阵》1994 年第 4 期(总第 82 期),第 58—61 页

罗尚:《茶馆风情》,《四川文献》1965 年第 10 期(总第 38 期),第 21—23 页

罗湘浦:《天籁》,任一民主编《四川近现代人物传》第 2 辑,四川省社会科学院出版社,1985,第 278—282 页

马敏:《官商之间——社会剧变中的近代绅商》,天津人民出版社,1995

马识途:《三战华园》,《马识途文集》第 6 集,四川文艺出版社,2005,第 169—222 页

庞进:《八千年中国龙文化》,人民日报出版社,1993

彭国梁编:《百人闲说:茶之趣》,珠海出版社,2003

彭其年:《辛亥革命后川剧在成都的新发展》,《四川文史资料选辑》第 8 辑,1963 年,第 159—172 页

彭泽益:《中国工商行会史料集》,中华书局,1995

谦弟:《成都洋琴史略》,《华西晚报》1941 年 5 月 21 日

乔曾希、李参化、白兆渝:《成都市政沿革概述》,《成都文史资料选辑》第 5 辑,1983 年,第 1—22 页

秦宝琦、孟超:《哥老会起源考》,《学术月刊》2000 年第 4 期,第 68—73 页

秦浩编:《茶缘》,内蒙古人民出版社,1999

秦和平:《二三十年代鸦片与四川城镇税捐关系之认识》,《城市史研究》第 19—20 辑,天津社会科学院出版社,2000,第 76—96 页

清有正:《锦城南岸一小街》,冯至诚编《市民记忆中的老成都》,四川文艺出版社,1999,第 19—21 页

秋池:《成都的茶馆》,《新新新闻》1942 年 8 月 7—8 日

邱澎生:《十八、十九世纪苏州城的新兴工商业团体》,台北,台湾大学出

版委员会（台大文史丛刊，86），1990

屈强：《我是标准茶客》，《新新新闻》1949 年 1 月 21 日

屈小强：《竹琴绝技贾树三》，冯至诚编《市民记忆中的老成都》，四川文艺
出版社，1999，第 153—156 页

冉云飞：《从历史的偏旁进入成都》，四川文艺出版社，1999

沙汀：《喝早茶的人》，《沙汀文集》第 6 卷（报告文学、散文集），上海文
艺出版社，1991，第 261—263 页

沙汀：《在其香居茶馆里》，《沙汀选集》，四川人民出版社，1982，第 140—
156 页

沙汀：《淘金记》，《沙汀选集》第 2 卷，四川人民出版社，1984，第 3—
293 页

沙汀：《困兽记》，《沙汀选集》第 2 卷，四川人民出版社，1984，第 299—
625 页

《省垣警区章程》，《四川警务章程》卷 2。原件无日期，但根据内容判断是
晚清制定的。原件藏美国斯坦福大学胡佛东亚图书馆。

施居父：《四川人口数字研究之新资料》，民间意识社，1936

舒新城：《蜀游心影》，中华书局，1934

四川省川剧艺术研究院等编《川剧剧目词典》，四川辞书出版社，1999

四川省文史馆编《成都城坊古迹考》，四川人民出版社，1987

《四川通省警察章程》（1903 年），中国第一历史档案馆藏，《巡警部档案》，
1501 号，第 179 卷。

孙晓芬：《清代前期的移民填四川》，四川大学出版社，1997

谭清泉：《黄吉安》，任一民主编《四川近现代人物传》第 1 辑，四川社会
科学院出版社，1985，第 251—254 页

谭清泉：《康子林》，任一民主编《四川近现代人物传》第 1 辑，四川社会
科学院出版社，1985，第 255—258 页

唐体尧：《我是十二桥惨案的执刑刽子手》，成都市群众艺术馆编《成都掌
故》第 2 辑，四川大学出版社，1998，第 91—94 页

陶文瑜:《茶馆》,花山文艺出版社,2005

王纯五:《袍哥探秘》,巴蜀书社,1993

王笛:《跨出封闭的世界——长江上游区域社会研究,1644—1911》,中华书局,1993

王敷:《茶酒论》,郭孟良编《中国茶典》,山西古籍出版社,2004,第261—263页

王国安、要英:《茶与中国文化》,汉语大辞典出版社,2000

王鸿泰:《从消费的空间到空间的消费——明清城市中的酒楼与茶馆》,《新史学》2000年(第11卷)第3期,第1—46页

王庆源:《成都平原乡村茶馆》,《风土什志》1944年第1期(总第4期),第29—38页

王世安、朱之彦:《漫话少城公园内几家各具特色的茶馆——回忆我经营枕流茶社的一段经历》,《少城文史资料》第2辑,1989年,第150—160页

王日根:《地域性会馆与会馆的地域差异》,《中国历史地理论丛》第1辑,1996,第95—109页

王卫平:《清代苏州的慈善事业》,《中国史研究》1997年第3期,第145—156页

王旭峰:《不夜之候》("茶人三部曲"之二),浙江文艺出版社,1998

王泽华、王鹤:《民国时期的老成都》,四川文艺出版社,1999

隗瀛涛:《四川保路运动史》,四川人民出版社,1981

文闻子编:《四川风物志》,四川人民出版社,1990

闻一多:《茶馆小调》,筠连县政协文史资料研究委员会编《文史资料选辑》第3辑,1985年,第61—62页

吴惠:《会馆、公所、行会:清代商人组织演变述要》,《中国经济史研究》1999年第3期,第111—130页

吴虞:《吴虞日记》上、下册,四川人民出版社,1984

晓晗:《成都商业场的兴衰》,《龙门阵》1986年第6期(总36期),第

568 茶馆：成都的公共生活和微观世界，1900—1950

36—48 页

小田：《江南乡镇社会的近代转型》，中国商业出版社，1997

谢俊美：《清代上海会馆公所述略》，《华东师范大学学报》2000 年第 2 期，
第 36—41 页

吴好山：《笨拙俚言》，林孔翼编《成都竹枝词》，四川人民出版社，1986，
第 69—77 页

小铁椎：《谈帮会》，《新新新闻》1946 年 8 月 16 日

徐心余：《蜀游闻见录》，四川人民出版社，1985

薛绍铭：《黔滇川旅行记》，重庆出版社，1986

鄢定高、周少稷：《身带三宝，无人可敌——记成都评书艺人张锡九》，成
都市群众艺术馆编《成都掌故》第 1 辑，成都出版社，1996，第 387—
392 页

杨槐：《神童子与满天飞》，《龙门阵》1982 年第 1 期（总第 7 期），第 65—
70 页

杨力编《茶博览》，山西古籍出版社，1997

杨武能、邱沛篁主编《成都大词典》，四川辞书出版社，1995

杨忠义：《成都茶馆》，《农业考古》1992 年第 4 期（中国茶文化专号），第
114—117 页

杨忠义、孙恭：《成都茶馆》，《锦江文史资料》第 5 辑，1997 年 1 月，第
81—88 页

姚蒸民：《成都风情》，《四川文献》1971 年第 5 期（总第 105 期），第 17—
21 页

野峰：《炮火，惊醒了成都青年——卢沟事件成都市内宣传记》，《图存》第
2 期，1937 年 7 月 16 日，第 5 页

叶雯：《成都茶座风情》，《成都晚报》1949 年 3 月 20 日

夜莺：《关于妓女坐茶社》，《成都快报》1938 年 8 月 7 日

佚名：《关于茶馆》，《新民报晚刊》1943 年 10 月 27 日

易君左：《锦城七日记》，《川康游踪》，中国旅行社，1943，第 177—210 页

于戏:《茶馆政治家》,《华西晚报》1943 年 1 月 15 日

张达夫:《高把戏》,《成都风物》第 1 集,1981 年,第 109—112 页

张放:《川土随笔》,《龙门阵》1995 年第 3 期(总第 87 期),第 95—98 页

曾智中、尤德彦编:《文化人视野中的老成都》,四川文艺出版社,1999

张恨水:《蓉行杂感》,曾智中、尤德彦编《文化人视野中的老成都》,四川
　　文艺出版社,1999,第 277—287 页

张承春:《解放前成都茶叶经营管理史话》,手稿,藏成都市政协文史资料
　　委员会,1986

章士钊:《文化运动与农村改良》,《章士钊全集》第 4 卷,上海文汇出版
　　社,2000,第 144—146 页;《农国辨》,同上,266—272 页;《章行严
　　在农大之演说词》,同上,第 403—405 页

张学君、张莉红:《成都城市史》,成都出版社,1993

张珍健:《南门有座"疏散桥"》,冯至诚编《市民记忆中的老成都》,四川
　　文艺出版社,1999,第 320—322 页

正云:《一副对联的妙用》,《成都风物》第 1 集,1981 年,第 82—83 页

郑蕴侠、家恕:《旧时江湖》,《龙门阵》1989 年第 3 期(总第 51 期),第
　　1—11 页;第 4 期(总第 52 期),第 25—37 页;第 5 期(总第 53 期),
　　第 69—79 页

钟茂煊:《刘师亮外传》,四川人民出版社,1984

周传儒:《四川省》,上海印书馆,1926

周文:《成都的印象》,曾智中、尤德彦编《文化人视野中的老成都》,四川
　　文艺出版社,1999,第 224—231 页

周询:《芙蓉话旧录》,四川人民出版社,1987

周止颖:《漫谈成都女茶房》,《华西晚报》1942 年 10 月 13 日

周止颖:《新成都》,复兴书局,1943

周止颖、高思伯:《成都的早期话剧活动》,《四川文史资料选辑》第 36 辑,
　　1987 年,第 53—65 页

朱龙渊:《周慕莲》,任一民主编《四川近现代人物传》第 3 辑,四川人民

570　茶馆：成都的公共生活和微观世界，1900—1950

出版社，1987，第 301—306 页

竹铭：《战时成都社会动态》，《新新新闻》1938 年 4 月 29 日

朱英：《转型时期的社会与国家——以近代中国商会为主体的透视》，华中师范大学出版社，1997

朱英：《中国行会史研究的回顾与展望》，《历史研究》2003 年第 2 期，第155—174 页

朱英主编《中国近代同业公会与当代行业协会》，中国人民大学出版社，2004

日文资料

飯島照仁、竹前朗『茶の匠——茶室建築三十六の技』東京：淡交社、2002

井上红梅『「支那」風俗』東京：日本堂、1921

今堀誠二『中国の社会構造：アンシャンレジームにおける「共同体」』東京：有斐閣、1953

内田繁『茶室とインテリア』東京：精興社、2005

小浜正子『近代上海の公共性と国家』東京：研文出版、2000

桐浴邦夫『近代の茶室と数寄屋——茶の湯空間の伝盛展開』京都：淡交社、2004

久保亨『戦間期中国の綿業と企業経営』東京：汲古書院、2005

佐藤要人『江戸水茶屋风俗考』東京：三樹書房、1993

鈴木智夫「清末江浙の茶館について」『歴史における民眾と文化——酒井忠夫先生古稀祝賀紀念論集』東京：国書刊行會、1982、第 529—540 页

铃木智夫「清末上海の茶館について」『燎原』第 19 期、1983 年、第 2—5 页

瀬地山澪子『利休茶室の謎』東京：創元社、2000

竹内実『茶館——中国の風土と世界像』東京：大修館書店、1974

遲塚麗水『新入蜀記』東京：大阪屋號書店、1926

内藤利信『住んでみた成都——蜀の国に見る中国の日常生活』東京：サ
　　イマル出版會、1991

中野孤山『「支那」大陆横断游蜀雑俎』、1913（原书无出版社，藏東洋文
　　庫，感谢铃木智夫教授惠寄）

中村作治郎『「支那」漫遊談』東京：切思會、1899

中村利則編『茶室・露地』京都：淡交社、2000

中村昌生『茶室の研究——六茶匠の作風を中心に』東京：兼文堂、1971

中村昌生『茶室と露地』東京：小学館、1972

中村昌生『京都茶室細見』東京：平凡社、1984

中村昌生『茶室を読む——茶匠の工夫と創造』京都：淡交社、2002

西澤治彦「飲茶の話」『GSたのしい知識』第 3 巻、東京：冬樹社、1985
　　年、第 242—253 頁

西澤治彦「現代中国の茶館——四川成都の事例かる」『風俗』1988 年第 4
　　期、巻 26、1988 年、第 50—63 頁

平山周『「支那」革命党及秘密结社』、『日本及日本人』第 69 号、東京：
　　政教社、1911

古田紹欽『草庵茶室の美学——茶と禅とのつながり』京都：淡交社、
　　1990

牧孝治編『加賀の茶室』金沢：北国出版社、1983

横山正『数寄屋逍遥——茶室と庭の古典案内』東京：彰国社、1996

吉田龍彦『仙巖園茶席——広間・小間・立礼席の詳細』京都：学芸出版
　　社、1988

吉田龍彦『現代の茶室建築』京都：学芸出版社、1989

英文资料

Abrams, Lynn. *Workers' Culture in Imperial Germany: Leisure and Recreation
　　in the Rhineland and Westphalia.* London and New York: Routledge, 1992.

572 茶馆：成都的公共生活和微观世界，1900—1950

Adburgham, Alison. *Shops and Shopping, 1800-1914.* London: George Allen & Unwin, 1967.

Akyeampong, Emmanuel Kwaku. *Drink, Power, and Cultural Change: A Social History of Alcohol in Ghana, c. 1800 to Recent Times.* Portsmouth: Heinemann, 1996.

Austin, Gregory. *Alcohol in Western Society from Antiquity to 1800: A Chronological History.* Santa Barbara: ABC-Clio Information Services, 1985.

Averill, Stephen C. "The New Life in Action: The Nationalist Government in South Jiangxi, 1934-37." *China Quarterly* no. 88 (December 1981): 594-628.

Bennett, Judith M. *Ale, Beer, and Brewsters in England: Women's Work in a Changing World, 1300-1600.* New York and Oxford: Oxford University Press, 1996.

Benson, Carlton. "From Teahouse to Radio: Storytelling and the Commercialization of Culture in 1930s Shanghai." Ph. D. diss., University of California, Berkeley, 1996.

Bird, Isabella. *The Yangtze Valley and Beyond: An Account of Journeys in China, Chiefly in the Province of Sze Chuan and Among the Man-tze of the Somo Territory.* First published by John Murray in 1899. Reprinted by Beacon Press, 1987.

Blocker Jr., Jack S. *"Give to the Wind Thy Fears:" The Women's Temperance Crusade, 1873-1874.* Westport: Greenwood, 1985.

Brace, Brockman ed., *Canadian School in West China.* Published for the Canadian School Alumni Association, 1974.

Brennan, Thomas. *Public Drinking and Popular Culture in Eighteenth-Century Paris.* New Jersey: Princeton University Press, 1988.

Cai Shaoqing. "On the Origin of the Gelaohui," *Modern China* vol. 10, no. 4 (October 1984): 481-508.

Campbell, Robert A. *Sit Down and Drink Your Beer : Regulating Vancouver's Beer Parlours, 1925–1954*. Toronto: University of Toronto Press, 2001.

Certeau, Michel de. *The Practice of Everyday Life*. Trans. Steven F. Rendall. Berkeley: University of California Press, 1984.

Chan, Wellington K. K. "The Organizational Structure of the Traditional Chinese Firm and Its Modern Reform." *Business History Review* vol. 56 no. 2 (Summer 1982): 218–235.

Chang, K. C. *Food in Chinese Culture : Anthropological and Historical Perspectives*. New Haven: Yale University Press, 1977.

Cheal, David. *The Gift Economy*. New York: Routledge, 1988.

Chesneaux, Jean. *The Chinese Labor Movement, 1919 – 1927*. Trans. H. M. Wright. Stanford: Stanford University Press, 1968.

Chu, Samuel C. "The New Life Movement before the Sino-Japanese Conflict: A Reflection of Kuomintang Limitations in Thought and Action," pp. 37–68 in F. Gilbert Chan ed., *China at the Crossroads : Nationalists and Communists, 1927–1949*. Boulder: Westview Press, 1980.

Cobble, Dorothy Sue. *Dishing It Out : Waitresses and Their Unions in the Twentieth Century*. Urbana: University of Illinois Press, 1991.

Cobble, Dorothy Sue ed., *Women and Unions : Forging a Partnership*. Ithaca: ILR Press, 1993.

Cochran, Sherman. *Big Business in China : Sino-Foreign Rivalry in Cigarette Industry, 1890–1930*. Cambridge: Harvard University Press, 1980.

Cochran, Sherman. *Encountering Chinese Networks : Western, Japanese, and Chinese Corporations in China, 1880–1937*. Berkeley: University of California Press, 2000.

Couvares, Francis G. "The Triumph of Commerce: Class Culture and Mass Culture in Pittsburgh," pp. 123 – 152 in Michael H. Frisch and Daniel J. Walkowitz ed., *Working-Class America : Essays on Labor, Community,*

574 茶馆：成都的公共生活和微观世界，1900—1950

and American Society. Urbana: University of Illinois Press, 1983.

Cowan, Brian, *The Social Life of Coffee: The Emergence of the British Coffeehouse*, New Heaven: Yale University Press, 2005.

Crowley, John W. ed., *Drunkard's Progress: Narratives of Addiction, Despair, and Recovery.* Baltimore: Johns Hopkins University Press, 1999.

Dalby, Liza Crihfield. *Geisha.* Berkeley: University of California Press, 1983.

Dannenbaum, Jed. *Drink and Disorder: Temperance Reform in Cincinnati from the Washingtonian Revival to the WCTU.* Urbana and Chicago: University of Illinois Press, 1984.

Davidson, Robert J. and Isaac Mason. *Life in West China: Described By Two Residents in the Province of Sz-chwan.* London: Headley Brothers, 1905.

Davis, Dorothy. *Fairs, Shops, and Supermarkets: A History of English Shopping.* Toronto: University of Toronto Press, 1966.

Dirlik, Arif. "The Ideological Foundations of the New Life Movement: A Study in Counter-revolution." *Journal of Asian Studies* vol. 34, no. 4 (1975): 945-980.

Donald, Stephanie Hemelryk. *Public Secrets, Public Spaces: Cinema and Civility in China.* Lanham: Rowman & Littlefield Publishers, Inc, 2000.

Dong, Madeleine Yue. "Defining Beiping: Urban Reconstruction and National Identity, 1928-1936." pp. 121-138 in Esherick ed., 2000.

Douglas, Mary ed., *Constructive Drinking: Perspectives on Drink from Anthropology.* Cambridge: Cambridge University Press, 1987.

Downer, Lesley. *Women of the Pleasure Quarters: The Secret History of the Geisha.* New York: Broadway Books, 2001.

Duis, Perry R. *The Saloon: Public Drinking in Chicago and Boston, 1880-1920.* Urbana: University of Illinois Press, 1983.

Dumazedier, Joffre. *Sociology of Leisure.* Trans. Marea A. McKenzie. New York: Elsevier, 1974.

征引资料 575

Erenberg, Lewis A. *Steppin' Out: New York Nightlife and the Transformation of American Culture, 1890-1930.* Westport: Greenwood Press, 1981.

Esherick, Joseph W. ed., *Remaking the Chinese City: Modernity and National Identity, 1900-1950.* Honolulu: University of Hawaii Press, 2000.

Evans, John C. *Tea in China: The History of China's National Drink.* New York: Greenwood Press, 1992.

Feuerwerker, Robert. "Economic Trends, 1912-49." pp. 28-127 in John K. Fairbank ed., *The Cambridge History of China*, vol. 12, pt. 1. Cambridge and New York: Cambridge University Press, 1983.

Foner, Philip S. *Women and the American Labor Movement: From Colonial Times to the Eve of World War I.* New York: The Free Press, 1979.

Forster, Robert. *Merchants, Landlords, Magistrates: The Depont Family in Eighteenth-Century France.* Baltimore: Johns Hopkins University Press, 1980.

Fortune, Robert. *Two Visits to the Tea Countries of China.* 2 vols. London: John Murray, 1853.

Gardella, Robert. "Squaring Accounts: Commercial Bookkeeping Methods and Capitalist Rationalism in Late Qing and Republican China." *Journal of Asian Studies* vol. 51, no. 2 (1992): 317-339.

Gernet, Jacques. *Daily Life in China on the Eve of the Mongol Invasion, 1250-1276.* Stanford: Stanford University Press, 1970.

Ginzburg, Carlo. *The Cheese and the Worms: The Cosmos of a Sixteenth-Century Miller.* Trans. John and Anne Tedeschi. New York: Penguin Books, 1982.

Ginzburg, Carlo. *The Night Battles: Witchcraft & Agrarian Cults in the Sixteenth & Seventeenth Centuries.* Trans. John & Anne Tedeschi. Baltimore: Johns Hopkins University Press, 1983.

Ginzburg, Carlo. *Clues, Myths, and the Historical Method.* Trans John and

576 茶馆：成都的公共生活和微观世界，1900—1950

Anne C. Tedeschi. Baltimore: Johns Hopkins University Press, 1989.

Golas, Peter J. "Early Ch'ing Guilds." pp. 555-580 in Skinner ed., 1977.

Goldstein, Joshua. "From Teahouses to Playhouse: Theaters as Social Texts in Early-Twentieth-Century China." *Journal of Asian Studies* vol. 62, no. 3 (2003): 753-779.

Goodman, Bryna. *Native Place, City, and Nation: Regional Networks and Identities in Shanghai, 1853 - 1937*. Berkeley: University of California Press, 1995.

Grazia, Sebastian de. *Of Time Work and Leisure*. New York: The Twentieth Century Fund, 1962.

Gregory, C. A., *Gifts and Commodities*. London: Academic Press, 1982.

Habermas, Jürgen. *The Structural Transformation of the Public Sphere: An Inquiry into a Category of Bourgeois' Society*, Trans. Thomas Burger. Cambridge: MIT Press, 1989.

Haine, Scott W. *The World of the Paris Café: Sociability among the French Working Class, 1789 - 1914*. Baltimore: Johns Hopkins University Press, 1996.

Han, Suyin. *The Crippled Tree: China, Biography, History, Autobiography*. New York: G. P. Putnam's Sons, 1965.

Heller, Agnes. *Everyday Life*. Trans. G. L. Campbell. London: Routledge & Kegan Paul, 1984.

Hershatter, Gail. *The Workers of Tianjin*. Stanford: Stanford University Press, 1986.

Ho Ping-ti. "The Geographic Distribution of Huikuan (Landsmannschaften) in Central and Upper Yangtze Provinces." *Tsinghua Journal of Chinese Studies* n. s. 5, no. 2 (December 1966): 120-152.

Honig, Emily. *Sisters and Strangers: Women in the Shanghai Cotton Mills, 1919-1949*. Stanford: Stanford University Press, 1986.

Honig, Emily. *Creating Chinese Ethnicity: Subei People in Shanghai, 1850–1980*. New Haven: Yale University Press, 1992.

Hosie, Alexander. *On the Trail of the Opium Poppy: A Narrative of Travel in the Chief Opium-Producing Provinces of China*. London: George Philip & Son, 1914.

Hsu, Vera Y. N. and Francis L. K. Hsu. "Modern China: North," pp. 295–316 in Chang ed., 1977.

Huang, Philip C. C. "'Public Sphere' / 'Civil Society' in China? The Third Realm between State and Society," *Modern China* vol. 19, no. 2 (April 1993): 216–240.

Hubbard, George D. *The Geographic Setting of Chengdu*. Oberlin: Oberlin College, 1923.

Johnson, David, A. J. Nathan, and E. S. Rawski eds., *Popular Culture in Late Imperial China*. Berkeley: University of California Press, 1985.

Jones, Stephen G. *Workers at Play: A Social and Economic History of Leisure*, 1918–1939. London: Routledge & Kegan Paul, 1986.

Kaplan, Charles D., Helmut Kämpe, and José Antonio Flores Farfán, "Argots as a Code-Switching Process: A Case Study of the Sociolinguistic Aspects of Drug Subcultures." pp. 141–158 in Rodolfo Jacobson ed., *Codeswitching as a Worldwide Phenomenon*. New York: Peter Lang, 1990.

Kapp, Robert A. *Szechwan and the Chinese Republic: Provincial Militarism and Central Power, 1911–1938*. New Haven: Yale University Press, 1973.

Ko, Dorothy. *Teachers of the Inner Chambers: Women and Culture in Seventeenth-Century China*. Stanford: Stanford University Press, 1994.

Koenker, Diane P. "Men against Women on the Shop Floor in Early Soviet Russia: Gender and Class in the Socialist Workplace." *American Historical Review* vol. 100, no. 5 (1995): 1438–1464.

Köll, Elisabeth. *From Cotton Mill to Business Empire: The Emergence of Re-*

578 茶馆: 成都的公共生活和微观世界, 1900—1950

gional Enterprises in Modern China. Cambridge: Harvard University Asia Center, 2003.

Lambert, W. R. *Drink and Sobriety in Victorian Wales, c. 1820-c. 1895*. Cardiff: University of Wales Press, 1983.

Lee, Leo Ou-fan. *Shanghai Modern: The Flowering of a New Urban Culture in China, 1930-1945*. Cambridge: Harvard University Press, 1999.

Leslau, Wolf. *Ethiopian Argots*. London: Mouton & Co., 1964.

Liao, T'ai-ch'u. "The Ko Lao Hui in Szechuan." *Pacific Affairs* XX (June 1947): 161-173.

Liu, Ch'eng-yun. "Kuo-lu: A Sworn Brotherhood Organization in Szechwan." *Late Imperial China* vol. 6, no. 1 (1985): 56-82.

Lu, Hanchao. "Away from Nanking Road: Small Stores and Neighborhood Life in Modern Shanghai." *Journal of Asian Studies* vol. 54, no. 1 (1995): 93-123.

Lüdtke, Alf. *The History of Everyday Life: Reconstructing Historical Experiences and Ways of Life*. Trans. William Templer. Princeton: Princeton University Press, 1995.

MacAndrew, Craig and Robert B. Edgerton. *Drunken Comportment: A Social Explanation*. Chicago: Aldine, 1969.

Macfarlane, Alan and Iris Macfarlane. *The Empire of Tea: The Remarkable History of the Plant That Took Over the World*. Woodstock and New York: The Overlook Press, 2004.

MacKinnon, Stephen R. "Wuhan's Search for Identity in the Republican Period." pp. 161-173 in Esherick ed., 2000.

MacLeod, Christine. "Negotiating the Rewards of Invention: The Shop-Floor Inventor in Victorian Britain." *Business History* vol. 41, no. 2 (1999): 17-36.

Malcolmson, Robert W. *Popular Recreations in English Society, 1700-1850*. Cambridge: Cambridge University Press, 1973.

Malmqvist, Göran. "Göran Malmqvist's Live Recording of Impressions of a Teahouse in Chengdu." Trans. Michael Schoenhals. Malmqvist's recording was made on site in Chengdu in October 1949. The translation is based on the National Swedish Radio program "Dagbok från revolutionens Kina 1949" ("Diary from China in Revolution 1949") as broadcast in 1974.

Mann, Susan. *Precious Records: Women in China's Long Eighteenth Century.* Stanford: Stanford University Press, 1997.

Martin, Brian. *The Shanghai Green Gang: Politics and Organized Crime, 1919-1937.* Berkeley: University of California Press, 1996.

Maurer, David W. *Language of the Underworld.* Collected and edited by Allan W. Futrell & Charles B. Wordell. Lexington: University Press of Kentucky, 1981.

McIsaac, Lee. "'Righteous Fraternities' and Honorable Men: Sworn Brotherhoods in Wartime Chongqing." *American Historical Review* vol. 105, no. 5 (2000): 1641-1655.

McIsaac, Lee. "The City as Nation: Creating a Wartime Capital in Chongqing." pp. 174-191 in Esherick ed., 2000.

McNeill, William H. "The Historical Significance of Tea," pp. 255-263 in Varley and Kumakura eds., 1989.

Meserve, Walter J. and Ruth I. Meserve. "From Teahouse to Loudspeaker: The Popular Entertainer in the People's Republic of China." *Journal of Popular Culture* vol. 8, no. 1 (1979): 131-140.

Morse, Hosea Ballou. *The Gilds of China, with an Account of the Gild Merchant or Co-hong of Canton* (2nd edition, 1932, reprint 1967). New York, Russell & Russell, 1967.

Mui, Hoh-cheung and Lorna H. Mui. *Shops and Shopkeeping in Eighteenth-Century England.* Routledge and London: McGill-Queen's University Press, 1989.

580 茶馆：成都的公共生活和微观世界，1900—1950

Muir, Edward and Guido Ruggiero eds., *Sex and Gender in Historical Perspective*. Baltimore: Johns Hopkins University Press, 1990.

Muir, Edward and Guido Ruggiero eds., *Microhistory and the Lost Peoples of Europe: Selections from Quaderni Storici*. Trans. Eren Branch. Baltimore: Johns Hopkins University Press, 1991.

Muir, Edward and Guido Ruggiero eds., *History from Crime*. Trans. Corrada Curry, Margaret Gallucci, and Mary Gallucci. Baltimore: Johns Hopkins University Press, 1994.

Murai Yasuhiko. "The Development of Chanoyu: Before Rikyu," pp. 3-32 in Varley and Kumakura eds. 1989.

Murdock, Catherine Gilbert. *Domesticating Drink: Women, Men, and Alcohol in America, 1870-1940*. Baltimore: Johns Hopkins University Press, 1998.

Murray, Dian H. *The Origins of the Tiandihui: The Chinese Triads in Legend and History*. Stanford: Stanford University Press, 1994.

Musgrove, Charles D. "Building a Dream: Constructing a National Capital in Nanjing, 1927-1937." pp. 139-157 in Esherick ed., 2000.

Nakamura Toshinori. "Early History of the Teahouse." Pts. 1-3. *Chanoyu Quarterly* no. 69 (1992): 7-32; no. 70 (1992): 22-40; no. 71 (1992): 31-44.

Ownby, David. *Sworn Brotherhoods and Secret Societies in Early and Mid-Qing China: The Formation of a Tradition*. Stanford: Stanford University Press, 1996.

Parsons, Elaine F. *Manhood Lost: Fallen Drunkards and Redeeming Women in the Nineteenth-Century United States*. Baltimore: Johns Hopkins University Press, 2003.

Paules, Greta Foff. *Dishing It Out: Power and Resistance among Waitresses in a New Jersey Restaurant*. Philadelphia: Temple University Press, 1991.

Peiss, Kathy. *Cheap Amusements: Working Women and Leisure in Turn-of-the-Century New York*. Philadelphia: Temple University Press, 1986.

Perry, Elizabeth J. *Shanghai on Strike: The Politics of Chinese Labor.* Stanford: Stanford University Press, 1993.

Pickett, Joseph P. et al eds., *The American Heritage Dictionary of the English Language*, Fourth Edition. Boston: Houghton Mifflin Company, 2000.

Pittman, David J. and Charles R. Snyder eds., *Society, Culture and Drinking Patterns.* New York: J. Wiley, 1962.

Pomeranz, Kenneth. "'Traditional' Chinese Business Forms Revisited: Family, Firm, and Financing in the History of the Yutang Company." *Late Imperial China* vol. 18, no. 1 (June 1997): 1-38.

Pomeranz, Kenneth. *The Great Divergence: Europe, China, and the Making of the Modern World Economy.* Princeton: Princeton University Press, 2000.

Porter, David L. "Monstrous Beauty: Eighteenth-Century Fashion and the Aesthetics of the Chinese Taste." *Eighteenth-Century Studies* vol. 35, no. 3 (2002): 395-411.

Powers, Madelon. *Faces along the Bar: Lore and Order in the Workingman's Saloon, 1870-1920.* Chicago: University of Chicago Press, 1998.

Prestwich, Patricia E. *Drink and the Politics of Social Reform: Antialcoholism in France since 1870.* Palo Alto: The Society for the Promotion of Science and Scholarship, 1988.

Rankin, Mary B. *Elite Activism and Political Transformation in China: Zhejiang Province, 1865-1911.* Stanford: Stanford University Press, 1986.

Rankin, Mary B. "The Origins of a Chinese Public Sphere: Local Elites and Community Affairs in the Late Imperial Period." *Etudes Chinoises* vol. 9, no. 2 (1990): 14-60.

Rogaski, Ruth. "Hygienic Modernity in Tianjin," pp. 30-46 in Esherick ed., 2000.

Rogaski, Ruth. *Hygienic Modernity: Meanings of Health & Disease in Treaty-Port China.* Berkeley: University of California Press, 2004.

582　茶馆：成都的公共生活和微观世界，1900—1950

Rosenzweig, Roy. *Eight Hours for What We Will: Workers and Leisure in an Industrial City, 1870-1920*. New York: Cambridge University Press, 1983.

Rowe, William T. *Hankow: Commerce and Society in a Chinese City, 1796-1889*. Stanford: Stanford University Press, 1984.

Rowe, William T. *Hankow: Conflict and Community in a Chinese City, 1796-1895*. Stanford: Stanford University Press, 1989.

Rowe, William T. "The Public Sphere in Modern China." *Modern China* vol. 16, no. 3 (July 1990): 309-329.

Rowe, William T. *Saving the World: Chen Hongmou and Elite Consciousness in Eighteenth-Century China*. Stanford: Stanford University Press, 2001.

Ruggiero, Guido. "The Strange Death of Margarita Marcellini: *Male*, Signs, and the Everyday World of Pre-Modern Medicine." *American Historical Review* vol. 106, no. 4 (October 2001): 1141-1158.

Schafer, Edward H. "T'ang." pp. 85-140 in K. C. Chang ed., *Food in Chinese Culture: Anthropological and Historical Perspectives*. New Haven: Yale University Press, 1977.

Sennett, Richard. *The Fall of Public Man: On the Social Psychology of Capitalism*. New York: Vintage Books, 1977.

Service, John S. ed., *Golden Inches: The China Memoir of Grace Service*. Berkeley: University of California Press, 1989.

Sewell, William G. *The People of Wheelbarrow Lane*. South Brunswick and New York: A. S. Barnes and Company, 1971.

Sewell, William G. *The Dragon's Backbone: Portraits of Chengdu People in the 1920's*. Drawings by Yu Zidan. York: William Sessions Limited, 1986.

Shao, Qin. "Tempest over Teapots: The Vilification of Teahouse Culture in Early Republican China." *Journal of Asian Studies* vol. 57, no. 4 (1998): 1009-1041.

Sheridan, Mary and Janet W. Salaff. *Lives, Chinese Working Women*. Bloomington: Indiana University Press, 1984.

Skinner, G. William. "Marketing and Social Structure in Rural China." *Journal of Asian Studies* vol. 24, no. 1 (1964): 3-43; vol. 24, no. 2 (1965): 195-228; vol. 24, no. 3 (1965): 363-399.

Spang, Rebecca L. *The Invention of the Restaurant: Paris and Modern Gastronomic Culture.* Cambridge: Harvard University Press, 2000.

Spence, Jonathan. *Death of Woman Wang.* New York: Viking Press, 1978.

Spence, Jonathan. *Treason by the Book.* New York: Viking Press, 2001.

Spradley, James and Brenda Mann. *The Cocktail Waitresses: Women's Work in a Man's World.* New York: Knopf, 1975.

Stanton, William. *The Triad Society or Heaven and Earth Association.* Shanghai: Kelly & Walsh, Ltd., 1900.

Stapleton, Kristin. "Urban Politics in an Age of 'Secret Societies': The Cases of Shanghai and Chengdu." *Republican China* vol. 22, no. 1 (1996): 23-63.

Stapleton, Kristin. *Civilizing Chengdu: Chinese Urban Reform, 1875-1937.* Cambridge: Harvard University Asia Center, 2000.

Stapleton, Kristin. "Yang Sen in Chengdu: Urban Planning in the Interior." pp. 90-104 in Esherick ed., 2000.

Strand, David. *Rickshaw Beijing: City People and Politics in the 1920s.* Berkeley: University of California Press, 1989.

Tsin, Michael. "Canton Remapped." pp. 19-29 in Esherick ed., 2000.

Varley, Paul and Kumadura Isao eds., *Tea in Japan: Essays on the History of Chanoyu.* Honolulu: University of Hawaii Press, 1989.

Wakeman, Frederic Jr. "The Civil Society and Public Sphere Debate: Western Reflections on Chinese Political Culture." *Modern China* vol. 19, no. 2 (1993): 108-138.

Wakeman, Frederic Jr. "Licensing Leisure: The Chinese Nationalists' Attempt to Regulate Shanghai, 1927-1949." *Journal of Asian Studies* vol. 54, no. 1

(1995): 19-42.

Walton, John K. and Jenny Smith. "The Rhetoric of Community and the Business of Pleasure: The San Sebastian Waiters' Strike of 1920." *International Review of Social History* vol. 39, no. 1 (1994): 1-31.

Walvin, James. *Fruits of Empire: Exotic Produce and British Taste, 1660-1800*. New York: New York University Press, 1997.

Wang, Di. "Street Culture: Public Space and Urban Commoners in Late-Qing Chengdu." *Modern China* vol. 24, no. 1 (1998): 34-72.

Wang, Di. "The Struggle for Drink and Entertainment: Men, Women, and the Police in Early Twentieth-Century Chengdu." Paper presented at the 114th Annual Meeting of the American Historical Association, Chicago, January 9, 2000.

Wang, Di. "The Idle and the Busy: Teahouses and Public Life in Early Twentieth-Century Chengdu." *Journal of Urban History* vol. 26. no. 4 (2000): 411-437.

Wang, Di. *Street Culture in Chengdu: Public Space, Urban Commoners, and Local Politics in Chengdu, 1870-1930*. Stanford: Stanford University Press, 2003.

Wang, Di. "Mysterious Communication: The Secret Language of the Gowned Brotherhood in Nineteenth-Century Sichuan." *Late Imperial China* vol. 29. no. 1 (June 2008): 77-103.

Wang, Liping. "Tourism and Spatial Change in Hangzhou, 1911-1927." pp. 107-120 in Esherick ed., 2000.

Warsh, Cheryl Krasnick ed., *Drink in Canada: Historical Essays*. Montreal and Kingston: McGill-Queen's University Press, 1993.

Wilson, Ernest H. *China: Mother of Garden*. Boston: The Stratford Company, 1929.

Yan, Yunxiang. *The Flow of Gifts: Reciprocity and Social Networks in a Chi-*

nese Village. Stanford: Stanford University Press, 1996.

Yang, Mayfair Mei-hui. *Gifts, Favors, and Banquets: The Art of Social Relationships in China.* Ithaca: Cornell University Press, 1994.

Yerkovich, Sally. "Gossiping as a Way of Speaking." *Journal of Communication* vol. 27, no. 1 (1977): 192–196.

Zelin, Madeleine. "Capital Accumulation and Investment Strategies in Early Modern China: The Case of the Furong Salt Yard." *Late Imperial China* vol. 9 no. 1 (June 1988): 79–122.

Zelin, Madeleine. "The Rise and Fall of the Fu-Rong Salt-Yard Elite: Merchant Dominance in Late Qing China." pp. 82–109 in Joseph Esherick and Mary Rankin eds., *Chinese Local Elites and Patterns of Dominance.* Berkeley: University of California Press, 1990.

Zelin, Madeleine. *The Merchants of Zigong: Industrial Entrepreneurship in Early Modern China.* New York: Columbia University Press, 2005.

Zhang, Yingjin. *The City in Modern Chinese Literature and Film: Configurations of Space, Time, and Gender.* Stanford: Stanford University Press, 1996.

Zhang, Yingjin. ed., *Cinema and Urban Culture in Shanghai, 1922 – 1943.* Stanford: Stanford University Press, 1999.

Zhang, Zhen. "Teahouse, Shadowplay, Bricolage: 'Laborer's Love' and the Question of Early Chinese Cinema." pp. 27–50 in Zhang ed., 1999.

说明：中文资料按文献名称或作者拼音排列，日文资料按文献名称或作者日文发音排列，英文资料按文献作者英文发音排列。本书中档案注释，凡两组数字者，第一组为全宗号，第二组为案卷号。凡三组数字者，第一组为全宗号，第二组为目录号，第三组为案卷号。也有个别四组数字者，表明案卷下的分卷。

关于本书的评论

西方学术杂志的评论：

近年来对近代欧洲咖啡馆以及类似的公共消费空间之研究有很大进步，但关于中国茶馆则成果甚少……王笛的书大大扭转了这个不平衡状况。这个研究意味着对中国茶馆以及它们在城市现代化中所扮演角色学术探索的一大发展。本书的写作上乘，清楚明晰，读起来赏心悦目……本书做出了重大的学术贡献，将成为今后研究的一个范例。

——《美国历史评论》（*American Historical Review*）

王笛关于 20 世纪上半叶成都茶馆历史的新著，是一本读起来心旷神怡的书，是审美的体验……娓娓道来和充满动人的描写，是本书的一个巨大成功。

——《多学科交叉的历史》（*Journal of Interdisciplinary History*）

王笛通过对过去成都随处可见的社会、经济和文化机构茶馆的研究，做出了重大学术贡献。

——《选择》（*Choice*）

王笛的著作以新的角度来观察 20 世纪的中国城市。数十年来，近代中国的研究者对城市日常生活和文化关注甚少……而王

588　茶馆：成都的公共生活和微观世界，1900—1950

笛的研究则打开了一扇新窗户，展示了近代中国的形成亦是普通人和日常文化扮演重要政治角色的过程……本书无疑会启发更多的学者探索日常生活和文化，以加深对中国城市的理解……《茶馆》一书基于深入的档案、文献、实地考察，研究细致、资料丰富……结合政治和社会理论以及多学科交叉的取向，使本书成为学术研究的典范。

——《历史新书评论》（*History：Reviews of New Books*）

令人吃惊的是目前学界对茶馆的研究是如此之少，王笛关于中国西南城市成都茶馆的著作，标志着弥补这个研究缺陷的重要的一步……《茶馆》是学术和资料具佳的学术成果。

——《太平洋事务》（*Pacific Affairs*）

建立在坚实的档案基础上，王笛提供了一部令人鼓舞的新著，我们看到了茶馆作为城市社会的微观世界，其与国家政权建构、社会改良的发展联系在一起，还贯穿着地方文化与"现代的同一性"之间的长期斗争。

——《城市史杂志》（*Journal of Urban History*）

在这部关于茶馆的深入研究和开拓性成果中……王笛强调了成都茶馆在 20 世纪上半叶，是怎样既配合又抵制改良精英和国家现代化中的一体化趋势。

——《哈佛亚洲研究杂志》（*Harvard Journal of Asiatic Studies*）

作者通过考察很少为人所知的小商业的经营手段和内在生命力，为我们理解中国城市经济提供了一个全新的认识……所有对晚期中华帝国和民国时期中国政治经济和城市文化感兴趣的学者和学生，都应该阅读本书。

——《国际亚洲研究杂志》（*International Journal of Asian Studies*）

王笛的《茶馆》一书是成都公共生活的深入研究和细节描述，涉及 20 世纪上半叶中国城市史的许多方面……作者讨论了不少对于我们理解现代中国重要的主题，包括国家机器的权力的增长、政治生活中公共空间的角色、商业在塑造城市空间中的重要性，以及抗日战争对中国社会的冲击。

——《中国国际评论》（*China Review International*）

历史学家对茶馆以及其他传统商业和服务行业的从业者缺乏关注，王笛正确地指出了其实他们比工业无产阶级更能代表城市工人。作者怀着一种同情心，把他们作为研究的主题，生动地描绘了他们的日常活动、收入状况，以及生存的困境。

——《汉学研究》（*Études chinoises*）

在本书中，王笛考察了国家角色的强化怎样导致了地方文化和传统的衰落，这种变化是怎样发生的，是怎样不可避免的。对作者来说，成都的茶馆是地方文化代表，是身份认同最有活力的展示……本书利用各种丰富的资料，提供了成都茶馆研究令人难忘的成果。

——《东方研究》（*Восток*）

国内媒体和学术杂志的评论：

学术著作也可令人沉醉……很久没有在学术著作里读到如此令人沉醉的文字了。

——《南方都市报》

今天回顾这段历史，首先给我们留下深刻印象的是这种微观历史给人带来的栩栩如生的生活场景的画面感——它已经不仅仅属于成都人。无疑，茶馆是成都最常使用的公共空间，那里见证着这座城市的社会变迁，因而成为它最具指示意义的标本，这也是王笛选择茶馆来复原成都的公共生活和微观世界的原因。他一直在深入挖掘这座城市近代以来的历史，也成功地展示了城市史所具有的魅力。

——《第一财经日报》

《茶馆》像一台高倍显微镜，细致地揭示出茶馆在成都人生活中的重要地位：茶馆是私人生活的延展……林林总总，经由史家之手，焕发出鲜活的生命。

——《新京报》

王笛一直致力于挖掘近代以来成都的城市史。他出过一本《街头文化》，考察的是 1870—1930 年间的成都公共空间，本书则从最具标本意义的茶馆切入。

——《新周刊》

本书不仅能够为我们从宏观角度了解成都，而且可以从中看出中国 20 世纪城市、城市社会以及与中国政治的关系——当然，这一切都是从茶馆这个"麻雀虽小，五脏俱全"的微观场所切入的，也因此，宏观与微观、现实与趋势、鸟瞰与近窥在书中水乳交融，读来既可以领略宏观的整体历史演进，又可以品味微观的细节展示，元气淋漓，生动活泼，丝毫没有一般历史著作的八股气和干巴味。

——《羊城晚报》

成都茶馆所象征的传统生活世界从来就没有完全支离破碎，它仍旧存在于历史的暗处，像一个扑朔迷离而美轮美奂的梦，等着作者，也等着《茶馆》的读者去追寻……王笛所苦心孤诣地再现的成都茶馆的这一段历史记忆，表明了历史记忆绝非仅仅是一种过去的存在的回忆，这种回忆其实深刻地参与了对现代价值的反思和建构；同时也表明了传统绝对不是一条死狗，只能躺在博物馆里奄奄一息地示众，传统正在富有活力地介入当代的公共生活。

——《东方早报》

本书为中国城市史研究打开了一个新局面，也丰富了我们对地方文化的认识，因此决非仅仅对成都具有意义。

——《读品》

著者清新的笔调，起首白描式的勾勒，书末穿越时空的想象，似乎与成都茶馆的情趣暗合，使得这本书厚重之余，也显得格外有趣。

——《博览群书》

微观历史研究取向可以引导我们进入城市的内部，茶馆提供了研究下层民众活动的一个重要空间，在那里我们可以仔细考察他们日常生活的细节，即使这些细节看起来是多么地微不足道。

——《第一财经周刊》

如果以传统文人雅士的眼光看待茶馆，将其当作一种简单的、平常的文化现象，即使写出一部茶馆的历史，也必定粗糙浅显淡而无味。可是，如果转换思路，从微观史的角度切入，对茶館进行考察则会发现，貌似最平常的事物中竟然蕴藏着极其丰富的内容，其精彩程度较之那些书写王侯将相的宏大历史并无逊色。就如著名历史学家王笛的《茶馆——成都的公共生活和微观世界，1900—1950》，不只在茶馆研究方面，可以说在当下中国微观史研究方面，都提供了一种参考的典范。

——《南方都市报》

这本书自有它的学术企图，可我更喜欢把它作为茶馆的社会史、经济史、政治史甚或日常生活史来读；至于其绘声绘色、妙趣横生之处，简直就是小说了，是一部扩大了的、更系统、更繁富、更多声部的"其香居茶馆"。

——《南方周末》

王笛已被国内外学界视为以新文化史、微观史研究中国城市的代表性人物……在中国掀起的都市研究热潮中，《茶馆》可说是一本独特的史学著作。

——《中华读书报》

这两部专著（《街头文化》和《茶馆》）广受学界称赞，为王笛在中国近代城市史、日常生活史研究领域赢得极大声誉。这两部著作是"小历史"与"大历史"相结合的微观史作品，具有重要的方法论意义 。

——《近代史研究》

此书更深地体现了社会史的文化转向。如果说作者在写《街头文化》时还只是受新文化史的影响，那么作者在写《茶馆》时则是明确地打出了新文化史的旗号，且在文中凸显了微观史和大众文化史的研究取向。进而言之，如果说《街头文化》还只是"一系列视角转移所造成的感觉之新、领域之新、方法之新",那么《茶馆》则绝对是"典范转移中的全局之新、范式之新"。

——《湖北大学学报》

在成都,茶馆作为市民生活的主要公共空间,是地方文化的载体,它扮演了与欧洲咖啡馆和美国酒吧类似的角色。即使历经20世纪翻天覆地的社会变迁,传统中许多东西不复存在,但成都茶馆却依旧繁荣,充分反映了地方文化的顽强,而《茶馆》一书的学术意义也就在于其揭示了"地方文化"与"地方性知识"的重要性……王笛先生有关西南"地方性"的研究给我们的启示就是:每一个"地方"的文化图景都是多样性的,值得我们去追寻、去探索;而唯有如此,我们方能贴近大地,贴近苍生。

——《中华文化论丛》

随着社会的发展和研究历史人员的思想解放以及其他学科的渗透,史学著作也逐步从宏大的国家兴亡、帝王精英向细微的民众生活转变。王笛的《茶馆》从成都百姓喝茶的茶馆入手,通过对其描述和研究,试图用茶馆这个微观世界的变化,向我们阐述自1900年至1950年半个世纪的社会变迁,勾勒历史前进的方向和民众生活的改变。因此,王笛的新著对我们研究视角的拓展将有很大启迪。

——《传承》

王笛教授的《茶馆》,因其内容的吸引力和文法的通俗易懂,所描述的又是中国的城市,所以读来津津有味。《茶馆》一书作为国内外第一部研究茶馆历史的专著,正如王笛教授所说,他力求每一部著作都能成为传世之作,笔者深信的确如此。

——《国外社会科学》

后 记

本书的中文版于 2010 年出版，11 年以后，我借北京大学出版社出版新版的机会，再次通读了全书，对个别地方进行了修正，另外还写了一篇新的序言。

如果看过本书英文版的读者会发现中文版和英文版之间存在明显的差别。首先是书名的翻译，本书书名按英文直译应该是《茶馆：成都的小商业、日常文化与公共政治，1900—1950》，我改为了比较简洁明了的《茶馆：成都的公共生活和微观世界，1900—1950》，这个书名应该是得到了学术界和广大读者的认可的。

本书使用的基本资料大多是档案和报刊，他人翻译非常困难，因此我决定自己担当这项艰巨的任务。作者自己翻译，便有许多特权，如可以自由修改增删。英文原版由于按西方学术著作的习惯写法，资料使用，点到为止，中文版则可以更完整地引用史料。我对章节顺序也有调整，如将英文版关于茶馆生活的第二部调整为第一部，原关于茶馆经济的第一部变为第二部。还增加了关于袍哥在茶馆活动的第 8 章。当然，这不过是我对袍哥研究的一个非常小的方面，正如大家已经知道的，2018 年北京大学

596 茶馆：成都的公共生活和微观世界，1900—1950

出版社出版的《袍哥：1940年代川西乡村的暴力与秩序》，在学术界和大众阅读中都有广泛的影响，而且我现在也正在进行一个更宏大的袍哥的历史和文化的写作。

英文版里没有的重要资料之一，就是当时25岁的马悦然（Göran Malmqvist，1924—2019，诺贝尔文学奖18位终身评委之一）1949年10月在春熙路一家茶楼上的录音。发现这份录音要感谢瑞典隆德大学的沈迈克（Michael Schoenhals）教授。2009年6月我在香港参加"新中国建国史国际学术讨论会"时，他告诉我他的老师马悦然1949年在成都的一个茶楼上做过一次录音采访，引起我极大的兴趣。感谢沈迈克教授不仅帮助我找到这份录音，而且把录音由瑞典文翻译成英文，从而为中文版加入了珍贵的资料。

中文版中还增加了若干徐娟收集的报刊资料，罗敏提供了《蒋介石日记》中关于茶馆宣传的记录，在此表示感谢。我还要感谢冉云飞在他的长篇书评中指出的若干错误，这次利用新版的机会进行了订正。感谢责任编辑仔细通读全书，进行文字把关，纠正了本书中的若干失误，并为高质量出版本书付出了许多心血。

这本书虽然是严肃的历史专著，但在写作上也为一般的读者着想。例如书中十分重要的统计表，我都列在书后，以避免枯燥的数字影响一般读者的阅读兴趣。许多补充和论证性的资料，也尽量放在注释中。一般读者完全不必在意那些注释、征引资料、统计表等，以免打断阅读。对想了解究竟的读者，则可看每一章后的详细注释和书后的附表。

在 2010 年版的"后记"的最后，我写下了下面这句话："好了，我觉得应该最后告别本书了，以便心无旁骛地撰写成都茶馆研究的第 2 卷。"没有想到的是，《茶馆》第 2 卷的写作远远超出了我预想的时间，2018 年——也就是说茶馆第一卷的英文版出版十年以后——才由康奈尔大学出版社出版（即 *The Teahouse under Socialism：The Decline and Renewal of Public Life in Chengdu*，1950-2000）。令人欣慰的是，这本书在 2019 年获得了美国城市史学会（UHA）两年一度颁布的最佳著作奖，这是我在 2005 年以《街头文化》获奖 14 年之后，第二次获得这个奖项。这显示了我关于茶馆这个微观世界的研究。已经远远超出了中国历史研究的领域，而进入与西方学术的范围更广、更深入的对话之中，说明了关于茶馆的研究在学术上的重要意义。

王 笛

2021 年 5 月 17 日于澳门大学初稿

2021 年 6 月 29 日于长江出海口改定